Hollywood
Park
A Memoir

by
Mikel Jollett

宇宙的孩子

[美] 迈克尔·乔莱特 著

苏伊瑶 译

中信出版集团 | 北京

图书在版编目（CIP）数据

宇宙的孩子 / (美) 迈克尔·乔莱特著; 苏伊瑶译
. -- 北京 : 中信出版社, 2021.5
书名原文: Hollywood Park: a memoir
ISBN 978-7-5217-2879-8

Ⅰ.①宇… Ⅱ.①迈…②苏… Ⅲ.①迈克尔·乔莱
特 – 回忆录 Ⅳ.①K837.125.76

中国版本图书馆 CIP 数据核字 (2021) 第 042506 号

宇宙的孩子

著　　者：[美]迈克尔·乔莱特
译　　者：苏伊瑶
出版发行：中信出版集团股份有限公司
　　　　　（北京市朝阳区惠新东街甲4号富盛大厦2座　邮编　100029）
承 印 者：北京诚信伟业印刷有限公司

开　　本：880mm×1230mm　1/32　　印　张：14　　字　数：374千字
版　　次：2021年5月第1版　　　　　印　次：2021年5月第1次印刷
京权图字：01-2021-0096
书　　号：ISBN 978-7-5217-2879-8
定　　价：59.00元

— 致波比和露 —

目录

有些事情你会忘记，有些事情你永远都忘不了。但……时空，那些时空还在。如果一幢房子被烧成灰烬，它就不存在了，但那个时空——那个画面——依旧存在，它不仅仅存在于我重现的记忆里，更存在于这个世界中。我的记忆是飘浮在我头脑之外的一个画面。我的意思是，即便我不去想它，即便我已经死了，我曾做过、了解过或者见到过的事，它们的画面依旧存在，就在它们发生当下的那个时空里。

——托妮·莫里森，《宠儿》

逃离 ━━━━━━━━━━━━━━▶ ▶

古老的东方城市

我们从未年少过。我们只是太害怕自己了。从没有人向我们解释过我们是谁、我们是什么，或者我们的父母去哪儿了。他们会像幽灵一样出现，花上一个早晨或一个下午的时间来看望我们。他们或者陪我们坐着，或者在空地上溜达，或哭或笑，或者把尖叫着的我们抛向空中。然后他们又会消失，有时几周，有时几个月，有时几年，他们留给我们的只有回忆和梦境、问题和疑惑，以及开阔的空地——夜晚，我们可以像野马一样在那里自由奔跑。

一切都发生得很突然，我和哥哥正光着身子坐在浴缸里，一边玩着我们的玩具鸭子，一边听着隔壁房间里传来的音乐声和沉闷的说话声。我们被红色和绿色的羊毛毯子裹了起来，开始为睡觉做准备：读睡前故事，穿好睡衣，用手揉着困倦的双眼。晚安了，峡谷。晚安了，山脉。晚安了，大楼。晚安了，星星。蜡笔被收了起来，格子架被打扫干净，牙也刷过了。我缓缓坠入梦乡，又突然被摇醒，我惊讶地看见剃着寸头的妈妈，她的脸、她那棕绿色的眼眸、荷兰人特有的饱满脸颊和被咖啡长时间浸泡后发黄且七歪八扭的牙齿。"嗨，乖乖，醒醒。我们得走了，这里不安全。"

别人告诉我，我应该管这个女人叫"妈妈"，这是我得到的指令。我知道这个词本身应该包含一些特殊的含义。她会来看我，她比其他人看起来更忧伤一些。她穿着背带裤，喜欢紧紧地抱着我，告诉我她有多想我。她永远都像一只紧张的鸟儿，双眼快速扫视着房间。睡意占据我的双眼，我的脑袋昏昏沉沉。"但是我很累。"

另外两个女人叫邦妮和克拉比。她们每天都和我在一起。她们很幽默，讲话的声音怪怪的，永远都在玩游戏或拿着一片苹果，要么就是几块饼干和果汁。她们会用压低得好像男中音的声音管我叫"孩子"（son），发音听起来就像拖长了的"太阳"（sun，即太太太太太太太阳）*，这是因为我的嗓音很低沉，肚子圆鼓鼓的，牙齿天包地，这让我的上唇总是滑稽地噘着。她们总说我可爱得让她们想"吃掉我的小脸"。她们就像我可以随时投入其怀抱的温暖抱枕，宽阔且柔软。克拉比说话的方式很奇怪，所有带"r"的音都会被她省去。"所以，怎么着，小孩？你到底要不要穿你睡衣？"**她说这是因为她来自一个叫纽约***的地方，那里离加利福尼亚很远。

那个我应该管她叫"妈妈"的女人每次来看我的时候都会哭。她有时会给我念书，有时会带我在基地周围那片巨大的金色田野上散步，有时会让我坐在她的膝盖上，给我唱我听不懂歌词的歌——"弗艾拉，卓可，弗艾拉，卓可，多尔梅屋，多尔梅屋"****。她会梳理我的头发，告诉我她很想念我。"别难过，妈妈。"我会跟她说，这是我和她说得最多的话。"别一直这么难过。"我在吃东西的时候，她会看着我，好像她试图

---

* 英文的 son 和 sun 发音近似。（说明：书中脚注除特别标明之外，均为译者注。）

** 原文为"You gonna get in yo jammies o'wut？"，分别省去了应有的"are"、your 中的"ur"和 or 中的"r"。

*** 原文为"New Yoke"，发音依旧省去了"r"音。

**** 一首法语摇篮曲。歌词应为"Frère Jacques, Frère Jacques.Dormez-vous？ Dormez-vous？"，意为："杰克兄弟，杰克兄弟，你睡了吗？你睡了吗？"

记住什么，好像她有什么话想说，但最终还是决定不说出来。

"我爱你，乖乖，我的小伙子。"她眼中的泪水落在了干净的蓝色背带裤的围兜上。这里的每个人都穿背带裤，我一共有三条。然后她又会消失不见，我会去找克拉比和邦妮，我们会在一起大笑，用雪糕的木棒搭建东西，或者和其他孩子一起玩捉迷藏，直到泡澡时间，然后是唱歌时间，我们唱道：

我看见了一片土地，那里的孩子们自由自在……

接下来就到了睡前故事时间，故事里有龙、城堡、小鸟宝宝、会和孩子们讲话的月亮，以及会和猫咪讲话的小孩，还有会和狮子讲话的蓝色蝴蝶。然后她们会对我说晚安，也对卡西迪、盖、迪米特里（他是我最好的朋友），然后是诺亚说晚安。

我醒来时，其他的孩子还在睡着，妈妈摇晃着我，说道："我们得走了，我们现在就得走。亲爱的，你必须保持安静。"

我告诉她我想喝水。我从未见过她这副样子，我感到我的胸膛陷了进去，好像我的喉咙深处有个既锋利又滚烫的东西。"那克拉比和邦妮呢？"

"嘘……我们可以给她们写信，我保证。"她把我抱了起来，其他的孩子还在熟睡。手工桌旁边，装有低矮坐便器的卫生间里透出一道柔和的黄色灯光。负责在夜间看管我们的女人黛比站在那个我称作妈妈的女人旁边，她看起来很害怕。我的哥哥托尼已经穿好衣服站在走廊里了，他双臂交叉抱在胸前，脑袋和我一样被剃成了寸头。

"我们要去哪儿，妈妈？"我的喉咙很干，我感到一片空白从我的胃里扩散开来，升入我的胸膛，延伸至我的胳膊、双腿、手指和脚趾。

"去车里，去见姥姥、姥爷。"

车？我不明白。我曾见过大楼门口长长的车道上驶进驶出的车辆，但我从没坐进去过。它们看起来是那么大、那么快，我幻想着那感觉会不会就像飞起来一样。爸爸来看望我时，会骑着一辆吵闹的两轮车，叫作摩托。他身体后仰、双手抓住车把的样子看起来就像在空气中飘浮。

对我来说，世界就和这片操场、这片田野、道路远方的森林，以及唱完歌后我和迪米特里还有卡西迪一起睡觉的房间一样大，就和有着搞笑声音、拿着番茄汤和吐司的克拉比和邦妮一样大。

我称作妈妈的那个女人正在寻找我的鞋子。黛比走到格子衣橱前，打开放着我东西的格子门，里面有我的背带裤、内裤、袜子和爸爸送给我的棒球，上面有职业棒球运动员史蒂夫·加维的签名，我觉得爸爸似乎很喜欢棒球。我还有一个包，里面装着我的牙刷和对于我的寸头来说太大了的黄色塑料梳子。我还有弹珠、粉笔以及我和邦妮一起在美工纸上画的画。我没有玩具，至少没有属于我自己的。这里的玩具必须跟所有孩子一起分享，即使有人送了你一辆自行车，你也不能自己留着。

黛比把我的东西放进一个纸袋，然后递给了妈妈。我们向门口走去。"等等，妈妈。他们醒了之后该找不到我了。"

"没事的，宝贝。"

"闭嘴吧，笨蛋！"托尼说。

"嘘！"妈妈把他拉到了身旁。

"但我们为什么必须要走呢？"

她深深呼出一口气，将我放下，像母鸡保护小鸡一样把我们聚拢在她身边。

她眯起眼睛，然后紧紧闭上了双眼，手放在额头上，她睁开眼后看着我，握住了我的两只手。她又伸手去抓托尼，但他转过了身。"听着，我知道你们不理解，但是我们现在必须离开这里，而且不能让任何人发现，好吗？所以我需要你们保持安静，我们要去冒险了。"

她的目光激动地从我转向我的哥哥，然后又回到我身上。"你们可以在车里睡觉，等你们醒过来，我们就在姥姥、姥爷家了，我们就有面包卷和奶酪可以吃了。"

和她理论是不会有结果的。我试图想象那幢房子会是什么样，我从没离开过这个被大家称作学校的地方。不知道房子的门会不会很大？妈妈告诉过我，他们家里有很多八音盒，姥姥特别喜欢打开之后能播放音乐的小盒子。

　　我看向托尼，试图从他脸上找出一些线索。但他的脸贴着门框，手里拿着装着他东西的纸袋。我的眼神落在了黛比蓝色背带裤的纽扣上，我感到一阵晕眩。她人很好，但她是新来的。我想念克拉比，因为以前是她陪我们过夜，我做噩梦的时候，她会抱住我，叫我"太太太太太太太阳"。她会告诉我，我们在这里很安全，所有住在锡南浓的人是一个大家庭，我们是一个相亲相爱、热爱世界的族群，我们最爱的就是我们的小宝宝。

　　黛比悄悄地对妈妈说了些什么，托尼很气愤。别人告诉我，他是我哥哥。我在操场上见过他，但他从来不和其他孩子一起玩，只是自己坐着。有时我也会坐在他旁边，但他好像不喜欢我，因为他会推我，让我走开。他比我大三岁，身高、体重是我的两倍，大家都说我们长得像，但我并不这么觉得。

　　妈妈把我抱起来，她看起来太像一只大鸟了，就好像她从天空中冲了下来，抓住了我们俩。我想告诉她不必担心，我也能飞。我足够强壮，有时在梦里，我的耳朵会变大，大到好像翅膀一样，让我可以飞到任何我想去的地方。我只需要扇动耳朵，然后直冲云霄。我告诉自己，记住，醒来的时候你要记住自己能飞。我现在能够想起来，是因为我刚刚睡醒。我想把这一切告诉她，但是没有时间了。她已经开始扇动翅膀，我们起飞了，我们飞过了学校、操场、院子、田野、楼群，我们飞越了整个锡南浓基地，我们曾在这里做游戏、吃饭、唱歌、睡觉。我们曾在这里听见扩音器和内部无线电广播中传来成年人的尖叫声，伴随着电波的杂音，我们听见人们在笑、在哭、在喊、在跳舞，一个爵士乐队演奏着音乐。还有朋克小队，他们是一群不良少年，喜欢说脏话，穿着挽起裤脚的牛仔裤，如果他们敢跟大人顶嘴，脸上就会挨拳头。每周，他们中都会有人逃跑，然后其他人就会大发雷霆。我们还能听见老人查克的声音，他是我们的领袖，讲着我们不能理解的事情。他说他爱我们，但他永远都那么愤怒。还有那只鸟，别人告诉我们要叫她"妈妈"，她怒气冲冲地扇动着翅膀，双眼锁定远方的目的地，她紧紧地抓着她的孩子，我们一起飞过塔玛莉湾，它的溪流缓缓汇入太平洋。我们飞过山坡上大片的红木林，海岸上巨大的浪花拍打着岩石，慢慢将它们拍成无数的小石子，岩石被粉碎、被拉扯，直到它们摸起来不再尖锐，直到它们方便携带，方便人们踩在脚下，方便从古老东方城市来参观的游客们挪动着被晒伤的脚踝，将它们放入小小的塑料袋。

逃离

大路

　　基地正门的停车场里，有一辆棕色的轿车正在等待。夜里的车道看起来不一样了。我见过星星，有时邦妮和克拉比会带我们出来，我们躺在地上，望向头顶的天空。我和邦妮为我自己选了一颗星星，它很好识别，就挂在田野边缘的橡树林上方。但我找不到它了，它去哪里了呢？我想指着它，给它取个名字，再跟它打声招呼。我能听见的只有我们挪动双脚的声音、树林里传来的轻柔的咕咕声、和停车场里低沉的引擎声。空气闻起来很潮湿，是水泥和松针的味道，长长的棕色轿车尾部喷出一团巨大的雾气。一个男人坐在驾驶座上，他留着金色的短胡子，胡子遮住了一半上唇。

　　我不敢相信自己的运气这么好，竟然可以坐车。"那是你的车吗，妈妈？那个男人是谁？"

　　"那是你姥爷。"她打开车后门，把我们安顿好。

　　"你好啊。"弗兰克姥爷说道。我从小镜子里看到了他的眼睛，他看起来就像一个更老、更矮的男版妈妈。他也有着同样饱满的脸颊，后来我才知道这被称作"荷兰式"的脸颊。妈妈给我讲过他的故事，他曾经入选荷兰奥运代表队，但没能去成，因为奥运会由于战争被取消了。妈妈说姥爷拥有全世界最有力的双手，他曾是一名体操运动员，还加入过两个不同国家的两支不同军队，分属于美国和荷兰。她说她出生的时候，姥爷正在一个遥远的地方和德国人打仗，弗里达姥姥给他寄了一张妈妈的照片。她曾给我看过那张照片：那是一个脸蛋圆圆的小婴儿，身上穿着白色的围裙，头上系着蝴蝶结，坐在椅子上。"爸爸带着这张照片上了船，照片一直放在他的兜里。"在一个叫作阿登的地方爆发了一场巨大的战役，德国人朝着姥爷和他的朋友们投掷炸弹，他蜷缩在地下一个洞里的时候，就会看着这张照片。那里发生了很多可怕的事情，但姥爷从来不提，因为一切都太糟糕了。他只讲过他会看着照片，然后轻声说道："洁里蒂娜，爸爸爱你。"

"嗨，老爸。"妈妈爬进前座，她朝周围看了看，扫视了一圈停车场、树林和通向大路的车道。

"我们去哪儿？"托尼问。

弗兰克姥爷在座位上一动不动，直视着前方，双手放在方向盘上。妈妈转过了身。

"我们要离开这儿了，亲爱的。"

"午饭之前我们能回来吗？"

"不能，我很抱歉，我们回不来。"

"但是诺亚还拿着我的棒球卡呢！"托尼跺着脚喊道。

"我会给你买新的卡片的。"姥爷说道。

听到一个男人说话让我感觉很陌生，我们太习惯和女性相处了。他的声音低沉且坚定。男人们不怎么会来学校，他们来的时候，我们会像看见了故事书里的野兽一样盯着他们。他们有的留着长胡子，有的留着八字胡，他们拥有强壮的肌肉，脚上穿着皮靴。他们有的是光头，但胳膊、脖子和胸前都长满了毛发。他们很高，和我们一起玩的时候会把我们抛向空中，以此来显示相比之下他们有多强壮。小小的我们在这样的庞然大物身边感到很有趣。

"好吧。"托尼嘟囔着。我能看出他和我一样震惊,我们不习惯和男人相处。

妈妈闭上眼睛,把双手举到耳朵旁边,揉搓着太阳穴。她看起来就和诺亚被卡在学校后面那棵大树上时一模一样。

"我们要和姥姥、姥爷一起住吗?"

"是的,会和他们一起住一阵子,但之后我们大概会搬去别的地方。"

"那邦妮和克拉比怎么办?"我问,"还有迪米特里,我能见到他们吗?他们也要离开吗?他们会和我们一起走吗?"

"我不知道他们要不要走,希望如此。我们可以给他们写信。"

"什么意思?"我会写信,我认识字母表,我学得和迪米特里一样好,我们睡觉前会一起看书,有时白天也会。但我不懂写信有什么意义,一张纸上的字母和坐在邦妮怀里给星星起名字有什么关系呢?和跟克拉比一起玩,听她叫我"太太太太太太太阳"有什么关系呢?

"你能做的只有相信我,亲爱的,我们现在必须走了。"

开出车道的路很不平坦,我被一股力量推进了座椅,我惊讶极了。我回头看向学校。车后窗里的景象看上去就像一部电影,我想象着我的朋友们睡在他们的小床上的样子,我想起有一次我在半夜醒来,发现迪米特里正在闭着眼睛讲话。我爬下床,将耳朵贴在他的嘴边,想听清他在说什么,但传来的都是零散的单词。"他在做梦呢。"克拉比轻声说道。我转过头,看到了她微笑着的脸、她带着重重黑眼圈的深邃的眼睛、她修剪得短短的头发,和她背带下鼓出来的宽大肩膀。"人在做梦的时候,有时会说话,有时不会。"

"如果我和他说话,他能听见吗?"

"不,他听不见,他的意识并不在这里,而是在他的思绪里,这就是梦,就是你在睡觉时幻想你到了一个从未去过的地方。"

我们转弯驶入高速公路的时候,锡南浓基地背后的星星在飞速移动。这就是大路!哇!我试图扇动双耳让自己飞回去,我想去抱抱邦

大路

妮，然后坐在迪米特里的小床边，看看他现在是不是在做梦。也许我们都在做梦，也许这就是他的梦，你怎么知道呢？

我哥哥坐在后座的另一边，他一直用拳头顶自己鼓起的腮帮子，直到发出"嘭"的一声。我们俩的棕色纸袋堆在我们中间。

我感到操场和院子在拉我回去，就好像一根弦被扯得太长，终于绷不住，弹了回去。我想爬回邦妮的怀里，我想睡觉。但是我们在高速公路上，这里还有其他的车，它们跑得是那么快，看起来就像模糊的影子，就像蜂鸟的翅膀。头顶的绿色牌子上写着不同的地名：旧金山，洛杉矶，奥克兰，萨克拉门托。这种感觉就和在梦里飞翔的感觉一模一样，好像我的双臂在身后打开，双腿收拢，我一跃而起，越来越高，直到我凌驾于万物之上，俯瞰一切。在那里，在那个比云还高的地方，我看见一堵石墙升起，那是一座灰色的塔。我能直接穿过云朵，进入塔中。当我闭上双眼，我能看见锡南浓的所有人，他们在哭、在跳舞、在笑、在尖叫，他们荡着秋千，吃着奶酪通心粉。邦妮、克拉比、迪米特里、卡西迪、盖、诺亚，还有爸爸。我使劲闭上眼睛想看清爸爸，但却是徒劳，他模糊得就像高速公路上驶过的汽车。于是我睁开眼睛，看见妈妈弓着背坐在前座，荷兰人特有的饱满脸颊上满是泪水，哥哥则紧闭着嘴唇，紧握拳头，看着窗外奇异的车辆和高速公路路标。

确实如妈妈所说，姥姥、姥爷的家里摆满了八音盒。卧室里有一个八音盒上镶嵌着一张蓝色风车的照片，客厅里有一个是用很老的木头做成的。当你打开它们，美妙的乐曲就会响起。在我们吃面包卷和奶酪的厨房里也摆着一个。客厅里还放着一架叫作祖父钟的东西，架子上也摆放着一些小型钟表，有的是用水晶做的，有的是用金属做的，有一个是用绿色石头打造出来的，表盘是白色的，没有数字，那是我最喜欢的一个。

在锡南浓，我们有桌子、椅子、告示牌、一个大秋千和塑料做的盘子。我们在小木桌旁吃饭、做手工。而这幢房子里挂满了油画，家具也都被打造成了海浪、花朵、面孔或楼房的造型。餐桌上方挂着的画中，一位戴着破烂帽子的老渔夫正向下望着，而一只玻璃做的猫正在客厅的架子上作潜行状。壁砖上拼出了一幅河流小溪穿越荷兰城市的图景，奶油色的沙发上点缀着绿色的小花，里面的填充物塞得比我见过的任何枕头都满。我怀疑这里是不是住着一位国王，因为姥爷的金色椅子看起来就像一个王座。

我喜欢弗兰克姥爷，他会和我们聊天，我们要出门时，他也会给我们爱的"股"励，其实就是使劲拍我们的屁股一下。他很搞笑，会让我们一个个排好队。他的手是真的很有劲，他会让我用最大的力气去抓他的手指，与此同时，他却笑得很开心。

他特别喜欢和我们开玩笑，我们会说："我们今天要干什么，姥爷？"

他会说："今天我们要去垃圾堆里。"

我们会大笑着回答："才不是呢！我们要去玩！"因为我们知道，他要么会带着我们坐他的高尔夫球车去捡高尔夫球，要么就带着我们去看他那辆停在码头边的小白船。

这时姥姥会凑过来说："别逗他们俩了，弗兰克。"

"都是开玩笑的！人一定要笑，你知道的。"

姥姥很瘦，白色的头发还泛着一点点青，她的牙齿很小，笑起来的时候几乎看不见，她也很少会笑。她的脸非常紧绷，就好像她藏着一个秘密，而这个秘密会随着时间的流逝一点一点流露出来。她喜欢穿着薄薄的蓝色长袍，坐在姥爷对面那把她最喜欢的椅子里，用一只高高的杯子喝着加冰的"荷兰茶"。这是她给这种饮料取的名字。"弗兰克，亲爱的，你能帮我续荷兰茶吗？"姥爷会从他的王座上起身，走到一个小吧台旁，从一个水晶瓶子里往高高的玻璃杯中倒上一种橙棕色的液体，闻起来就像甜甜的汽油。每天，从早到晚，姥姥都喝着她的荷兰茶。随着她越来越困倦，她的坏脾气也像气球漏气一样一点点消失了，到了晚饭时间，她会希望我们都能坐在她的身边。她会露出小小的牙齿微笑着说道："嗨，甜心，你在这里开心吗？你想来块糖吃吗？"

妈妈说姥姥一家在搬去荷兰之前一直住在美国，她的父亲是一名煤矿工人，她的家庭是贵格会*的成员，他们会在一起进行一种叫作"颤抖"**的活动，这也就意味着姥姥不能享受诸如跳舞或打牌之类的乐趣。后来她搬到了纽约，成为一名护士，在那里，她遇见了姥爷，姥爷便带着她又回到了荷兰。

早晨对她来说更难熬一些，她会说："我的头很痛，弗兰克，亲爱的，你能把我的药拿来吗？"弗兰克姥爷去帮她拿药、拿拖鞋、拿早餐，或者在上午十一点十五分准时拿来又一杯结满水珠的荷兰茶时，她总是小心翼翼地挪着步子，好像她很害怕迈出太大的步伐。

下午，我和托尼在外面草坪上玩耍的时候，妈妈一般都不在家。姥爷会坐在他的椅子上冲我们喊："啊喂喂喂……小心蜜蜂。"我不知道这是荷兰语还是姥爷就这么说话，因为我从来没有过另一个姥爷。我只在故事书里见过长着白发、驼着背的姥爷，他们似乎和妈妈们还有爸爸们有关。他们看起来是永恒的，就像那些大树一样。姥爷告诉我们要对妈妈好一点，她经历了太多不幸。

姥姥说她至少"终于离开了那个糟糕的地方，也终于甩掉了她那个瘾君子前夫"。

我知道她说的是爸爸，但在锡南浓，每个人都是瘾君子，我不明白这有什么可让她生气的。不过话说回来，我们也从来不会用"瘾君子"这个词，我们一般都说这个人是个毒品爱好者。大家这么说的时候都充满自豪，我很确信这个词就代表我们。如果有人问我们到底是白人、黑人、荷兰人还是意大利人，我不敢确定，但我知道我们是毒品爱好者，

---

* 基督教新教的一个派别。

** 贵格会（Quakers）也可直译为"震颤者"，得名于一位早期领袖的号诫"听到上帝的话而发抖"，也有说法称，在初期宗教聚会中常有教徒全身颤抖，因而得名。

因为大家成天讨论的就是这个。

托尼喜欢画怪兽，我喜欢画超级英雄。他喜欢画大型的战争场景，里面有坦克、士兵和爆炸，还有长着角和巨大牙齿的滴血野兽。它们的爪子拿着斧头、棍棒和枪。而我画的超级英雄会飞，他们试图杀掉那些怪兽，每次我们都分不清谁赢谁输。姥爷说我们应该好好地给妈妈画点什么，于是我就画了一张她留着长发的像，因为尽管她的脑袋被剃成了寸头，导致我们每次去慈善二手商店的时候别人都盯着她，但她说以前自己的头发又长又漂亮，她也喜欢在照片中看到这样的自己。她还说男人都喜欢长发，她想为了男人而变得漂亮，他们是不会喜欢留着寸头的单身妈妈的。

妈妈拿来了一本相册，给我展示她在荷兰长大时的照片。她给我们看了他们当时住的房子，她说她是讲着荷兰语长大的，说起话来，就像嘴里塞满了花生酱和饼干。她十四岁的时候才来美国，这里没有人和她讲荷兰语了，她只好开始说英语，或者完全不说话。

她说小时候她常玩耍的那个街区有好多弹坑，它们就像陆地上的巨型泪滴，就好像这块土地被挖掉了一样。她出生的时候有一场战争，姥爷也参加了，之后他们住进了一幢大房子，但依旧到处是瓦砾和碎石，还有那些巨大的坑洞，就在大家居住区域的正中间。

我问她是否看到过炸弹爆炸，她说那时战争已经全部结束了，但战争留下来的弹坑，可是孩子们绝佳的藏身之处。

C-U-L-T[*]

从来没有人告诉过我，我们是从一个邪教组织里逃出来的。除了姥姥，没有人用过这个词。其他人都管它叫"锡南浓"，有时也称其为"公社"。大家都说这个地方"在变坏之前"其实很好，这就是他们的说法，好像它只不过是变了质的牛奶。

妈妈和姥姥在客厅里吵架时，她说这个地方救了我们的命。她会举起双手说道："那时我还能去哪里？"

姥姥说："你本可以回家的啊！我就知道送你去伯克利是个错误。"妈妈不知道别人对她发怒的时候该怎么做，就好像她缺失了控制大喊大叫的那部分大脑，她会像一团纸一样蜷缩起来，将脑袋埋在枕头下面。她会告诉我们伯克利有多重要，她如何因为自己过人的聪明才智在十五岁的时候就去上了大学，又如何在那里认识了各种各样的新朋友，她还学会了在不同的位置上静坐，以此来改变世界，这样他们就能打败那个浑蛋里根了。

她游行过，静坐过，唱过歌，还被催泪弹袭击过，因为他们想要阻

---

* 邪教组织。

逃离

止一场战争（在一个名叫越南的地方），他们需要公民权。但是那个浑蛋里根想要的和他们不一样，于是他就派士兵向他们投掷催泪弹，让他们流眼泪。他们曾将胳膊挽在一起坐在马路上，骑着马匹的士兵向他们直冲过来，他们不知道自己会不会死，但如果你想改变世界，这就是你必须付出的代价。

妈妈总说："跟伯克利比起来，锡南浓算好的了。"她说伯克利是全世界的中心，而当时的政府会为了"维护一个谎言"屠杀青年。我不知道那个谎言是什么，但我敢说她害怕极了。她说那些男孩的尸体都被藏了起来，就好像人们应该忘记他们的死亡。我不知道那些男孩是谁、有多大，也不知道我们是不是下一个，但我为妈妈曾试图阻止这一切、试图保护像我们一样的男孩而感到自豪，尽管那个浑蛋里根一直朝她扔催泪弹（也许这就解释了为什么她那么爱哭，都是催泪气体的缘故）。

我很好奇那些尸体，他们被藏在哪儿了？我在姥姥、姥爷家门外的灌木丛里会不会碰到？人们为此感到难过吗？

妈妈说，锡南浓在变坏之前是要改变世界的，它本应成为一种全新的生活方式：所有人聚在一起，诚实、自由、不吸毒。她说人们需要一种新的生活方式，因为之前的已经行不通了，她很骄傲自己能成为这个新群体的一员，能和其他人一起改变世界。

在她讲述的时候，一切听起来都很美好，但他们一定要让孩子们那么孤单吗？

"锡南浓还算好的？"妈妈每次这样说的时候，姥姥都会大发雷霆，"他们夺走了你的孩子，洁提，然后把他们带到了那样、那样一个地方。"她说这话的样子，好像在用力吐出塞在她小小牙齿间的肉丝。

"锡南浓的学校很好。"他们把我们从父母身边带走之后，就会把我们带到那个叫作学校的地方，从只有六个月大起，我们就住在那里。因为老人查克说，反正毒品爱好者们也会给他们的孩子带来负面影响，所以我们都被安置在同一栋楼里，我们将成为宇宙的孩子。你必须听查克的。学校里有演示者，就像老师一样，我们上课、唱歌，我很幸运地拥有邦妮，她每天都会抱我，陪我一起唱歌，叫我"太太太太太太太阳"，问我想吃什么零食。

但是，其他大部分孩子都没有邦妮这样的角色陪伴他们，有些人从来没见过自己的父母，他们从来都不来看望自己的孩子。迪米特里说他不记得妈妈长什么样了，她在别的地方，他也不知道爸爸在哪里。演示者们说我们不需要父母，因为我们已经有彼此了。但是，我们不喜欢分享玩具，当我从噩梦中惊醒，或是从攀爬架上摔下来的时候，我也不知道能和谁去说。

年龄大一点的孩子们说，在锡南浓以外的世界里，孩子们都和自己的父母一起生活，父母会照顾他们。他们会拥抱你、亲吻你、和你讲话、把你举起来抱着，而且每天都是同样的两个人。他们会带你去各种地方，他们是自己人，你们一起组成了一个叫作"家庭"的东西。

锡南浓的孩子们希望自己也能拥有这个东西。

即使那个妈妈或爸爸是毒品爱好者，或者他们正忙着改变世界也没关系，至少自己不会孤独了。

有些孩子非常忧郁，托尼以前总是成天独自坐在操场的边缘。演示者试图拥抱他的时候，他也会转过身去。他不信任成年人，也不怎么和其他孩子玩耍。妈妈来看望我们时，她会说他这个人就是这样，他得学会如何"处理他的愤怒"。但也许这一切是因为有人对他做了什么不好的事情，有时会有这样的事情发生。孩子们会被狠狠地击打，或者被锁进壁橱，而他们没有爸爸妈妈可以告状，因为他们住在别的地方，而你连他们的脸是什么样子都记不起来。

又或许是因为他太孤独了，他已经快七岁了，我想妈妈不会知道将近七年的时间都是一个人度过是一种怎样的体验。

妈妈说那是"一所好学校"。

"那就是个孤儿院！"姥姥尖叫道，"由陌生人来照顾你的孩子的地方，就叫孤儿院！"姥姥说妈妈根本不知道每天是谁哄我们睡觉、是谁叫我们起床、是谁教我们读书。她说我们就是坐以待毙的鸭子（我们确实经常玩"鸭子鸭子鹅"*这个游戏）。"你把他们变成了孤儿，洁里！"姥姥说这话的时候，会坐在她的椅子里指着我们，而我们则假装什么也没有听到。她在下午接近傍晚的时候更容易失控，那时她已经喝了三四杯荷兰茶了。

妈妈并不理她，她很擅长这样做。如果我们告诉她我们饿了，她会说："不，你们不饿，你们刚吃过。"如果我们中的一个说："我很难过。"她会告诉我们那不是真的，我们现在很开心，因为我们和她在一起。

让别人告诉你你的感受是一件很奇怪的事，但也许她比我们更懂吧。

她从来不会说"你为什么难过"或者"一切都会好起来的"，就好像我们不被允许感到难过一样。除了她告诉我们的以外，我们不被允许任何事情。她不会打我们，也不会冲我们大喊大叫，她只会在沙发上蜷成一个球，面无表情。她会坐在床上抱着膝盖，边摇晃边说："不是我的错。"她会摇着头发呆，或者开始哭泣，直到我们中的一个告诉她一切会好起来的，我们不难过，妈妈，我们是开玩笑的，我们现在很开心，因为我们和她在一起。这时她就会擦干眼泪，告诉我们在那里的每一天她都很想我们。

有时候我们和她说话时，她只是直直地盯着天花板，双手放在胸前，面无表情，好像她根本不在那儿一样。姥爷说这是因为她很难过，但姥姥管这叫"异域症"**。托尼会摇晃她的肩膀，或者用手在她面前挥舞。我们不太知道该怎么做，因为我们并不是很了解她，我们对她的了解仅限于她来看望我们的时候。如果她真的有"异域症"，那我们的职责就是让她走出来，因为除了我们，还有谁会这么做呢？

---

* 一个类似丢手绢的游戏。

** 原文为"deep- russian"，与"depression"发音相似。——编者注

我们知道她痛恨那个浑蛋里根，因为她和姥姥会为此争吵，她们什么都吵。妈妈说"里根是个法西斯主义者，母亲"或者"如果那个浑蛋当上了总统，我们就什么也没有了"。每当妈妈这么说的时候，姥姥都会盯着她，仿佛她体内有什么东西正在嘀嗒嘀嗒地走着，脑袋里有什么东西正在转着，就像她杯底那些被碾碎了的冰碴儿一样。

"他那会儿是州长，你们这帮孩子没能阻止任何事情，只是上演了一场耍脾气的闹剧，一场带着标语、音乐和毒品的闹剧。你当初为什么不能留在密尔斯学院？为什么非得去伯克利？"

姥姥这么说的时候，妈妈会笑，因为人人都知道你在锡南浓是不能吸毒的，这本是这个地方存在的初衷。妈妈会告诉姥姥锡南浓的人是在建设一个更好的世界，然后她会说："我恨密尔斯，母亲，那里的女孩以后都会成为对丈夫卑躬屈膝的仆人，她们正学着如何在这台商业机器中成为俯首帖耳的小齿轮。"

"至少她们能过上正常的生活，而你却加入了邪教。"

这个词又出现了。C-U-L-T。我会拼写，因为每个在锡南浓的人都会拼写，小孩子们也会。我最喜欢的字母是 O，我喜欢幻想在它的另一边有一整个世界，那是一个安静的地方，你可以去那里小憩，只要你能让自己变得小到可以从中间穿过去。

C-U-L-T 是一个丑陋的单词，C 看起来正在将 U 射向 L，而 T 正展开双臂静静地站在那里，试图保持自己和其他字母的距离。这是四个看起来不太想组成同一个单词的字母，也许这就是为什么每个人说到这个词的时候看起来都那么愤怒。

"是啊，我也希望我没有把孩子给他们。"妈妈轻声说道，她看着我们。她总说如果不是因为锡南浓，爸爸就会死掉，因为他是一个过分狂热的毒品爱好者，他因此进了监狱，他必须去锡南浓，在那里生活，参与那个游戏，这样他才能从监狱里出来，戒掉毒瘾，继续生活。

姥爷在厨房里准备晚餐，姥姥穿着长袍坐在她塞满填充物的绿椅子

逃离

里，旁边的托盘上摆着一杯荷兰茶。

"我那时挺喜欢吉米的，大家都是，他很幽默。"爸爸骑着他的摩托车来看我们时，你能听见引擎的轰鸣声响彻山谷和田野。我们会停下手里的一切事情跑到学校正门，因为我们知道是他来了。他是一位"族群领袖"，这也就意味着他是锡南浓的重要人物。就连查克也很尊敬他，因为没有人比他更厉害。在他搬到塔玛莉湾之前，他管理着比科的加油站，很多汽车机械师在那里工作，大家都说他知道许多关于车和人的事情。他会从摩托车上下来，关掉引擎，我们向他跑去，他会一把将我们抱起来。

我们和爸爸在一起时感到很安全，不过姥姥经常说他的坏话："我知道他戒掉了海洛因，但我永远不明白你为什么会嫁给一个刚从监狱里出来的人。"

托尼说爸爸是在一次吸毒过量后来到锡南浓的，这意思就是你服用了太多药物，导致身体进入了睡眠状态。有一天，他的一些朋友把他扔在了锡南浓的大门口。老人查克收留了他，爸爸花了一周时间在沙发上瑟瑟发抖，对着桶呕吐。通过呕吐，海洛因就能从他的身体里排出来了。

妈妈狠狠地看了一眼姥姥，然后指了指我们。

"你怎么能相信那样一个男人？"

姥姥正在做鸡肉米饭，这是姥爷在一个叫作"印第安尼西亚"的地方时，姥姥学会后为他做的。这是我的最爱。妈妈和姥姥吵架时，姥爷会在厨房里看管灶台上的食物。他说他从战场上回到家里后成立了一家公司，负责将船从荷兰开到印第安尼西亚，这样荷兰人就能拥有那里的东西了。他们的家中摆满了各种各样的面具和小雕塑，其中有戴着金色尖帽微笑的女人，还有鼻子里插着骨头的木质男人，这些都是他从印第安尼西亚带回来的。他们在荷兰有一幢大房子，妈妈和她的姐姐帕姆（她是我的"姨妈"）还有她的哥哥乔恩（他是我的"舅舅"，这些都是"家庭"里会有的东西）都和姥姥、姥爷住在一起。他们甚至还有一个保姆，她和她的丈夫也住在那里，他们经常帮忙照看孩子。妈妈说这个保姆才是把她养大的人，因为姥爷总是忙于他的船只，而姥姥总是沉醉在她的荷兰茶里。

也许这就是她送我们去学校的原因，因为她不认为应该由父母来养育孩子。

这一切都发生在妈妈十四岁，也就是一家人搬来美国之前，他们来到这里，是因为这样妈妈、帕姆姨妈和乔恩舅舅就能进入像斯坦福一样优秀的美国大学了。

乔恩舅舅来拜访我们时，你能从几千米外就听到他的动静。他也和爸爸一样，骑着一台又大又吵的摩托车。他看起来和锡南浓人不一样，没有剃寸头，而是留着大胡子和金色的长发。妈妈说他去锡南浓看望过我们一次，全程都坐在后排，觉得那里的每个人都奇怪极了。他对我们很好，他和姥爷一样喜欢开玩笑。

帕姆姨妈也会带着她的孩子（他们是我的"表亲"，当你拥有这个叫作家庭的东西时，还真是要记住许多头衔）来看望我们。他们的名字是玛茜和保罗，他们会和我们一起在地板上玩耍，或是坐在桌子旁画画。乔恩舅舅也给我们带来了另一个表亲，她叫海蒂。我喜欢表亲，因为他们就像是和你长得很像的朋友。帕姆姨妈也有和妈妈一样饱满的荷兰脸颊和温暖的笑声，她会拥抱我们，说当我们在"那个地方"的时候，她很想念我们。这时妈妈会看她一眼，然后大家就陷入了沉默。

妈妈说我们的爸爸"并没有那么坏"的时候，姥姥会非常生气："他是个罪犯！是个瘾君子！而且他还为了一个荡妇离开了你。"我假装看向别处。"一个好男人是不会离开的，一个好男人会将你带出那个糟糕的地方！"

妈妈说她和爸爸现在是"朋友"，他们两个都非常爱我们。我不确定荡妇是什么，但是在锡南浓，大家都住在一起，所以爸爸走后的那天，妈妈只能带着肚子里的我走下楼去，她看见爸爸坐在大大的公共休

逃离

息室里，而那个荡妇正坐在他的腿上。她说那时，她就知道必须为了我而变得坚强，因为保护我是她的职责，我是个特殊的小生命，我必须来到这个世界上。

托尼说，爸爸是在用他的"丁丁"思考。

"我想要的只不过是一个能照顾我的男人，一个正常的男人。"

"那你为什么要嫁给一个瘾君子？"姥姥看着妈妈，她正盯着面前的白墙，抱着腿上的枕头。"我不知道你想让我和你爸做什么，但你总得有醒过来的时候，你总要知道这个世界不是你幻想中的乐园，这里有太多疯狂的事和奇怪的人了，看看你自己，没有丈夫，没有钱，带着两个孩子，顶着一颗光头，你看起来就像个精神病人。"

姥姥不明白必须对妈妈温柔一点，否则她就会陷入"异域症"。

"谁饿了？"姥爷喊道。

"你觉得我们搬到加利福尼亚就是为了这个吗？就为了能让你变成现在这样？"

妈妈一动不动地坐在沙发上，看起来好像正在思考问题的解决方案："我只是想来看看你们，我们很快就走。"

"那你要拿他们俩怎么办？"姥姥朝着餐桌的方向抬起手说道，姥爷正将冒着热气的香辣鸡肉米饭端上桌。"你也知道那些疯子在找你，这两个孩子你是藏不了一辈子的。"

车道上的血迹

东奥克兰的那间公寓位于一座看起来像宇宙飞船的大楼的二层。楼上有喷气飞机式的蓝色楼梯，屋顶上有像一只朝向太空的鼻子一样的巨大管道。这里是我们的新家。大楼坐落于拐角处，对面是一家加油站和一个汉堡摊位，摊位上的电子广告牌上写着：奥斯卡炭烤汉堡，四分之一磅重。托尼说，没有什么比奶酪汉堡和薯条更美味的了，但他是怎么知道的呢？我们从来没去餐厅吃过饭。

我们搬进去的时候没有家具，于是我们把棕色纸袋里的衣服拿出来，在客厅里整齐地摞成了一个沙发。托尼用夹克外套拼出了一张床，我用鞋子搭起了一张小桌子，这样我们就能把脚跷起来了。它们比普通的家具要好，因为我们可以发挥想象，将衣服堆排列组合成任何我们想要的形状。

我们躺下凝视着天花板时，妈妈接好了她的唱片机。那是一个小小的塑料箱子，打开后里面有小小的扩音器和一张唱盘。她只需要接上电源，原本空荡荡的房间就会霎时间被人声和乐器声填满，她带的唱片包括琼·贝兹、鲍勃·迪伦、艾灵顿公爵、迈尔士·戴维斯、柴可夫斯基和贝多芬，还有披头士乐队和大门乐队每分钟四十五转的白色小唱片。

宇宙飞船里的唱机永远开着，这样就不会感觉那么空落落了。

因为家里没有灶台，她会用滚烫的盘子给我们做鸡汤，然后把汤倒进白色的塑料杯子里，她说这样能让我们节省时间，因为这就意味着我们不用像其他人一样洗碗了。鞋子搭成的桌子没办法支撑住汤和饼干，于是我们就坐在地板上，背靠着墙，边听着琼·贝兹边吃。

她唱歌时，声音充满了整个房间，就好像她正飘浮在我们头顶上方，她的歌声高亢又丝滑，她像一位忧伤的天使，让我们感觉自己畅游在一片拥有无数个琼·贝兹的海洋里，被她的声音环绕。她的歌声进入你的耳朵，充斥并环绕着你的脑袋，从衣服和鞋柜上跃下，再弹跳过由T恤、袜子和内裤拼成的床铺。正对着门的墙上有一条长长的窗户，我们吹着杯子里的热汤时，能听见外面汽车的声音，还有路上行人的大喊大叫。妈妈说我们"现在来到了人群中间，不再像尼克松一样被关在一个防御坚固的堡垒里了"，这是好事。

地球上只有我们四个人，托尼、我、妈妈和琼·贝兹。她的声音回荡在我们宇宙飞船狭小的墙壁间：

新奥尔良有一座房子，
人们都叫它日升之屋，
很多可怜的姑娘在此毁掉一生，
而我，上帝啊，也是其中之一。*

妈妈说锡南浓就像一个大大的圈，比世界上任何东西都大，从那里离开就是从这个圈里走出来，同时也从她自己中走出来，因为她自己也是这个圈。没有了锡南浓，她就不知道自己脑袋里的那个人是谁了，只剩下她自己之后，那里的空间似乎变小了许多。

---

* 《日升之屋》（*House of the Rising Sun*）。——编者注

她会和我们讲述锡南浓的乐队，他们每晚做完那个游戏之后都会跳舞。所有人聚在一间大屋子里，摇摆、晃动他们的身体，跳跃，或者挥舞拍打着手臂。"我们知道怎样能玩得开心，这一点毋庸置疑。"她边说边摇着头，凝望着窗外闪烁的奥斯卡汉堡广告牌，"你们的父亲舞跳得很好。"她说他们能跳一整夜，和朋友们一起跳舞是一件特别的事，他们爱着对方，而且无须顾忌这个世界的注视。这就是锡南浓美好的地方：音乐。

我们慢慢进入了梦乡。我醒来时，妈妈正躺在我和托尼中间打着呼噜。来到一个新地方的感觉很奇怪，陌生的寂静，陌生的黑暗，人行道上传来陌生的声音。**迪米特里和邦妮还有克拉比在哪里？他们在那个圈里吗？我现在是在圈外面了吗？**

妈妈说，在锡南浓以外的这个世界里，一切都不一样了。这里有不同的规则。我们可以让头发长长，也可以拥有自己的自行车，孩子们都和爸爸妈妈住在一起。这里没有那个游戏了，那个所有人围成一个大圈坐下、对着彼此大喊大叫的游戏——在锡南浓，每个人都必须参与。最开始只有毒品爱好者们会这样做，这样新来的毒品爱好者才能从老毒品爱好者那里学到经验，因为毒品爱好者们什么也听不清，你必须对他们大喊大叫。一开始这个游戏叫作群体治疗，但后来老人查克认为它应该变得更加极端，于是大家就开始大喊大叫了。

不知道为什么，大家很喜欢这项活动。后来，许多和妈妈一样不吸毒但为了改变世界也想住进锡南浓的"正经人"搬了进来，他们也加入了这个游戏。在这个游戏中，你可以变得刻薄无理，你想说什么都可以。你可以说别人是"浑蛋"、"畜生"或者"狗屎"，你可以指控他们干坏事，说出他们撒谎、逃避、躲藏的各种方式，你可以用世界上最恶毒的方式形容他们。但是游戏结束后，你必须再次变得彬彬有礼，你必须微笑着拥抱刚刚你骂他狗屎的那个人。而他也必须接受你的拥抱，并且假装一点也不生气，然后等到下一次游戏的时候再骂你浑蛋。

在游戏中，每个人都是平等的。但妈妈说"有些人比其他人得到了更多的平等"，因为大家都知道，不能说查克或其他领袖的坏话，即使他们很讨厌，即使他们逼着你离了婚、剃光了你的头发、夺走了你的孩子。

锡南浓是邪教的原因也就在于此。

在锡南浓以外的世界里，一切都比以前大了许多。我们开车去圣何塞的时候，就有这种感觉。大街上有许多车辆和巨大的楼房，还有载满乘客的公交车，车里的人们都目视前方，不和对方说话。噪声来自机器，来自凿岩钻和割草机，还有空调和冒着黑烟的柴油发动机。这里有这么多运动着的东西，这么多人。**他们为什么不和彼此说话呢？**

我们去奥斯卡的小店吃午饭，托尼想点一整个奶酪汉堡。妈妈说他肯定吃不完，于是我们只好分享。和汉堡一起上来的还有一小筐热乎乎、咸津津的金黄色薯条，每一根都和我们的手指一样大，我们蘸着番茄酱吃。妈妈将奥斯卡汉堡切成两半时，红色的汁水和芥末酱溅到了小筐上，我和托尼像王子举杯一样拿起了各自的一半汉堡。我想富人一定就是这样生活的，他们可以在任何时候享用奶酪汉堡午餐。托尼说爸爸带他去吃过汉堡，但我不相信，因为他吃完他那一半后，把手上咸咸的酱汁也舔干净了，然后又舔了一遍小筐底下垫着的蜡纸。

我们翻过了一座由金属和水泥砌成的大桥，看见桥下的水向各个方向奔涌，我们身后的岸边坐落着一排工厂，恶魔岛监狱被船包围着伫立在海湾中间。**一切都是那么大！是什么东西创造了这一切呢？怎么可能一下就想象出所有？**

这一切仿佛巨人的作品。仿佛他们在地球上行走时，在这里放了一栋楼，在那里摆了一座桥，又用他们巨大的鞋子将一条隧道踢进了山中。

我们在姥姥、姥爷位于圣何塞的家中吃过晚饭，回到公寓时已经很晚了。我们走到宇宙飞船的楼梯尽头时，发现屋门大敞着。妈妈将我和托尼推向栏杆的方向。"有人吗？"她捏着我的手，身体前倾着喊道，"有人在吗？"她进了门，我们在外面等待。

托尼说，也许是爸爸来看我们了，于是我们在栏杆另一侧下方的停车场里寻找着他的摩托车，但毫无踪迹。

我们听见公寓里传来妈妈的声音："哦，天哪……看在上帝的分儿上……真是见鬼了。"

我们走进屋，发现她坐在地板中央。我们的东西被扔得到处都是，包都被翻了个底朝天，衣服和唱片散落在奶油色的地毯上。

"我不明白，"妈妈说，"我们能有什么让人想偷的东西？"

我们站在外面等着警察，他们来了，走过我们身旁时点了点头。他们拿着手电筒在房间里走来走去，光从宇宙飞船正面的大窗户里投射了出去。

两位警察中的一位正在走廊里向妈妈提问，她则背靠着墙坐在地上。他留着棕色的八字胡，腰间的黑色枪套里装的是一把真正的枪。他想知道我们是否有贵重物品，如珠宝、电视或信用卡。

妈妈面露尴尬地摇了摇头。

"我们有一台唱片机。"托尼说。它一定也值些钱的，毕竟是它填满了空荡荡的房间。

妈妈跪在地上，我们挑捡着二手牛仔裤和袜子，将它们在屋子中间堆成一堆。在鲍勃·迪伦唱片封面上他皮夹克的位置，赫然落着一个靴印。其他唱片要么被埋在了衣服底下，要么被扔到了墙边，唱片机不见了。

警察问我们机器是否贵重，妈妈摇着头回答说，那只不过是一坨旧塑料。

在公寓正前方的窗台上，一个小小的金色相框里放着一张爸爸的照片。照片里的他正微笑着躺在地上，伸展四肢，留着寸头、鬓角和黑色的大八字胡。我有时会将照片拿下来盯着看，试图想象他当时在哪里，在做什么。我在镜子中端详自己的脸时，看不到他的痕迹。人们都说儿子会长得像爸爸，但我却有着玉米须一样的金色头发、搞笑的大牙、鼻孔外翻的鼻子和像妈妈一样的荷兰脸蛋。爸爸的头发是黑色的，还长着一只大鹰钩鼻，他的双眼嵌在深陷的眼窝中，皮肤是焦糖一般的深棕色。他的笑容很特别，仿佛一道光一闪而过，就好像他即将给你讲一个笑话，而他自己已经在笑了。

妈妈说他也离开了锡南浓，那个地方已经变得过于疯狂了，他们开始破坏人们的婚姻，强迫所有男人"切除树精管"。因为老人查克的妻子去世了，他决定所有人都不能结婚，于是几百对夫妻都离婚了。他说这是为这个世界好。他们开了一个大会，决议每个人都要拥有一个新伴侣，于是有一天，大家就被分配了新的丈夫或妻子，即使他们和这个人并不是很熟。妈妈说，有些人觉得这简直不可理喻，也是从这时开始，许多人决定离开。因为只有邪教才会做这么疯狂的事。

这让老人查克很生气，于是他成立了一个组织，他们配枪、穿靴子、接受格斗训练，这些男人开始殴打那些试图离开的人。他们把这些想要离开的人叫作"分裂者"，"肮脏下流的分裂者"。

爸爸也离开了，他现在和另一个女人还有她的女儿，住在洛杉矶附近的一个地方。

除此以外，我们认识的男人只有菲尔，他是妈妈在锡南浓的朋友。他总是将他的野营车停在宇宙飞船旁边那条长长的车道上。每隔几天，他就会来敲我们的门，因为他需要用我们的淋浴。他也刚刚离开锡南浓，正在适应外面的世界。他的橘黄色大众野营车看起来就像一颗巨大的南瓜。他从走廊进来的时候会低下头，手里拿着毛巾和牙刷，耸着肩膀。他总是戴着金属框的眼镜，轻声细语地问我们香皂在哪里。有时他也会留下来吃晚饭，然后再回到他晚上睡觉的野营车里去。

他的前妻和女儿达拉还在锡南浓。妈妈说菲尔希望达拉能来和他住，但锡南浓不同意，于是菲尔找了一位法官，向他证明锡南浓并不是一个适合孩子居住的地方。我熬夜时能听见他们在聊天，因为卧室太黑，我总是开着门睡。他说他很害怕，有两个男人来找过他，两个属于老人查克的男人，他们告诉他"别想上升到法律层面"，否则就会有大麻烦。他当时正准备给老人查克发"船票"，也就是你要让别人去面对法官的意思。他想如果法官能够了解那所学校，了解他们如何将婴儿从父母手中夺走并送进那个像孤儿院一样的地方，就会让女儿回到他身边。但是他很害怕那些男人，因为人人都知道他们会使用暴力手段。他不知道该怎么做，他想见见他的女儿。

不知道爸爸是不是也这么想，他会不会也像我看他的照片一样看我的照片，还是说他正忙着在洛杉矶的新家骑摩托车，和他的新女友共度时光。

达拉和菲尔一起来吃晚饭了，我们去了奥斯卡的汉堡店，因为他已经太久没见过她了，我们决定庆祝一下。达拉和我一样大，但比起小孩，她看起来更像一个瓷娃娃。她有着奶油色的皮肤和与眉毛齐平的黑色头发，笑起来的时候会露出歪歪扭扭的牙齿，她正坐在菲尔的腿上吃薯条。晚饭后，我们一起玩乐高，这是从大学街上那家慈善二手商店里买来的一大包东西里的。她说她妈妈是世界上最漂亮的妈妈，我说我爸爸是世界上最酷的爸爸，菲尔和妈妈说："嘿，那我们呢？"

我们搬进位于伯克利斯伯丁大道上的房子里后，菲尔也住了进来。他开来了他的橘黄色大众野营车，跟在我们的白色老式雪佛兰织女星后面。这辆车是姥爷花八百美元给我们买的，它的车门都是木头做的，车里装满了我们从救世军二手店里买来的锅碗瓢盆和衣服。

这条街在两侧人行道上排列着的大树树枝的掩映下，看起来像一条隧道。地上全是落叶，覆盖了路面和下水沟，在草坪和车道上铺成了一张棕黄色的毯子。妈妈说，我们即将拥有属于自己的房子了，我们会和菲尔一起住，达拉偶尔也会来。我们再也不会隔着墙壁听见邻居的声音，也不用再拎着食物赈济处的袋子爬上宇宙飞船的大楼梯了，袋子里装着我们排了好长的队领到的面粉、糖、牛奶和橡胶一样的橘黄色奶酪，这种奶酪可以用来做面条或者烤奶酪三明治。

　　　　　　　　　　　　　　　　　　　逃离

我们的房子是棕色的，门廊面积很大，一共有九级水泥台阶，侧面还有一条长长的车道。房子里有两间卧室和一个卫生间、一个真正的厨房、一个客厅，后院里甚至还种着一棵开满白花的树。我们跑进房子，大喊着那间更大的卧室是我们的，菲尔说那间本来也是我们的，因为我们三个人需要共享。

我喜欢菲尔，我想爸爸们是不是就是这样的呢？他不会拥抱我，但有时会将手放在我的肩膀上捏一捏，我的胸膛里会感到一阵温暖，那是一种很好的感觉。我知道他不是我的爸爸，但我喜欢和他住在一起，因为人越多越安全。

这是否就是拥有一个家庭的感觉呢？

每当他回到家，他都会用瘦瘦的胳膊举起达拉，而她就像一只小猴子一样挂在他身上。我觉得她能和爸爸在一起真幸运。我甚至不介意莫里斯太太把菲尔当成我的爸爸，她就住在隔壁，和她的两个孩子一起。"你应该告诉你爸今天是收垃圾日。"她在隔壁的门廊上对我说道。我不知道该怎么回答，因为我爸爸在一个金色的相框里，他和别人一起住在别的城市的房子里，于是我什么也没说。

菲尔走出来，说他知道今天是收垃圾日。他将手放在我的肩膀上捏了捏，我感到一阵温暖，因为我知道他不介意别人把他当成我的爸爸，尽管我已经有了一个爸爸。这就意味着我不用向莫里斯太太解释我爸爸离开了我们，而我们对此已经很难过了。

一个假装的家庭总比没有强，总比在其实是个孤儿院的学校里醒来后没人可以说话强。

妈妈说，单身母亲是世界上最不容易的人，莫里斯太太就是位单身母亲，我们无法理解她们有多难。她说把我们送进像孤儿院一样的学校并不是她的错，我们不该为此让她感到自责，因为如果没有那个地方，爸爸就会死掉，而一直以来她想要的，仅仅是个能照顾她的男人。她说我们现在不再难过了，我们很开心，因为我们拥有了一个家庭，尽管我们知道这个家庭是假装的。

她躺在床上，脸上又失去了表情，我们知道她的"异域症"又犯了，于是我揉着她的背，告诉她我不难过。

下雨的时候，菲尔会把厨房黄色地板上的积水扫走，因为雨水会通过后门，从门廊里渗进来。房子里还有一条破了洞的排水管，它会像水龙头一样喷出水来，在厨房的地上制造出一片小湖。但能住在房子里还是很幸福的，他甚至为了达拉和我，将长车道尽头的车库改造成了一间游戏室，那里有水泥地和摆放着玩具的高高木架。

达拉和我一天到晚都在那里玩耍，地上铺了一张从慈善二手店里买来的大地毯，所以我们不会太冷，但天气凉的时候，我们也还是要穿毛衣的。

妈妈说锡南浓的每个人都疯了，他们认为我们属于他们，认为我们俩是他们的孩子，不是妈妈的。达拉和我必须待在车库里，因为妈妈说他们可能会来找我们，把我们带走。也许车库里确实更安全吧，但整日坐在水泥地上也会变得无聊。我知道她这是为我们担心，我想那些找过菲尔的男人也把她吓着了。

有时候，我们能听到马路上冰激凌车的声音，也能听到隔门关上的响声和隔壁孩子们骑着自行车想要追上去的声音。我们能听见他们在玩贴标签或跳房子的游戏，或者用粉笔在人行横道上画画。我们听着他们讲话，试图记住谁是谁。他们很幸运，因为他们可以出门玩耍。"那是萨拉，她是长着鬈发和雀斑、个子高高的那个。她住在那个屋前有花丛的绿色房子里，她好像刚换了一辆新自行车。"

"不不，那是莫莉，萨拉是她姐姐，棕色头发的那个。"

托尼从来不和我们一起玩，他要么就是在画他的怪兽，要么就是在看棒球卡或者阅读从救世军二手店里买来的那摞《疯狂》杂志。"我需要一张新的麦克·舒密特*的卡，这张的角有点折了。"妈妈白天不在家，

---

* 前美国职业棒球大联盟著名球员。——编者注

因为她要调查锡南浓那些想要伤害别人的人。她会去采访那些被殴打、被吼骂或者被恐吓的人，然后将所有信息写进一本书，把它交给政府。菲尔有时候会在家，但他也总是在忙着阻止一个叫作代阿布洛峡谷的核电站计划，因为核电站会害死人。

托尼说，妈妈不在乎我们身上发生什么，她把我们从锡南浓带出来是因为她不喜欢爸爸。她在晚上会试图拥抱他，但他总是抱起胳膊转过身去。托尼会给我讲关于爸爸的故事，他说十年来，爸爸都在大衣内侧装着一把枪管锯短的猎枪，他说爸爸在监狱里的时候，每个人都害怕他，因为他是跆拳道黑带，而且生气的时候嗓门儿特别大。"爸爸在锡南浓领导着很多人，所以妈妈不喜欢他。"他说，"就连查克都会听爸爸的，因为大家都知道，他是那里最厉害的人。"我试图想象爸爸的样子，但脑海里浮现的只有牛仔裤和摩托车的模糊影像，还有金色相框里的那张脸。

"爸爸在监狱里待了好几年，但他并不在意，因为他知道如何应付一切。他和皮特叔叔敢跟任何人打架，不管对面有多少人。"我不知道托尼给我讲的故事是真是假，但我希望他知道的关于爸爸的事没有比我多出那么多。他讲得好像他每天都和爸爸生活在一起一样，尽管我经常看见他独自一人坐在锡南浓的操场上。爸爸来看我们的时候，他会从地上跳起来，脸上挂着大大的微笑。"你等着吧，爸爸会带我们离开这儿的。你什么也不用担心，因为每个人都害怕爸爸。"这听起来很美好，我们受够了为了躲避那些坏人，每天待在车库里。

有时候托尼会走上街头，尽管他不应该这样。他不在乎。妈妈已经无力再和他争吵了，只好放任他为所欲为，他会冲她喊"我恨你"，而她又会变成那个样子，仿佛永远都走不出来。

托尼正在马路上，而我正坐在前廊玩耍，妈妈在餐厅里和她的朋友一起喝着咖啡，她们坐在黄色的水晶吊灯下，她的朋友也有着和妈妈一样黄的牙齿，留着蓬松的棕色鬈发。达拉和她妈妈走了，即使托尼能在街上玩，我也只能待在前廊。

菲尔将他的橘黄色野营车开进了车道，他从车里下来，探身去拿买来的东西时，我看见两个男人从后面向他走了过去。他们的脸上戴着什么东西，像是和皮肤颜色一样的面具，将他们的鼻子压得和脸一样平。即使戴着面具，你也能看出他们剃了光头，这也就意味着他们是从锡南浓来的。

他们的手里拿着细细的黑色棍棒，看起来就像小号的棒球棒。他们向菲尔走过去的时候，其中一个人低低地举着棍子，另一个人用棍子轻轻地点着地。一开始我以为他们在恶作剧，因为我听说过人们会在万圣节的时候扮演别的角色，不过我们在锡南浓从来没体验过。要不然他们为什么要戴面具呢，为什么要躲在橘黄色野营车后面不让菲尔看见呢？

菲尔从车里出来的时候，微笑着抬头看了我一眼，在我张嘴说话之前，两个男人中的一个就从后面向他跑了过去，朝着他的头来了一棒，菲尔倒在了地上。他倒下的姿势很奇怪，像是一摞积木棒被踢翻了一样，他的身体弯成奇怪的形状，两条腿从身子底下伸了出来。

我跳起来向后退去，环顾门廊四周，想看看还有没有人目睹了这一切。我不知道是该尖叫还是逃跑还是喊人来，但我不希望那些男人看见我。另一个男人猛击了菲尔的腿，他的腿像橡胶一样弹了起来，一只脚上的灰色运动鞋飞了出去。菲尔用两只胳膊护着脑袋，低下头开始尖叫。

他的声音在街道上回响，周围十分安静，我能听到的只有："救命啊啊啊啊啊！救命啊啊啊啊啊！"

两个男人在说着什么，我听不清楚，但他们明显很生气。我紧紧闭上双眼，在菲尔的尖叫声中，还夹杂着棍棒落在他身体上的声音，听起来像是在用什么东西敲肉。当我睁开眼环顾门廊上的柱子时，菲尔正透过他的双臂间隙直直地看着我。

他看起来很伤心，甚至像是在对我说抱歉。他的额头上有血，腿部也奇怪地弯曲着，我想告诉他没有什么可抱歉的。

我想，只要我保持静止，我就是隐形的，我就能消失。**我怎样才能**

让自己变小？我现在能扇动耳朵飞起来吗？他们会看见我吗？

马路对面，一些邻居家的孩子在围观。我看见托尼也站在他们中间，穿着一件从慈善二手商店里买来的红色卫衣。我不明白为什么大家什么都不做。菲尔没了声音，其中一个男人将棍子搭在肩上，看着孩子们说道："你们有人知道托尼和米克在哪儿吗？"他的声音在面具的掩盖之下听起来闷闷的，他的鼻子被挤压得十分可笑。

我看到托尼整个人都僵住了，孩子们面面相觑，缓慢地摇着头，有些盯着那两个男人，有些盯着地面。托尼是否也能隐形呢？我闭上眼睛，试图将我的力量传递给他。别呼吸，别做任何事。

"有人知道吗？！"

没有人说话，他们大概不知道我们的名字。

莫里斯太太跑到了她的前廊上，棕色的头发乱蓬蓬地飘舞着。她告诉那两个男人她已经报警了，他们最好赶紧离开。两人环顾着四周，就好像他们有大把的时间一样，然后慢吞吞地走远了。妈妈和她的朋友跑到了前廊上，很快就来了一辆救护车，在大家的注视下，菲尔被接走了。他们将他抬进车后面的时候，他看起来是那么瘦弱和无助。

救护车离开后，妈妈将我们带回了圣何塞姥姥、姥爷家。姥爷给我们开了门，时间已经很晚了，他小声说道："我帮你和两个孩子铺好了床，你们想待多久就待多久。"

妈妈放下我们俩，拥抱了姥爷，将头埋在他的肩膀里。"我不知道，爸爸，我不知道。"

"嘘，嘘，"他轻轻地拍着她的背，"你们现在没事了，没关系的，我的小姑娘。"她把我们安顿好，可我根本睡不着，脑子里一直回想着那两个戴面具的男人。外面传来的每个噪声，房子里的每处响声，我哥哥睡觉时每翻一次身，我都觉得是不是那两个拿着棍子的人来了，他们是不是跟着我们来到了这里，我们是不是下一个。我回想着瘫在地上的菲尔和他一瞬间倒下去的样子。

他们为什么那么生气？我们做错了什么？托尼说的是对的吗？妈妈是不是因为爸爸和她离婚而生气，才把我们偷了出来，这样他就见不到我们了？他们是因为我们离开才如此愤怒的吗？

第二天早上醒来时，我的床单又凉又湿，我知道自己犯错了。我知道妈妈现在很难过，而且姥爷总和我们说她已经经历了太多，我不想惹麻烦，于是我等托尼和妈妈去了客厅之后，将被尿浸湿的床单扔到了房子后面玻璃门外的垃圾桶里。我知道衣柜里有干净的床单，于是我尽可能安静地将它在折叠床上铺好，然后才去厨房吃面包卷和荷兰奶酪。

我们知道其他离开锡南浓的人身上发生的糟糕事情，妈妈总是在说这些。一个男人被别人放在他信箱里的响尾蛇咬了，差点因此而丧命。另一个男人回家时发现自己的狗被吊在了树上。托尼说，他听说那些被称为朋克小队的青少年在锡南浓也会挨打，他们是被法院判给锡南浓的，为的是让他们戒掉毒瘾。他们一直试图逃跑，但总是跑得不够快，因为塔玛莉湾的基地离任何城市或者小镇都太远了。查克买了一千支步枪，训练那些被他称为"帝国海军陆战队"的男人不惜一切代价保护锡南浓。他们都剃着寸头，穿着大靴子和配套的牛仔背带裤，看起来就像一群士兵。法院对妈妈的调查进行了一次审理，通过这次机会，老人查克的录音泄露了出来，他在里面说了很多疯狂的话。他想打断人们的腿，把耳朵割下来放进罐子。他想发动一场革命。

菲尔昏迷了一个月，他的头骨裂开了，身上也骨折了，脑袋里还有一个叫作"老磨岩"的东西。我们没有去看他，因为妈妈害怕锡南浓的男人暗中观察。

我告诉她："我害怕那些男人，妈妈。"

她说："不，你不害怕。你现在很开心，因为你和妈妈在一起了。"我一直试图告诉她我很害怕，晚上还会做噩梦，但她从来不听。就好像我说出来的那些话根本不存在一样。

她说："你没事的。"然后她又说："这一切对我打击太大了。你知

逃离

道，失去丈夫已经很不容易了，现在还要担心会失去自己的孩子。"

我不知道该怎么做，我感到身体里有个什么东西正在关闭，我仿佛听到了井底传来的一声喘息。如果她听不见我说的话，那么也许它们根本不存在，也许我可以就这样躲在房间里，独自躲在自己的云朵里。我一遍一遍地告诉自己，**你不害怕，你现在很开心。你不害怕，你现在很开心**。于是我假装自己很好，微笑着给了她一个拥抱，因为她已经经历了太多，我知道这是我的职责。

当我们真的去谈论这件事时，妈妈会说这一切对她来说有多难，我说是啊，一定很难接受，因为他们戴着那些面具，看起来是那么可怕。

她说："可是你当时都不在场啊。"

我必须提醒她，我在门廊上看到了一切，菲尔和我对视了，那些男人问我和托尼在哪儿，托尼和孩子们在马路对面，他也很害怕。

我不知道，也许她才是对的。也许锡南浓的世界才是真实的，或者她眼里的世界才是真实的。这是两个不同的世界，它们存在于城堡外面的云雾中，我在城堡厚重的石墙内十分安全。

我不知道这种恐惧是否真实，我是否也能假装感觉不到，将它锁在一个瓶子里，摆在一个架子上，就像妈妈一样，假装它不在那儿。

她说："哦。"我看着忧愁占据了她的脸，仿佛她忘记了该关掉哪里的灶台，忘记了什么事情。她盯着墙壁，把拳头放在嘴上，就像她进入"异域症"时一样。

"对，对，嗯，这一切对我来说都是很大的打击。"

我不知道怎么去形容我身体里的那种感觉，我的喉咙底部是一片像冰一样的空白。我想让她告诉我，我想让她看见，告诉我那叫什么。如果没有人能看见感觉，那感觉真实存在吗？它是我的想象吗？这是一种充满未知的感受，一种不知道什么才是真实的感受，它在我的胸膛里跳跃。我不知道该管它叫什么，不知道该怎么和别人形容菲尔、形容锡南浓，还有爸爸、妈妈和这种恐惧与悲伤，我不知道该怎么解释这种分不清真假的感觉，因为妈妈不肯承认那是真的。

"妈妈？妈妈？"

"我在呢，乖乖。"

"我们在这里安全吗？"

"我觉得安全。"

"因为我很害怕。"

"不，你不害怕。你和妈妈在一起很开心，你离开了那个将我们分隔开的地方很开心。"

"但是菲尔差点死掉。"

她摇了摇头："这段时间我太不容易了，现在又出了这档子事，已经发生的还不够吗？"她看向别处，仿佛房间里又只剩下我一个人。一分钟后，她盯着我说："怎么了，亲爱的？出什么事了？但是你怎么知道发生了什么？你根本不在那儿啊。"

之后的几个月里，我的梦境全被戴着面具的男人和断掉的骨头填满了，还有车道上的血迹和拼尽全力的奔跑。我醒来时，床单总是湿的，妈妈发现后，叫我不要再像个小男孩一样尿床了，但是我在那些坏人出现以前从没尿过床。我一直试图重演那个场景，想象着我可不可以做些别的，我应该去打他们，或者让妈妈将我们带走，或者尖叫着让他们停下。在我的想象里，妈妈很小，她穿梭于两个男人巨大的肩膀之间，躲避着挥向我和哥哥的细棍。没有哪个地方是安全的、是他们够不到的，无论去哪里，我们都逃得不够远。他们就在沙发底下，就在衣柜里面。而爸爸，他在别处，在一个模糊不清的地方，他在高速公路上骑着摩托车，像一个幻影，一个我看不清的东西一闪而过。而我在这个房间里，在这幢房子里，在这个城市里，在这里，我的妈妈曾试图改变世界。

逃离

"人们都去哪儿了？"小王子最后终于说道，"沙漠里是如此孤单。"

"你和人群在一起的时候也一样孤单。"蛇说。

——安托万·德·圣-埃克苏佩里，《小王子》

俄勒冈

他的手里有整个世界

俄勒冈州和加利福尼亚州边界上的山脉是我见过的最大的东西。我们开着那辆脏兮兮的木门雪佛兰织女星一路向北，四周是时不时突起的山峰。这些山峦仿佛巨人的杰作，山谷是巨大的足印，山中的湖泊是巨大的手印，河流是在陆地上拖拽某些又沉又锋利的东西而形成的。高速公路旁的悬崖边悬挂着一块巨石，我不禁好奇它是如何到达那里的。当我们的织女星气喘吁吁地开上陡峭的山路时，它会不会突然掉下来。在经历了几千年的观察和等待后，一阵轻风或许就能让它滚下山崖砸向我们，或者切断山路，让后面的车无法通行。

我正坐在后座上吃姥爷给我们包好的牛肉干，没有人知道我们在哪里，妈妈已经确保了这一点。

树林里的松树尖冒了出来，仿佛从土地里长出的矛头。有一刻，妈妈说我们马上就要跨越加利福尼亚州和俄勒冈州的边界了，幸好这些山脉都很高，也许这就意味着别人想找到我们就更难了。

妈妈一直在说俄勒冈的生活和以前比会有多好，那里有多安全、多干净。在那里，你才能真正地呼吸，因为人和车还有烟尘都比以前少了，取而代之的是遍地的树木。她说她在塞勒姆的州立精神病院找到了一份新工作，我们会有足够的钱买吃的和穿的，也会有地方住，因为"俄勒冈的一切都比加利福尼亚便宜，这样就不用为了吃饱肚子和交房租而把自己累死了"。

她的新工作是防止刚从监狱里出来的男人再次沾染上毒品，她是这方面的专家，因为爸爸就经历过这一切。

她了解关于上瘾的一切，上瘾是一种病，一种大脑和心灵都会染上的病。这也是一种家庭疾病，你不能只靠切断毒品来治好它。家里的每个人都会患上，不管他们自己吸不吸毒。你必须借助一种更高级的力量，你得去小组开会，去祈祷，并承认自己无能为力。这些妈妈都知道，因为在锡南浓，大家每天聊的就是这些，即使在那之前，她也在伯克利读过很多书。

我不明白为什么我才五岁就会患上疾病，而且我们在那个像孤儿院一样的学校里并没有家庭，我在姥姥家的时候，她的荷兰茶的味道也总是让我感到恶心。

我不认为爸爸需要这些步骤，他很厉害，锡南浓的每个人都说他很幽默，而且帮了大家很多。"你爸爸可是个搞笑的角儿，"他们总这么说，"而且他救了我的小命。没有人比他见过更多人情世故，所以你什么也瞒不住他。你骗不了一个骗子。"

我们谈论起爸爸时，妈妈就会伤心，而且你不能在她面无表情凝视远方的时候和她讲话，那时她正在"异域症"里。

我想悲伤也许也是家庭性的疾病，而我们在同一个家庭里，所以也能感受到她的悲伤。这是我们共同的特点，就像我们的荷兰脸蛋和玉米须似的头发一样。我们知道爸爸在世界上的另一个地方，当我们和妈妈穿行在山间，开往一个叫作俄勒冈的地方时，不知道他是正在大笑，还是在帮助别人不再做一个毒品爱好者，还是在另一条高速公路上骑着摩托车驰骋。

我还记得以前每个晚上的睡前故事时间，我都会坐在邦妮的怀里，我知道她不是一个妈妈，因为大家都说妈妈是给了我生命的人，而她没有这么做过。而且妈妈告诉我，我永远都是她的，这样才叫妈妈。但我还是很想念邦妮，她会拥抱我，陪我玩小游戏，即使在她不用去学校工作的日子，她也会带我出去玩。她的工作制是轮流式的，也就是说她上一周班，休息一周。她甚至会在不上班的时候带我出去郊游，或者在晚上睡觉前给我读个故事。

邦妮说她本想成为一名老师，但她来锡南浓时，他们说这里有一所学校，她便知道这就是她的归宿，孩子们就是她的归宿。每个人都有不同的工作，爸爸经营着汽车维修店，有些人下厨，有些人打扫卫生，有些人甚至向公司销售钢笔和杯子，钢笔上面印着公司的名字。

我总是和其他小孩子一起待在橙色的房间里，托尼总是和稍微大一点的孩子一起待在绿色的房间里。在我的记忆中，邦妮一直在。在休息室里，她没有一次不是坐在我身边的，我们在那里吃午餐，或是她陪我在操场上玩打手游戏。这样的人算一个妈妈吗？一个记忆中没有一次不爱护你的人。

当父母们来拜访时，总会有人说："'吸头人'来了，小心别让这些孩子的脑袋被亲到变尖！"我们不知道这是什么意思，但是有一天，克拉比告诉我不要听他们胡说，这只是查克在惹人厌罢了，家长想拥抱和亲吻他们的孩子是好事，即使查克不这么认为。

妈妈说查克想要创造出"一种全新的人类，他们不需要父母，可以完全依靠自己"，所以他才不让我们见到自己的父母，这样我们就可以成为新人类了。我不认为自己有多新，我觉得我们都很普通，我想邦妮，我不想被迫躲藏在这些山脉的另一边。

妈妈在塞勒姆有一个朋友，是这个女人帮她找到了防止罪犯成为毒品爱好者的工作，她也是这个世界上唯一一个知道我们在哪里的人，只有这样才能保证我们的安全。妈妈说等到了那儿，我们也会交到新的朋友，俄勒冈的生活会和以前的不一样，妈妈、托尼和我，我们是三个火枪手，要齐心协力地面对这个世界的挑战。我们会过得很开心，这是她在经历了这么多之后应得的。当锡南浓开始强迫男人们"切除树精管"并殴打成员时，他们已经彻底疯了，于是妈妈决定离开。尽管后来菲尔被打，尽管我们正躲在几百英里外的这辆车里，但被山区的大树、河流和无尽的天空包围着，美好的幻想还是近在咫尺，一切似乎都有可能。于是我们唱起了歌：

> 他的手里有整个世界，
>
> 他的手里有整个世界。

我想象着一双和山一样大的手，像托碗一样托着这个世界，里面什么都有，所有植物、动物，所有人，所有楼房，如幽灵一般的巨大手指包裹着一切。托尼和我用最大的嗓门儿，将我们在窗外看到的东西唱进了歌里：

> 他的手里有山川和大树，
>
> 他的手里有山川和大树，
>
> 他的手里有山川和大树，
>
> 他的手里有整个世界。
>
> 他的手里有一辆抛锚的卡车，
>
> 他的手里有一辆抛锚的卡车，
>
> 他的手里有一辆抛锚的卡车，
>
> 他的手里有整个世界。

或许俄勒冈真的是一个新的开始，一个更加美好的开始。我们一起唱着歌，姥爷还给我们做了午餐：奶酪火腿三明治和抹着芥末酱的面包卷，里面夹着牛肉干，吃起来又咸又甜。我甚至还得到了一瓶橘子汽水，我以前从来没喝过，因为妈妈不让我们吃含糖的食物，她说糖是一种毒药，它和酒精一样能杀死你，这也是锡南浓禁止人们吃糖的原因，所以我们的点心通常是水、牛奶、苹果或者酸奶。不过，我们难得要搬到一个全新的州，妈妈便破例让我们喝了橘子汽水。

车窗开着，我喝着汽水，我们一起跳着一支傻乎乎的舞。我们在座位里上下前后地移动着肩膀，我们在将俄勒冈和伯克利的那些坏人坏事分隔开的大山里。然后托尼唱道：

他的手里有爸爸们和妈妈们，

他的手里有爸爸们和妈妈们。

妈妈停止了歌唱，她双手紧握着方向盘，凝视着窗外，沉默了很久。我从托尼后面的座位上给了他肩膀一拳。"干吗？！他只是在唱歌。"

"我知道，亲爱的，"妈妈说，"没关系。"托尼转过身看了我一眼，这眼神意味着他之后会再来找我算账，他也的确总是信守承诺，每次都会用膝盖将尖叫着的我按在地上，然后用拳头捶我的胸膛。

"妈妈，你怎么哭了？"

她将胳膊肘放在车窗窗框上，头倚着手，高速公路旁一个大大的绿色牌子上写着：欢迎来到俄勒冈州。

"你难过了吗？"

"没有，宝贝。我们要搬到一个新地方了，我们能在一起了，那里很干净，我们能畅快地呼吸，我很高兴。"

"我很难过，"我说，"我想念学校、邦妮、迪米特里，还有奶酪通心粉。"

她说："你不难过。"她说我很开心我们要搬家了，原来的地方不安全，所以我们离开了，现在我们在一起，我能在一个安全、干净、可以畅快呼吸的地方是很开心的。她说我会认识新的朋友，他们会对我很好，而且现在我能和妈妈在一起了。

我记得"妈妈"应该是一种特别的东西，有一次她来学校看我们时，别人就是这么告诉我的："这是你的妈妈，如果你不是宇宙的孩子的话，她本该是你的家长，你属于她。"她说我是她的儿子，她想要孩子，因为她不想再孤独一人了，现在她有了我们，而照顾母亲就是儿子的义务。

"我们能在一起，我真高兴。"她在驾驶座上说道。她向后伸出了一只手，摊开手掌让我握着。我将手放在她的手里，她合拢了手指。我感觉那只手比我还大，比车、比路、比山和天空还大。

我们开了一天，期间只在一家小餐馆里停留了片刻，我和托尼各自买了汉堡，不过我没吃完我的那份。就在天空变成深蓝色时，我们看到高速公路旁的一块牌子上写着：塞勒姆，俄勒冈州，人口八万九千二百三十三。

我们离开山区后一直在下雨，开车穿过小镇的时候也是。织女星的加热器散发出一阵温热、膨胀的气体，闻起来像放了太久的油和烧焦的橡胶，我们听着挡风玻璃上雨刷器有节奏的唰唰声。两侧灰色的大街上满是老式汽车和杂草丛生的灌木丛，还有歪歪斜斜的篱笆、破败不堪的门廊和活动住房。石子铺成的小巷里长满了野草和黑莓树丛，它们缠绕在输电线和店面之间，这里有甜甜圈店、狩猎用具店、教堂和树木茂密的公园，我们还闻到了一股刺激鼻子的奇怪味道，后来才知道这味道来自小镇边缘的一家蘑菇罐头厂。

每隔几个街区，我们就能见到一幢窗户被木板钉起来的房子，屋前的草坪荒草遍地，有些还覆盖着黑色的痕迹，那是大火烧毁房子后留下的，这些房子就这样被留在这里慢慢腐烂。这里到处都是树，长着尖尖的绿色针叶的松树，有些比楼房还高，树枝向四面八方伸展。这里看起来像一个由大树建造，又被人类征服的世界。

我们经过了一栋用白色大理石搭建的楼房，房顶有一个巨大的金色雕塑，一个穿戴着披风的男人拿着一把金色的巨斧，他两腿分开站立着，双眼看向远方。我不禁好奇，是这个男人从大树手中拯救了人类，还是从人类手中拯救了大树。这位巨大的金色伐木工能否保护我们不受坏人的威胁呢？他们看见他，是否就会害怕他手中巨大的斧子，从而放过我们呢？

我幻想着他从大理石做成的王位上走下来，用手拿起我们的车，把我们放在他的背上，带着我们跨过河流与江湖，跨过山峦、山谷和高速公路，回到塔玛莉湾，我们便可以再一次和其他孩子一起唱歌、做游戏了，而他则会站在一旁守护着我们，以防那些戴着面具、手拿棍棒的坏人出现。

小镇边缘的房子更加分散，我们仿佛穿行在一片树林中。我们驶过一座小桥，桥下是涓涓细流，无尽的绿色小草和灌木丛紧挨着被雨浸湿的黑色马路，我们来到了一块写着"巴特尔小溪屋舍"的牌子旁，这里就是我们的新家。

整栋建筑看起来就像一个拥有弧形屋顶的巨大绿色姜饼屋。我们下车时，即使是在细雨之中，空气里也弥漫着一种清晰的宁静，仿佛我们正隐藏在深山老林之中。

托尼喊道："鹿！"他用手指向田野。我们看见了，它弓着背，小心翼翼地行动着，鹿角从高高的野草间冒了出来，比我们高出一截。妈妈闭上眼深深地吸了一口气，仿佛在品尝这里的空气。我和托尼将装满二手餐具和旧衣服的纸箱搬进公寓。屋子里的墙上装有电暖气，还有一间带灶台的真正的厨房，卧室地板上侧放着一张带有污渍的床垫，我们就在那上面趴着进入了梦乡。这里似乎的确是一个理想的藏身之处。

早晨，太阳出来了，停车场上的小水洼纷纷升起了水雾。我和托尼走在姜饼屋旁长着高高野草的田野中，试图寻找可以用来扔着玩的树枝和石头。我们看见了松鼠和花栗鼠，甚至还看到了一只待在自己洞里的草原犬鼠。我想起了塔玛莉湾基地旁的田野，只不过这里更加潮湿和寒冷。巴特尔小溪在马路之下涌动，时不时有车辆经过，打破这片寂静，我们看着它们飞速驶远，不禁疑惑，从什么时候起，这个世界变得这么安静了？

"我敢打赌，只要我们想，我们就能在这里钓鱼。"托尼说道。我们从没钓过鱼，只在奥克兰见过河水流进一根两英尺长的水泥管里，那是一条满是纸质垃圾和烟头的脏河。"我觉得我们只需要一些蚯蚓和绳子之类的东西。"

空气中的水雾变得更加厚重了，太阳躲进了云里，我们返回公寓寻找工具。雨下了起来，一下就是一个早上。刚开始，细雨在空中扬起，仿佛突然出现的大雾，后来，成片的雨敲打着水泥地，我们从正门的窗户里向外望着。最后，雨水找到了平稳的节奏，我们听着水流从屋顶滑落，在檐沟间流淌的声音，窗户四周传来连贯的滴答声，雨又下了一个下午。我们坐在前屋等着雨停，旁边摆着乐高和蜡笔。在卧室里，我们又听着外面的雨声进入了梦乡，思索着雨什么时候才能停，我们什么时候才能去探索那片田野，像小镇中心那座大理石建筑上的金色探路者一样，迷失在树林之间。

妈妈从慈善二手商店里给我们买了雨衣和橡胶套鞋，在一个天空阴沉的下午，我们答应她不会弄湿自己，便出了门。泥泞的雨水泛着白沫，汇聚成溪流，在高速公路旁流淌着。在我们打算钓鱼的地方，一只和小猫一样大的河鼠一闪而过，它就在我们脚下的小溪中。水进入了我们的鞋子、袜子、皮肤、毛孔，我们很快便意识到，太阳的存在只不过是一场卑鄙的骗局，我们注定会弄湿自己。

"也许雨永远也不会停了。"托尼说道。

离去的牛仔

　　托尼开始上学了，妈妈也开始了她在州立精神病院的工作。我被送进了两座楼以外的一家公寓托儿所，经营者是一个刻薄的女人，她的黑色头发抓在脑后，上嘴唇上还长了一颗带毛的黑痣。托尼放学以后也会来这里和我会合，我们会跟其他孩子坐在一起看《电力公司》*。我们不习惯电视，也不习惯其他孩子，他们会在字母出现在屏幕上时大声跟着喊："E！F！"我们已经认识字母了，锡南浓学校里的所有孩子都认识字母。一天结束时，我们会看《伯南扎的牛仔》**，这是最好看的电视剧，里面有各种各样的不法之徒、英雄和牛仔，各种各样骑着马的男人。

　　我们不喜欢经营托儿所的那个刻薄女人，她纵容她的孩子们嘲笑我们的鞋子和牛仔裤上的破洞。她的女儿和我差不多大，她说："你的运动鞋在跟我说话呢。"因为我走路时，鞋子前面的橡胶会张开。我们玩捉迷藏时，她会说："你们两个应该藏在垃圾堆里，根本不会有人注意到。"其他孩子也会嘲笑我们，或者和我们保持距离。

---

* 美国一档具有教育意义的儿童电视连续剧。

** 美国一档西部题材电视连续剧。

刻薄女人说，嘲笑比你不幸的人是不对的。她会一只手扶在胯上，摇摆着另一只手的手指说："宝贝，你应该感到庆幸和同情。"但她的女儿不会因此而受到惩罚，至少不是真的惩罚，他们没有人会受到惩罚。我觉得这个女人压根儿就不喜欢我，因为我不能理解她和所有孩子说话的方式，就好像他们都是小婴儿一样。

我会说："我不是很倾向于做手工，还有别的活动吗？"

她会回答："你受什么刺激了？说起话来像个三十岁的人，哈哈！"然后将一盒火柴棒扔在我面前的地上。

有时候，妈妈晚上也不在家，她会去一个叫作嗜酒者家庭互助会*的地方。她说那里能帮助她理解发生在她身上的一切。她总是对我们说，她需要慢慢消化这一切，她需要时间去"找到那些人生不断抛给她的问题的答案"。公寓的墙上贴着一张海报，上面写着：

愿上帝给予我：

从容，接受我不能改变的事情；

勇气，改变我可以改变的东西；

智慧，分清两者的区别。

这些话用白色的花体字印在了一张海浪冲击礁石的风景画上，我看见过她独自一人时念叨着这些话。在等待煮面条的水烧开时，她闭着眼睛靠在墙上，微动双唇祈祷着。

我们知道妈妈很寂寞，因为她对我们说："你们的爸爸已经有别人了，他曾经是我最爱的人。"然后她会消失在她的思绪里，眨眼时双眼已经变得湿润，她摇着头说道："你们和他长得越来越像了。"

我能听见她在晚上回家以后讲电话的声音，她以为我们已经睡着

---

* 一个国际性互助组织，帮助嗜酒者的家人和朋友恢复心理健康。

了。耳边传来断断续续的对话："嗯，他看起来挺不错的，但是我觉得他好像痛恨他的前妻……胡子？我也许不会介意胡子吧……天哪，戴安，我也不知道，他人好吗？"

我知道她就是人们口中的"单身妈妈"，我也知道她不想再扮演这个角色了，所以她才会把头发留长。

托儿所的那个刻薄女人有一个丈夫，每天晚上他都会穿着粘满锯末的工作靴回到家中。他会径直走向卧室，而那个忽视我们、让她的孩子嘲笑我们、用低沉沙哑的嗓音叫喊着让我们收拾干净或者进来吃零食的女人，则会放下她的头发，从冰箱里拿出一罐啤酒递给他，向他道歉，说她早先忘记将啤酒放在冰块盒里了。她和我们在一起时是一个人，和他在一起时是另一个人，他对她的影响就好像变魔术一样。不知道妈妈和爸爸或者其他人在一起时是不是也会这样，但她总是一个人。

圣诞前夜到了，妈妈用一口大锅和肉桂条为我们熬制了热苹果酒，香味溢满了整个公寓。家里有一棵小小的圣诞树，我们用彩纸和妈妈从姥姥、姥爷那里拿来的古董玻璃灯泡进行了装饰。她说我们将拥有一个幸福的圣诞节，我们三个火枪手要一起对抗这个世界。

一个男人敲响了房门，我和托尼跑着去开门。他打着领带，手里拿着一个文件夹板，他说："你们好，我能和你们的一家之主谈谈吗？"

我们面面相觑。

"你们的爸爸在家吗？"

"不在，但妈妈在。"她将我们推进屋子，和男人聊了起来，他试图让她给什么东西签字。我有些疑惑，**我们是一家之主吗，还是妈妈是一家之主？我从来不知道我们还需要这样的角色。**

在《伯南扎的牛仔》中，男人总是为女人着想，维护她们的利益，捡起她们掉落的手绢，就像牛仔们应该做的那样。小乔尔和爱丽丝并排坐在湖边金色和绿色交织的山头，他曾对兄弟们说，他要向她求婚。这些男人是谁？他们有着我们没有的东西。他们似乎十分稀有，就像被人们抓进笼子里的野狗或者野鸟，昙花一现，难以寻觅。

一天晚上，妈妈从卫生间里出来，脸上化着妆。她的双眼明亮，饱满的荷兰脸颊上擦着粉红色的粉末，她甚至涂了口红。她的棕色直发长长了，几乎快到肩膀，她将头发中分，长长的刘海别在耳后。她戴着金色的项链和耳环，上面还点缀着红色的石头，她穿着一条绿色和白色相间的印花短裙，和一件红色的上衣。她没有穿平日里的那双皮拖鞋，而是换成了一双绿色的鞋。

她转了一圈问道："所以，我看起来怎么样？"

每个孩子都知道应该如何回答这样的问题。

她说她要去见一位朋友，然后微笑着拥抱了我们，对我们说以后要对女孩子友善一些，即使她们中有些人沉默寡言，她总是这样告诫我们。"一定要邀请那些不爱说话的女孩子跳舞，好吗？她们也想跳舞的。"她让我们向她保证。和各式各样的人跳舞是一件听起来很美好的事。

在我看来，男人就像电视上的牛仔一样。他们不会谈及分享或所谓的"从容"，他们也不需要化妆或者刷牙，不存在什么"人生抛来的问题"。他们有的是大靴子、枪、马和烟。他们压低帽檐来到小镇上，牙齿间叼着一根没有被点燃的火柴。女人们会说"拜托你，不要走，留下来"，或者"滚出去！给我滚，你这个无赖！"。这会让你好奇，你以后会成为哪一种。她化着妆、穿着高级的衣服站在走廊里，你能看得出来她有多么想找到一个能够留下来的人，不管他是留着长胡子还是八字胡，又或者他会穿着牛仔靴，将马拴在前廊上。他能向她保证的，是我们所不能给予的，我们只是假装自己是一家之主，我们没有枪也没有马，我们只是在用木棍迎战猛狮，然后点燃一团巨大的火焰，期盼着能有人看见，能有人骑着他的马，找到这个焦虑、疲惫、孤独的女人，她戴着金色的耳环站在走廊里。

"你看起来很美，妈妈。"

春天到了，雨仍然在下。妈妈说这间公寓对一个"家庭"来说太小了，我们要住得离真正的学校近一点，于是她在山脚下找到了一幢房子，房子两边分别是墓地和州立精神病院。她说她要工作三十年才能负担得起这里，但是去他的，三个火枪手一定要拥有自己的房子。妈妈在州立医院的工作至少还算稳定，只要那个浑蛋里根"不关了它去造更多炸弹"。我们开车经过时，能看到属于医院的巨大场地，奶油色的建筑上镶嵌着安全玻璃，外面是高高的围墙，围墙上是带刺的铁丝网，建筑周围还有望不到尽头的绿地，一直延伸至 D 大街，十分壮观。托尼说，《飞越疯人院》就是在这里拍的，这让我们感到很受重视。

我们搬进来的那天，妈妈租了一辆搬家卡车，并且提到他的朋友保罗会来帮我们。她将我们独自留在了巴特尔小溪的那间公寓里，等她回来时，她的织女星旁边停了一辆巨大的红白相间的面包车。坐在方向盘后面的是一个戴着厚重眼镜的男人，他顶着乱糟糟的稀疏头发，留着长到脖子的浓密黑色胡子，看起来就和一个多毛的人形乌龟一模一样。

他下车时，我们发现他比妈妈高不了多少。他穿着一件黑色条纹丝绒高领衫和一条肥肥大大的牛仔裤，裤子在屁股的位置挂着。"这该死的破车总是卡住，它一点也不知道自己是干什么的，我试着和它理论，但它可不听。"他对妈妈露出了微笑，妈妈也露出歪七扭八的黄色牙齿冲他微笑。

"孩子们，这是我的朋友保罗。"我和托尼看了看他，又看了看对方，我们两个都知道对方在想什么：这个人看起来很滑稽。

妈妈的新朋友保罗歪着头看着我们俩："看来我们有好多工作要做了，你们两个谁更大一点？"

"我。"托尼说道。

"好的，很好，也许你可以负责驾驶面包车。"托尼勉强笑了笑。"我是搞不懂那玩意儿了，你们有橙汁吗？"他径直走进厨房，打开了冰箱。他说倒是有牛奶，但必须要用好时的糖浆才能将它变成巧克力。

"我们不能吃糖。"我们俩异口同声说道。

"你是米克吗？"他在我身边跪下来说道。他的手腕和指关节上都覆盖着一缕缕深色的毛发，就像一条拉布拉多犬。他说话很快，而且经常开玩笑。"这些是你的乐高吗？你有多少？你有能拼成宇宙飞船的那种吗？那种是我的最爱。"

他和我坐了一会儿，我们一起拼着乐高，托尼在问他关于棒球的事情。"我更喜欢彼得·罗斯，如果瑞吉·杰克森真有那么好，那他为什么老被三振出局？"

"但他也打了很多本垒打。"

"是的，没错，没错，你似乎很了解棒球，我敢打赌你一定打得很好。"

托尼脸红了："我还好，我想成为一名投球手。"

"那可是最好的位置了！或者游击手，只要别老待在右外场。"

保罗和瑞吉·杰克森完全相反，他又矮又秃，身上却毛发浓密，还很邋遢。但他似乎不在乎我们怎么看他，这挺好的，因为大部分成年人总是想让我们觉得他们比我们聪明。

我们将东西装进面包车后便坐进了织女星，在雨中跟随着它行驶在 D 大街上，开往我们的新家。我们下车时依旧在下雨，空气闻起来是潮湿的植物、湿润的石子和烟囱里的烟的味道。我的脚很冷，因为织女星上的加热器很差劲。一切似乎都不太真实，包括眼前这幢绿色的房子，它的形状仿佛一个巨大的字母 A。两旁种着两棵棕黄色大树的石子小路通向六级台阶和房子的前廊，这是一幢真正的房子，它的侧面还有一个红砖砌成的烟囱。这个奇怪的多毛男人将箱子搬进了大客厅，这里有一面刷过漆的壁炉，相连的厨房大得能够装下一张桌子，厅里还有通向地下室的台阶，下面有只属于我和托尼两个人的房间。我不敢相信，这一整座建筑都是我们的。

一楼的走廊尽头有一间像洞穴一样的屋子，看起来就好像是母狼养育小狼的地方。房间干燥，而且比其他屋子暖和。妈妈管它叫窝，这就和狼群的叫法一模一样。窝的角落里有一台黑色的烧柴炉，旁边放着一摞木头和报纸。

保罗打开铁炉正面的阀门，用他带来的一些木柴生起了一团火。

他很会使用木头和火柴，这让我很惊讶，而且他也不怕跪在地上的时候牛仔裤粘上木屑或者砖灰。这个古怪的矮个子男人手脚利落，懂得如何使用真实世界里的各种工具，这真是一幅奇怪的景象。

我们卸完所有箱子后，保罗就带着搬家卡车消失了，回来时开着一辆带顶蓬的黑色雪佛兰微型货车，车的侧面还有一道橘黄色的条纹。他绕到车后，打开后门，车里跳出了一只棕色和白色相间的狗，耳朵垂在两侧，毛茸茸的短小尾巴和拳头一样大。"这是佩佩。"他说。佩佩一边摇晃着尾巴一边舔着我们的手，然后又在院子里跑圈，找地方撒尿。

我们去了艾德熊快餐厅，妈妈让我给自己点了一整个汉堡，还有一杯和我的手一样大的雪顶根汁汽水。

她说在附近一个叫作帕里什运动场的地方有一个少年棒球联盟，这条街往前走还有一所叫作英格伍德小学的学校。学校正门的操场很大，后面还有一座公园，位于一片小树林的正中间。她说我们将在那里上学，而且附近也有很多孩子能和我们一起玩。

"听起来还不错。"保罗说道，他的盘子上挤了一大坨番茄酱，他一次用五根薯条一起蘸着吃。

"你打棒球吗？"托尼问。

"偶尔打，但我更喜欢钓鱼、徒步、野营之类的。"

"保罗是个林业工人。"

"那是什么鬼东西？"

保罗向着托尼的方向歪了歪头："我也不知道怎么说，大概就是我挺喜欢树的吧。"

"树很无聊。"

"所以我喜欢它们。"保罗轻声说道，嘴角浮现出一丝微笑，就好像他知道一个笑话的点睛之笔，但是却不打算告诉你。我喜欢他，我能看得出来托尼也喜欢他。

晚饭后，我们开车回到房子，开始拆箱打包好的餐具、毛巾和衣服。很快，保罗就说他要回家了，他用绳子将佩佩拴好，揽过妈妈的腰亲了她一口，就在客厅里，在我们面前。走到门口时，他停了下来，朝我们奇怪地挥了挥手，然后便走了出去。

他走后，没有了佩佩在几个人之间跑来跑去，没有了保罗像只大乌龟一样却又充满童真的行为举止，房子里充斥着一种寂静，一种回荡在家具和纸箱之间的空旷感。我想让他回来，或者仅仅是在我躺在地上睡着的时候，从门口探进身来就够了。

放学后，我们会和街区里的其他孩子一起在大街上玩抓飞人的游戏。我们会在英格伍德小学门口的空地上玩抢皮球的游戏。我们会在棒球场旁边带天棚的篮球场上用网球玩壁球的游戏。我们玩街头足球、躲避球、踢球戏、棒球、贴标签和打枪的游戏。我们比赛骑车冲下山坡，看看谁更快、谁更强、谁更厉害，谁敢爬上围栏，上到学校的屋顶，谁和汽车一起比赛，谁又会在街角等车过去后再走。我们中从来都没有女生，也从来都没有成年男人。

德雷克是住在整条街最顶头的龅牙男孩，他从自行车上摔下来磕破了膝盖时，一路哭叫着回到了家。一个穿着白 T 恤和短裤的高大女人来到了前廊，蹲了下来，他便扑进了她的怀里。她说："你还好吗，我的小家伙？给妈妈看看是哪里摔破啦，好吗？"他点了点头，眼里充满了泪水。她亲了亲伤口上面的皮肤，让他在那里等着，她去拿创可贴。

德雷克安静地坐着抽鼻子，我和托尼满脸惊讶地看着他。

她为什么像在和小婴儿讲话一样？他又为什么哭得像个小婴儿一样？这太奇怪了，就像狗会对着警笛狂吠一样，一切都发生得那么不假思索。孩子哭了，妈妈安慰他，这不合理。

我们称之为妈妈的那个女人会教我们如何用电磁炉做热狗和鸡蛋吃，这样我们饿的时候就能自给自足了，对孩子来说，学会独立是最要紧的事。她说她把我们从锡南浓里救了出来，她想要孩子是因为她很孤独，男孩子的职责是照顾妈妈。如果我们擦破了膝盖，我们知道该如何清理伤口，如何用双氧水杀菌，确保伤口不被感染。

德雷克的妈妈拿着一块巧克力曲奇回来了，她将曲奇递给他，温柔地给破损的皮肤贴上了创可贴。"好啦，就和没事一样。"她紧紧地抱着他，他将脑袋依靠在她的脸颊上。我无法理解眼前发生的这一切。

我们唤作妈妈的那个女人有时候会在晚上哭泣，我会紧挨着她说："没事的，妈妈，一天一天来。"

她会说："你只是个孩子，你怎么会说这样的话？"但我做的仅仅是重复厨房墙上用木块字母拼成的句子。我显得比她老成、比她有智慧、比她豁达时，她似乎很开心。

在这样的晚上，我整个人都会放空。就好像我能将脑子里所有不好的事情系在一个气球上，然后让它飘上天空，消失在云间。我觉得没有什么事能真正伤害我，因为我的秘密武器就是我与众不同，坏事永远不会发生在我身上。如果我想飞，我就能飞，我们也不需要其他孩子需要的那些东西，因为我们不一样。我们曾孤独地在那所像孤儿院一样的学校里生活，我们知道怎样照顾自己，也知道怎样在必要的时候照顾妈妈。

德雷克的妈妈说我们就像野狗一样在大街上疯跑。

我们不知道这是不是真的，因为我们不知道任何事情的真假，比如太空旅行、火星人、牙齿精灵或者里根经济学。这些东西都存在于某本厚重落灰的书里，我们的年纪还不足以阅读。在锡南浓以外的世界里，规则如此不同，我们对这里的认知是一点一滴形成的，是随着我们探索布雷斯大街上这座房子周围的街区而一点一点积累起来的：如果你用锤子敲子弹，它会爆炸；世界上没有圣诞老人；不要在其他男孩子面前哭；不管你从什么高度将猫扔下去，它们都会四脚着地；狗粮不好吃；

不要说你的观点；小孩子也能从自动售货机里买烟；汽油能在水上燃烧；糖棒会被偷；妈妈读过一千多本书；拉布拉多和德国牧羊犬打架会赢；父母应该保护你；欺负人的人都很讨厌；我们棒球打得很差；我们擅长阅读；我们是留钥匙儿童*；我们很穷；我们很特别；我们很聪明；我们不一样；我们很孤独。

泡澡时，我喜欢让温热的水盛满整个浴缸，满到溢出来。我会屏住呼吸潜入水里，聆听我的心跳声。当我上来换气时，会看见妈妈坐在那里，穿着蓝色牛仔裤的屁股压在白色的塑料浴缸沿上，已经长长的头发垂至肩膀以下，她伸出手让我握住。

我感到自己仿佛被困住了，好像我的身体不属于我。我想让她离开，但我说不出来，我几乎无法组织语言，就好像我的大脑和那个制造语言的地方之间的连接要通过她来运转。

这个我应该叫她妈妈的女人正在说些什么，但我让水遮住了我的耳朵，淹没了她的话。她抓紧了我的手，然后，世界只剩下一片空白，和浴缸的四壁一样白。我知道，她认为这是我们相处的亲密时光。"嘿，我是你的妈妈，我难道没有权利坐在这里陪着我的儿子吗？"她说。我知道这是我的职责。**让我们来拉着手聊聊天吧，亲爱的。**我没有什么能对她说的。我感觉我被从一个温暖的地方带到了一个寒冷的地方，而这个新的地方有着新的条件，如果我们不去扮演她眼中小男孩应该成为的样子，我们就是坏孩子。

毕竟，她帮了我们一个忙，现在我们的责任就是回报她。我们很亲近，而"亲近"这个词也是由她的需求来定义的，她觉得是什么意思就是什么意思。即使在她进入"异域症"，在床上一躺就是几个小时的时候，即使在她坐在地上哭成一团的时候。她知道什么是真实的，而我不

---

* 指儿童回家时父母通常不在家，需要将钥匙留在门口。

知道，因为就算在那些时候，她也会对我说："你长大后会有一番成就的，你会做出改变世界的事情。"我感觉自己必须爬上这个梯子，爬进云中，才能甩掉这种虚无感，到达一个温暖的地方。只不过每次当我爬到顶端的时候，就发现那里什么也没有，只有寂静、寒冷，和另一架要爬的梯子。

还有一个晚上，她叫我去卧室，她头朝下趴在床上，裤子拽到了屁股上方。她旁边放着一个闻起来像薄荷的小罐子，和一个白色的塑料工具，形状好像火箭。"我背疼，宝贝，帮我在背上涂一些药膏吧。"我拿起罐子，因为我知道我的工作就是服从她的命令，因为没有她就没有我，于是我将黏稠的药膏抹在了她的后背上。她拿起那个小小的白色塑料火箭，拧了一下底部，它发出了震动的声音，她将它递给我："把这个贴在我的皮肤上。"它在我手里震动着，我将它放在她的背上，我的手指感到麻木。我不知道为什么她的背会疼，也不知道为什么这样做就能缓解。我更不知道为什么我想要跳出我的脑袋，我觉得自己根本就不是一个人，而是一个鬼魂或一个工具，就像一把叉子，或者像保罗留在水池底下的那把钳子。我是两英寸长的虚无，空荡且透明。

每当她让我做这样的事情时，我都不知道该怎么告诉她我不想，因为在她的脑海里好像压根儿就没有这种可能性。"我必须这样做吗？"如果我这么说，她就会生气或者情绪变得更糟糕，她会撇着嘴自己转过身去，看起来快要哭了，我知道这种时候，我就是一个"不懂得感恩的儿子"。

我和托尼说起这件事时，他说那个白色的东西叫作振动器，我还太小，不能告诉我它的用处。"是用来缓解背痛的。"我说。他看了我一眼，眼神好像在说，你就是个愚蠢的小屁孩。妈妈第二次让我将那个东西放在她背上时，我说我不想。她让我不要再当一个如此不懂得感恩的儿子了，于是我将那只小火箭贴在了她的背上，与此同时，我仿佛穿越了屋顶，来到了一堵五十英尺厚的墙的背面。在这里，我可以自由决定我在这个世界上的角色。我可以成为她所期待的那种"好儿子",也可以消失。

在这些堆积成山的道理面前,我还太小。

因为这些道理无穷无尽,而我清晰地知晓其中的每一条:我们一起离开了锡南浓,我们是一个紧密的"家庭";我是属于她的那个特殊的聪明男孩;我会照顾她,确保她不会孤独;我的职责是长大后成为一个特别的人,然后向全世界宣扬她为我做出的那些牺牲;不管我想不想,我都要邀请那些不爱说话的女孩子跳舞;我要成为那种永远不会离去的牛仔;我要成为她用来向那些已经离去了的牛仔报仇的武器。

和贝比·鲁斯*一起穿过扬基体育场

圣海伦火山爆发后没几天，我迎来了我的六岁生日。火山喷出的火焰、泥土和灰尘覆盖了整个太平洋西北地区。火山灰在空气中穿行，落在了我们位于布雷斯大街房子前的水沟里，我们庄严地把它们收进小罐子，保管在秘密的地方。就在这天早上，爸爸出现了，他安静地坐在我的床沿，双手放在腿上。我揉了揉自己的眼睛，想要好好看看这一幕。他的黑色鬈发、厚重的金色项链、褪色的牛仔裤、咖啡色的皮夹克和牛仔靴，还有他棕绿色眼眸旁边深深的笑纹，以及那张微笑着的、久经日晒风吹的脸，他看起来就像被卡车拖着走了一千英里。

"嘿，伙计，生日快乐。"我跳了起来，用胳膊环抱住他的脖子。他闻起来像老帆船牌男士日用品和润肤霜的味道，爸爸，爸比，老爸，爹地。我不明白。一个幻影是如何变成现实的？他是怎么找到大山另一边我们的隐藏据点的？他是骑摩托车来的吗？一切都美好得难以想象。

托尼在我对面的床上醒了过来。"爸爸！"他跳了起来，用胳膊环绕着他，将脸埋在了他的肩膀上。

---

* 美国职业棒球运动员。

我听见托尼在哭，不知道为什么，我也哭了起来，于是我们三个就那样坐在那里，两个长着金发的脑袋埋在我们深色系意大利父亲宽阔的双肩上。一个幻影拥有了生命，正穿着牛仔裤坐在我的床上。

　　他说："我很想你们俩。"

　　"你怎么来的？"

　　"我坐飞机来的。"

　　"你为什么来？"

　　"我来给米克过生日。"

　　"只待一天？"

　　"对。"

　　"但你不是大老远过来的吗？"

　　"没有那么远。"

　　"你什么时候走？"

　　"今天晚些时候，但我和你们的妈妈聊过了，明年夏天，你们要和我去洛杉矶住。"

　　"真的吗？！一整个夏天吗？"

　　我盯着他的脸，试图记住一切细节，试图给我脑海中的幻影增添清晰的轮廓。眼睛，棕绿色。头发，黑色，卷曲。胡子，多而浓密，覆盖住了鼻子和嘴之间的全部皮肤。鱼尾纹。抬头纹。即便是在地下室这个昏暗的房间里，他看起来依旧像是有阳光照在他身上。

　　我们和妈妈一起吃了早餐，然后他带着我们去学校前面的那片场地打棒球。他让我们戴着手套站在外场，他向我们击球，锻炼我们防守和接球、传球的能力。他告诉我们要扎好马步，弯曲膝盖，放低身体，戴着手套的手要放在两腿正中间。我们追逐着地滚球和平直球，然后在本垒板单膝跪地，他说中午要带我们去吃比萨。我们走了两个街区，回到了位于布雷斯大街的房子。

　　大街上，我们和爸爸走过时，有些孩子正在扔橄榄球玩。他很高，穿着带有大鞋跟的棕橘色牛仔靴，橄榄色的皮肤上毛发浓密，和我白皙无毛的胳膊形成了鲜明的对比。还有我天包地的牙齿，让我的嘴搞笑地向外凸着，看起来就像《人猿星球》里面的人猿。和他走在一起，就像我手里正拿着一座奖杯，就像和一辆坦克并排行走，就像和贝比·鲁斯一起穿过扬基体育场。我想大叫："嘿，所有人，这是我爸爸，你们这群小垃圾！他只在这里待一天，他是从洛杉矶坐飞机过来的，他住在那里，不过只要他想，他也可以骑着摩托车翻山越岭。"

我们经过时，男孩们很安静。我想这就是爸爸的力量。他是你的私人斗牛犬，你的私人精灵，你的私人宙斯。

他带我们去了喜客比萨店，让我们点了两杯可以无限续杯的可乐和一张加大尺寸的意大利腊肠比萨。我们走向卡座时，我情不自禁地盯着他，我想记住他行走时的一升一降，他行走时带着轻微的节奏，几乎像一种舞蹈。他双手垂着的位置比自然情况下要稍低一些，他每走一步都带着一丝最最细微的弹跳。我们走到桌旁时，他站在我后面，将一只手搭在了我的肩膀上，又拍了拍我的胸膛。这些动作带着一种亲切感。我想道：**我是一个儿子，我有一个爸爸。**

我试图记住他的走路姿势，学会他的节奏，没有那双靴子好像就出不来那种感觉。他说话的声音也带着音乐的律动。"让我们来给你们两个家伙点点儿比萨吧，如果我再不吃饭，我们就会有他妈的**大问题**了。"他不怕在我们面前说脏话，好像包括他在内，我们几个男孩是一个小团体。而且他的脏话说得是那么富有诗意，那么轻松自如。"该死的教士队今年真是吃了屎，他妈的全队也就剩下两个击球手了。""那个浑蛋里根用自己的手都找不到他的屁股在哪儿。""这卡车还行，但这操蛋的汽化器又坏了。"

操蛋的汽化器。我压低声音重复着这个词组，练习着它的重音。这句话的精髓在于，"操蛋"两个字要说得漫不经心，就好像你根本不在乎这个词一样，你只是在通往"汽化器"这个词的路上兜了一个小圈子。哦，我刚刚说"操蛋"了吗？我都没注意到。我都不知道汽化器是什么，但是当爸爸一边嚼着腊肠比萨摇着头，一边说出这个词的时候，我也摇起了自己的头，仿佛在说："是啊爸爸，太他妈对了，一定就是那个操蛋汽化器的问题，不用说了。"

我在脑海中继续重复着这个词组，试图将它带入我日常生活的对话。"得，德雷克，你自行车的问题就在于那个操蛋的汽化器"，以及"哎呀，妈妈，我很抱歉地通知你，烤箱打不开的原因就在于那个操蛋的汽化器"。

"还有，我都懒得说那个浑蛋里根了，"他说道，使劲咬了一口手中那片瘦长的比萨。"这么说吧，如果你们的妈妈丢了工作，一定是因为那个浑蛋里根。那个浑蛋为了竞选成功，什么都说得出口。"我已经听过太多人、太多次管他叫浑蛋了，我都不知道他的真名到底是什么。当我在电视上听见"罗纳德·里根"这个名字时，我想那个浑蛋一定是有个兄弟正在竞选总统。

我们开始聊天时，爸爸说锡南浓其实没有那么糟。我和托尼已经喝到第三杯甜甜的、充满糖分的可乐了。我还将激浪、雪碧和橙子汽水跟可乐兑在了一起，我们管它叫"自杀"汽水。我哪儿都不想去，我们能否就住在市场大道上这家喜客比萨店里，住在店里大窗户旁这个红色的卡座里，一边喝汽水，一边听爸爸讲话。"锡南浓在变坏之前是个好地方，我们以前经常说，我们经营的是做人的生意。我们只做一件事：将那些有问题的人进行改造，让他们变成更好的自己。"

"那你为什么要离开？"

"嗯，过了一段时间之后，查克开始真的相信他自己那套鬼话了，你能怎么办？"他伸出两只手，耸了耸肩。

"爸爸，在锡南浓之前，你真的随身带着枪吗？真正的猎枪？"托尼给我讲过很多故事，其中有毒品、打架、犯罪还有奇诺州立监狱。他喜欢收集这些故事，我也是。我们知道现在是个难得的时刻，能单独和爸爸在一起，还有我们的汽水和一肚子的比萨。

"哦，当然了，我必须得带。"

"但是不会被别人看见吗？"

"不会，我以前经常穿一件棕色的长风衣，能把枪藏起来。我并不会真的用它，但还是要以防万一，你可不想在大周六晚上被别人拿枪指着脑袋。"

"你以前是干什么的？你入室抢劫过吗，或者偷过车？是有组织的犯罪吗？"

"更像是无组织的犯罪吧，我们开过空头支票，偷过信用卡号，交易过毒品。我们每天都嗑药嗑到精神恍惚，根本没法进行有组织的犯罪。"他大笑了一声，直视着我的双眼，这是一个我们之间的笑话，只属于我们几个。

"你在监狱里不害怕吗？"

"不太害怕，其实并没有那么糟，技巧就在于要让所有人都觉得你是个疯子，这样他们就不会来烦你了。如果有人朝我走过来，要挑事或者跟我胡闹，我就会用最大的声音疯狂地大叫，一段时间以后，人们就学乖了，你懂吗？"

他给我们讲这些时，就像是在给我们传授技能，仿佛我们以后能用得上。

"而且不要让狱警欺负你，因为他们会让你觉得自己什么都不是，但你不能让任何人这样对你，尤其是那帮畜生。"

"我有个编号，他们给每个人都编了号，我是 A-73581。我们排好队时，他们会用编号叫我们，而不用名字。这时我就会说：'去你妈的，我有名字，浑蛋。用我的名字叫我。'我太能折腾了，他们根本不想管我，但如果他们没有反应，脸上也挂不住。所以他们会说：'我要把你关到单人间里去。'我会说：'有什么大不了的，我已经被关起来了，好吗？你还要再关我几次？'"

这些故事也是有律动、有节奏的，就好像他已经讲了一千遍。他不会感到尴尬，也不会感到羞愧，他更像是在把知道的事情讲给你听，不会去编造那些他不知道的事情。他了解监狱，了解汽车，了解毒品，也了解毒品爱好者。他还了解棒球、赛马和那些操蛋的汽化器。

　　那天晚上，他和我们一起吃了晚饭。第二天早上我醒来时，他已经不见了。我将那天的记忆装在大脑里随身携带，一遍又一遍地重复着他说过的那些事情。我聚精会神地回忆着他的长相、他的味道，嘴里小声说着：**那个操蛋的汽化器。你还要再关我几次？**我回想着他的蓝色牛仔裤堆在靴子上的样子，还有他左手中指关节上那个小小的绿色圆点文身。他说：“我们到时候会去海滩，我会教你们用身体冲浪，很简单的。”那天晚上睡觉前，他来到我的房间，将一张二十美元的钞票塞进我的手里，微笑着说：“给，兜里有点现金还是不错的。”然后他亲了亲我的脸蛋，我的嘴角感受到了他浓密胡须的粗糙。他走出房间，我的胸膛里感到一阵拉扯，就好像有什么东西已经被拉到了极限。他在门口停顿了一下，也许是因为他也感受到了这种拉扯，这种我们似乎应该待在一起的感觉。

　　“等你们来了洛杉矶，我要带你们去好莱坞公园。你们可以和我一起赌马，没有什么比在赛马场度过一天更有意思的了，等着瞧吧。”

父亲形象

保罗总是在家。他周五晚上来吃晚饭，我们周六早上睡醒的时候他还在。他会穿着内裤吃谷物早餐，然后和我们一起看动画片。我们一共能看三个频道：二台、四台和八台。每个周六早上，我们都会在《兔八哥》《超级英雄战队》和《胖子阿伯特》之间来回切换。保罗穿着他破破烂烂的内裤直接坐在地上陪着我们，我们都很喜欢他，因为他不会突然换台，也不会跟我们谈论里根。

妈妈喜欢在周六早上坐在被窝里看书，她有几百本书，全都堆在墙边的一个架子上。她总说："看电视会让你的大脑腐烂。"她会给我们关于动物的书、关于树的书和关于住在冰雪世界里的人的书。有时候我会真的去读，有时候我只会假装在读。托尼连假装都懒得假装，她给他关于棒球的书的时候，他会说："我真正需要的是一个铝合金球棒。"有些时候，她会喊道："保罗！"然后他就会消失在卧室里。

过了一段时间之后，保罗不再回自己家了，他把越来越多的东西拿到了我们的房子里：他的野营工具、他的鱼竿、他的衣服。

一天晚上，妈妈说我们要严肃地谈一谈，我们知道这可是一件大事，因为除此之外，我们唯一一次严肃的对话，是在我和托尼独自在家把柴炉点着了之后。那次我们被打了屁股，用的是木板，我们也脱掉了裤子。她总说她其实反对这样做，这样做对她的伤害比对我们的更大。

她说从现在起，保罗要和我们一起住了，我们对此有什么看法？托尼说他不在乎，妈妈应该想干什么就干什么，反正他的想法对她来说也不重要。她说不是这样的，她很在乎他的想法。于是他说他觉得这里很冷，而且总下雨，我们为什么不能回到加利福尼亚，那里阳光明媚，大家也不会觉得我们是怪人。妈妈说这件事她没有办法，我们负担不起住在加利福尼亚的费用，而且她在州立精神病院还有工作，再说了，托尼难道不喜欢他的少年棒球联盟队吗？托尼说还可以，但他需要一双防滑运动鞋。队里的每个人都有专业的棒球防滑鞋，但他只能穿着从慈善二手店买来的塑胶鞋，鞋底都没有纹路。而且，为什么他要和他总说白痴话的白痴弟弟共享一间卧室？

我让他闭嘴，妈妈让他不要这样说弟弟。他说为什么不可以？他就是个狡猾的小畜生，他和我住在一起是不公平的，而且他没有真正的棒球防滑鞋。妈妈说，如果你非得这样讲话，就回你的房间去。于是托尼站了起来，跺着脚穿过厨房，走下台阶，回到我们的房间后重重地摔上了门。

"他可真是个浑蛋。"

"别这样讲话。你觉得保罗和我们一起住怎么样？"

我说我喜欢他，他对我们很好，而且他能让她开心。我这么说是因为我知道我应该这么说，不过，这也的确是真话，因为妈妈看不见的时候，保罗会塞给我们糖果，而且他在家时，我就不用拿白色的塑料火箭贴在妈妈背上了。

妈妈说保罗就要成为我的父亲形象了，她说所有男孩子都需要一个父亲形象。我想告诉她我已经有一个爸爸了，就算他在洛杉矶，也不代表他就不是我的父亲形象了，但我知道她不想听这些。她说我需要一个每天都能看见的榜样，书里都是这么说的，等有一天我也能读懂她看的那些书的时候，我就会明白了，这是基础的儿童心理学。

有时候我觉得托尼的愤怒是合理的，也许我也应该像他一样，但是他更擅长这些。我不知道该如何反驳妈妈，而他总是在反驳妈妈。也许这是因为他离开锡南浓的时候年龄更大一点，所以直到他快七岁之前，他都没有真正认识过她。我有过一个邦妮，她就像妈妈一样，我觉得他好像谁也没有，因为他没说过任何关于锡南浓的好话。妈妈认为也许在那里时，他经历了什么不好的事情。也许确实如此，但我想告诉她，孤单一人已经足够不好了，醒来时没有人可以讲话已经足够不好了，我不知道她为什么总是忘记我们就是这样过来的。

当你孤独一人时，很难感受到爱，而托尼独自一人生活了将近七年。

他的心里比我装着更多悲伤，这我是知道的。但有时候，他会忘了他有多讨厌我，对我甚至可以用很好来形容。他会和我一起在小巷里扔石子玩，也会帮我用汽油桶里的汽油点燃我的卢克·天行者[*]人偶，他会觉得很开心。我爱他，在很大程度上是因为我们是兄弟，我们长得像，而且我知道我们必须团结一致，至少大家都是这么说的。

保罗从来没说过任何关于要成为一个父亲形象之类的话，妈妈这么说的时候他会脸红，沉默不语。他会假装自己的猎刀需要打磨了，然后拿着刀和一块扁平的石头站在水池边，他会说"不用强求"或者"就这样吧，洁里"。

她说："但是你要成为他们的榜样。"保罗看起来没有被说服，我觉得他知道我们已经有一个爸爸了。

睡觉前，妈妈在楼上阅读关于儿童心理学的书时，保罗会陪我们坐一会儿。他会看托尼的漫画书，也会和我们一起用录音机听迈克尔·杰克逊的歌，这个录音机是上次爸爸来时给我的。他会问："你今天过得还好吗？"即便我说我和德雷克打了一架，他也不会打断我，告诉我要

---

[*] 《星球大战》中的人物。

做一个更好的人之类的。他会听我讲，然后说"下次你应该直接告诉他，没有你的允许，他不能骑你的车"以及"他是你的朋友，你要尽量对他好一点"。

他说既然他已经住在这儿了，他希望自己能够毫无保留，我可以问他任何想问的问题，于是我这样做了。

"你为什么一直待在家里？你没有工作吗？"

"以前有过，我接受过急救医疗技术人员的培训，这个工作就是要开着救护车去不同的地方帮助受伤的人。"

"你现在还是急救医疗技术人员吗？"

"我丢了工作。"

"那你是怎么认识我们的妈妈的？"

"通过互助项目，她参加了嗜酒者家庭互助会，我参加了匿名戒酒会，我们认识一些共同的朋友。"

"你参加了匿名戒酒会？所以你是个酒鬼吗？"

"一个正在康复的酒鬼，我们都是这么说的。"

"你上一次喝酒是什么时候？"

"两年前。"

"你都喝什么？"

"那不重要，重要的是要喝醉。"

"为什么？"

"因为这样我就能忘掉一切了。"

"你为什么想忘掉一切？"

"我也不知道，也许我不太喜欢自己吧。"

"为什么不喜欢？"

"这个话题没完没了了，是吧小孩？"

"你说我可以问任何问题的。"

"好吧。一开始我不喜欢自己是因为我想成为一名医生，但我不够聪明，所以我通过喝酒来忘记痛苦。但后来我不喜欢自己是因为我喝了太多酒，于是我又通过喝酒来忘记这件事。"

"听起来不怎么好玩。"

"当然不好玩，这是一种病，你知道吗，就像小儿麻痹症或者癌症一样。"

"会传染吗？"

"不会，但是会在家庭中遗传。"

"那不是一回事吗？"

"不太一样，但它会像疾病一样发展，它会随着时间的流逝变得越来越严重。最后，我连酒吧都不去了，我会买一瓶酒，然后开着我的卡车进入树林，我醒来的时候都不知道自己在哪儿，这时我就意识到自己出问题了，于是我就去了匿名戒酒会。"

"你喜欢匿名戒酒会吗？"

"比独自一人在树林里喝酒要强。"

"你们在匿名戒酒会都干吗？"

"我们会谈论自己喝酒的经历、情况有多严重之类的，我们会互相帮助对方完成十二个步骤。"

"十二个步骤是什么？"

"是一些你需要去完成的事情，做完之后，你就不会觉得自己还需要喝酒了。"

"你十二个都完成了吗？"

"我一个周末就做完了所有。"

"那算快的吗？"

"算，但那并不是正确的完成方式，所以我后来又回去，花了六个月左右的时间重新做了一遍。"

"你感觉好些了吗？"

"确实好些了，我感觉自己变轻了，不需要再忘记那么多事情了，因为我更喜欢自己了。我不敢相信我正对着一个小孩子说这些，你说起话来像个三十岁的人，哈哈！"

"你爱我妈妈吗？"

"爱。"

"你会和她结婚吗？"

"我不知道。"

"我们现在能看动画片吗？"

"当然。"

他会带我们去西塞勒姆大桥下的威拉米特河边钓鱼。他有一个装满鱼饵的绿色工具箱，我们会去鱼饵店买蚯蚓和用来钓虹鳟的亮粉色大蒜棉花糖。他教我们如何将蚯蚓正确地挂在鱼钩上，要让鱼钩同时穿过蚯蚓身体的三个不同地方。他教我们如何将鱼线扔出去再慢慢地收回来，扔的时候要小心不要打到站在我们后面的人，而且要找准时机，这样才能扔出最远的距离。托尼钓到了一条鳟鱼，我们把它拴在一根金属丝上，从鱼嘴穿过，再从鱼鳃出来，丝线绑在河里的石头上。他教我们如何在威拉米特河岸平坦的岩石上用圆角刀刮鱼鳞，然后将鱼肚剖开，取出所有内脏。然后他将鱼头切下，从中间劈成两半。我们将鱼带回家，保罗用大蒜、黄油和盐给我们做了炸鱼，我们真希望以后每天晚上都能吃到。

我和托尼开始在三个街区以外的英格伍德小学上学后，保罗每天早上都会帮我们装好午餐，甚至还会把我们送到校门口。我从没上过学，所以当我看到棒球场前那座巨大的黄色建筑时，我觉得它好像一艘宇宙飞船，我想我也许要踏上一段去往某个地方的旅程了。我知道我应该进去，因为其他孩子都在往那个方向走，走进宇宙飞船，等待着被发射进太空。

我的班上有好多小孩，他们高矮胖瘦各不相同。蒂莫西·曼宁，脸脏脏的，看起来很不好惹，他总是坐在最后一排嘲笑所有人。有一个女孩跟我和托尼一样也穿着肮脏的衣服，但她闻起来有一股尿味。这挺好的，因为虽然我们的衣服上有破洞，但至少我们身上没有臭味。有一个男孩子留着修剪整齐又顺滑的黑色头发，穿着设计师品牌的牛仔裤，裤兜上用白线绣着"约达西"一词。还有个漂亮的金发女孩，穿着蓝色的波点连衣裙，看起来像个娃娃，穿着脏裤子和从救世军二手店买来的带有污渍的红色滑雪背心的我，是不能靠近她的。

第一天上学时，老师给了我们每人一份数线，教我们如何做加法。一加一，三加二，你只需要将铅笔移到数线上的正确位置，标记好答案即可。但我已经知道如何做加法、减法和乘法了，我不明白为什么其他孩子都不会。我看着他们绞尽脑汁的样子，不禁怀疑我是不是错过了什么。老师给了我一本二年级的练习册，里面画着小鸟和圆圈，我要算出有多少只鸟在圈里，有多少只在圈外，以及一共有多少只鸟。同样，我还是不明白我们为什么要写这么愚蠢的东西。

当我把练习册还给她时，她读了里面的内容，过了一会儿，她说我们应该去见见三年级的老师。于是在午休的时候，我们穿过走廊，来到了三年级的教室，那里的老师也给了我一本练习册。她向我展示了如何审题，告诉我要在每页的右上角写上我的名字，我照做了。她问我能不能看懂里面的内容，我说能，然后她们两个便看着我阅读练习册，里面的内容都是关于立方体、数字、形状和找零钱的。

一天，副校长来到了我们的教室，和我的老师讲了一会儿话，老师将我叫到了教室前面。我们坐在角落里，他问："你以前上过学吗？"我说没有，因为我觉得锡南浓的学校更像一所孤儿院，不算真的学校，而且人们也从来不愿提及它。他又问："你在家里会做功课吗？"我说不会，因为我怕如果说出了妈妈给我的那些书，他们就会认为我在作弊。我不想惹麻烦，我的同学都比我高大，他们以前也都上过学。我哥哥在四年级，他总会用胳膊夹住我的脑袋，或者弄坏我的东西。

副校长说他们需要和我妈妈再谈谈，但也许我换一个班会感到"更舒服"一点。他说他给她工作的地方打了电话，但她当时在忙。我说："嗯，是的，她有好多囚犯要处理。"他用一种奇怪的眼神看了我一眼。

我跟妈妈讲述这些练习册的事还有副校长说的话时，妈妈说她并不惊讶，因为我们在锡南浓时，除了读书就是写作。她说我是她要保护的特别的小生命，她要带我来到这个世界，这样有一天，我就能改变这里了。

她从荷兰搬到美国后，在学校里跳了两个年级，但是这让她很不开心，因为周围的人都比她大，而且没有人会讲荷兰语，她很难交到朋友。

副校长将我从班里带了出来，让我坐在他办公室里的一张桌子旁，说要给我做个测试。做完测试后，我就可以出去自由活动了。男孩子们都在玩单杠，或者在操场上玩贴标签的游戏，而我在想关于测试的事情和我读到的那个故事，故事里有一对贫穷的夫妇，他们没有钱给对方买圣诞礼物，于是妻子将她的头发剪下来卖掉，为丈夫买了一条表带，而丈夫则将自己的手表卖掉，为妻子买了一把梳子，所以他们两个都没办法用上自己收到的礼物了，礼物就浪费了。试题让我举出一个相似的例子，但我只写了我认为他们这样做很搞笑，为了对方将自己最珍贵的东西换出去，而最后他们又意识到自己不需要这些东西，只要他们拥有对方就够了，这就是我们想让妈妈给我们买新的《星球大战》人偶时，她总和我们说的。

我穿过操场时，一大群孩子跑了过去，其中一个人差点撞上我，于是蒂莫西·曼宁跑到我跟前说道："你有什么毛病？"

"没有，我只是在思考。"

"你挡住我的路了，蠢货，我们在玩贴标签呢。"他留着黑色的直发，挺胸抬头站在我面前，两只拳头握在身体两侧，不过他很瘦，块头大概是每天都要和我打架的哥哥的一半。这里没有演示者，也就是锡南浓所谓的老师。在那里，如果你和其他孩子产生了矛盾，你就要对所有人讲出自己的感受，这样你就可以学习成为一种全新的、不需要家长的人了。但当一个男孩和你对峙的同时，他的身旁还站着一帮脸上脏兮

俄勒冈

兮、紧握着拳头的孩子，这似乎就不是一个好主意了。铃声响了起来，也就意味着课间结束了，我们都要回教室。

"我没看见你。"

"行了，别扯淡了，米克。这是什么娘炮名字？米克·皮克尔，米克·皮克尔！"他大喊着走开了。我知道蒂莫西·曼宁不喜欢我，但我不知道为什么。也许是因为我太矮了，也许是因为我的裤子上有破洞，或者是因为我的牙齿就像《人猿星球》里的人猿一样向外凸着。我不知道校园生活会不会一直都是这样。

妈妈下班后来到了学校，我没有出去玩，而是去了副校长的办公室，他说从我完成的测试来看，我至少应该跳过三年级，甚至四年级，她有没有想过让我上私立学校呢？她说非常感谢，但公立学校就很好，我们也负担不起私立学校的费用，而且她不想让她的孩子被一大堆宗教信仰方面的鬼话"吸脑"。她说她小时候跳了两级，十五岁的时候就直接上大学了，从儿童心理学的角度来说，这对她并没有好处，所以我还是应该和其他同龄的孩子一起留在一年级，即便这意味着学习内容对我来说很简单。他说这样对我来说就没有任何挑战了，可能会带来一些行为举止上的问题。他会把我放在天赋异禀项目小组里，我平时会有机会去参加一些野外考察活动，但这对我来说可能还不够有挑战性。她说她不会让我和一帮比我年龄大的孩子在一起的，这样会毁了我。

副校长发现她一旦形成了自己的观念，就没有和她争辩的可能性了，所以我便留在了一年级。

兔子

保罗拿着一个卷尺和一支铅笔走来走去，在紧挨着小巷的后院谷仓中给木头做标记。他说他是时候"做点贡献"了，因为我们一直以来只有热狗和面条可以吃，我们需要更健康的食物，所以他要开始养殖兔子给我们当晚餐。妈妈说，兔子是将植物变成肉的最高效的方法。

在此之前，我见过的兔子只存在于电视上《兔八哥》之类的动画片中，或是在锡南浓学校后面的田野上奔跑的野兔。托尼说，所以我们要开始吃兔子了吗？小兔子吗？妈妈说是啊，怎么了？他说它们是宠物，不是食物。她说我们不会像宠物一样对待它们，能有食物就是好事，我们买不起商店里的肉，如果他只吃面条和食物赈济处发放的加工奶酪的话，是无法长大的。

"会很好吃的，你会知道的。兔子肉尝起来就像鸡肉一样。"

"谁来杀它们？"

"我们，很简单的。"

托尼说它们就和大老鼠没什么区别，妈妈说不是的，它们是很好的瘦肉蛋白来源。他难道不想拥有强壮的肌肉去打棒球吗？

"为什么我们做的一切都必须这么奇怪呢？"他说，"为什么我们就不能像正常人一样，吃正常的食物？"妈妈说正常人也吃兔子，托尼说他们不吃，他们吃的是汉堡和鸡肉，以及晚饭后的冰激凌。

"你为什么非要把一切变得这么难呢？"但他说她才是让一切变得这么难的罪魁祸首，他说他恨这里，他希望自己住在洛杉矶，和爸爸一起。妈妈开始哭泣，因为她不知道如何发火。就好像怒气从她体内升起，在触碰到她双眼的一刹那就会变成眼泪。

她说："我曾经试图拥有正常的生活，我想要的仅此而已。我只想要一个丈夫、几个孩子和一个人人相互关爱的正常家庭。但他们抢走了我的孩子，每个人都疯了，我能怎么办？你想让我怎么做，小托？"

托尼沉默了，因为没有人知道这个问题的答案。

他回到了他的房间，保罗则出去了。我对妈妈说，他总是能找到令他生气的事情。她伸出手让我握住，我们两个并排坐在"狼窝"里，她的脸埋在胳膊中。如果在那一刻，我能剖开我的胸膛，里面除了一道空白的屏障一定什么也没有，那是一块将我完全封闭起来的障碍物，坚固且僵硬，里面的东西出不来，外面的东西也进不去。这道屏障从我的喉咙底部开始，一直延伸到我的膝盖。我躲在它后面，我用它罩住自己。每一次吞咽和呼吸都能让我感受到它的存在。我没有眼泪，因为眼泪来自心，而我的心被压在了屏障之下。我也没有怒气或悲伤，我只觉得自己必须做出正确的回答。

"兔子肉听起来似乎还不错。我们不求完美，只求完善。"我想象着在院子里追逐兔子的场景，然后斧头落下，咔嚓一声。吃的时候一定会塞牙吧。

"是谁给了你这么一个老灵魂？"她说。我调整了一下坐姿。她总是这么说，但我做的仅仅是重复我听到的大人的话而已。我想我大概知道"不求完美，只求完善"这句话是什么意思，我在妈妈拿回来的嗜酒者家庭互助会宣传手册上见过。但我也明白，这句话对她来说有另一种更为深刻的含义。我喜欢这样做给我带来的力量，我喜欢被别人当成一个成年人或一个睿智的人，一个可以在危机中依赖的人，一个比其他人都更强大且不可动摇的人。我相信我就是这样的人，毕竟，我能做任何事。

但有时候我会忘记，我会发怒，我想逃跑。我既害怕又伤心，我没有地方施展我的力量。我不知道该说什么，所以只好重复那些我在戒酒会传单上看到的话。

"一切会好起来的，妈妈。记得要放手，听从上帝的安排。"

"一天一天来。"

"不求完美，只求完善。"

保罗第一次杀兔子时，我们在上学。回家后，我们看到后院的树旁有一个白色的塑料桶，桶里装满了内脏，上面覆盖着碱粉。空气中弥漫着浓浓的血腥味和皮毛味。兔子的尸体一个叠着一个摆在桌上，准备进入楼下的冰箱。灰棕色的皮毛被整齐地堆在通往谷仓的石子小路上。树下的土地被血染成了红色。他将兔头装进一个塑料袋，放在谷仓后面的小巷中。你可以跟随着气味找到袋子，打开它，就能看见细小的白蛆爬满兔子的眼睛。

托尼拿起保罗的猎刀，用塑料水管将它冲洗干净。刀柄是骨质的，上面雕有图案，刀刃很厚，六英寸长。我们两个都很喜欢这把刀，保罗有时候会允许我们将它拿在手里感受一下。它比我的小臂还大，很沉，像一把剑，刀刃呈弧形，在刀尖处汇聚成一个锋利的点。我们将它侧着举在脸前，想象我们是《功夫》*中的戴维·卡拉丹，行走在中国的沙漠里。

保罗给了我们一人一把铲子，让我们处理谷仓空笼子下面残留的兔子屎。"兔子屎是最干净的屎，"他说，"可以成为很好的肥料，几乎可以直接吃。"这些圆圆的黑色小粪球散发着一股大地的味道。我们将它们铲进小推车，然后将桶拿到了棚屋旁边堆放着的一摞东西旁，这里是

---

* 一九七二年美国电影。

保罗存放工具的地方。"我们要开始制作堆肥了。从现在开始，不要再将动植物的残余扔到垃圾桶里了，把它们全都放进这里。"

之后的几周，我们往肥堆里扔了蛋壳、兔子骨头、苹果核和柠檬皮，它越变越大。保罗租了一台松土机，将房子边上的土地犁了犁，这样一来，野草和杂草就变成了护根物。他用木板将土地隔成了四块大花园，妈妈在里面种了番茄、南瓜、黄瓜、胡萝卜、卷心菜、生菜，甚至草莓。每周六都是锄草日，这些蔬果开始成熟后，妈妈就尽量不再去商店买农产品了。

在第一次杀兔子后，我们的大部分晚餐吃的就是兔肉了。托尼认为这是一种折磨，他一直在抗议，就和妈妈在伯克利抗议拔根一样。他在椅子上乱动，不好好坐着，交叉着胳膊抱在胸前，直直地盯着自己的盘子，他说"这块看起来不太好，如果我只吃土豆又能怎么样？"或者"我觉得兔肉会让人生病，我们今天在学校里学了"。

妈妈会做烤兔肉和柠檬兔肉，还有胡椒炒兔肉和"惊喜兔肉"，也就是把剩下的烤兔肉切碎，和炖菜拌在一起。有时妈妈也会用平底锅油炸兔腰或者和李子一样大的兔心，上面还遍布着血管。这些器官在滚烫的油锅中翻腾滚动、溅起油花，仿佛它们在跳舞，仿佛它们还活着，屋子里弥漫着难闻的、热气腾腾的血腥味。妈妈会用叉子将整个兔腰叉起来，连盐都不放就直接放进嘴里。看着她吃这么恶心的东西是一种很神奇的体验，这对我们来说简直像某种巫术。

有一次，妈妈竟然直接将兔肝当作主菜端上了桌，托尼一口都不愿意吃，他只是盯着自己的盘子，摇着脑袋。

妈妈说："兔肝很有营养的。"

"我不会吃的，这太恶心了。"

妈妈双臂交叉抱在胸前，说："如果你们不吃，你们就不能起来。"这句掷地有声的话回荡在安静的厨房中，我低头看了看盘子里这坨硬邦邦、没加任何调味料的肉，用叉子杵了杵它。最后我咬了一口，它的味道和用兔子屎做的肥料闻起来一模一样。

托尼毫不退让，整个晚餐期间，他一直坐在餐桌旁，晚餐后我去泡澡，电视上播《最强美国英雄》，一直到我刷牙时，他都一直坐在那里。我走进厨房去看他："要不就吃一点点吧。"但他摇了摇头，将头埋进了支在桌子上的胳膊肘里。

睡觉前，灯已经关了，我躺在床上思索着谁会赢得这场较量，托尼会不会就在厨房里这盘没有动过的兔肝旁边开始他的新生活了呢，也许他可以在餐桌下面搭一个帐篷，或者把他的睡袋拿到椅子旁边。这时，我听见妈妈走进厨房说道："好了，你可以起来了，我不知道该拿你怎么办，但你可以空着肚子去睡觉了。"托尼跑下楼梯，跳上了摆在我旁边的床，用被子蒙住了脑袋。

"你为什么就不肯吃一点点呢？就让她高兴高兴啊。"

"那不是我的职责。"

一个周六的早上，妈妈宣布她要炖一锅兔肉，并且只会使用我们花园里种的蔬菜。她像着了迷一样，眼神中充满一种心不在焉的昏沉。她切好西葫芦和番茄，将它们倒进那口我们在圣诞节时见过的金属大锅，当时她用肉桂棒煮了热苹果酒。她又加入了洋葱、芹菜、土豆和兔肉块。锅炖煮了一个下午，房子里充满了一种大自然的香味，这味道钻进了我们的衣服和头发。晚饭时，她骄傲地站在锅旁说道："瞧，只要我们想，我们就能自给自足。不需要政府或者公司给钱，我们是可以依靠自己的劳动成果维持生活的人。"

我赶快把自己的碗递给了她，因为我很确定她马上又要开始发表关于尼克松的长篇大论了。我刚出生不久，他就被弹劾了，这两件事在我的脑海里总是相互关联的，因为妈妈总是将它们放在一起讲。"嗯，他们拿下那个杂种尼克松的时候，你刚好出生，所以我知道这一定代表着什么。"虽然我并不清楚炖肉和这一切具体有什么关系，但我知道"依靠自己的劳动成果维持生活"是一种"反抗高高在上的权威"的方式，

俄勒冈

而他们总是将"渺小的百姓踩在脚下"，我知道吃兔肉炖菜是我对这个国家应尽的义务。

晚饭后，大锅被放进了冰箱过夜，妈妈说这是为了让它"充分沉淀"，就像抽屉里那块我们不能吃的特殊奶酪一样，兔肉炖菜的特点就是放得越久越好吃。于是，第二天晚上我们依旧吃了兔肉炖菜，品尝着比昨天晚上更加浓郁的汤底。胡萝卜已经没有了形状，兔肉块也散成了长长的肉丝，芹菜基本上还完好无损，有时候也还能吃到几块土豆。

到了第三个晚上，已经能察觉到空气里的怨恨了，妈妈用勺子将浓稠的炖菜盛进了我们的碗里。保罗希望能支持妈妈这种"不依靠现代社会自力更生"的生活方式，所以只要是她下厨，他通常不会抱怨。但是在经过了两次重新加热和三天的冰箱冷藏之后，炖菜已经变得像一锅泔水了。虽然还能分得清固体和液体，但已经分不清固体具体都是些什么了。土豆、胡萝卜、芹菜和兔肉裹在一起，形成了一坨黏稠的糊状物，黏稠度堪比高浓度的鼻屎。我们挖起一勺炖菜举到空中，然后再让它缓缓滴回我们的碗里。

到了兔肉炖菜的第四天，大锅里剩下的东西是否还是食物这件事，已经没有一个明确的答案了。在锅的中央，是一团灰棕色的物体，结了一层硬壳的炖菜在灶台上被重新加热了四次之后已经变黑，嚼不烂的小块从它的边缘散落，它们和那一坨蔬菜的区别仅仅体现在它们扁平的形状上，比如小方片状的番茄皮。妈妈沉默着将炖菜端上了桌，托尼和我盯着自己的碗，试图在脑海里寻找更加美好的回忆。就连保罗都用勺子轻轻碰了碰这团东西，谨慎地试探着，就好像它随时会跳起来一样。他抬头看向妈妈，她说："干吗？现在这样更好，它已经完全吸收了调味料。"

托尼吃了一口，厌恶地撇了撇嘴，脸上失去了血色。"我感觉不太好，我能吃别的吗？"

"不行，把你的晚饭吃了，它很有营养。"

我看着他用一只颤抖的手将勺子举到嘴边，闻了闻，然后像被打了一拳一样仰起头，直接吐在了他的炖菜碗里。

大家都凝固了，我觉得他可能是装的，我很气愤自己竟然没有先想到这招。但是当他抬起头，嘴边沾满了红色和橙色的呕吐物，下巴上还贴着蔬菜块时，很明显，他完成了有史以来最成功的一次非暴力抗议运动。如果这都不算消极反抗，那我不知道什么才算。

我等着妈妈从他嘴里挖出呕吐物，然后再放回锅里，因为到了现在这个地步，两者之间又有什么区别呢？

保罗说道："天哪，托尼。"他用手巾帮他擦了擦脸，然后带着他去卫生间清理干净。妈妈安静地站在她那锅自己种植和养殖的兔肉炖菜旁，满脸挫败地独自思索着。

不知道尼克松当时是否也有同样的感觉。

等他们回来时，保罗说："也许今晚我们应该出去吃。"

我没说话。

妈妈说："那这么多炖菜怎么办？"

又到了杀兔子的时间，妈妈认为我们是时候了解"生命的循环"了，这样我们就能明白我们的食物不仅仅是从商店里来的。一个周六的清早，保罗让我们两个坐在后院，他对我们说："这不是一个游戏，所以我需要你们认真对待。我可以教你们，但你们必须尊重这件事本身。不要拿着刀、碱粉或者棍子到处胡闹。"

他从谷仓的阁楼里拿来了一根黑色的金属杆，那里是他存放步枪的地方。然后他在棚屋门前大树的树枝上绑了一根绳子。"这里是我们吊兔子的地方，为了放掉它们的血。"在盛有白色粉末的桶里有一只挖铲，他将它拿了出来，并将粉末撒在了工具棚旁边大树的树根处。"这是碱粉，不要碰它，它是为了确保血液或内脏不会在树体上腐烂用的。"

我们来到谷仓，在笼子里等待着我们的是一窝窝三个月大的兔子，它们的体格还没有成年的肉兔那么大。我们给兔妈妈和兔爸爸起名叫公主和彼得，那只巨大的棕色垂耳兔叫弗雷德，它一天到晚都待在笼子里不动。不过它们也不小了，我们很谨慎地没有给小兔子们起名，因为妈妈说不要和你的食物成为朋友。

保罗打开一个笼子，揪住了一只还未完全成年的灰兔子脖子上松弛的皮毛，将它拿了起来。兔子在空中胡乱地猛踢着四肢，他很小心地伸直胳膊举着它，让它锋利的爪子远离他的脸，我们跟着他来到了外面。

他蹲了下来，用左手将兔子按在石子地上，右手拿起了那根黑色的铁棍。"重点在于要猛击它的头部，把它打晕，这样它就不会感到痛苦了。不要打两次，也不要打三次，要一次用力打在它的后脑勺上。"他举起铁棍，重重地打了下去，金属接触到骨头时发出了碎裂的声音。兔子的眼睛翻回眼窝，伸直了四肢。保罗将它举起来带到树旁，兔子的身体还在扭动。"它已经晕过去了，现在只是身体里残余的神经性反应。"

我不禁联想到了倒在车道上的菲尔和锡南浓的那些坏人。

我们又从谷仓里抓了一只，他用手按住兔子的脖子，将它固定在石子路上，说道："记住，一定要用力打，这样做才更人性化，轻轻地打只会让它痛苦更久。"他将铁棍递给我，"来吧。"

我感受到了铁棍的重量，比我想象得要沉，但又没有棒球棒那么沉，它体积更小，密度更高。我在练习挥棒时，铁棒末端下落的速度比我想象中更快，这让我很难瞄准。我握紧棍子，向着兔子的头落下一击，它乱踢着四肢，不停扭动。"不对！"保罗对着我的耳朵喊道，"你必须使劲儿，你现在这样是在伤害它，再来！"

兔子在他的手下挣扎，鼻子里流出了一行血。"现在！打它！用力！"我再次挥动铁棍，击中头骨时，我感受到了回弹。兔子发出了一阵糟糕的喘息声，它的左眼凸了出来，一半已经掉出了眼眶。它还在乱踢，身体颤抖着，头部下方形成了一小摊鲜红，细小的血点洒在了石子路上。"真见鬼！把这该死的棍子给我！"他从我手中将铁棍拿了过去，砸在兔子的头骨上，发出很大的碎裂声，这声音似乎回荡在谷仓和房子的墙壁间，回荡在小巷和天空之中。兔子没有了生气。

"这就是你必须用力的原因。"

"我尽力了，我只是很害怕伤到它。"

"你必须一击毙命，这是关键。"

他将兔子系在树上的绳子上，兔子的身体挨着树干不住地摇晃、抽搐。他走向准备好的小桌子，拿起了那把大猎刀。他举得很低，在腰部以下，刀刃向下。他抓住兔子耳朵，将兔头沿着脖子砍了下来。大量浓稠的深红色血液流淌而出，洒在了白色的碱粉上。

他将兔头扔进一个桶里。"你必须等全部的血都流干净了才能进行下一步。"于是我们静静地等着血流干。

保罗折断了兔子的四条腿，因为这样"在剥皮的时候更容易"。他在兔腿系有绳子的位置下方割了一道口子，他边割边扯，边割边扯，将兔子的皮毛完整剥离，同时剃掉残留的几处顽固的雪白色皮毛。剥到一半的时候，他放下刀，用力一拉，整片皮毛就被拽下来了。现在剩下的只有一只小小的兔子残骸，吊在树上摇晃。它看起来更像我们每天晚上在自己盘子里看到的肉，不再是在笼子里蹦蹦跳跳的兔子了。

到了第十只兔子的时候，我已经掌握了技巧。我学会了如何用手压住它的脖子，将它按在地上，甚至还会用"嘘"的声音来安抚它。然后我会用尽全身力气和信念砸下铁棍，为的就是不让它承受痛苦，在它的后脑勺处一次将它的生命击碎。

我们砍下兔头，剥下皮毛，摘掉内脏，小心翼翼地切除胸腔里面那颗小小的绿色胆囊。"这是不能吃的，"保罗说，"小心不要戳破它，否则可能会把肉毁掉。"

结束后，我们将残余的部分装进小袋子，放进地下室里的冰箱冷冻。"要不要喝点可可？"保罗说，"但可不是你们妈妈买的那种无糖的，我这儿有好东西。"他拿了一把椅子，踩着去够水池上方的橱柜，将紫色的感冒药和一盒纱布挪开。"我的存货。"他眨了眨眼说道。我们喝了可可，他给了我们每人一张五美元的钞票。"今天干得不错，现在你们知道该怎么宰杀兔子了，其他动物也差不多，理论上，你们已经能够原地屠宰野生驼鹿了。"

我喝着我的可可，试图不去想那些兔子和我胃里的恶心感觉，不去想我有多么不愿伤害它们，为了完成任务，我只能将这一切想象成一个游戏，而不是生命结束时的一声惊雷，那时，我看着它们小小的兔子灵魂升入天空。

太太太太太太太阳

当哥哥在客厅里将黄色的塑料电话递给我时，我听到了一阵电路的噼啪声。每次爸爸从洛杉矶打电话来，我们都有一套自己的流程，这个流程就是我们俩要打一架，争夺先和爸爸讲话的机会，然后托尼会赢。我不介意，他和爸爸讲话时就会对我很好，而且妈妈会允许我们比平时晚一点睡觉，因为她总说我们作为孩子，生活中需要一个父亲形象，即使这个父亲是一个有犯罪前科，并且为了一个荡妇离开了她的瘾君子。

爸爸说他很期待夏天的时候在洛杉矶见到我们，我们可以去海边，他还会带我们去迪士尼乐园，这听起来怎么样？对我来说，这听起来就像另一个世界，我甚至都不确定他是不是认真的，他会不会接着说道："开玩笑的，哈哈。"那样的话，我就会说："这个玩笑不错，爸爸。"

"我这里还有个人想和你聊两句。"

"和我？是谁？"

"等一下。"

通过小小的听筒，我听见电话那头有人在走动，然后一个说话时像在唱歌的熟悉声音响起了："喂？请问是米老鼠小演员米克先生本人吗？那个小故事写手？那个小图画画家？请问真的是世界上独一无二的太太太太太太太阳吗？"

"邦妮？"

"还有谁会叫你太太太太太太太阳，傻瓜？"

"可是。啊？"我找不到合适的语言来形容此时的感觉。已经过了这么多年，但她的声音还是如此熟悉，就像树上鸟儿的叫声。她开始演唱一首傻傻的小曲："米老鼠——小演员，米老鼠——小演员，我们迫不及待等你来表演。"她的声音里有某种古老的东西，像是记忆，像是我们离开之前锡南浓的一切，那时没有伯克利拿着棍棒的坏人，我们也不用被迫搬到这里，躲在雨水之中。

"但是你为什么会和我爸爸在一起？"

她说有一天他就那么出现了，她打开门，他穿着袜子站在台阶上，手里拎着他的靴子。"那是三个月以前了，后来他就不肯走了，我甩不掉他，所以我们就同居了。"

"同居？"

"对，你这个爸爸可真是个疯子，他已经迫不及待下周见到你们了。每天晚上，他都要把我摇醒，问：'他们到了吗？他们到了吗？'"

她声音里的温暖与俄勒冈的塞勒姆十分格格不入。她说："好了，太太太太太太太阳，我爱你。"

"我也爱你。"

我说这句话时的方式，和我在布雷斯大街上这座房子里时很不一样，在这里，这句话像在回答一个我应该知道答案的问题。而现在，这句话更像是当你在雨中清扫完养兔子的谷仓后，进屋将冰冷的双脚放在柴炉旁，看着水滴从你的鞋上蒸发。我想这也许是一场梦，但她就在那儿，在电话的另一端，在成千上万英里以外，在山的另一端，在大海的旁边，在那里的某个地方和我爸爸"同居"。

我答应过自己，这次要更好地记住关于爸爸的细节。他的长相，他说话的方式，他走路的姿势。我在脑中梳理着这个列表。像非洲式爆炸头一样的黑色鬈发，小胡子，晒成古铜色的脖子，那双靴子，那条牛仔裤，他笑起来时眼睛周围的皱纹，他大笑的声音，他以脚后跟为轴转动身体时，两只手臂轻微的下沉和摇摆。我们抵达洛杉矶的机场时，我看见他和邦妮站在走廊尽头。他的脸上挂着傻傻的笑容，她则好好打扮了一番，穿上了一条紫色的长裙，顶着一头深棕色的长鬈发，挽着他的胳膊。离他们还有二十英尺时，行走对我来说已经不够了，于是我跑了起来，他将我一把抱起，我的两只胳膊环抱着他的脖子，他说："嘿，伙计，你来了，你真的来了。"

邦妮紧紧拥抱了我："太太太太太太太阳！他们让你开飞机了吗？！我听说有时候他们会允许呢。"

他们位于普拉亚德雷的公寓距离海边只有几个街区。从机场回去的路上，邦妮带我们上了一条高速公路，在那里能看见海浪和沙滩、岸边停着的巨大游轮以及冲浪的人。公寓位于一条阳光充足的街上，在一个院子后面，院子里有一面红砖墙，它被一棵紫色大树的树荫笼罩着，这种树叫蓝花楹，爸爸说这很像一种蛇的名字。

冰箱里有冰激凌、大瓶的苏打汽水、奶酪条和饼干、薯片、速冻晚餐、冰棒、墨西哥玉米卷和水果。我们简直不敢相信自己的运气，我们从没见过这么多食物。托尼问爸爸，我们真的无论什么时候想吃奶酪条，都可以吃吗？爸爸奇怪地看了他一眼："是啊，当然了，如果你饿了，就吃。"我们用水果糖卷、成袋的菲力多滋薯片、微波加热的玉米卷和搭配花生酱和葡萄干的芹菜棒填饱了肚子。

晚上，我们陪着爸爸看道奇队的比赛，他抽着他的特醇万宝路，喝着半打白罐的百威啤酒。似乎没有人在意他在家喝酒这件事，或者他喝酒这件事本身。他喝完一罐和喝完六罐之后也没有什么区别。他只会讲话更大声，冲着电视叫喊："道奇蓝个屁，这帮笨蛋打得像支初中生组成的业余队。"

"道奇蓝个屁！"我们一起喊道。

我知道妈妈会说，一次上瘾，就会一直上瘾，所以爸爸不应该喝酒。也许她是对的，但这感觉并没有那么糟糕。也许是因为他在家里，也许是因为这只是啤酒，不是海洛因，也许是因为这次他不会走，就这么简单。

他喜欢谈论体育，谈论那些我不认识的人。"去年的卡里姆根本无人能防，无，人，能，防。那次天勾投篮得有九英尺高，你能怎么办，爬他妈的梯子吗？"我在脑海里记下某些短语，这样我回塞勒姆的时候就可以在其他孩子面前重复了。**卡里姆·阿布杜尔-贾巴尔。无人能防。他妈的梯子。**

我们总喜欢缠着他，抱着他的脖子，拽着他的胳膊。"你得做点俯卧撑了，小孩。"他举起我们，我们试图把他扑倒在地上，他则把我们的四肢拧成了麻花。

他让我们去街那头的小戴尔市场买烟。"给，跟人家说是给你们的爸爸买。特醇万宝路，硬盒包装的。"他给了托尼五美元，他从来不管我们要找来的零钱，所以我们就去买星爆糖和好时巧克力棒，让售货员找给我们二十五美分的硬币，然后在店门旁的"大金刚 Jr."游戏机上来几局双打。

我们睡在客厅里的折叠沙发上，夜里也从来不会全黑，因为院子里的月光和电灯总能透过巨大的窗户照进来。

他带我们去了他的店里，他是这家店的经理，和在锡南浓时一样管理着手下的机械修理工，这是一支固特异轮胎销售团队。这家店叫弗格斯，在市中心一个忙碌的十字路口处。店里有一间展示厅，墙上从上到下摆满了轮胎。旁边是一台液压升降机，是他们给车换轮胎的地方。他们只需要轻轻扣动吵闹的气枪的扳机，就可以将车轮毂螺母拧下来。其中一位修理师说："嘿，吉米！你看见二号升降机上那货了吗？"

爸爸说："看见了，是菲亚特啊，兄弟。太多软管和电线了，这种玩意儿要怎么开？那帮意大利工程师可真行。"他看向我们，眨了眨眼。"意大利人工作的时候太喜欢偷懒了，他们做的油箱也很垃圾。老太太以前经常说，如果不是因为菲亚特，墨索里尼就还能连任，意大利也不会变换立场。差劲的意大利工程师就是我们现在不说德语的原因。"

晚上，我会悄悄溜进卧室，邦妮通常正在读史蒂芬·金或丹尼尔·斯蒂尔。我会坐在她身旁，或者有时她侧身躺着时，我会蜷缩在她弯曲的膝盖背面，我们管这里叫我"最喜欢的地方"。她说："所以，太太太太太太太阳，你打棒球打腻了吗？你在那所学校里交女朋友什么的了吗？"

我们仰面躺在床上，盯着天花板，聊着学校里的事或者托尼有多讨厌，或者她的家庭，或者爸爸，或者我们的妈妈。兔子的故事让她觉得很可怕。"你要砍掉它们的头？那太糟糕了。"我跟她说其实并没有那么糟，而且反正要吃饭。

她给我讲了她电话销售的工作，还有在锡南浓时的生活，他们让她和她深爱的丈夫艾迪离婚了。这似乎让她感到十分迷茫，她不想离婚，但艾迪相信所谓的"锡南浓系统"。"我们必须得有信心，"他说，"我们已经走了这么远了。"

老人查克说所有婚姻都必须结束，就这样。人们要么离婚了，要么离开了。

"我不知道该说什么。这可是我的丈夫在告诉我，他要离开和别的女人在一起了。"老人查克给所有夫妻都分配了新的伴侣，艾迪很喜欢和他配对的那个女人，艾米丽·德斯特。"我想她大概很漂亮吧。"邦妮说，用手抹了抹她的鼻子。她和伦尼·迪肯森分到了一起，他很矮，还有口臭。她想离开，保住婚姻，但艾迪想留下，这也就意味着他们要离婚。"于是我们离婚了，我就来到了这里。"她苦笑了一声。

她看着我："我不敢相信我在跟一个小孩讲这些，怎么着，你是三十岁了吗？哈哈！"

每次我问她关于锡南浓学校的事情，以及老人查克想让我们成为一种全新的特殊人类时，她都会说："那是他在扯淡。对我来说，你就是一个小宝宝。而且你知道，我并没有想要爱上谁，但爱了就是爱了。我和你之间有一种特别的联结，这种事很奇怪，别人给你的生活里带来了一个孩子，然后你就觉得自己变成了一个……"她停了下来，看着我。

"一个妈妈。"我说。她抱了抱我，说我对她而言一直很特别，尽管查克想让我们成为新的人类，想让我们不再是父母的孩子，而是变成宇宙的孩子。但如果你仔细想想，这也就意味着我们谁的孩子也不是。

"哪有两岁的小孩就能独立的？"她说，"你就是个小宝宝，你们都是。"

邦妮的父母是朱丽叶姥姥和纳特姥爷，这是我们第一次去他们家拜访时，他们让我们这样称呼的。他们的家在市中心，就在费尔法克斯和威尔希尔大道旁边。朱丽叶姥姥是个矮小的女人，她穿着红色的靴子，涂着红色口红的嘴笑起来很有感染力，她开门时，整张脸上的肉都在摇晃。"看看这张小脸！"她说，然后紧紧地拥抱了我。她站在过道里，旁边放着她的高尔夫球杆，邦妮就是在这座房子里长大的。朱丽叶姥姥和纳特姥爷在一九五六年买下了这里，当时他们刚刚结束从布鲁克林来加利福尼亚的旅行，她坐在阳光明媚的小花园里想道：**我们再也不走了**。

纳特姥爷正在客厅里看高尔夫球赛。他看见我们时，整个人都明亮了起来。"邦妮塔！"他边说边站起来给了邦妮一个拥抱，然后唱着，"邦妮塔*……奇吉塔**……巴娜娜***。"他面向爸爸说道："嘿，吉米，看见你可真好。"然后身体前倾给了他一个湿吻，"你有没有照顾好我的小姑娘？"他的皮肤被晒成了棕色，他十分英俊，长着一张宽脸和一双极具穿透力的蓝眼睛。他穿着一件高尔夫球衫和一条白色短裤，展现出了多

---

* 　原文为 Bonita，西班牙语和葡萄牙语中意为漂亮的、可爱的。

** 　原文为 Chiquita，西班牙语中意为娇小的。

*** 　原文为 banana，英语中意为香蕉，和前面两个词押韵。

年打高尔夫球和手球带给他的健壮的双腿。他和爸爸都很喜欢对方，他们似乎有着某种共识：**生活不易，让我们享受我们所拥有的吧。**

邦妮告诉我，纳特姥爷的家族来自一个叫作"波澜"的地方，他们是在战争之前来到这里的，就是弗兰克姥爷为荷兰和美国而战的那场战争。他们的叔叔婶婶和表亲都留在了老家，他们都被一个叫希特勒的恶棍杀死了。他们中的有些人在战争开始前逃了出来，但另一些人没能被说服，于是他们最终失去了自己的家园，然后又在集中营里工作，被送上了火车，最后被送进了焚尸炉。姥爷说因为坏人希特勒，一共有六百万人死去，这个数字太大了，我无法一下子理解。我试图去想象——就像兔子死去时一样——六百万人的生命结束时所发出的六百万次惊雷，他们升入云霄，在天空中留下一条巨大的裂痕，地球上的任何地方都能看到。

我很喜欢这种拥有了一个新姥爷和新姥姥的感觉，这些幽默又善良的人将我当作亲外孙一般对待。如果不是因为那个疯子希特勒那么痛恨纳特姥爷和他的家人，我多希望我能拥有原本属于我的无数个叔叔婶婶和表亲。

我最喜欢的是朱丽叶姥姥，她并不在意我是否听到了什么下流笑话。如果有人说："妈，他妈的冰去哪儿了？我找遍了都没有。"她就会用手捂住我的耳朵说："永远别在我外孙面前说'冰'这个词。"

邦妮的姐妹南希是个棕色头发、身材高大的女人，她的行为举止像极了一个活在成年女性身体里的小女孩。她是个歌手，嗓音很高，她说这叫"女高音"。珍妮是邦妮的另一个姐妹，她个子很矮，很幽默，刚刚进入警察学院，因为她想成为一名警察。虽然她身材矮小，但我也能明白原因，因为她身上带着一种强硬的气质。别人拿她开玩笑时，她丝毫不会让步。

她们原本还有另一个叫作乔伊的姐妹，但她在十九岁的时候就去世了。她的眼睛变黄了，她们带她去了医院，三周后，她死于一种叫作肝炎的疾病。他们当时没完没了地哭，邦妮说，这件事教会了他们家人很珍贵，我们应该在有能力的时候享受家人的陪伴，如果可以的话，还应该试图壮大我们的家庭。我突然间拥有了更多家人，这让我感到十分幸运。

邦妮说她不信上帝，姥姥、姥爷也不信，她说宗教信仰往往会被人们夸张、放大，人们会变得过于虔诚，开始"相信他们自己的鬼话"。她说宗教比地球上其他任何一种力量都带来了更多的死亡和痛苦。她眯起眼睛，捶着拳头，我不知道她是因为锡南浓还是上帝而感到愤怒，是因为查克·德德里希还是希特勒。他们似乎在她的脑海中融为一体，变成了有力的例证，证明当人们过度相信一件事时会发生什么。

我只知道我们在那个像孤儿院一样的学校里生活过，而纳特姥爷失去了所有他爱的人，也许相信一件事没有错，只要没有人会因此而被抛下或者死去。

爸爸和邦妮去上班时，我们会去参加夏令营。他们会带我们去海滩、动物园或者公园，那里有巨大的红色果汁饮料冷藏器，我们可以畅快饮用。有时候我们会打棒球，教练会来教我们如何接住滚地球、控制高飞球，如何短打和滑垒，以及在一垒率先击球，这样投球手就无法用战术坏球将你投出局了。一天结束时，爸爸会来接我们，在日落时分带我们去图斯海滩，我们在浪花里跳跃，骑在他的肩膀上，他把我们扔进迎面而来的海浪中。刚开始进入海里时，海水很凉，但爸爸告诉我们要迎着浪奔跑，潜入海水之中，让寒冷一次性击中你，这样你就能忘了它的存在。他越游越深，直到我们的双脚已经无法够到陆地，我们紧紧地抓着他。我们把他当成我们的大本营，向深水区游去，又游回来抓住他。他似乎知道这就是他的使命，所以他才会在六天工作日的周中将我们扔进他的卡车，带我们来海滩玩，即使站着工作了十二个小时的他已经筋疲力尽。

图斯并不是世界上最棒的海滩，它和我们开车经过时看到的曼哈顿海滩不一样，那里有许多青少年热衷的美黑胜地。它和杂志里那些适合冲浪的马里布海滩，或者电影里那些狭长的、拥有完美细沙的加利福尼亚海滩也不一样，没有游客会来这里。海滩南边的炼油厂有着巨大的红白相间的烟囱，它们不断向空气中吐出黑色的污云。海滩北边是巴罗娜湾的入海口，满是烟头和狗屎的城市排水沟就从那里将一切倾入大海。从洛杉矶国际机场航道上起飞的波音747伴着低沉的隆隆声占据了天空，在沙滩上投下巨大的黑影，它们看起来是那么近。但是我们不在乎，我们无所谓，我们在乎的是嘴里那咸咸的味道、头发里的白色浮沫，与盖过我们和爸爸头顶的轻柔海浪，他光着膀子站在阳光下，皮肤呈棕褐色，稳得像一支水里的船锚。

之后，我们会去超强超市买覆盆子冻酸奶，然后坐在车里吃，这样等我们回家时，就不会被邦妮发现了，晚饭后还能吃冰激凌。"这是我们的秘密。"爸爸眨眨眼说道。

大窗户前有一个僻静的角落，一片阳光会照射在地面上，慵懒的下午，如果你什么也不想干，就可以在那里睡觉。邦妮会用立体声音响播放琳达·朗丝黛的歌，然后穿着她的某条睡袍，边唱歌边在公寓里穿梭。

你可以唱歌，也可以不唱歌。

你可以睡觉，也可以不睡觉。

你可以吃东西，也可以不吃东西。

他们会问我状态如何，感觉怎么样，晚饭想吃什么，周末想去哪儿玩。这感觉就像一口气已经憋了很久，终于能呼出来了。就像我一直畏惧地缩成一团，仿佛脸上就要挨上一记重击一样全身紧绷，而现在我终于能够放下防备了。我们两个都晒黑了，也都长胖了。我们架打得少了，饭吃得多了。我们闭上双眼躺在阳光里，什么也不用想。

晚上，有时候屋子里会充满音乐，我们除了跳舞以外没有别的事可做。邦妮放着迈克尔·杰克逊的歌，《战栗》响彻整幢公寓。让我们献上一场表演吧！于是我们进到后面的那间卧室，开始构思一套舞蹈动作。

临近午夜，魔鬼在暗处隐藏……

我们搭配着开合跳和俯卧撑，一起在地板上翻滚，站起来时和对方击掌，然后迈着太空步将两人之间的距离拉远，再转个圈回到一起，抓住我们的手肘，跪在地板上，作为舞蹈最终的高潮结尾动作。等我们准备好后，回到客厅，印着身穿白色西服的迈克尔·杰克逊的唱片已经躺在了唱片机里，邦妮将唱针摆到他的脑袋旁边。扬声器中先是传来了文森特·普莱斯*的声音，我们闭着眼睛站着，两只胳膊向下伸，直到鼓点进入的一瞬间，我们便踏起步子，围绕着客厅舞动，两个人的动作整齐划一，各自顶着一头玉米须似的金发，由于吃了太多冰激凌而发福的棕褐色肚皮随着我们的跳跃和旋转摇摆着，邦妮穿着她蓝色的丝绸睡袍晃动着胯骨，爸爸则坐在沙发上，有节奏地拍打着膝盖和拳头。

我们跳着舞，脑子里想的只有音乐和背下来的舞步，还有我们跃过地毯的那一刻，胸膛里充斥着的饱满感，那时我们不顾一切，身上只穿着两条同样的白色紧身内裤。

夏天快结束时，爸爸带我们去了好莱坞公园。邦妮说，我们还在俄勒冈的时候，他几乎每个周日都会去。他通过赛马积累了一系列他喜欢说的习惯用语，比如"技术好不如运气好"，或者"没有什么比得上赛马场的一天，整个世界掌握在你手中"，或者"热门通常会输"。这句话就像是属于他的标语，如果他是个名人的话，关于他的海报上就会写着：吉姆·乔莱特……**热门通常会输**。

爸爸喜欢支持那些没有优势的选手，他是这样说的。我想这也许是因为他觉得自己现在能活着就是个奇迹。经历过海洛因、监狱和没有组织的犯罪之后，他还能"活蹦乱跳"，这让他简直不敢相信自己的运气。他说他感到很幸运，能和邦妮住在一间公寓里，能在一家汽车修理店里

---

* 美国演员，其标志性嗓音曾出现在迈克尔·杰克逊的音乐录影带《战栗》中。

一周工作六天，能带我们去海滩或周日的赛马场。

有时候他从好莱坞公园回家后，会给我们一人二十美元。"我挑对马了。"他只会眨眨眼睛这样说道。我们不敢相信自己的运气，但他让我们不要过于高兴，如果那匹马输了，他就要管我们一人要二十美元，但他从来没这样做过。

他说他要教我们如何赌马，他会给我们提供本金，也就是说如果我们赢了，我们就能自己留下奖金，如果我们输了，我们也不用交钱给他。

赛马场的看台巨大无比，像从停车场柏油碎石路的海洋中升起来的一艘宇宙飞船。我们从车里走向大门的路上，爸爸都十分健谈，他一直将两只手放在我的肩膀上。沥青的热度温暖着我们的双脚，炎热的土壤和汽车尾气的味道，以及远处传来的军号声填满了空气。"好了，我们去买点吃的。我们必须得吃点午餐，然后我们就去下注。"他的嘴里叼着一支笔，鼻尖上架着一副小小的阅读用的眼镜，他帮我们买了门票和赛马信息表。

我们进去的时候，有几个男人认出了他。他们正戴着装有遮阳板的旧帽子研究赛马信息表。一个身着破旧蓝色防风夹克、挺着大肚子、身型巨大的白人男子喊道："嘿，吉米。这俩是你儿子吗？"

爸爸介绍了我们。

"欸，吉米！第五你选的谁？六环彩*里我一共想了十二种组合，但不知道该把哪匹马放在第五。"一个年纪稍大、戴着一顶紫色帽子的干瘦黑人男子在旁边的桌子喊道。

爸爸看向他的方向，说出了他的选项，然后转向我们，自豪地说道："这俩是我儿子。"

"你要把这项家族生意传承给他们吗？"男人笑道。我的胸膛里感到一阵膨胀，爸爸的双手依然放在我的肩上，仿佛温暖的海浪冲刷着

---

* Pick Six，一种赌马方式，投注者连续六场猜对比赛的冠军，即可赢得赌注。

我。我看着他们的脸，他们正在对比我和爸爸，对比我们的身材，寻找着相似之处，不知道这会不会很难。

我作为一个儿子，拥有一个父亲，我们一起来到赛马场，周围全是其他来试试手气的男人。**这是不是就是男人做的事情？**

爸爸为我们在终点线附近预订了一个包厢，就在椭圆形的沙土赛道边缘，赛道内场种着棕榈树，那里有卖热狗的摊位，一个操场和一小片湖，白色的鸟儿轻点着水面，就像明信片上一样。顺滑的棕色椭圆形沙土赛道有一英里长，微微潮湿，每场比赛过后都会由三台绿色的拖拉机梳理平整。一个穿着绿色夹克和卡其色骑行裤、戴着高顶礼帽、踩着及膝长靴的男人站在起跑线前，将一支长长的军号举到嘴边：

吧吧吧吧吥吥哒吧吥吥哒吧吧吧吧吧啊啊

吧吥哒吧吥吥哒哒吧吥吧吥吧吥吥哒哒吧啊啊啊啊

爸爸给我们讲过，他从监狱出来后径直来到了赛马场，因为他只想自由地在户外的阳光下度过一天。那天他戴了一顶新帽子，和他一起来的还有他的哥哥皮特。他们喝了几瓶啤酒，下了几支赌注，他永远都记得那一刻自由的感觉。

他给我们买了两个咸牛肉三明治、一些薯条、一杯饮料和一个巧克力冰激凌。我们将食物拿回包厢，他打开了一张赛马信息表，给我们展示了每一页上都是一场不同的比赛，每个名字都对应一匹不同的马。他说那些数字表示这匹马有多大概率会赢，如果一匹马是五比一，那就意味着你每下注一美元，就会赢得五美元。

托尼说他已经知道了，因为他们去年学了分数，我过几年也会学到。爸爸用笔在赔率上画了个圈。"五比一，明白吧。"他重复了几次，同时下注了几匹马。"这匹是八比一，那么我每下注一美元，就会赢得多少美元？"

这很简单，我说："八美元。"这似乎是一种很不错的学习分数的方式，因为我在学校的时候通常都感到很无聊。

他分出两美元给我们下注，并且让我们选择相应的马匹，然后他会用钱包里的一叠二十美元去下全部的赌注，那时我们就可以将彩票拿在手里了。

在赛马比赛中，不尖叫是不可能的，马匹们像贵族一般行进到白色的起跑门前，等最后一匹马就位时，所有人就安静了。铃声响起，你能听到小小的扬声器里传来的"那么比赛开始"。你看着它们飞驰过远处的直道，来到了最后一次转弯，你选中的马匹一跃上前，来到了马群的最前端。你尖叫着："冲啊，七号！加油，宝贝！"因为你爸爸在你身旁，他也在尖叫，你们两个选择了同一匹马。你无法控制自己，就算是英国女王在那个时刻也会尖叫的，这是一种本能，所有动物都深知速度之美。于是七号率先越过了终点线，你爸爸的手放在你的肩膀上，你们一起去窗口兑奖，你把彩票递给那个男人，突然间，就像魔法一样，你的两美元变成了十美元。在那一刻，未来似乎都变得不一样了，一切似乎都有可能。人群、赛道和马匹在你周围，你的爸爸将你举起，紧紧地拥抱着你，告诉你有点运气是好事。"你和我，孩子，整个世界掌握在我们手中。"

放纵

我们回到俄勒冈后，妈妈看了我一眼，说道："哇，你胖了！"她拍了拍我的肚子，邦妮管它叫我的"可爱小男孩肚皮"，因为它会从我的短衬衫下面露出来。

我使劲儿吸气，因为我知道自己做了一件错事。

"我们得给你制订个节食计划了，除非你想让大家都觉得你是个胖子。"我们回家后，回到发霉的面包和四天前的兔子肉旁，她说这幢房子里不需要零食，因为吃得太多对我们来说不健康。

我们去商店时，她指着一个女人说道："看见那位穿着紧身上衣的女士了吗？她太胖了，不适合穿那么紧的衣服，她不应该在公共场合这样做。"她总是说这样的话。"有些女人不懂怎么穿衣，她们难道不感到羞愧吗？天哪。"

我知道关于这些事情，她懂得比我多，但邦妮就是个胖女人，我们都叫她"邦乎乎"，因为她长得胖乎乎的，但很可爱。她说女人应该想怎么穿就怎么穿，还说我们现在这个样子就是漂亮的小男孩。

很奇怪，妈妈说，姥姥总是认为她和她的姐姐太胖了，她很不喜欢这种感觉，所以我不明白她为什么也会这样说别人。我认为帕姆姨妈不胖，我们去圣荷塞看望姥姥、姥爷时，她和我的表亲也在。我们玩耍时，她那双善良的眼睛总是看着我们，似乎想保护我们。当她的孩子哭泣时，她会赶紧跑过去抱住他们，告诉他们没关系。我不禁疑惑，为什么妈妈从来不会做这种事。

帕姆姨妈曾经有一个丈夫，但后来他们离婚了，现在她一个人打两份工，供自己作为大学里的全日制学生学习计算机专业，同时照看一个两岁的孩子和一个五岁的孩子。在我看来，她就像一个超级英雄。

乔恩舅舅结婚了，他来圣何塞的家里时，也带来了他漂亮的妻子安迪，和他们的两个儿子（也是我的表亲）罗根和布莱斯，还有他们的姐姐海蒂，她是乔恩舅舅和前妻的孩子。乔恩舅舅依旧留着胡子和长发，他简直是世界上最酷的人，因为他和安迪为自己和家人在山里盖了一整座房子。他和姥爷很像，他们似乎都拥有世界上最强壮的双手。

姥姥现在吃的药更多了，自从她出车祸以来，身上就一直很疼。走路对她来说很困难，她总是对我们说："永远别变老，一点也不好玩。"她当时开着她的 GTO 跑车（大家都说她喜欢开快车，但出车祸那天她并没有开得很快），和一辆车迎面相撞，她的脊柱受伤了。我们本该帮助她做康复运动或者带她去做手术，但这些她都不想做，于是现在，她一整天都坐在椅子里吃药、喝荷兰茶，似乎随着时间的流逝，她在椅子里也越陷越深。

每个人都很难过，医生告诉姥爷他的骨头患了癌症，但他从来都不愿提起，总是说："我很好，我很好。"他说他的职责是"照顾好你们的老妈"。妈妈说他一直都是这样，他们还住在荷兰的时候，姥姥总是神经衰弱，姥爷一直在照顾她。姥爷的家人希望他能娶个条件更好的女孩，而不是一个煤矿工人的女儿。他的母亲去世后，他的父亲三个月之内就再婚了，弗兰克姥爷非常愤怒，他不再和家人联络，开始全心全意照顾姥姥，这也是在这个叫作家庭的东西里可能会发生的情况之一。

回到学校后，我常常会想其他二年级的同学会不会也觉得我胖了，于是我总是吸着肚子，因为长胖不好。午餐时我只吃半个三明治，我不想让别人总看我，尽管这样做会使我头晕。在加利福尼亚时，饿了就能吃东西的感觉真好。

到了冬天，保罗消失了。秋末的一天，我们从学校回到家，发现保罗的卡车不见了。他不在房子里，也不在他下午时常待的后院里，通常他都会在那里收拾兔子或者打理花园。我们去街上玩耍，黄昏时回到家中，妈妈正坐在厨房里的餐桌旁，双手放在大腿上。"你们看见保罗了吗？"我们没说，但我们知道他在哪儿。某种沉默降临在了房子里，我们各自躲进了自己的角落，我们知道不该说出脑子里的想法。

第二天早上，妈妈早早就把我叫醒了。夜里结了冰，也就意味着谷仓里兔子喝的水也结冰了，需要更换。我拿了手电筒出去，将笼子里的水盆都拿出来，听着双脚踩在铁丝网上的声音，还有兔子在黑暗里匆匆躲避的声音。我往一个陶罐里装了热水，在厨房水池和谷仓之间走来走去，将地上的冰融化。我开始喂兔子时，太阳已经升起来了，我用一只塑料勺子从兔粮袋里舀出圆球状的小颗粒，将它们盛进五十个笼子里。在早晨清新的空气中，天空变成了一种泛着橘色的蓝。我回到屋子里时，妈妈和托尼还在睡着，于是我给自己倒了一碗谷物早餐，然后又打包好了带到学校里的午餐。

我回家时，保罗依旧不在。妈妈坐在沙发上，她说："我必须得回医院一趟，我会带你们去男孩俱乐部，下班后去接你们。"

我和托尼坐在塞勒姆男孩俱乐部篮球场的边缘，其他男孩子要么在打篮球，要么在公寓楼里的大赛道上玩电动汽车竞赛。我们俩独自待着，用玩具筐里一副巨大的混合扑克牌玩着"战争"*，就好像我们害怕一张嘴，所有秘密就会一涌而出。

---

* War，一种小孩子常玩的扑克游戏。

妈妈六点钟来接我们了，我们沉默地吃着晚餐，叉子和盘子碰撞的声音遮盖住了我们脑海里的想法：我们又被抛弃了。我们很孤独，现在是冬天，我们很冷。我们已经没有柴火可以用来点着地下室里为整幢房子供暖的柴炉了。一阵寒潮来袭，我们忘了要一直让水流动，于是水管都结冰了，我们没有水泡澡了，水池的水龙头里也没有水了。在地下室的房间里，我们躺在一摞毯子下，手上套着袜子，头上戴着冬天的滑雪帽，看着白色的气团从我们的嘴里呼出。最后，妈妈订购了一根木柴，让托尼用锤子和斧头将它劈成柴火。

木头劈好后，房子就暖和了。我发现妈妈正躺在柴炉旁的地板上抽泣。她说保罗打来电话，他喝醉了，说他觉得自己值得拥有一个更"漂亮"的女人。他不想再过这种像结了婚一样的生活了，他太过于支离破碎了，他想离开俄勒冈，去华盛顿州当一名护林员。"是他的病在代替他说话罢了，妈妈。"她蜷缩着身子躺在地上，把脸埋在地毯里。

她抬起头看着我，脸上带着一种糟糕的无助。"你是怎么学会这样说话的？"我耸了耸肩，我只是在重复她已经说过上百次的话，我并不知道它是什么意思。

妈妈脸上空洞的表情，就和她讲过的那些在州立精神病院里的男人一样，她一次只能说两三句话，然后声音就渐渐消失了，她的注意力分散了，你能看出她慢慢进入了"异域症"。

晚上她会去嗜酒者家庭互助会，以此来"面对这一切"。每天早上我都会五点起床，在黑暗中照顾兔子，然后在上学前看着太阳升起。

保罗离开了一个月。有一天我们回到家，他正和妈妈一起并排坐在沙发上。他湿湿的头发梳理得很整齐，胡子也修剪过了，露出了一只像红色灯泡一样的鼻子和一张凹凸不平的粉脸，这张脸应该拥有一把胡子。他穿着干净的衣服，很明显他们都哭过了，他站起身，张开双臂，我们拥抱了他，他说他很抱歉，他会去寻求帮助，然后变得更好。我们控制不住地哭了，因为他回来了，而且我们知道在这个场景下我们应该哭，我们听过的所有故事的剧本里都是这样写的，这些故事关乎破碎的家庭，关乎那个回家了的酒鬼，他满是泪水，充满悔恨。但我们更多感到的是轻松，因为我们知道今天晚上有东西吃了，而且房子将不再结冰。

F-A-M-I-L-Y

"大家好，我是弗兰克，我是个酒鬼。"

"你好，弗兰克！"

我裹着一条羊毛毯，和五十个人一起围坐在巨大的篝火旁，我的位置在这个大圈的边缘。我们上方是一片松树形成的天幕，更远处是一片晴朗的夜空，上面点缀着成千上万的星光。托尼坐在地上，用一把折叠式小刀削着一根木棍。别人说，这里的每个人都是在试图"康复"的酒鬼。保罗回来后的一整个冬天，别人都在告诉我们要表现得更像一个"家庭"。

这是一个奇怪的词，F-A-M-I-L-Y，它很大，很抚慰人心，其中的每个字母都不一样。你看，开头的 F 代表父亲，代表母亲的 M 在中间，连接着其他的字母。这是一个比较长的词，但人们通常一口气就会说完，发音变成了"famly"，就好像中间那个代表"我"的 I 有没有都无所谓。没有了 F，它就只剩"ambly"，代表一个在各种地方走来走去的

俄勒冈

东西*。没有了M，它就只剩"fably"，讲的是根本不存在的东西**。保罗回来后的几个月里，我们听到最多的就是这个词。我们应该"表现得像一个 famly"，"像 famly 一样聊天"，"像 famlies 一样"一起吃饭。对我来说，这个词就像一个洞穴，它是一个又大又简单的东西，只要走进去，你就能摆脱一场叫作孤独的风暴。

弗兰克红红的双颊上方长了一只大鼻子，给人一种十分突兀的感觉。他戴了一顶渔夫帽，上面粘满了诱饵，就像在西塞勒姆桥下的威拉米特河旁，保罗向我们展示的一样。他的大肚子从扣好的背带裤和蓝色法兰绒衬衫下凸了出来。这团篝火属于弗兰克，他将一卷浸满机油后变成黑色的手纸放在搭好的引火物和木头下面，点燃了这团火。干燥的引火物引燃后，烟从潮湿、长了青苔的木头上冒了出来，篝火缓慢地燃烧了三十分钟。"我和芭布二十年来都会到底特律湖来，围坐在篝火旁，听老酒鬼们讲述关于原谅和获得心灵平静的故事。"

芭布是他的妻子，她是个非常善良的胖女人，留着棕色短发，坐在他旁边微笑着点头。她看起来像充了气一样，坐在折叠椅上时，她握着的双手放在腿上，大腿上的肉仿佛要冲破蓝色的牛仔裤溢出来。

妈妈告诉我，芭布是嗜酒者家庭互助会里的著名演讲者，她最远曾到过尤金和麦克明维尔去讲述她的故事。我问她故事是什么意思，妈妈说："每个在匿名戒酒会和嗜酒者家庭互助会里的人都有一个故事。你懂的，你因为这个疾病经历了什么、它如何毁掉了你的生活，直到你找到了这个项目，承认自己无能为力，承认自己的生命实际上被更高等的力量掌控。"我问她更高等的力量是什么，她说："比如上帝。"重点是你要和他拥有一段能够亲身体验的关系，一种"有意识的联络"。我问他是谁？耶稣吗？他坐在椅子里吗？他留胡子吗？她说有些人认为是耶

---

* Ambly 可作为 amble（漫步）的形容词形式。

** Fably 可作为 fable（虚构、杜撰）的形容词形式。

稣，有些人认为是大自然，有些人仅仅认为我们"要明白宇宙比我们所有人都大得多"就够了。我不明白她的意思，我听说人们会去教堂，上帝就在那里，但我们除了去领政府发放的加工奶酪外从没去过。我们知道一些关于他的故事，那时我也清楚上帝的存在，因为每当有好事发生，我都会抬起头看着天空说句谢谢。我知道我是在和一个真实存在的东西对话，不管那是耶稣还是某个留着胡子的男人，抑或是那片浩瀚的、延伸到一切事物之外的蓝色天空。

"我和我在海军部队的朋友，我们以前周末会来这里钓鱼，就在桑提亚姆河上。我不记得我们是否真的钓到过任何东西了，因为我们来这儿就是为了喝个酩酊大醉。"人群里传来一阵大笑，其中最突出的是莱斯利·麦卡锡，大家都叫他莱斯，他留着巨大的络腮胡，穿着带有红色背带的连体裤，他讲话时总会把大拇指勾在背带上。他的妻子黛安坐在他旁边和他一起笑着。妈妈说让我认识莱斯是好事，因为我需要一个懂得如何交流自己感受的男性榜样，而不是只会骑摩托车或者看体育比赛的那种。这是基本的儿童心理学。

弗兰克的嗓音听起来像轮胎碾过石子路的声音，像我们那台织女星开上房子车道时的声音，低沉且不均匀，我仿佛在听一座大山说话。"打仗时我们也喝，这一杯是为了勇气，我们会说。于是我就在想，如果喝一杯能带来勇气，那么四杯能带来什么？七杯呢？"又是阵阵笑声。"以至于到后来，没喝完五分之一瓶威士忌，我都不会起床。咱们这儿的酒鬼，只要有一杯酒，估计都有勇气给别人做脑部手术了。"在橘黄色温暖火光的映照下，一张张严肃的脸微笑着点着头，回忆着过去。"你喝醉时能做任何事，你就是世界上最聪明的人，如果有人不同意，那他就是个浑蛋。妈的，如果我有钱去买足够的威士忌，我就能直接驾驶一架B-25轰炸机开到东京上空，结束这场该死的战争。"人们围成的圈越来越小，笑声和烟一齐飘浮在空中，我们的身体似乎也通过这种被匿名戒酒会称为"分享"的故事连接在一起了。

我闭上眼睛，听着他低沉沙哑的声音。

"奇迹般地，我熬过了战争，没有自杀。"他在地上吐了口唾沫，然后抹了抹脸。他从背带裤正面的围兜里掏出一盒红白相间的好彩香烟，点燃一根，边抽边讲，烟雾从他的鼻子和嘴里冒出来，好似一座有漏洞的烟囱。"我真的不知道自己是怎么做到的。等我回来后，嗯，我已经无法理解这个世界了。不知不觉我就结了婚，有了小弗兰克。"他停顿了一下，整理着自己的语言。"这些都成了喝更多酒的理由。如果我和宝宝待在家里很开心，我会喝酒庆祝。如果我难过了，也得靠喝酒让自己振作起来。就算我身处国家森林公园的中心，我也会用喝酒来打发时间。"

我的双脚被烤得暖暖的，我喜欢这些故事。酒鬼们比家庭互助会里的那些女人更会讲故事，她们大多是嗜酒者的妻子。她们的故事里全是街头打架、给儿童保护服务处打电话、离婚、生日时从酒吧打来的电话，等等，全是男人们搞砸一切的各种方式。

妈妈对我说："听到了吗？这就是为什么你永远都不要喝酒。"

但是这些男人，这些丈夫，我对他们很好奇。这些坐在这里的，身上带着战争留下的伤痕、抽着烟的老男人，他们讲述着和警察间的对峙、在高速公路上超速驾驶、在监狱和战争里打斗、打猎、醉酒时开着拖拉机撞进别人的家、倾覆的船、扣动扳机的枪、遥远家中的老婆和孩子在等待他们，祈求他们回来。我不禁好奇我长大后，是否也会变成他们中的一员。

"人们总说谷底，"弗兰克说。圈子动了动，又收紧了一些。"我都不知道什么是真正的谷底。我曾听一个人说：'谷底就是当你喝到命都没了，当你低头看时，除了死亡什么都没有。'有一天早上，我在家中独自醒来，我的卡车停在车道里，门还开着，我头痛欲裂，脸上全是脏东西，因为我整晚都在边喝边吐，喝的是我一直放在仓库里的那瓶劣质酒。那时我就明白了，我甚至都不用思考，我很清楚地知道如果我再这么喝下去，必死无疑。每个酒鬼都知道他有问题，但酒就是他的上帝和情妇，所以他会想，去他妈的，总会有办法的，因为你不能背叛你的上帝和情妇，酒不能丢。但是在那一刻，我独自坐在家中，我知道是时候了。于是我将自己收拾干净，给我的朋友唐打了个电话，他说他去过几次叫什么匿名戒酒会的集会。然后我就发现自己正坐在一个天主教堂的地下室里，听着一个接一个的酒鬼讲述着一个接一个和我的生活如出一辙的故事。"

"他们给了我一本书，那本比尔·W*写的大厚书，我当时十分坚定，于是我读了那本书，一个周末就读完了，边读边喝了一扎波旁威士忌。"人群中传来一阵低沉的笑声。"我去了周一晚上的集会，唐说：'弗兰克，你喝多了？你是骗不过一个同道中人的。'我说是，于是他给了我一杯咖啡，让我坐在后面。集会结束后，他说：'你必须得改变一些习惯了。'他说他要连续九十天带我去九十场集会，于是我们就这样做了。"

"我戒了酒，换了个老婆，这次我选对了。"他拉住了芭布厚实的手指。"现在我们再来这里，我完全没有喝酒的需求了。我发现我其实很喜欢钓鱼，我喜欢这里冰凉的河水，还有一阵风卷过树枝时的呼啸声。我想这就是所谓的心灵平静，我需要这种平静，我看着这团篝火周围的你们，都是我熟悉的面孔：乔和莱斯，新人保罗和他的女人，洁里。洁里，我觉得我们得让你少喝点咖啡了。"大家都笑了，妈妈也脸红地微笑着。"但我很开心，我是和你们在这里，而不是在某个地方喝酒，我现在没有情妇了，但我有上帝，一种更高等的力量，现在一切由他掌管，这样更好，因为他比我更清楚自己在做什么。我并不是说一切都很完美，我们都知道，人人都有自己的挣扎。"大家点着头，低声表示赞同。"但我拥有这个女人，有小弗兰克，有我钓到的这一桶鱼，我们今天还炸了一些吃。有这些树、这团火，和你们所有人，而我今天没有喝酒。我说完了。"他沉默了，我们听着火焰的噼啪声，火星飞起，消失

---

* 匿名戒酒会的创始人之一。

俄勒冈

在夜空里。

"谢谢你，弗兰克。"莱斯说。

"谢谢你，弗兰克。"大家一起小声说道。

我在圈子里感到很温暖，因为大家都很开心能聚在一起。坐在这里要比坐在家里吃兔肉晚餐强多了。每个人戒了酒都很开心，在我看来，酒精一定是世界上最糟糕的东西，毕竟有这么多关于它的故事，这么多因为它而被抛弃在寒冷中的孩子，这么多因为它而在黑暗里哭泣的女人。这个词带有一种奇怪的魔力，大家在讲述的时候，一直将它和一切邪恶的根源联系在一起。比如，"那时候，我们成天喝酒，我们什么也不在乎"。人们说："你们在这里很好，这样你们就知道永远都不要喝酒了。"就好像我们是在打流感疫苗一样。我想不通为什么大家一开始就非得喝酒呢。

我想到了这些故事里的孩子，他们的爸爸在酒吧里喝酒，把他们独自留在卡车里忍受寒冷，放学后孤独一人，生日时孤独一人，圣诞节时孤独一人。他们把酒藏起来不让父母找到，因为没人带他们去而错过了和医生的预约。托尼和我，我们是不是也和这些孩子一样呢？

每个人都十分笃定这是一种"家庭疾病"，我们都得了这种病，不管我们愿不愿意承认。到目前为止，我出生在锡南浓、被送去那里的学校，是因为我的爸爸吸毒，现在我们去匿名戒酒会，是因为我的继父酗酒。姥姥没有荷兰茶床都起不来，所以我不禁思索：我会不会就是下一个？我长大后会成为他们中的哪一种呢？因为我可以选择的似乎只有离开一切去吸毒，或者留在家中，为了离开的人终日以泪洗面。这算哪门子选择？

在集会的最后，我们都站起来，围成一个圈，背诵道：

我们在天上的父亲，

愿人人都尊崇你的圣名。

愿你在世上掌权，

愿你的旨意践行在人间，

如同在天堂。

请赐给我们每日所需的面包，

请饶恕我们的罪过，

正如我们饶恕了那些辜负了我们的人。

不要让我们经受诱惑，

请带我们远离邪恶，

因为世界、权力和荣耀都属于你，直到永远。

不要放弃，你就会见到成效！

　　接着是一阵短暂的寂静。我感到很自豪，因为在开车来山里的路上，我在后座上背下了小册子里的主祷文。想到天堂和面包能让我感到慰藉，我假装我们是那种每个周日都会去教堂的家庭，而不是三个从邪教里，或者说像牛奶一样变质了的公社里逃出来的人，后来又和一个养殖兔子的酒鬼建立的家庭。我不知道祷文是什么意思，但我知道里面说的"诱惑"指酒精，这一点人人都知道。我希望我们每天都能有更多面包，因为家里的面包总是不够吃。

　　我喜欢记下这些文字给我带来的力量，就好像记住祷文之后，我就拥有了一块能够保护自己的盾牌。如果我知道了这些文字，就意味着我知道了上帝，知道了如何将他带进我的生活，如何获得他的审判和原谅，如何进入他那大于一切的世界。这个上帝比我在集会中听到的无休无止的寂静蓝天、那个模糊又神秘的"高等力量"更为生动和清晰。尽管我和他不怎么熟悉，但我知道上帝是站在我这边的，否则还有什么意义？

　　集会结束后，妈妈问我喜不喜欢听这些故事，有没有明白嗜酒是一种会影响所有人的家庭疾病。我说我最喜欢弗兰克的故事，因为他很幽默，说起话来像座大山。托尼说，我们现在能烤棉花糖了吗？

每个人都在互相拥抱，绕着篝火寻找着新的目标，然后紧紧地拥抱他。先是保罗拥抱了我，后来又有几个女人。莱斯·麦卡锡走过来对我说："看来他们今晚能让你熬夜了！"他将我举起来，紧紧地挤压着我的胸膛。"好在你和妈妈一起来了。"他把我放下来，跟保罗说他们晚些时候有场牌局。"五分钱赌注，听起来如何？我们只是打着玩。"保罗说他不是很会打扑克，但他会去的。托尼已经去车里拿棉花糖了，他们之前说集会结束后，我们可以用火烤着吃。

　　妈妈允许我和参加牌局的男人们一起熬夜，我坐在保罗旁边，同一桌的还有弗兰克、莱斯和其他几个人。弗兰克抽着他短短的好彩香烟，没用滤嘴，他说："咱们这局打换牌的吧，独眼杰克*和自杀国王**是自由牌。"或者"这局是奥马哈，和德州差不多，只不过更容易搞砸"。我记下这些词句，我知道这一定能让布雷斯大街上的孩子们对我刮目相看。保罗给我看了他的牌，然后用他面前的小塑料圆片下注。我观察着这些男人，他们看起来就像水牛一样。骄傲且安静，多毛且巨大。他们从不寒暄。妈妈请黛安来家里做客时，她们俩总是喋喋不休，她们有时候也会玩金拉米，但打牌远远没有聊天重要，她们交流感情、想法和秘密故事。这些男人打嗝、吃薯片、抽烟、挠下巴。他们会用仿佛保龄球滚下人行道般的低沉声音说："先生们，这次尖儿都在我这儿。""噢，该死，我差点就有顺儿了。"他们用力将牌摔在桌上。"老太太***在谁那儿？我知道你们两个蠢货里有一个拿着明三条呢。"他们不介意为我解释游戏规则，弗兰克说"下注，七张梭哈，黑色玛利亚****，二点是自由牌"的时候，保罗甚至会让我下注。

---

*　指红桃和黑桃 J。

**　指红桃和黑桃 K。

***　指 Q。

****　指黑桃 Q。

这些词是其中的一部分，它们被啐出来，包含着某种力量，像主祷文一样。同样和祷文相似的，是它们能为某些东西赋予生命。我思索着关于那些自杀国王的问题，他们为什么要自杀？他们死后由谁接管王国？他们的皇后去哪儿了？他们的儿子，也就是那些独眼杰克怎么办？他们是怎么失去一只眼睛的？和他们的父亲自杀有关系吗？他们酗酒吗？难道这就是牌局的意义？他们不假思索地吐出这些句子，快速且暴力。"我的同花一直到尖儿，除非你那儿有船*，那你最好尽快开船"，还有"妈的，我觉得你在使诈，但我这儿的牌要不起，伙计"。

在小孩子的帐篷里，我躺在托尼旁边的睡袋里睡着了，睡前还一直重复着这些词句。"尖儿在我这儿，伙计。你最好赶紧开船……哦，妈的，我缺一张国王……得了，婊子**在谁那儿？"

匿名戒酒会的露营成了我们的一项固定活动。每个月，我们都会打包好装备放进保罗的卡车，沿着桑提亚姆河开往底特律湖或德舒特国家森林，那里的地面全是红色的。我们还会去比弗利海滩，直接在沙滩上露营，早上起来，我们会沿着俄勒冈的海岸奔跑，旁边是像跪着的巨人一样守卫着海岸线的巨大岩石，我们寻找贝壳，或者和佩佩在岸上赛跑，同时躲避着拍在沙滩上的海浪。

那年冬天，我们新添了一只小狗，它是佩佩的幼崽，我们给它取名叫默克，就像电视剧《默克与明蒂》里罗宾·威廉姆斯饰演的外星人一样。我们管它叫"呆瓜默克"。它是一条活泼的黑色拉布拉多串儿，我们带它去海边时，它会在水里欢快地跳跃，汹涌的浪潮来袭时，它又会跑进我们的怀里，紧接着又冲出去寻找螃蟹和海星。露营结束后，我和托尼会和各种装备一起坐进保罗带顶棚的卡车后面，返回塞勒姆。在喀斯喀特山脉蜿蜒的沿海高速公路上，我们躺在由沙子、海盐、泥土、海

---

*　三张同一点数的牌加一对其他点数的牌，三条一对。

**　指黑桃 Q。

草、褐藻、抱枕和潮湿的狗狗堆成的床垫上睡着了。

我们在大自然中都变得更加快乐了。我们会在森林中长时间漫步，停下来闻着空气中松树的味道，远处积雪的华盛顿山顶峰或三姐妹山提醒着我们是多么渺小和年轻。保罗教我们生营火，告诉我们如何形成可以让火焰充分舔舐木头的气穴，如果想让火烧得更旺，则要对着烧红之后火星四溅的煤块吹气，同时记住不要面朝火焰。我们的午餐是热狗和烤豆子，还有用锡纸包起来后直接扔进闷烧着的煤堆中的烤土豆。晚上我们睡得很熟，夜里起来直接在帐篷外面上厕所，同时担心着周围是否有熊出没，感叹着夜空中的星星和四周的寂静，唯一能听见的声音就是附近小溪的流水声或者猫头鹰沉闷的号叫声。我们在黎明醒来，窝在温暖舒适的睡袋里吃谷物早餐，或者保罗用早晨的余火做的炒鸡蛋和煎培根。

在森林里时，我们能够真正为自己贴上那个叫作家庭的标签，让它成为我们的避风港，就像雨天的周末，我们挂在帐篷上方树枝上的蓝色防水布一样。这也许是因为我们没有时间争吵，或者我们能暂时忘掉布雷斯大街上的那座房子，忘记我们独自生活在锡南浓时根本不知道家庭是什么这件事。

在露营地，每个人都很冷，大家都穿着脏衣服睡在帐篷里，这让我们不必再感到羞愧。也许是因为保罗使用各种装备的技能足够强大，他掌握的关于树木、帐篷、防水布、生火、钓鱼以及在户外做饭的知识无穷无尽，妈妈感到很平静，我们都感到很平静。在匿名戒酒会的集会上，人们总说你在树林间行走时就能感受到上帝的存在，他无处不在：他在倒下的树干和鸟窝里，在蜂巢里，在草丛间，在草坪和大树里，他是一种你看不见的力量，他包围着你，将你和其他生命相连，提醒着你，你是一个整体中的一部分。

或许这也是家庭。

如何逃出一座墨西哥监狱

　　爸爸开车时，两只手的中指总是支棱起来，他操纵方向盘时，看起来像是在对高速公路上的每辆车竖中指。我们正南下开往圣迭戈。他说他这么做，是为了"送给那些浑蛋，让他们都知道他们是浑蛋"。他驾驶着邦妮的银色本田序曲，如果别的车插到了他前面、紧紧跟在他后面、不打信号灯就变道、急刹车，或者平稳地行驶在他的视线盲区，他就会朝着它们大喊大叫。他会伴着收音机里的音乐嚷道："先学学怎么开车吧！"邦妮坐在他旁边的副驾驶位上，提醒他其他车根本听不见他的声音，所以他们根本不知道他在说些什么。爸爸摇着头说道："他们知道他们是浑蛋，他们知道。"

　　405号州际公路展现在我们眼前，这里有铺满十二条车道的白色水泥和汽车，是全世界最繁忙的高速公路。我们经过大片大片冒着烟的工厂烟囱和仿佛巨大的白色阿斯匹林药片的贮藏罐，以及各种管道、狭长的空中过道、脚手架和工业照明灯，还有卡森荒芜的炼油厂园区，那里全是工厂和快餐摊位。我们在去拜访爸爸家人的路上：圣人玛丽奶奶和我们的叔叔唐尼、皮特和韦斯。我和托尼一人拿着一个烟肉蛋麦满分坐在后座上，我们不在乎要去哪里，我们只是不敢相信自己吃到了麦当劳的薯饼、喝到了橙汁。妈妈说麦当劳是一个邪恶的企业，它试图让所有人都变成胖子，从内部毁掉美国。

爸爸开车的时候喜欢讲老故事，就好像旅程的意义不是终点，而是在车里的这段时间。我们会接受关于家族历史的教育，这里就像一间教室，一间可以唱歌、听音乐、吃垃圾食品、聊天的教室。他的脸上挂着一抹淡淡的微笑。"他喜欢和他的小男孩们待在一起。"邦妮总是这样对我们说。

"所有真正厉害的人要么已经死了，要么就在监狱里。"爸爸正在给我们讲关于他哥哥皮特的故事，他是跆拳道黑带，每天早上还会打太极拳。他曾经是墨西哥联邦部队里的肉搏教练，他们还跟李小龙合作过。

"皮特谁也不怕。我曾经见过他一个人单挑一整车人。"皮特也进去过，在福尔索姆州立监狱里待了四年。当我问起他是因为什么而被抓起来时，爸爸笑着说出了那句他常说的台词：无组织犯罪。

玛丽奶奶出生在旧金山，一九一七年时搬到了圣迭戈的小意大利区。她曾经是酒店服务员，在东圣迭戈的一座小房子里独自抚养四个男孩。她遇见了我的爷爷霍华德，但在他"停留"的时间内只带给她三个野孩子，然后他就"告辞"了。后来，她又遇到了第二任丈夫唐，他给她带来了第四个野孩子，也就是我的叔叔唐尼。生活平息下来了，但孩子们也已经生出来了。"那时候的我们有点疯狂。"爸爸说。他告诉我们"很多意大利人"（他的发音是"埃大利人"*）都在这里买了房，所以社区里全是额前留着几绺鬈发、穿着细条纹西装走来走去的"拉丁佬"。那时爸爸有很多疯狂的衣服：松松垮垮的粉色西装，镶着巨大的垫肩和一根长长的钱包链。他看向窗外的柏油马路和高架桥，说道："那时我们需要钱，所以我们还能怎么办？我们通过非法博彩骗钱、走私毒品、偷车。你知道的，那些最基本的把戏。"

---

* 即 Italian 第一个字母 I 发 eye 的音。

爸爸想让我们了解自己家族的历史，我和托尼洗耳恭听。这让我感到自己很重要，仿佛有某种预言正等待着我们去实现，仿佛我们的血液里也流淌着危险的元素。我们接二连三地向他提出问题："你开枪打过人吗？你们是在哪儿拿到支票的？有多少钱？唐尼不是在越南吗？他参与了吗？"

"我从来没有开枪打过别人，但我挨过好几次枪子儿。我们从来没骗过什么巨款，只够当下花的。我们并不是很高明的骗子。"皮特是年纪最大的，也是第一个进去的，但大多是在像维亚斯那样的囚犯劳动营里，或是在诚信劳动营里，每天在太阳下挥汗如雨地铺沥青。爸爸是团体里的搞笑担当，他曾在奇诺州立监狱服刑，也在墨西哥遇到过一些麻烦。韦斯是唯一一个没有进过监狱的，他成了一名学校教师，照顾着玛丽奶奶，让她在无法工作之后搬进了自己的家。唐尼是老么，"在越南把他彻底搞垮之前，他是个特别可爱的孩子"。他在那里经历了一些事情，爸爸说他们一直不知道具体发生了什么，但很可能和毒品有关。

唐尼在越南时，爸爸曾在监狱里给他写信，但从未收到过回音。他说唐尼养成了酗酒的毛病，在西贡*时也经历过几个非常疯狂的夜晚。他被运送回来的那天，在去运输机的路上惹上了麻烦，因为他的行李包里有东西在动。宪兵们产生了怀疑，直接在停机坪上拦下了他。他们打开行李包时，发现里面装了个娇小的越南女人。至少故事是这样说的。

"别夸张了。"邦妮微笑着说道。

"嘿，我只是想让他俩知道自己是从哪儿来的。他们有同样的基因，需要了解这些。"

爸爸的爸爸在百老汇的莱蒙格罗韦经营着一家二手车行，他们两个的关系一直不是很近。车行只是街角上的一家小店，带有一间车库，几个男孩有时会在那里工作，修理旧车，修理到只要能让它们卖出去就

---

* 越南胡志明市旧称。——编者注

行。业余时间，他们会组装发动机，把它们安在车里竞赛，一路开到蒂华纳再回来。"有些车的底盘低到能用前保险杠将一包烟一直推着在马路上滑行。当时就时兴这样的，老兄。"我试图想象爸爸顶着一头鬈发，额前还耷拉下来几绺，宽阔的肩膀上挂着一件肥大的西服，西服上又挂着一根钱包链的样子。但那仿佛是另一个世界里的人，一个他在电影里扮演的角色，字幕开始滚动时，角色就消失不见了。

圣迭戈的房子里人满为患。皮特很高很瘦，皮肤黝黑，面孔英俊，留着一撮细细的小胡子，仿佛我们在电视上看到的黑白电影里的演员，那些电影里的每个人都带着一把剑。唐尼留着蓬松的络腮胡和一撮山羊胡，他穿着无袖的法兰绒衬衫，露出健壮的双臂。他是和他安静的墨西哥妻子罗斯一起来的，另外还有我们的表亲辛迪和大卫，辛迪和我年龄相仿，大卫还是个婴儿。唐尼戴着一顶教士队的棒球帽，看起来很威风，他说话时，一根香烟慵懒地夹在嘴唇间。他是几个人里嗓门儿最大的，我进来时，他直接抓住我的肩膀说道："嘿，哥们儿，你爸终于带你来和你的疯子家庭玩了，嗯？我敢打赌你一定没想到，你的血液里还流淌着这么些疯玩意儿呢吧？"他打开一听百威啤酒，偶尔也往他怀里抱着的婴儿大卫的嘴里倒一点。"啤酒对心脏好，能让人变得更强壮。"

韦斯是个体形高大的男人，一举一动都像一只温柔的熊。和他那些又哭又笑，还总是互相欺负的兄弟不同，他说起话来轻声细语的。玛丽奶奶一头白发，有深深的皱纹和一个意大利大鼻子。她跑过来抱我的时候几乎在颤抖。"看看这些男孩，噢！"她说。她握住两只手，微笑着说："真帅！"奶奶的冰箱上贴着一枚圣彼得的磁铁，屋子里摆满了蜡烛，每根都是她在祈祷时用来和不同的圣人沟通的。"我知道我们应该和神父沟通，但我还是直接和他们讲话，我觉得他们在听。"她是天主教徒，唐尼说这也就意味着我们也是天主教徒。我对此没有意见，因为一直以来，我只知道我们是毒品爱好者或者酒鬼。天主教徒听起来体面多了。

曾祖母罗西是玛丽奶奶的妈妈，她是一位老态龙钟的瘦女人，两颊深陷，穿着一袭黑裙，戴着一顶黑色的帽子，坐在玻璃拉门旁边的一把木质摇椅里，拉门通向平台。她不会说英语，一直在用意大利语说着我听不懂的话："Oddio！Miobellissimo bambinos！"* 她用力捏了捏我的脸颊，递给我一块甘草糖。爸爸说她已经九十七岁了，是"你能遇到的最厉害的老娘儿们"。

他们都很喜欢邦妮，他们跟她拥抱，然后对爸爸说："你可要抓好了这位，吉米。如果你不抓好，我就把她抢走了。"

奶奶说："你有好好听话吗？这是位淑女，你最好对她好点，吉米。"

爸爸笑了："如果她乖的话，我就再留她一个礼拜。"邦妮冲他笑了一下。

大人们在意大利熟食店点了三明治当午餐，我们喝着带糖的汽水，吃着萨拉米香肠和奶酪，再配上面包棍蘸红酱。

"你爸有没有给你讲过我们把他从墨西哥监狱里捞出来的事？"皮特问我。

"噢，别说这事了，"奶奶说，"他们不需要知道这事。"

几个男人无视了她。"你们这帮男孩，总是这么坏。"

皮特用大拇指指着爸爸说："这位聪明人当时正开着一辆装满毒品的车跨越国界。"

"那是我朋友的车，我不知道里面装了毒品。"

"他就是这么跟法官说的！"唐尼喊道，"那个墨西哥法官根本不懂英语，但如果有人在放狗屁，他立马就能听出来。狗屁在所有语言里都是相通的，狗——啊——屁——哦！"

爸爸耸了耸肩膀："是真的啊，我不知道。"

"不管怎么说吧，他们在边界处把他拦了下来，在车里找到了一磅

---

* 意为"上帝啊！我漂亮的宝贝们"。

　　　　　　　　　　　　　　　　　　　　　　俄勒冈

冰毒，是粉末状的还是药丸来着？总之是一大袋子毒品，在后备箱里。判了他五年。那可是在墨西哥监狱里待五年，和奇诺或者福尔索姆那些安逸的牢房可不一样，那里没有人用水池酿红酒，每周六也不会有什么电影之夜。"

"你可太清楚了！"唐尼叫道，"他们在奇诺专门给乔莱特家弄了个厢房，门上还刻着这三个字呢。"

皮特没有理他。"所以这刑可不是好服的，光是食物，就根本不是人吃的，墨西哥人把你锁起来之后根本不会在乎你是死是活。"

"确实是这样，"爸爸说，"牢房中间有一根贯穿整个地面的下水道，他们会给你一套小小的军用工具包，里面有一把金属叉子，它也是一个开瓶器，他们还会给你一个碗，里面装着一只鸡头，这就是午餐。面包卷是用面粉和锯末做的，你都能看见黑色的虫子也一并给烤进去了。但是我从来没为此烦恼过，因为我的牢房有一扇临街的窗户，你可以给某个小孩一点钱，然后他就会去街角的玉米卷饼摊位上给你买点吃的回来，情况并没有那么糟。"

皮特继续道："我当时是墨西哥警察的跆拳道教练，我到处打听，试图弄明白给谁送钱能把吉米捞出来，因为我们知道他在那里面撑不了多久。我们去见了几个 abogados，也就是律师，他们让我们趁早习惯，因为他们不可能释放一个在墨西哥边界逮到的美国毒品贩子。于是我告诉他们，他不是毒品贩子，他就是个傻子。"大家都笑了，爸爸也笑了。他不在乎自己是笑话里的笑柄，是讲笑话的人，还是笑话的听众，只要有笑话就行。

"于是有一天，"爸爸说，"有个人进来打开了我的牢房门，然后就走了，我不知道为什么，但是过了几分钟我想，去他妈的，也许他是故意这么做的，等我走到下一扇门时，狱警看向别处，把门打开了，于是我又走出了那扇门。我就这么做了五六次，走过了五六扇门，我不知道自己是要被枪毙了还是怎么着。最后，我直接走到了大街上，好像什么也没发生一样。我一直走到了美国边境，就穿着一件长长的、脏了吧唧的绿色羊毛运动衫站在那儿，脸上是三个礼拜没刮过的胡子，浑身散发着那间牢房里的臭味。一开始他们不想让我过去，直到我张嘴说话，他们听出来我是美国人。我说：'对，我刚从监狱出来。'于是我借了一枚一角硬币，给皮特打了电话，然后他和老头子就一块来接我了。"

"我们买通了一个墨西哥联邦法官，"皮特说，他用胳膊搂住爸爸，"我们花了二千五百美元把这个白痴捞了出来。我们把他扔进车里，就赶紧开回圣迭戈了。"

"后来我再也没回去过，好像我到现在都还是个通缉犯。"

爸爸的生活似乎就是一次接一次的侥幸，他差点在一次摩托车事故中丧命，他的车侧翻了过去，直冲下高速公路，他跳了上去，侧着滑过了美国和墨西哥的边境。他在驾驶着一辆大众货车时撞上了桥，差点被撞毁的车挤压致死。当他意识到发生了什么时，他从像手风琴一样折叠了的车里爬出来，走回家报警，说车丢了。他曾被几把枪指着脑袋，但那些人都没开枪。他的身上挨过枪子儿，也被人拿刀捅过。他卷进过无数次酒吧斗殴，经历过无数次审讯，面对过无数名警察以及社会福利工作者，而每一次在他身后背景里的，都是某个眼神天真的女人，祈祷着他这次能做出正确的选择，哪怕只有一次也好。他就像我们在普拉亚德雷公寓里有线电视上看到的那些老海盗片里的人物，有传奇的历险经历，天不怕地不怕，眼睛里隐约闪烁着狡黠的光芒，总是快他的对手一步，直到他被抓住，站在法官面前试图用花言巧语给自己减刑。

韦斯在念我们的姓氏时，会读成"乔莱特"，和钱包（wallet）押韵，但爸爸教我们要读成"乔雷"。韦斯说"乔莱特"是老爷子的发音方式，也是"从前那个国家里人们的发音方式"，我们大概是在爱丽丝岛*的时候丢了一个元音字母e。爸爸将它读成"乔雷"是因为他的第一

---

* 美国纽约市附近的小岛，一八九二年至一九四三年间是美国的移民检查站。

任妻子苏珊，他们俩在他十六岁的时候闪婚了，她喜欢"乔雷"两个字听起来的感觉。但我们一直以来只知道"乔雷"一种读法，所以我们也这么说。不管怎样，为了讨女孩开心把自己的名字改掉，绝对是乔莱特家的人会做的事。

我们有个未曾谋面的同父异母兄弟叫文斯。爸爸给我们讲过他的事情，但我们从来没见过他，所以他听起来也像是个传说里的人物，仅存在于他们讲的故事里。这些故事包括爸爸骑着一台侧翻的摩托车滑过墨西哥边境，他和霍华德爷爷试图在两千英尺高空中的一架失速飞机中重启引擎，还有他在十六岁时就有了自己的儿子，而我们完全不认识这个儿子。我不禁好奇他眼中的爸爸和我们是否不同，他会不会因为他的离开，和那些父亲在监狱里时只能独自度过的生日而记恨他。我突然意识到，一个男人可以在一生中同时扮演这么多的角色：一个囚犯，一个酒鬼，一个海盗，一个独自坐在阴暗囚牢里暗自后悔的傻瓜，和一个拥有强壮肩膀、在晴天的海浪里上下起伏的男人——仿佛生命永无止境。

当我们终于离开时，我们被安顿在车后座里，脑子里装满了关于乔莱特家男人们的知识，我们已经走进了他们的世界。爸爸将一盘奥尔曼兄弟乐团的磁带放进本田车的磁带机里，开始跟着一起唱。他摇晃着脑袋，眯缝着眼睛，随着音乐的节奏晃动着一根手指。"你想听听能让人热血沸腾的吉他声吗？听听它们的号叫。"他面冲前方伸着脑袋，在高速公路上一路高歌。

"你们听过胖子多米诺*和大波普**的歌吗？那才叫真的好歌。"他一句一句地教我们学唱《尚蒂伊蕾丝》的歌词（她有一张漂亮的脸蛋，和

---

* 胖子多米诺（Fats Domino），美国音乐人，猫王曾称他是"真正的摇滚之王"。——编者注

** 大波普（The Big Bopper），下文的《尚蒂伊蕾丝》（*Chantilly lace*）是他的代表作之一。——编者注

一束垂下来的马尾辫），确保我们每一个音都发得精准无误。我们反复练习，直到三个人能一起完美地演绎这首歌。我们在从圣迭戈返回的路上一遍又一遍地唱着。我们知道自己是乔莱特男孩，我们的基因里充满危险。我们是漫无目的的流浪者，为监狱和摇滚乐而生。我们是反叛者和亡命徒，骑着摩托车逃脱警察布下的法网，身后是坐在家中、忧心忡忡哭泣着的女人。我们用最大的声音唱道：

　　那步履间的扭动，那言语间的笑容，
　　上帝，请让这世界永远旋转不停！

花花公子

棒球帽的正面用巨大的黑体字写着"*P*L*A*Y*B*O*Y*"这个单词，就好像它正在对你大喊，不知为何，这让人想起了夜晚高速公路旁的那些标语——"客满"或者"鸡尾酒服务，直至午夜"。我们离开洛杉矶前一周的一个下午，去了一场物品交换会，托尼在其中的一个箱子里找到了这顶帽子。他戴上的时候邦妮笑了，他站在大箱子旁边，鼻梁上架着一副尺寸过大的绿色墨镜，手里拿着一枚按压式棒棒糖，在阳光下，棒棒糖将他的嘴唇染成了橘黄色。我想她大概觉得这会是个很有意思的笑话，"一个十一岁的花花公子，哈哈"，所以她为他买下了帽子。帽子的布料是白色的，后面有一条尼龙搭扣带。"花花公子"是一个搞笑的词，它就像一种挑战，一个男孩只需要选择：他要么是一个"游戏"男孩，要么是一个"工作"男孩。于是在机场和回程的飞机上，托尼也戴着这顶帽子。空姐会问："十二排那个小花花公子是谁？花花公子还想再要一杯可乐吗？"我感觉他是在对整个世界宣告他的选择，那就是：游戏人间。

飞机降落后，我们看见妈妈正站在空桥尽头的等候区，穿着她的勃肯斯托克牌凉拖鞋，露出她那颗歪歪扭扭的牙齿咧开嘴微笑着，她的棕色直发已经长长了。我给了她一个拥抱，她看见托尼时说道："喔啊，你，呃，刚刚在飞机上也戴着它吗？"

在我们从波特兰国际机场回到塞勒姆的车里，她宣布保罗决定成为一名烟囱清扫工。我反应了一会儿，因为我并不清楚这份工作究竟是什么，我只知道它和驯狮人、软式飞艇驾驶员一样属于人们在现实生活中似乎不会选择的职业。她说烟囱清扫工就是要确保所有的烟囱工作正常，这是一份很有前途的事业，机会也很多，因为城里有许多烧柴炉。"他愿意出一份力是好事，因为我们的确需要这笔钱。"她看向托尼："所以，呃，这是顶新帽子。你在哪儿买的？"

"在物品交换会。"

"你知道那是什么吗？"

"知道，杂志。"

"你知道杂志里面是什么吗？"

"当然了。"

"然后你觉得这样没问题吗？"她严肃地看着他，他不说话了，没有理她，转而看向窗外的桥和树，以及我们跨过威拉米特河时的城市风光。

我们回到位于布雷斯大街上的家中后，我跟妈妈说我想给她放一首杰克逊·布朗的歌。爸爸给了我一盘他的《一无所获》*的磁带，我一遍一遍用他在物品交换会上给我买的随身听播放着。杰克逊·布朗是他最喜欢的音乐人，这很合理，因为他的歌总是关于路途、小餐馆、卡车司机和你在路上遇见的女人的，这让我想起在高速公路上骑摩托车的爸爸，他在我记忆中的那个摩托车上的幻影形象。我将磁带放进客厅里的磁带机，按下播放键给她听，然后我就下楼去整理行李了。我能听见杰克逊·布朗的声音充满整座房子：

---

* 单曲《一无所获》（*Running on Empty*）曾作为电影《阿甘正传》的插曲。——编者注

你带上莎莉，我带上苏，

她们两个的差别似有若无，

可卡因，在我的大脑中奔跑旋转。*

歌曲结束后，我回到楼上，发现妈妈正跪坐在地板上，双腿压在身子下面，一只手扶着放置音响的绿色架子，她哭了。"这些不是我的观念，"她小声说道，"我把你们养大不是为了让你们秉持这些观念的。"

"什么观念？"

"毒品、《花花公子》杂志，先看看你们俩胖了多少吧。"

我感到很自责，因为我又做错事了，我在加利福尼亚吃了太多东西，我也很困惑，因为这首歌是讲毒品有多么不好的。杰克逊·布朗半死不活地坐在医院的房间里，医生对他说他"不可能"才二十七岁。"你看起来简直像个四十五岁的人。"

我告诉她这首歌让我想起匿名戒酒会的集会，那里的每个人都有一个故事，他们在变好之前都经历过跌到谷底的日子。

"这不是我们讲述的那种故事，这首歌是在美化毒品文化。"

"他是在讲毒品会如何害死他。"

"哦，没错，但他在吸毒的时候又是那么酷。你能听见他用鼻子吸入毒品的声音，还有他的笑声！但你听不到他破坏掉的那些家庭，还有他留在身后的那些孩子！"

"杰克逊·布朗吗？我不知道他有孩子。"

"这些不是我的观念。"她抱着膝盖，前后摇晃着身子，"我要孩子是因为我要教他们我的观念。"

托尼也上楼了，依旧戴着那顶帽子，大大的黑体字母照亮了整间客

---

* 杰克逊·布朗《可卡因》（*Cocaine*）。——编者注

厅。*P*L*A*Y*B*O*Y*。

"她为什么哭了？妈妈，你为什么哭了？"

"《花花公子》？"她看着他，"你喜欢《花花公子》？一本将女性看作性尤物的杂志？就好像她们唯一的价值就是她们对男人的性吸引力，它一旦没有了，一旦消失，她们就像垃圾一样被丢在一边。"

"你在说什么？那只是赤裸的人体，是自然的。"

"那不是自然的。"她指着帽子，"那是物化。那本杂志里的照片拍摄的不是强大的女性，她们只会扶着椅子弯下腰，试图看起来很性感。她们就和参加选美展出的狗没有什么区别，他们干脆教她们玩接球游戏好了。你把女性当成什么了？"

托尼耸了耸肩膀："这只是一顶帽子，妈妈。"

"我觉得你应该把它摘下来。"

"不，这是我的帽子，是我在洛杉矶买的，我想戴。你不能决定我穿什么戴什么。"

"我是你妈妈，这是我的房子，你休想在这里戴着一顶物化女性的帽子走来走去，我希望你能把它摘下来。"

"你不能逼我，它是我的。"

妈妈盯着地面，就好像在凝望深坑。她小声说着："这些不是我的观念。"

她慢慢起身，站在门口："请到这里来。"托尼朝她走去，她低头看着他。托尼一整个夏天都在长身体，尽管他还是比他高大，但他的眼睛已经到她的下巴了，帽子上的"*P*L*A*Y*B*O*Y*"正好映在她的眼睛里。

他们就那样站了一会儿，凝视着对方。比起愤怒，她看起来更为担心，好像在沉思。她说："我会给你买一顶新帽子，能请你把它摘下来吗？"

"不。我喜欢《花花公子》，我不知道这有什么问题。爸爸订阅的《花花公子》都直接寄到公寓，邦妮压根儿不在乎。那只是人体。"

"你爸爸是个成年人，可以做出他自己的选择。我很久以前就明白这点了。你是我的儿子，你住在这座房子里，这里的规矩是我定的。如果你不把它摘下来，你就不能去少年棒球联盟队了。"

托尼的眼神里充满了不公，他摇着头说道："但这是我的帽子，不是你的，我凭什么非得遵循你的观念？"

"因为你是我的儿子。"

"我真希望我不是。"他将帽子扔在地上，踩了几脚，跑到前门，转过身来说道，"你知道吗，你不会永远都比我高大的。"他将门摔在了身后。透过前屋的窗户，我看见他骑上自行车，消失在了街道尽头。

音响里播放着《装载》*，这首歌是写给和乐队一起巡演的随行人员的，他们每天晚上都会搭好舞台。爸爸总说这是一种美好且真诚的生活方式，为乐队工作，和他们一起上路。妈妈做了一次深呼吸，靠在门框上，双手捂着额头。皱皱巴巴的帽子上的"*B*O*Y*"从地上仰视着她，她沉默地把它捡起来，走了出去，将我和杰克逊·布朗单独留在了客厅里。不知道她会不会又要开始让我减肥了。

---

* 杰克逊·布朗《装载》(*The Load-Out*)。——编者注

替罪羊和超级小孩

殴打越来越严重了。以前大多只是湿威利*、瘪胎**或者印第安烧伤***，这种拥有夸张名字的残忍恶作剧还可以让人当成玩笑一笑了之。托尼会抓住我的头说："努吉！"****然后用他的指关节抵住我的头骨一直钻，直到我的皮肤发红。这些名字本身——围击*****、裤刑******、查理马*******，似乎就让这些行为变得合理了，就好像你可以给谋杀重新起名叫作"刀胸"，然后大家就都能哈哈大笑一番了。

但情况越发糟糕。托尼会揪住我的头发，说我真是一个"听妈妈话的乖宝宝"。他将我按在地上，用全身的重量压住我的肩膀，一行黏稠的唾液挂在他的嘴边摇晃着，我则尖叫着："走开！"他让口水几乎快

---

* 　趁别人不注意时将沾满口水的手指捅进对方的耳朵，通常还会转动几下手指。

** 　从后面踩掉别人的鞋。

*** 　两只手握住别人的胳膊，向不同方向扭转。

**** 　用指关节用力戳或者顶别人的头部。

***** 　抓住别人的内裤将对方拎起来。

****** 　趁别人不注意时扒下对方的裤子。

******* 　致使别人的腿部抽筋。

碰到我的脸，然后再吸回嘴里。有时候已经来不及了，口水就会掉到我的眼睛里。他按住我的两只手，我无法去擦。我挣扎着想要逃脱，但这只会让他更加疯狂。除此之外，他还会无数次夹着我的头。有时候，他只会在我走过时简单绊我一下。我不知道他为什么如此愤怒，但他的行为里包含着某种长久以来的怨恨。他用膝盖压住我的胳膊，用手指击打我的胸膛时说："你可真是一个狡猾的小马屁精。"他的声音里带着某种伤痛。

妈妈说他在处理"很多愤怒"，因为他不习惯生活里突然出现了一位权威人物，他必须尽快学会面对"他的种种问题"，否则他也会像父亲当年那样走上"成瘾者的道路"。这番话她是在托尼面前说的。她总会引用书里的文字，她重复的词句很像她在俄勒冈州立医院组织犯人们进行群体治疗时的用语。

托尼会因此而怒吼："我他妈不是你的病人！"

但妈妈不会吼回去，她只会说他需要找到一种"更有建设性"的方法来处理他的怒火。这使得托尼更为愤怒。

他离开后，妈妈说这只是一个阶段，他的体内流淌着太多他爸爸的血液了，他们两个简直一模一样。我知道她是对的，因为她比我们更清楚我们的情绪，但我觉得很奇怪，因为爸爸很幽默，对我也很好。他从来不会用胳膊夹住我的头，或者在我扭打挣扎的时候往我的脸上吐唾沫。

弗雷德梅耶商店货架上的那辆自行车是赫菲牌的专业雷霆款，它有黄色的轮圈，蓝色的橡胶轮胎和亮黄色的把手。它的摆放位置比其他自行车高出五英尺，明亮的荧光灯打在上面，仿佛一团光环。它价值一百五十美元。我知道我们买不起，我们不是那种家庭，那种家庭里的男孩子每年圣诞节都会得到一辆新自行车，然后骑着它行进在学校后面的小径上，穿着全新的约达西牛仔裤，裤子后面的兜上还装饰着高级的白色刺绣，就像我的朋友杰西那样。但当我在商店里看见它时，我有了一个想法。它的美丽、那只属于太空时代的黄色油漆点亮了这个想法，所有不如它的自行车都在想象中失去了光彩，其中就包含慈善二手商店里生锈的施温牌自行车和我那辆过于迷你的红色迷你摩托，我每次骑上去时膝盖都会和胳膊肘打架。

托尼瞧见我正在看着它，说道："你想得美。"

我和妈妈提起这件事时，我向她耐心解释着我想存钱，买下这台一百五十美元的太空时代山地自行车，其实如果仔细想想，这也就是我七十五笔零花钱的金额。妈妈说如果我能帮忙打扫厕所、清扫台阶、擦拭厨房地板的话，她每周就多给我一美元。保罗说他会帮我实现这个计划，我可以在社区里为人们修剪草坪，或者收集易拉罐，然后他会把它们拿到回收厂卖掉。金钱竟然就这样随处可得，这让我感到很奇怪，待修剪的草坪和垃圾桶里的易拉罐竟都能成为口袋里的钱币。但与此同时，我的目标也仿佛是一笔不可能达成的巨款，一百五十美元似乎根本不存在于真实的世界里。

每天放学后，我都会去房子后面的小巷里寻找易拉罐。我在谷仓背面附近的一个水洼里找到了一些旧啤酒罐。**十五美分，很好，现在还需要一百四十九美元和八十五美分。**

我去往中心大街上的格子食品便利店，在垃圾箱附近搜寻。地上躺着一个空的苏打水瓶，于是我将它放进了系在我迷你摩托手柄上的购物袋里。我打开垃圾箱的盖子，闻到了变质啤酒、三明治、牛奶桶和用过的苏打水杯子散发出来的发酵的味道，甜美且腐朽。我必须得站在一个装牛奶瓶的木箱上才能看见里面。垃圾都被装进了巨大的黑色塑料袋。我在打开其中一个之前先看了看周围，因为我知道，人们会以为我是儿童保护服务处的那种小孩，我们在男孩俱乐部里见过他们，篮球靠近的时候他们都会畏缩。我打开了几个塑料袋。一个里面装了几个瓶子，于是我将它们放进购物袋，继续前进。**好了，这就有一美元了。**

几周以后，我已经不在乎被别人看见了。我不在乎他们怎么想。有时候假装自己是个流浪汉也挺有意思的,像蒂莫西·曼宁和他的朋友们一样狂野,满身泥土,随时准备着打一架。格子食品便利店的老头儿发现我在小巷里翻腾垃圾箱时,会用一种充满怜悯的眼神看着我,我喜欢这种眼神。他说:"听着,你不能进那里。"就像在对一只动物说话。我感到一股想要发出嘶嘶声、露出獠牙或四肢并用逃离这里的冲动。

我推着我的迷你摩托在社区里行走,手柄上系着一个塑料袋,德雷克看见我时,他说:"你看起来就像一个流浪女人!哈哈!"他反复吟唱着:"米克,你臭烘烘的,你臭烘烘的,简直让人他妈的受不了了!"

保罗说让我不要理他,反正他就是个小浑蛋,而且他还说德雷克的爸爸也曾在戒酒项目里,但后来消失了,很长一段时间里都没有人见过他,不过他不该告诉我这些,因为这个项目本该是"匿名"的。

圣诞节到来时,我已经通过易拉罐、瓶子、草坪和家务攒下了七十五美元,全都存在一个桶形存钱罐里,保罗将它放在他们卧室里衣柜的最顶端。姥姥、姥爷给我寄了一张五十美元的支票,本应放进为我上大学做准备的基金,但妈妈说今年可以先把大学放一放。爸爸和邦妮也给我寄了一张三十五美元的支票,还有一张纸条,上面写着:自行车钱!

圣诞节后两天,保罗带我去了弗雷德梅耶,我们终于将一辆蓝黄相间的赫菲牌专业雷霆款山地车,放进他带顶棚的黑色迷你卡车里回了家。我钻进后座,将它推出来,小心注意着不要让全新的反光踏板蹭在黑色的金属卡车车厢上。我轻轻地在地上弹了弹后轮,骑着它到布雷斯大街的小山顶上试验,然后又像骑着黄金战车一样骑下了整个街区。我冲下街道时,感受到脖子后面温热的汗珠在清爽的空气中变凉,风穿过我的头发,自行车的扶手是如此轻盈,这是逃脱的感觉、自由的感觉、无尽的感觉。没有哪条路足够长,没有哪个终点足够远。我的世界在我面前扩展开来。

我回去时,托尼很生气,他交叉着胳膊站在前廊上。他说:"凭什么他能买新自行车?"

"他为此存钱了，这是他挣来的，规则就是这样。"保罗关上了挡板，将他一直放在后座上的毯子铺了回去，以防他需要一个睡觉的地方。

"但是为什么他有而我没有？我原本也可以挣来的啊。"

"如果你想的话，现在依旧可以挣。"

"他真是个狡猾的小浑蛋，我做的家务比他多，他根本不配拥有一辆自行车。"

我没有理他，而是骑向了学校。

英格伍德小学后面的树林公园中心，是一圈和游泳池一样大的水泥喷水池。夏天的周末，喷水池中心竖立的水管会喷出十英尺高的水花，孩子们聚集在下面奔跑、尖叫。去年十分炎热的一天，我和托尼也在里面奔跑，脱掉鞋子跳了进去。那时他对我的态度更好一些，我们是同一条战线上的战友。现在，喷水池里空荡荡的，公园也十分安静，充斥着风吹过巨大常青树上的松针之间的低语。我骑下泥土小径，越过横跨其间、错综复杂的大树根，一片片阳光洒在地上，形成黄色的亮斑。我被松树和新鲜泥土的气息包围，我骑回了学校。

我以迂回的路线骑过沥青地上画出的跳房子场地，来来回回，踏上三，再绕过五，这时我看见了他们。蒂莫西·曼宁和两个大一点的男孩，他们都穿着肮脏的 T 恤，站在场地中央将一只破烂的绿色纳夫橄榄球扔来扔去。蒂莫西很瘦小，但行为举止都像一个比他实际上大得多的男孩，他高昂着头，张开两只胳膊。我听说他住在一家教养院里。尽管他们没有血缘关系，但他和那两个男孩子一来一回地抛球时，看起来有某种相似之处。他们的下巴和眼睛向下垂着，带着一种疲惫感，脸上总是粘着一些泥土，像狗群一样警惕。

他们看见了我。

"嘿，哥们儿，自行车不错！"

我假装没有听见，研究着前轮上坚硬的黄色塑料轮圈，它比我之前那辆红色迷你自行车上的金属轮辐结实多了。

"我说车不错。我能看看吗？"蒂莫西·曼宁径直向我走来。

"我刚买的，还没磨合好。"

"我不在乎。让我看看，来吧。"他抓住了把手，我将他的手拽开，骑向了巨大的黄色教学楼后面。我能听见身后的脚步声，我试图将它想象成一场贴标签的游戏，大家只是在闹着玩，我也参与其中。

我切进后院的停车场，然后左转进入学校和体育馆之间的天棚通道，想着我能抄近路穿过公园甩掉他们，但我抬起头时，发现那两个男孩挡住了我面前的出口，我停下了。

"别这么窝囊，我们只是想看看你的自行车，你应该学会分享。"蒂莫西·曼宁从我身后走来，将我推倒在一侧的水泥地上。我站起来，在他抓住车座的同时不太平稳地扶住了车身。我不知道该怎么办了。

在穿着肮脏紫色 T 恤、留着乱蓬蓬黑色头发的男孩身后，我看见托尼突然出现在天棚通道的阳光下。我不敢相信他在这儿。这时机颇有一种天意在里面。我的大哥哥，六年级的学生，他的块头是蒂莫西·曼宁的两倍。

我尖叫道："那是我哥哥！别来招我！"

托尼脸上的表情很奇怪，像一片空白，他直直地向蒂莫西·曼宁和我的方向走来，胳膊耷拉着，仿佛进入了某种出神的状态。

"哦，所以你就是他的大哥哥？你是来为这个小兔崽子打抱不平的？我们应该害怕你？"

托尼的脸上毫无表情，他很平静，他缓慢地走向蒂莫西·曼宁，说道："不，我恨这个小浑蛋。"他举起我蓝黄相间的赫菲牌专业雷霆款自行车，这辆我为其在垃圾堆里翻找、花了七十五笔零花钱和三千个铝质易拉罐的自行车，向体育馆的砖墙上扔去。我看着车把手摔成两段，车身无力地倒在被刷成红色的水泥地上。他走了。

"哈啊啊啊啊啊，哈啊哈啊哈哈哈！"男孩们尖笑道，"你哥哥恨你！哈啊哈哈！你想什么呢？他是来帮你的？现在你要怎么办，哭吗？小婊子，你要哭了吗？你这个小婴儿。"

仿佛有什么东西裂开了，好像一块坚硬却易碎的树皮裂成了两半。我盯着地上的自行车，余光看见我哥哥长长的金发消失在体育馆后面。

我不明白。我无法组织语言或想法。我被摔坏的自行车。和我不在同一战线的哥哥。我从男孩们中间挤了过去，来到角落里，盯着损坏的赫菲牌自行车。过了一会儿，我的后背感受到了石头的击打。然后又是一块。我没有动。我甚至都不在乎那些石头。我感受到他们每个人用手推了我一下，然后便走开了。我无法挪开视线，直直地盯着地上的自行车。

我们什么时候在一起过？一切都是我的想象吗？我们逃离了一个地方，活了下来，我们来到这里躲藏，这些都是我的想象吗？他冲妈妈大喊大叫，她纠正他、教育他，让他控制自己的情绪。她对他使用的词语，和她对那些在精神病院接受治疗的患者使用的词语一样，那些来自州立监狱，加入了她的"康复"项目，即将成为前罪犯的毒品爱好者。她会用诸如"边缘型""暴力""克制冲动"以及"注意力缺陷"之类的名词。她会告诉我这些，因为她告诉我的事情太多了。她在托尼身上看到了这些问题。她让我不要告诉他，但他知道。他当然知道了。他从她的眼睛里能看出来。他是她的科学实验、她的私人心理学项目。就像一只被关在笼子里的动物，他应该对"正向强化行为"产生反应，或是对有着"严格界限"的"代币制度"的设定做出回应。他应该学会说"对不起，妈妈，你是对的，我是错的"。但他真正想说的大概是"你去哪儿了？我独自在那个地方待了七年"。我知道，他因此认为我和她是在一条战线上的。因为我会说出那些台词，那些她想听的台词，我们是一个怎样的家庭，她是一个怎样的妈妈。我会重复这些台词，是因为我看见菲尔差点死在街上，我知道这个世界上还有更可怕的东西，我更害怕那些。我害怕成为那些孩子扮演的家庭角色，我们曾在嗜酒者家庭互助会为"与不良嗜好抗争的家庭中的孩子们"所写的文字里读到过他们的境况，她总是将这些小册子留在家里的各种地方。我是被选中的孩子，是超级小孩，是那个能飞的孩子。托尼是愤怒的孩子，是替罪羊，是那个必须堕落的孩子。

但是他能看见的，他一定能，他能看穿帷幕下的一切，他是唯一一个能看透的人。在剧本之外有另一些东西，比如他在那一刻产生的、想毁掉我的新自行车的冲动，想毁掉我最珍贵的物品的冲动。他这样做，就能让我对他在这个世界里的体验感同身受，而这种感受就是孤独。

我推着被摔坏的自行车走回了家，摇摇晃晃，哭哭啼啼。

保罗正在后门廊上修补细铁丝网上的洞，这个铁丝网是他为佩佩和默克搭建临时围栏用的，洞是佩佩弄的。他看见了我："发生什么了？"

我把整个故事讲给了他。公园，学校，蒂莫西·曼宁和教养院的男孩，托尼，还有我被摔坏的自行车。保罗非常愤怒，他扔下手里的锤子，吐出牙齿间叼着的钉子，说道："他干吗了？"

我们走进厨房，托尼正在大桌子旁坐着。保罗问他这一切是不是真的。

"不是，是他自己弄坏的，"托尼说，"他想让我惹上麻烦。"

"他为什么要这么做？"

"因为他就是个狡猾的小浑蛋，这就是原因。"他的眼神里充满了恨意。

"我不相信你，"保罗说，试图盯住他愤怒的双眼，"他花了几个月的时间攒钱买那辆自行车，他不会就这样把它弄坏的。"

"他会！他就是这么狡猾！"

"他在骗人！"我尖叫道。

"我知道。"保罗转向托尼："他是你弟弟，他妈的！我真不明白了。你要花钱给他修好自行车。"

"你不能逼我！我不干！这全是他编的！"

他泪流满面地跑下楼梯，重重地摔上了卧室的门。保罗陪我坐着，他叫我不要担心，我们会修好自行车的，损坏得不是很严重。我想到托尼时感受到了一阵分裂，他以全新的身份和形象出现在了我的脑海中，他没有那么像一位战友了，更像一位敌人，或一种本身就很邪恶的自然力量，一种疾病或一颗腐烂的苹果。妈妈回家后，她对我说很抱歉我要经历托尼的这些"冲动问题"。我皱着眉头缩回了身子，即使我当时很生气，但总有什么东西感觉怪怪的。

她拿走了托尼的零花钱，告诉他在自行车修好之前，他的零花钱都会给我。托尼说："我不在乎！这里的每个人都恨我！这不公平！我恨你们所有人！"他拒绝做家务，他在房间里生闷气。他从来没有道过歉，他已经认定了这是一场战争，而我就是他的敌人。但我已经受够了他的"努吉"和夹头，还有流到我眼睛里的唾沫，如果他想要的是战争，我决定给他一场战争。

所有伟大酒鬼的方式

装着烟囱清扫工具的板条箱送来的那天，空气清新，带着一丝凉意。黄昏时，我沿着街道行走，布雷斯大街闻起来有一股柴火的味道。火焰就意味着温暖，温暖就意味着庇护，而这对一个冬天寒冷、全年二百多天都下雨的地方来说十分重要。这是适合清扫烟囱的一天。一辆巨大的白色卡车停在了我们的房前，两个男人抬下了一个和钢琴一样大的木质板条箱，保罗签了字。他将箱子里面的工具一样一样拿出来，放在蓝色的防水布上：一把和猫一样大的黑色圆形刷子、几根六英尺长的铁棍、系在一根麻绳上的钢丝刷、一个木质的刮板、一台装有铁丝框架的风扇、一台看起来像橡胶垃圾桶的吸尘器，和一顶黑色的毛毡高顶礼帽。保罗将礼帽戴在头上，遮住了他一撮撮狂野的黑色头发："我看起来怎么样？"

"像一只留着胡子、要去参加舞会的乌龟。"妈妈说。

"那么多烟囱，"保罗说，"总得有人清扫。"这是他为我们家做出的贡献，这份工作还能让他有时间照料兔子，而且不需要每天都离开家去遵循什么"严格的朝九晚五制"。他永远都做不来那种工作，因为他的"简历漏洞百出"。

他们设置好了呼叫服务，在当地的黄页上刊登了广告，上面写着"石头汤烟囱清扫"，旁边画着一个戴礼帽的男人，吊在一座砖石烟囱上。保罗读了两本关于清扫流程的书，然后在妈妈的帮助下打扫了我们自己的烟囱。几周以来，他们一直在说这笔"新的收入"会对我们的生活"起到十分重要的帮助"。一切准备就绪后，保罗接到了一通工作电话。一个周六早上，他将各种刷子、铁棍、吸尘器和风扇都打包装进卡车，然后戴着黑色礼帽开走了，我们在他身后挥着手。他爬进驾驶座的时候还吹着口哨。妈妈说："在这个喷气式飞机和太空旅行的年代，你还能用木头和火来谋生，这难道不令人惊叹吗？"

几个小时后，他回家了，浑身覆盖着灰色的尘土，眼睛周围是他的护目镜留下的深深的印痕，他的双手被污垢染成了黑色，肩膀明显地向下垂着。他向我们形容了站在屋顶上呼吸着灰尘，擦拭着砖块的一天。"不会那么糟吧，"妈妈说，"在清爽的空气中工作难道不舒服吗？"

"我当时很冷。给。"他递给她一张支票，上面有个黑色的拇指印。"我要去洗洗干净。"他接到的烟囱清扫工作越来越多，每次他都裹着一身脏东西和尘土回家。几周后，他出门时不再戴那顶礼帽了。"它让我看起来很傻。"他说。他不再和我们一起看动画片了，只会洗干净脸和手再冲个澡，然后说："嗯，挺没劲的。"

当他再次离开去酗酒时，妈妈回到家，电话答录机里有三条来自汤普森大街上的女人的留言，询问石头汤烟囱清扫服务的人哪儿去了，妈妈的脸变得煞白，两只手轻轻环抱着听筒，看向我们问道："保罗说他去哪儿了吗？"托尼说："他什么也没说，把东西都装上了卡车，然后就走了。"她放下了听筒。那天的晚饭，我们吃了谷物麦片，因为她失落到没法做饭了。托尼宣布他已经受够了兔肉，只要能不再吃那些恶心的小东西，就算死掉也无所谓。妈妈太焦虑了，没精力和他吵架，这也就意味着她已经到了抑郁症发作的边缘。

第二天早上，我再一次五点钟就起了床，将谷仓里结冰的水碗拿了出来，用一只陶罐和厨房水池里的热水给它们解冻。然后从谷仓后面五十磅重的饲料袋里盛出圆圆的小颗粒，装满了兔子的食物碗。

几个晚上过后，保罗将卡车停在了房前。我们看见他坐在驾驶座上，弓着背趴在方向盘上。妈妈出去和他讲话，我们在客厅里等待。"他醉了，我让他清醒之后再回来。"她回到屋子里后说道。我们告诉她我们不在乎他醉没醉，而且他在家会更好一点，但她说小孩不应该看见成年人"实践不良嗜好"时的样子，这可能会对我们有负面影响。托尼说爸爸总是喝酒，这不要紧。妈妈说："保罗是个酒鬼，所以不一样。你们的爸爸可能也是，但他是个能正常运转的酒鬼。"托尼说他能不能正常运转都无所谓，这里也是他的房子，所以我们应该让他在这儿睡，外面的气温已经降到冰点以下了，他只有一辆卡车。妈妈说卡车里都是呕吐物的味道，保罗每次喝酒后都会吃"鸭丸"催吐，这是他康复治疗的一部分，她不想让我们看见他那个样子。我们说我们不在乎。我们只是不想让他冻死。她说有时候，你必须"爱之深责之切"，这样他们才能经历"谷底"，然后去参加匿名戒酒会。但是保罗已经在匿名戒酒会里了，我们说。如果他死了怎么办？妈妈说她对他的病和他的行为无能为力。我们说没错，但你可以让他进屋，这样他就能有个暖和的地方睡觉了。

每天早上我都会照料兔子，每天晚上妈妈都会翻查电话答录机，看看保罗是否接了清扫烟囱的工作。他时不时就会接一单。他很有可能是在醉着的时候去打扫的，妈妈说这样很危险，因为他要在屋顶上干活，但"他至少在工作"，否则这个生意就要黄了，他们就会失去所有用来置办装备的钱。没有了保罗的烟囱清扫收入，我们又回到了"精打细算，省吃俭用"的日子，这也就意味着要把装花生酱的桶底刮个干净，连已经干掉的都不剩。我们的午餐盒里也只剩下红肠、面包、芥末酱和牛奶了，每天的晚饭也只有解冻后的兔肉。

放学回家后，我看见保罗在狗栏旁边的砧板上，用那把橘黄色的大锤斧砍柴。他穿着宽松的牛仔裤和一件深蓝色的天鹅绒领衬衫，稀疏而凌乱的胡须比平时更长。他挥舞锤斧时的动作有一些不对劲，十分不稳，搞得他跌跌撞撞的，自己对着自己笑。他看见我后，问我学校怎么样。我往后退了几英尺。他意识到了自己的形象有问题，低头看了看手中摇晃的锤斧和身上凌乱的衣服，他明白清醒之后自己就会卷入大麻烦，他和所有伟大的酒鬼一样自顾自地笑了。

他很温柔、很迷糊、很奇怪，我能想到的只有他昨晚一定是在寒冷中度过的。

酒鬼往往是一个悲伤故事里的主人公。

"能给我一个拥抱吗？"他脱口而出道。我抱了他，闻到了他衣服上啤酒、汗液和呕吐物的味道。"谢谢，我太需要一个拥抱了。你们还好吗？"

"我们挺好的，妈妈很伤心。"

"我知道，"他揉了揉后脑勺，"天冷了，所以我想着给你们劈点柴火。"

"谢谢。"我说，从后门廊里推出了我的自行车。

他停了一下。"你知道我爱你，对吗？我知道你不是我的孩子，但我爱你。"

"我知道，"我这么说是因为这是真的，"我也爱你，我不在乎你醉或不醉。"

他用衬衫正面擦了擦眼镜，转身回到了柴火堆旁，摆好一块多节的树桩，将锤斧举过头顶，又重重地甩了下来。木块飞了起来，碎屑散到了各个方向。我骑上自行车离开，开始了下午的活动。

我回家时他已经走了，妈妈正站在同一个位置上检查着柴火堆。"这是你弄的吗？"

"不是，保罗来了。"

"我想也是他，他喝醉了吗？"

"我觉得是，但他很友善。他控制不了的，你知道的，他病了。"

"我知道。"

那晚保罗又将卡车停在了房子外面。街灯的光线洒在他身上，我们能看见他从一个棕色的纸袋里喝着酒。妈妈出去跟他说他必须离开。我们看着她站在卡车旁边，双臂交叉在胸前。保罗下车拥抱了她，他们就那样站了很久。他的胳膊环绕着她，她的胳膊抱在胸前。他说了些什么，然后回到了卡车里。他发动了引擎，汽车尾气和蒸汽填入了寒冷的空气，他开车走了。妈妈独自站了一会儿，盯着地面，然后回到了屋子里。

"该睡觉了。"她说。

"才七点半。"

"我是说我。"她走进房间，关上了身后的门。我九点半去睡觉了，但托尼在看《天龙特攻队》，熬到很晚。我听见她走动的声音，以为她要去指责他到点了还不睡觉。但脚步声却通往了厕所，水龙头被打开了。几分钟后，脚步声又回到了卧室。我醒来时，托尼还在客厅里，在沙发上睡着了，电视依旧开着。房子里很冷，因为没有生火。太阳还没出来。我拿着手电筒出去照料兔子，回来后打开灶台煎了一些鸡蛋，就着吐司一起吃。我用红肠、芥末酱和全麦面包做了一个三明治，在保温杯里倒上了牛奶。我敲了敲妈妈的门，想看看她是否还好。我能听见她在房间里哭。"我没事，亲爱的，"她隔着门说道，"去上学吧。"

我穿过三个街区走向学校，霜冻和降雪使得外面很安静。到处都是冻住的挡风玻璃和堆满积雪的道路，光秃秃的大树在风中颤抖。我的运动鞋踩在人行道上的声音，以及袖子和棕色滑雪外套摩擦的唰唰声打破了这片寂静。这件外套的肩膀部分是灯芯绒面料，侧面裂开了一个口子，里面的填充物露了出来。一天早上，我用埃尔默牌胶水和两片黑色的绝缘胶带把它修补好了。

保罗戒酒后，向妈妈求婚了。他没有准备戒指，因为他买不起，尽管妈妈总说她希望有一个好男人"能像我爸对我妈那样给我买个戒指"，但他们举行了一场盛大的婚礼，婚礼上有一个无糖的柠檬奶酪蛋糕。妈妈给我们买了全新的 Lee 牌牛仔裤，我们搭配了相同的白领衬衫和棕灰色条纹的卡夹式领带。她走在教堂的过道上，头发里绑着白色的丝带和橘黄色的花朵。莱斯·麦卡锡到场了，还有弗兰克、芭布和黛安，所有匿名戒酒会露营团的成员。保罗回来时曾说："我知道我要为了这个家做得更好，我会的。"妈妈几乎没有责备他，也许是因为他向她求婚了，也就弥补了他离开的过错。

婚礼结束后，我们是一个真正合法的家庭了，"Family"中有了代表父亲的大写的 F。妈妈对我们说她爱保罗，但如果他再次离开，她就会和他离婚。我们依旧别着卡夹式领带，吃着剩下的无糖柠檬奶酪蛋糕。她说他是个好男人，但他需要为了我们成为一位更好的父亲。我知道托尼也喜欢他。我们从来没有把他当成父亲。他更像是我们的另一位兄弟，或者仅仅是一位能让妈妈变得更容易相处的人。他在家时，我们会有更多的钱和更少的家务，她也不会把自己锁在房间里哭，或者带着那种仿佛永无止境的表情躺在柴炉旁的地上。

在婚礼上，莱斯·麦卡锡对我说："你妈妈要结婚了，这多好啊？她值得幸福，你不觉得吗？"我点了点头，不明白为什么每个人总是想让我们多为她担心。我没有告诉他，我高兴仅仅是因为保罗回家了。这样我就不用每天早上五点起床去照料兔子了，托尼也不会再对我那么刻薄了，因为保罗比他高大，尽管他从没打过托尼。仅仅是他的存在，就能让妈妈不再那么轻易地陷入抑郁，托尼也不会在没人看见的时候将我推下楼梯了。

兄弟

我在一个清爽的冬日早晨骑着自行车，这是几个月以来的第一次晴天，无休无止的雨水终于停了，地上的水洼冒着蒸气，太阳从灰白色的云层后面出现，像一位窘迫的表亲。我在十八街的树荫下躲避着路面上的裂缝穿行，内侧靠左，外侧靠右，碰到裂缝就代表坏运气。我突然听到回荡在整个社区的一声尖叫。尖叫声中带着绝望和悲伤，仿佛出自一只被卷进卡车车轴里的狗。我停下来，在马路牙子上停好我焕然一新的黄蓝相间赫菲牌专业雷霆款自行车，仔细聆听。又是一声尖叫。这声音听起来有些熟悉，但我无法辨别。在直觉的驱使下，我骑向学校的方向进行调查，就像一只猫会不自觉地扑向玻璃窗后的鸟一样。

我将自行车停在学校操场的边缘查看，就在那儿，在棒球场的中心，我哥哥侧身躺在地上，胳膊被扭在胸前，他长长的金发散落在被泪水浸湿的红脸上。他的黄白相间的棒球服上粘满了泥土，肚子位置的衣服没有掖进裤子里。站在他旁边、一只脚踩在他背上的，是一个高瘦的红发男孩，穿着一件羊毛领子的棕色皮夹克，周围聚集了一圈看热闹的男孩，他像个恶魔一样冲他们笑着。

为什么长雀斑的男孩看起来都那么凶恶呢？

"再说一个字！"他站在我哥哥的背上喊道，"什么都行，就一个字！"

"住手！"托尼哭喊道。

男孩更用力地踢了他的后背一脚："你怎么回事？听不懂英语吗？浑蛋。"

托尼看见了我，我们四目相对。

我走向那群男孩，我不认识他们中的任何人。"发生什么了？"

"我们在打棒球，然后这个小孩就开始对布莱恩多嘴，说他投球很差。于是布莱恩就生气了，决定揍他一顿，但这小孩死活不还手，他就那么在地上躺着。"我了解到布莱恩指的是布莱恩·麦德福，今年十四岁。

"米克！"托尼尖叫道，"去找保罗！快点！"

"这是你弟弟？嘿，小孩，过来。"布莱恩·麦德福冲我微笑着，仿佛在邀请我参与一个狂欢节游戏，"你有什么要说的吗？如果你有，我就要让你哥哥付出代价。"

"你什么意思？"

布莱恩·麦德福踢了托尼的肚子一脚，托尼发出了干呕的声音。

"我的意思是，你每说一次话，我就要伤害你哥哥一次。"

"每一次吗？"他又踢了他一脚。

托尼发出了一声悲惨的呻吟，既像在哭，又像在嘟囔，听起来像是"啊啊哦哦呃啊"。

"哦，所以只要我说话，你就会伤害他？"布莱恩·麦德福将他穿着黑色匡威高帮鞋的脚径直踩在了托尼的屁股上。

"对。"

我意识到了当前情况的可能性，一阵奇怪的感觉席卷了我的全身。或者说，更像是一种感觉从我身上离开了，那是被压在他的拇指、体重和唾沫下的感觉，那是被他用胳膊夹住头的感觉，那是当我们原本可以像真正的一家人一样坐在客厅里听柴可夫斯基，可我却只能看着他又一次毁掉这个夜晚的感觉。我闻到了场地中的泥土味，感受到空气拂过我的脖子，我的两只胳膊感到一阵兴奋的刺痛。

"总之，我想说的是，"布莱恩·麦德福又朝托尼的侧身踢了一脚，听起来像木槌敲在一坨肉上的声音。我开始围着他转。"《星球大战》是一部好电影。尽管它获得了巨大的成功，但仍有人认为这部片子被小看了。"布莱恩·麦德福踩了托尼的胸膛一脚，他发出一声哭喊。我看着泥土中他发红的脸，他充满泪水的双眼，还有他因痛苦而扭曲的嘴，我为此感到一阵恨意。我恨他的软弱，恨他无法站起来回击。

"去你的吧，你这坨屎！"布莱恩踢了他的后脑勺一脚，"是的，浑蛋，现在怎么样？你现在可没有那么威风了，是吧？"布莱恩带着嘲弄的意味俯身扇了他一巴掌，看起来很享受这个过程，"现在谁是懦夫？"

"离我远点！住手！"托尼透过泪水尖叫道。他的脸上满是泥土，鼻子上全是血，头发和棕色的污泥还有绿色的杂草缠成了块状。

布莱恩·麦德福站在他身旁，像个顶着一头红发、长着雀斑的妖怪。他微笑着按响自己的手指关节："你的小弟弟可真是个冷酷无情的人。"

空间和时间中出现了一道裂缝，自然的法则正在变换。我掉进了一个洞，来到了一个由我掌握伤害别人权力的地方。我记住了他被泥土毁容的脸。我想成为某种比土地本身还大的东西。所以这就是掌权者的感受？我感到震惊，自己体内竟然也有成为他的潜能。不知道他的体内是否也有成为我的能力呢？是否我们自己从未真正做过抉择，而仅仅是成了外界让我们成为的样子，就像依照剧本演戏的角色一样。

他在布莱恩·麦德福的鞋子底下哭泣。他看起来如此伤心。我试图将注意力集中在我的怒气上，集中在为我的自行车报仇上，但我很难将视线从他的脸上挪开，我不禁好奇这是否就是藏在他的愤怒之下的面孔。也许他其实想成为我。也许在某个地方的另一段人生中，我们两个的角色是对调的。也许我会是那个坏儿子，而他变成了那个好儿子。我能感受到这一切之中的残忍，就像铁棒落在兔子宝宝头上时发出的碎裂声，以及棍棒落在菲尔身上时，他在车道中的尖叫。这让我感到恶心和难过。它抹杀了这个世界的颜色，将黄色变成了灰色，将绿色变成了棕色，掐灭了亮光，在我的心中创造了一片漆黑的地方。

我希望能带哥哥去一个全新的地方，在那里，我们可以像其他兄弟一样和对方坐在一起，像那些孩子一样，吃萨拉米香肠、奶酪、花生酱、果冻和菲多利牌的薯片当午餐。我们会感到自己是被保护的，我们拥有的一切足够所有人享用，男孩可以安心地闭上眼睛睡觉，清楚知道有人会在一旁守护。而不是像现在的我们一样，从出生时就感到并知道自己是孤独的。托尼比我的经历更糟，但我也懂得他的感受，因为我也能感受到。我们要关注成年人的面部表情，所有成年人，他们总是各不相同，他们脸上的表情总是出于各种神秘的原因一直在变，我们无法控制，也无法理解。这些不同的表情预示着危险或惶恐、惧怕或逃跑。今晚会是哪一种？

"好了，够了，"我说，"别折腾他了。"

"不，"布莱恩·麦德福摇了摇头，"不够。"

"他都不动了。你回家吧，然后我们也就回家了。"

"不。"他用脚趾推了推托尼在地上抽泣着的脑袋。

"我是认真的。离我哥哥远点！"

他又踢了他后背一脚，我感到有什么东西彻底崩断了。"他妈的离他远点！那是我哥哥！住手！"我低下了头，对着布莱恩·麦德福，周围看热闹的男孩开始呐喊助威。托尼是兔子宝宝。托尼是我的小狗默克。托尼是在小窝里无助躺在地上的妈妈。托尼是醉酒后、坐在卡车前座上呕吐着的孤独的保罗。他是我喜欢吃比萨和奶酪通心粉的大哥哥，他和我一起在洛杉矶的公寓里跳舞，我们穿着同样的白色紧身内裤。

我跳了起来，挥舞着双臂冲向布莱恩·麦德福："离他远点！那是我哥哥！那是我哥哥！"他将我推倒在地，我又站起来。我的胳膊几乎碰不到他的前胸。这感觉像是在击打一只长颈鹿。他用力将我一推，我倒在了托尼旁边的泥土里。

"你们这帮疯子。"他啐道，从地上捡起了一只棒球手套，然后穿过场地离开了。

他离我们的距离足够远后，托尼起来了。他走到围栏边，哭着，到处是血。他抓住自己的自行车，回头越过肩膀喊道："总有一天比你高大的人会揍你一顿的！等着瞧吧！"

我骑着车跟上他，试图和他保持一致的速度。我为他感到难过，也对我自己感到生气。我知道我们是敌人，是战友，是叛徒，是兄弟。

我低着头。我用最大力气朝家的方向踩着脚踏板，脸上的唾沫依旧潮湿。他鞋上的棕色泥土从踏板上飞起，我们笔直地骑过十八街上那些会带来坏运气的裂缝。我喊道："总有一天你会遭到报应的！等着瞧吧！你不能伤害他！那是我哥哥！"

子弹

后门廊上摆着一个汽油桶，那是割草机用的，但保罗从来不去查看，所以我经常会在小巷子里倒上几行汽油，从一头到另一头，然后点燃火柴，退后几步，看着火焰舞蹈着跃过石子和泥土。我假装自己是在学习关于火的知识，但其实我只是喜欢看东西燃烧。我烧过小堆小堆的干草、笔记本的纸页、小票纸、棕色的杂货店纸袋、一个卢克·天行者的人偶、一架 X 翼战斗机的一部分、兔子屎、狗屎、狗毛、猫毛、橡皮筋、几盒火柴、旧 T 恤、旧袜子、钓鱼线。有一次，我还不小心烧着了厨房里烤箱门横档下面的黄色油毡地板。通过研究，我发现烧过的橡胶会变黑，冒出的烟会让你的衣服变臭；你可以点燃一颗花生，像拿蜡烛一样拿在手里；塑料会像蜡一样融化，但毛发会蜷缩成一个小球，就像一只电子蜗牛，闪烁着火光，喷射着火星，让整个屋子都变得难闻；汽油桶里的液体汽油都没了之后，用火柴将它点燃，它就会在空中喷出一束五英尺高的蓝色火焰，巨大且炽热，足以将你的眉毛从脸上烧掉。

保罗书桌的第一层抽屉里有一盒子弹，上面写着"雷明顿 .22 来复枪"。我知道这些是他的猎枪用的，他将枪装在一个拉好拉锁的帆布包里，放在谷仓的阁楼上。我拿出一枚子弹放在手里，感受着这颗光滑金属的重量，用拇指的指甲刮擦着环绕子弹底部的几圈线条。它看起来人畜无害。我好奇自己能否将它打开，里面会不会有火药，如果有的话，火药是如何燃烧的。

我将子弹放在手心拿到外面，试图用钳子碾碎它，但我的力气不够大，无法在金属表面压出任何痕迹，于是我将子弹放在了保罗用来劈柴的那块大木桩上。我捡起柴火堆上那把蓝色的短柄斧头，对着它敲敲打打。打到第三下时，我感到斧头手柄在我的攥握下反冲了，我听到了一声"砰！"，子弹在我身体下方爆炸了。我跳了起来，四处张望，看看有没有人听见爆炸声，但什么也没有，空气中只留下惊雷过后的回响，像幽灵一般飘荡在工具棚边。

"你他妈真是个弱智，"我和托尼讲的时候他说道，"那颗子弹发射出去了，你还没明白吗？它要是射进你的肚子里或者你的脸上，你现在就死了。"他看起来并不担心，更多的是佩服。他给了我肩膀一拳。

我不知道我为什么这么喜欢火，我只知道有东西在燃烧时，我感觉是自己让这一切发生的，拥有掌控某样东西的感觉很好，即使有时候情况会失控，差点烧掉整座房子。

德雷克会在他妈妈上班时偷她的红标万宝路。她的衣柜深处藏着好几箱，都装在白色的购物袋里。每隔几周，他就会拿一盒全新的出来，然后我们就一起去谷仓的阁楼上抽烟，这很容易，因为保罗不在家，妈妈在上班，除了我以外也没有人会去养兔子的谷仓里。

托尼也喜欢抽红标万宝路，它们在自动售烟机里随处可见，无论是在卡车司机就餐的小饭馆里，在市场街上的体育用品商店里，在兰开斯特商场里的橘子朱里斯果汁店旁，还是在电影院的大堂里。你只需要一摞加起来一美元半的二十五分硬币，如果有人说你太小了不能抽烟，你就说："是给我爸买的。"他们就会点点头，然后转身回到他们的煎饼和咖啡旁边。

托尼和我总是会分享香烟。无论是我从格子食品便利店霍斯泰斯牌零食架旁边顺来的难闻的云斯顿，还是德雷克带来的万宝路，或者是托尼从棒球教练的卡车门上偷拿来的未经过滤的骆驼牌香烟。分享它们是一条不成文的约定，我们要一起叛逆。

德雷克带来了一些红标，我们拿着一盒火柴爬上阁楼，靠在墙上。我们点燃香烟，阳光从谷仓不太严实的屋顶中漏进来，我们面前形成了一缕缕白色的小烟塔。

"我吃完饭后喜欢来一根薄荷的。"托尼说。他随意地用两根手指夹着香烟，另一只手里拿着一根中空的红藤甘草糖。他吸一口烟，然后将烟从红藤甘草糖里吐出来，"就像烟熏薄荷糖一样。"

"对，薄荷烟不错，"我说，尽管我从来没抽过，"但我不明白为什么大家都不抽一百毫米的，是吧？毕竟它们更大，你可以抽得更久。"

"一百的都是娘儿们和基佬抽的，"德雷克说，"我就算死也不会抽那些女士烟。"

"绝对的。"

"哦，我知道，我知道，我只是在开玩笑。"

热门通常会输

夏天我们去加利福尼亚时，在一个安静的周六下午，爸爸回到了位于普拉亚德雷的公寓，将一个信封放在咖啡桌上。信封很厚，接触到木质桌面时发出了"啪"的一声。

他指了指信封："打开。"

邦妮关小了电视的声音，身体前倾，用她做了长长的塑料指甲的拇指推开了信封盖，现出了一片绿色。

爸爸拿起信封，将钱拿了出来："我猜中了一匹马。"

"你干吗了？"

"我中了德尔马的六环彩，这是奖金。"

"亲爱的！"

"我能拿一下吗？"托尼坐了起来。

爸爸点了点头，托尼拿起了这摞百元大钞，像黑手党的会计一样舔了舔拇指，开始数钱："一，二，三……"

邦妮用胳膊搂住了爸爸，他说："我就知道那匹冷门能赢下第六轮，该轮到那匹马了。热门划伤了，所以大家都把钱押在了下一匹马上，但那匹马在草地上根本不行，它是一匹前领马，但场上全是前领马。所以我说：'我知道后上马能拿下那家伙。'热门通常会输，你知道的。"他暂停了一下，"每个人都需要一点运气。"

"二十六，二十七，二十八……"

"所有人都猜错了，但猜猜谁对了？"他用大拇指指了指自己的脸，"我是幸运儿，宝贝。有些人就是走运。"

"噢，亲爱的，你真幸运。"她亲了他的脸颊一口。

"四十，四十一，四十二。哇。"连托尼都感到惊讶了，"这是四千二百美元。"

"如果你没把握赢下那个地方的话，也就没必要去了。"爸爸说，"我就知道我该多押点。"

我看着爸爸："我们现在是有钱人了吗？"我并不清楚四千二百美元是多少。我们能买一座房子或者一座小岛了吗？我们能买下自己的国家吗？

"来吧，咱们出去吃晚饭。我请客。想去哪儿都行。"我们决定来一顿墨西哥大餐，于是我们去了红洋葱餐厅，吃了墨西哥烤牛排、虾、玉米片蘸鳄梨酱，还有油炸草莓冰激凌。

服务员拿来账单时，爸爸从钱包里拿出了一张百元大钞放在托盘上。"不用找了。"他对女服务员说道，还眨了眨眼睛，尽管这顿饭只花了四十五美元。

"亲爱的！"

"怎么了？我们猜中马了，必须分享财富，否则会倒霉的。"

女服务员感谢了我们，然后拿来了一大盘糖果，里面有白色的硬甘草糖和薄荷糖，邦妮起身去了卫生间。我们和爸爸独处时，托尼说："所以你和邦妮什么时候结婚？"

我兴奋地看着他："对啊，反正你们基本上已经结婚了，你还等什么呢？"

我们都知道他分不清我们是在逗他玩还是认真的，还是说我们的生活中正在酝酿着某种新的魔法。也许猜中了那匹马就意味着一切皆有可能，幸福就和在彩票上选到正确的数字一样简单。你猜中了冷门，兜里揣着一大摞现金回家，然后带你的孩子们出去饱餐一顿，这就是赛马。

"也许我会的。"

她回来后，我们都沉默了。

"怎么了？你们藏着什么大秘密？我错过了什么？"

"没什么。你问爸爸。爸……"我们指着他。

爸爸转过头看着她，一本正经地说道："怎么了？我觉得是时候了。"

"是时候干吗了？"她盯着他，抑制不住地微笑着。

"你知道的，我是说，咱俩是时候结婚了。"她看着他，脸上依旧挂着一副迷人的微笑。

托尼举起了他的雪碧，就像举着一杯香槟，于是我也举起了我的，邦妮歪着头靠在爸爸怀里，我们都不知道这一切是否真实。那匹马，那些钱，还有发生在曼彻斯特大街上红洋葱餐厅里的这次求婚。

我们追问时，他们说都不知道人到底是否应该结婚，毕竟那只是"一张纸"。真正重要的是人们对待彼此的方式。而且他们都结过婚，他们谈及婚姻时，就像在聊一座自己搭建的沙堡，只不过后来被潮水冲毁了。邦妮二十岁的时候在锡南浓嫁给了艾迪。老人查克的妻子贝蒂去世之后，他就开始谈论婚姻的暂时性和对社会的效忠，有什么说什么，只要能让大家都通过离婚而经历他所经历的。有些人甚至说，她们不用杀掉自己的丈夫已经是万幸了。于是他们拆散了所有夫妻，邦妮带着一颗破碎的心离开了锡南浓。她搬进了普拉亚德雷的这间公寓。老人查克的理念过于宏大，它被自身的重量压垮并摧毁，而邦妮就生活在这个理念的后果中，每个人都在这种理念留下的废墟中开始了全新的生活。

这不禁让邦妮思索，跟这个想要改变世界、最后却像过期牛奶一样变质了的组织比起来，婚姻到底是一个更大的概念，还是一个更小的概念呢？现在的她在这里，坐在这个男人和他两个脸上沾着辣酱的男孩子对面，他们希望自己的爸爸能和她结婚。

"我们看吧。"她红着脸说道，微笑着去拿她的包，四处搜寻着她的化妆镜。

妈妈在夏天的尾声打来电话，说保罗又离开去酗酒了。她已经承受不了了，并且认为看见他那个样子"对你们不好"。她平静地解释着这一切，就像一位电视主持人在播报着周末会下雨的坏消息。

她说，他的离开让她很难过，但她决定他们必须离婚。她的声音很坚定、很疏离，仿佛在说别人的事。"我必须放他走了。等你们回来我们再说，但我只想让你们知道我还好，只要我能熬过去就没事了。"她说她的一生都在面对酒鬼和瘾君子，她不能再这样扮演受害者的角色了。"我会好起来的，我知道。但我需要你们的支持。"

托尼沉默了。我说："没事的。我很抱歉，妈妈。"我说："你面对的已经够多了。"我的第一个念头是，没了妈妈，保罗就没地方住了。我想象着他昏迷在阴沟里的画面，一瓶套在纸袋里的酒摆在他的胸膛上。我知道他从不这样喝酒。他喜欢坐在卡车里，在树林里喝。但是在匿名戒酒会，大家会把酒鬼分成"能正常运转的酒鬼"和"昏迷在阴沟里的酒鬼"，前者可以上班，在外人看来一切正常，后者什么都干不了。我知道妈妈已经笃定保罗是后者了。不知道他会不会冷，会不会孤单。不知道以后会是谁来劈柴、照料兔子，谁来给我们讲笑话，带我们去钓鱼。不知道我还能不能再见到他。

"他爱你们，他不是个坏人，但他病得太重了。"

我说："我理解。"我说："我爱你，妈妈。"我说："这样的事发生在你身上，我感到很抱歉。"

邦妮看起来很担忧："哦，亲爱的，我真抱歉。我知道你爱他。我希望你妈妈还好。这对谁来说都是个打击，但也许这样的结局才是最好的？"

爸爸说："嗯，太遗憾了。有些人永远处理不好自己的生活，他们最后会把自己喝死。你什么办法也没有。"他摇了摇头。他们两个都拥抱了我们，说他们爱我们，如果我们需要任何东西，就跟他们讲。我们去吃了冻酸奶，回来之后看了乔治·卡林*的节目，笑得脸都红了。

　　他们看待我们的视角如此不同。妈妈总是在寻找让我们照顾她的方式。爸爸和邦妮第一个想到的永远是我们，我们会不会难过，保罗的离开对我们来说有多艰难。我知道照顾妈妈是我的职责，所有男孩子都应该照顾自己的母亲，因为这就是他们被生下来的原因。但是能对邦妮说我为保罗的离开而感到难过，这种感觉真好。爸爸俯身下来给了我一个拥抱，说他也挺喜欢保罗的，他看上去是个好人，他对他的离开感到抱歉，因为有他在身边，似乎大家的生活都能容易一点。

　　我喜欢这样温柔的他。那副硬汉的外壳立马消失了，他看上去更像是一个带领你穿过风暴的人。我记得他在锡南浓时，对待很多人都是这样。他救了他们的命。人们说遇到危机时找他聊聊准没错。他从不对别人的生活指指点点，即使是现在，对他的前妻和我们的继父也是如此。他的身上带着一种宁静的气质，似乎已经看遍了酸甜苦辣，他知道在黑暗中一切看起来都很糟糕，但是在光明中一切也能开始变好，而且不管怎样，他都不会抛下我们。他坐在我身边，胳膊挂在我的肩膀上。他给我讲笑话，重复着乔治·卡林关于在电视上什么不能说的台词。他会戳我的肋骨、弄乱我的头发，然后去厨房拿来一块冰激凌夹心饼干，和我一起分着吃。我们打开电视看道奇队的比赛，他的脸上一直挂着一丝若有似无的坏笑，开着关于球员和裁判员的愚蠢玩笑。

　　这样的爸爸给我带来的是一种全新的体验。仿佛风已经停了，我终于能听清楚了。我感到很平静。好像我不用去做任何事。我不需要说什么，也不需要去解决什么问题。我只需要和爸爸坐在这里，吃着冰激凌夹心饼干，和他一起听着转播员维恩·斯科利宣布击球次序。

---

* 美国知名脱口秀表演者。——编者注

邦妮和托尼消失在了卧室里，他们关上了门。能看得出来，这是一次重要的谈心，因为结束时他们走出来拥抱了彼此，邦妮的眼里还含着泪水。她在我身旁坐下说道："我们讨论了一下，托尼认为他应该搬来洛杉矶。这条街上就有一所初中。早上我可以送他过去，放学后他可以坐公交车回来。他越长越大了，也许你们的妈妈需要暂时和他分开一段时间。而且，青春期的男孩子需要父亲。你觉得呢？"

我的第一个想法是：**这难道不违反规定吗？我不知道还可以这样。**

我的第二个想法是关于夹头和"印第安烧伤"的，还有他把我按在地上捶打我的胸膛。

"我觉得这是个好主意！"

他们看起来很惊讶："真的吗？"

"是的！"

"你不会想他吗？"

这感觉像一个陷阱。我知道如果我说不会，那就会变成一场关于"兄弟之间要相互原谅"的谈话，关于我们以后会如何变得跟爸爸和皮特叔叔一样要好，我们要学会和对方相处，等等。这些听起来都像是在分散我的注意力。

另一方面，如果我说会，可能就会让这个计划泡汤。我偷偷瞥了一眼托尼，他脸上的表情仿佛在说：**你这个小畜生，可他妈别坏了我的好事。**

我选择了我能想到的最圆融的答案："他是我哥哥，我希望他能拥有最适合自己的生活。"

他们又消失在卧室里聊了一阵，一个小时后，邦妮宣布从秋天开始，托尼会住在洛杉矶。

他们给妈妈打电话时，我能隐约听见爸爸的声音飘荡在公寓里。"是，嗯，也许这样最好……现在的他对你来说也许太难应付了……我明白……不会，我们很欢迎他留在这里。"邦妮哭了，这也就意味着妈妈也哭了。爸爸走进客厅对托尼说："你为什么不来和你妈妈说两句呢？"

隔着打开的卧室门，我时不时能听见托尼的声音："对，我真的很想住在这里。会很好玩的……我更想换一所新学校……我能加入一支新的棒球队……我们离海边只有几个街区……我知道你爱我，妈妈。"

　　她没有继续争取，这让我很惊讶。

　　夏天结束后我返回俄勒冈时，第一次自己坐上了飞机。妈妈来登机口接我时，只有她一个人站在那里。保罗不见了。她给了我一个大大的拥抱，我试图微笑，装作自己很开心。但我能感受到这一切的重量，我知道抑郁症就在赶来的路上，它就像塞勒姆的雨水一样尽在预料之中。我们从波特兰机场开回布雷斯大街上的房子，只有我们两个人，一路上她都在谈论自己离开保罗的感受，还有他的病，她说现在这样更好，"只剩下我和你来一起面对这个世界了，孩子。"我生平第一次感受到这句话是如此真实。

罗伯特·史密斯*真是个神

"我们来了一位新同学，他的名字叫杰克。"

我五年级的老师沃尔夫夫人将我叫到她的桌前，指了指教室后面。一个体格高大、留着金发、满脸粉刺的男孩子正尴尬地坐在那里，他穿着一件T恤和一条绿色的军装裤，正在读一本《哈迪男孩》的书。那张桌子对他来说太小了，他的腿从下面伸出来，几乎碰到前面的椅子。他走进来时头避着门框，耸着肩膀，就好像他想消失一样。他一米九二，十一岁。"他有点害羞，但很聪明，我想着也许你能照顾照顾他，带他四处转转？"

"当然。"

老师说我面对的挑战太少了，所以我的成绩才这么差，尽管这已经是我第二次上五年级了。去年我跳过了四年级，因为学校坚信我需要"更大的挑战"，但是暑假期间，妈妈又改主意了，她认为"没有哪个孩子应该面对不属于他年龄的挑战"，就像当初的她一样，因为那样他们就会感到窘迫，交不到朋友，"长大之后就会跟随便哪个看上了你的酒鬼结婚，这

---

* 英国摇滚乐队治疗乐队（The Cure）主唱。

种思维模式才造就了现在的她，毕竟你不能永远都扮演受害者的角色，总有一天你要主动出击，为自己做出一些改变"。于是我现在又在五年级了。

"嘿，哥们儿。"我说着坐在了教室后面、高大金发男孩旁边的空座位上，"你从哪儿来？"

"内布拉斯加。"

"在哪儿？"

"中西部。"

"你在那儿都干什么？"

"我也不知道。那里有很多农场。很无聊，但剥玉米人也在那儿，还挺酷的。"

"剥玉米人是什么？"

"一支橄榄球队。所有人都会看他们的比赛，因为他们最厉害。"

"那本书好看吗？"

"还行，这系列里的书我大部分都读过。至少不是朱迪·布鲁姆 * 的那套狗屎。"

"狗屎"，他随意说出这个词的样子就像我爸爸在评价道奇队的投手小组。我知道这是某种试探。

"没错，让那种狗屎滚蛋吧。这里的课上也有好多的狗屎，什么分数、草书的，各种各样的狗屎。"他笑了。

"是啊。你们在这儿玩橄榄球吗？"

"每天休息的时候都打。"

"酷。"

我们聊到迈克尔·杰克逊和重金属，《哈迪男孩》和在树林里的桑提亚姆河边钓鱼。午休时，我带他参加了橄榄球赛，就好像这个一米九二、吃玉米长大的中西部男孩是我的小弟。他证明了自己是场上最棒

---

* 美国青少年畅销书作家。——编者注

的运动员，迅猛地在一群儿童尺寸的身体间移动，他们试图绕过他、抓住他，或者挡住他的去路。他不仅体格是成年男人——即使对成年男人来说，他都算高大的——还是个很友好的人。他喜欢开玩笑，他用体格带给他的力量慷慨待人，他会夸赞其他队员，"老兄，你那个跑动就和O.J.*一模一样"以及"我能说什么呢？那小孩就是会接球"。他整个人散发的能量，为英格伍德小学草地上活蹦乱跳的"猴子们"施加了一条友善的咒语。作为体格最小、协调性也最差的橄榄球运动员之一，我大部分的时间都在跑来跑去，捡掉到围栏外面的球。

当比赛结束，我们走回巨大的黄色教学楼时，我设想着他应该会去找其他朋友了，去找那些橄榄球打得更好的运动员和年龄更大的孩子。但他小心翼翼地走到了我身边，仿佛我的私有巨人，他说："这帮人对橄榄球一窍不通。放学后你想来我家玩吗？"

"这是米克，我在学校里认识的。"杰克的妈妈穿着黄色短裤和凉鞋，站在炉子边上炸着什么东西，油星溅到了周围摆放着的各种脏锅和咖啡研磨机上。房子里弥漫着放了两天的食物和猫尿的味道。

"去找找你妹妹。她应该在屋后。还有我应该已经跟你说过要把垃圾倒了。那袋垃圾都快把这房子占领了，真见鬼。能不能好好干一次活！米克？这是什么名字？"

"我也不知道，我父母给我起的。"

"你是俄罗斯人吗？"

"不是。"我想说我来自"毒品爱好者"那边，在邪教组织里出生，在一间像孤儿院一样的学校里长大，这是最接近事实的回答。但我最后还是用了我的标准答案："就和米格尔差不多，只不过有个 k。"

"好吧，你好，米克尔。你要留下来吃晚饭吗？你能帮我这个懒蛋

---

* 美国著名前橄榄球运动员 O.J. 辛普森。

儿子做点家务吗？"

"当然。"

"等你扔完垃圾，这儿还有一堆该死的盘子要洗。它们已经在这儿待了两天了，你可以边洗边让你的朋友把它们擦干。"

一个穿着尿不湿的小男孩警惕地看着我们，抱住了她的腿，把一只手塞在嘴里。

"天哪，老妈。好的，我知道了，来吧。"我们去门廊上倒掉垃圾，又回来洗碗。我默默地记下了房子里都有哪些糖果。因为妈妈不让我们吃糖，她说"它就和海洛因一样，是一种能杀死你的毒药"，于是我养成了习惯，总爱记住别人家的房子里都有哪些甜食。这里还不错：一盒**果脆圈，一些类似牛顿牌的无花果酱曲奇，这是什么？塑料套里装的是没有商标的仿冒霍斯泰斯牌巧克力甜甜圈吗？**

"他们允许你吃这些吗？"我指着巧克力甜甜圈问道。

杰克盯着我："什么意思？"

"我是说，这些是你吃的还是你父母吃的？"

他又以那种眼神看着我："这些是大家一起吃的。你想来个甜甜圈吗，哥们儿？"

"好啊，我是说如果你也吃的话。"

我们洗完碗后，他拿了两个甜甜圈，带我去阁楼上他的房间。房间的天花板很低，他走动时必须低着他的大头。房间中央摆了一张大床。在用装牛奶的板条箱和运输托盘搭成的简易物架上，摆着一台立体声音响和两个扩音器，上面摆着一叠黑胶唱片。

"你玩红心大战吗？"

"那是什么？"

"一种纸牌游戏。在牌墩上押注，谁押对了，而且带红桃的牌墩最多，谁就赢了。"

"没玩过，也没听说过。"

"那克里巴奇呢？"

"也没有。"

"金拉米呢？"

"没有。"

"你平时都干什么？"

"我也不知道。骑车，看电视。有时候我们会在学校后面抽烟。"托尼和我在打完架之后，为了相互表示和解，会一起抽烟。现在他去洛杉矶了，没有人陪我一起抽了。

"哦，好吧，你可以在小巷里的围栏后面抽烟，没人去那儿。但是我们没有电视，下次我们应该去你家。"

"嗯。"

杰克放上了一张唱片。音乐里的吉他声很奇怪，听起来仿佛是从水底传出来的。他给我看唱片封面，是治疗乐队的《三个想象中的男孩》。"罗伯特·史密斯真是个神。"他说。

"谁？"

"治疗乐队的主唱，这个人。"他指着一张海报，上面是一个男人的剪影，头发蓬乱而狂野，一把吉他随意地挂在他的身上。他的旁边写着：男孩不哭。

我们听着奇怪的吉他声充满整个房间，罗伯特·史密斯奇怪的颤音飘浮在整个乐队的声音之上，仿佛正在哭泣的鬼魂。他们的音乐很奇怪，但这是一种好的奇怪。我喜欢，但我不知道为什么喜欢。这些想象中的男孩是谁？

我们去厨房做面条吃，用罐头装的番茄酱，再倒上一大堆黄油、黑胡椒和质地仿佛橡胶一样的黄色加工奶酪，这一定是他从食物赈济处领来的。"这玩意儿放在面条里还可以，但直接吃可不行。"杰克一边笑着说道，一边将三角形的奶酪块搅拌进锅里。能有人和我一起拿加工奶酪开玩笑可真不错。

我们回到了他的房间。我和他讲了离开的保罗，我们如何剥兔子皮、拿兔肉做晚餐，匿名戒酒会的露营，以及我那个和爸爸还有邦妮一起住在洛杉矶的哥哥。他说他从来没见过他的爸爸，所以我应该感到幸运。他只知道他是个内布拉斯加男人，后来他妈妈和克雷格结婚了，克雷格也进过监狱。有时候克雷格会大发雷霆，威胁他妈妈，这时杰克就会介入，于是克雷格就会对着他大喊大叫。"他发怒的时候可真他妈吓人。"

克雷格是亚历克斯和阿什利的爸爸，他们是杰克的弟弟和妹妹。尽管他们的父亲不是同一个人，但他只想保护并帮助他们，你能看出来，他把这当作自己的职责。他说有一次，他在碗橱里找到了一小包白粉，所以他认为克雷格还在吸毒，或者持有毒品，或者贩毒。"说实在的，我拿不准到底是哪一种，但他在家的时候，至少有饭吃。"

杰克说经常有人来家里找克雷格，而且有时候是三更半夜。他会穿着白色背心和皱巴巴的卡其色裤子去开门，伸手从兜里掏出一个小包扔向门廊对面，再点上一支烟。"不管怎么说，他有销路，我是什么都不会问的。"

他说治疗乐队是世界上最好的乐队，因为罗伯特·史密斯一人演奏所有吉他部分，所有的歌也是他写的，歌的内容可不仅仅是派对和"克鲁小丑乐队以及鼠王乐队的歌里的那些狗屎"。他说他们的歌是关于生活的，事情会变得糟糕透顶，但没关系，因为至少你还有其他和你一样被生活搞得一团糟的人。我点点头，假装自己理解了。我们听了三张治疗乐队的唱片。我默默下定决心，要尽快将我的克鲁小丑乐队的海报从墙上摘下来。

他用音响为我录了一盘治疗乐队的磁带，晚上我躺在床上，用爸爸给我买的随身听播放着。他们的歌是如此悲伤。有时他会高声尖叫，有时他会低声耳语，即便是那些快乐的歌听起来也很悲伤。

昨天我变得那么老，我觉得自己快要死掉。

---

* 治疗乐队《时间之间》（*Inbetween Days*）。——编者注

感到糟糕的感觉很好。有一些我无法名状的东西，一些我无法谈及的东西终于被说出来了，这让我感到轻松。妈妈总是告诉我们，我们有多快乐，我也知道假装快乐是我的职责。如果我对她说我很难过，她会摇摇头纠正我，列举一系列的理由，证明我比其他孩子幸运。于是我会进入我脑海中的一个地方，在那里，我可以独自待着。听着罗伯特·史密斯唱关于他有多么悲伤的快乐歌曲，让我觉得他也在那里，他的脑海里也有一个他会去的秘密基地，既然他将这些写成了歌，而他又在我的耳机里，可以说，我们同处在这个秘密基地里。我和罗伯特。

在这里，我们可以感到悲伤，不用觉得自己是格格不入的变态，我们这些怪胎和孤儿。

我扯下我的眼球，屏住我的呼吸，等待着我颤抖的那一刻。[*]

杰克和我在课上把桌子并到一起，这样我们就能开其他同学的玩笑了，或者谈论他暗恋的考克小姐，她是我们的体育老师，留着金发和蓬松的刘海，很年轻，杰克发誓有一天她会嫁给他。我们午休时打橄榄球，放学后去他家打牌或者听唱片。有时候我们会投篮玩，有时候我们必须在他妈妈去购物的时候照看亚历克斯和阿什利。她说她马上回来，但经常一下子就消失五六个小时，留下我们两个绞尽脑汁，不知道该给这两个两岁的小孩喂什么当作晚饭。我们去格子食品便利店时，他会买点什么在柜台交钱，分散老头儿的注意力，而我则会从云斯顿的货架上偷点香烟。他不抽烟，但他似乎为我抽烟而感到骄傲，就好像这能证明我是一个什么样的人，尽管我如此瘦小。

大家都以为他比我大，有时候他们会把他当作成年人，这仿佛让我有了某种特殊的能力，因为当你最好的朋友是个巨人时，就没有人敢来惹你了。杰克是我的第一个最好的朋友，也是我在世界上最好最好的朋友。

---

[*] 治疗乐队《靠近我》（*Close to Me*）。——编者注

挤满你空中城堡的鬼魂

    妈妈要再次开始相亲了，她对我是这么说的。她需要认识一个好男人，她不能永远都这样孤独。周末的时候，保罗依旧会来家里接我，带我出去玩。妈妈说："我们保持着某种关系是很重要的，毕竟他是你的第一个父亲形象。"保罗似乎不这样认为。我觉得他只是单纯地喜欢带我去出奇老鼠*或凯泽尔的水管游乐设施玩。妈妈似乎会给他钱，但我更喜欢那些不用花钱的出游，比如我们去西塞勒姆桥下钓鱼，或者在明托-布朗公园里溜达很远，散步往往会变成慢跑，然后又会变成短跑冲刺。我们决定我应该成为一名赛跑运动员，因为我很喜欢跑步，而通常兴趣就是一个好的开始。我们俩都很喜欢挑战自己的极限，在疲惫不堪地抄近道返回车上之前，看看自己能走多远。他每个周末都会带我去某个地方玩。以前我们还是一个家庭时，从来没有钱去这些地方，所以现在这就像是一种补偿。他变得比以前更加疏离了，谈论起布雷斯大街上的那座房子时，看起来总是很难过。我能看出他很想念我们。

---

*   Chuck E. Cheese，美国连锁餐厅及家庭娱乐中心。

周六的时候他没来。我们本来应该去四健会*组织的集市上参观牛和手工艺品的。他觉得多了解了解大自然对我有好处。但是，第二天他却打来了电话道歉。他说他有些工作缠身，没来得及过来，但我和妈妈都知道他大概又开始喝酒了。后来他仅仅来过一次，带我去学校打棒球，但却少带了一副手套和球棒，所以我们只有一只手套和一根球棒。他站在本垒板上，朝我扔滚地球，我负责接球后再扔给他。他玩得不亦乐乎，背过身去扭着头发球，或者在我把球扔过他头顶时将手套抛在空中把球击落。

我们回到房子前，在通向门廊的六级木头台阶下的石子小路上道别，他蹲下来给了我一个拥抱，他的脸正对着我的脸，胡子拉碴，皮肤黝黑，像一只乌龟。他的眼里含着泪，他伸手抹去了厚厚眼镜片之下的泪水，妈妈站在台阶上看着我们。他坐进了他的卡车，那辆我和托尼在从俄勒冈海岸回家的途中睡在里面的卡车，那辆他独自坐在里面喝酒的卡车，他现在大概就住在里面了，因为他已经"病重到无法正常生活"了。他沿着布雷斯大街向前开，一只手从窗户里伸出来向我们挥手，然后右转进入了D大街。妈妈说他今天没喝酒，就为了来看我。

后来我再也没见过他。他不再往家里打电话了，他的卡车也再没有出现过，后来，妈妈告诉我他死了。他把自己喝死了。她的声音没有哽咽，眼里没有泪水，也不存在什么可以参加的葬礼。她甚至都没有好好坐下来跟我谈谈。她只是在陈述事实，就好像她描述的是世界上另一个地方发生的事。一场无法避免的自然灾害。

"怎么会？发生什么了？"

"我只是听说，"她说，"他病得很厉害。"

这些模糊的信息让我感到他既活着，又死了，他既是我还在人世间的父亲、朋友和这个家里的男人，又是一个悲伤的鬼魂，独自躲进树林里喝酒。我对他的印象永远留有这样的两面性。

---

* 4-H，美国非营利性青年组织，旨在"让年轻人在青春时期尽可能地发挥潜力"。

似乎哪里都有鬼魂，那些既存在又不存在的人。一开始他们是真实的，后来他们又消失了，直到我在梦里见到他们。黑暗中，我坐在床上思索：他是我想象出来的吗？他去哪儿了？

我受不了这样的想法。他是否手里拿着一瓶酒死在了他的卡车车厢里，还是出了车祸？现在他是否全身冰冷，躺在波特兰某座桥下的河床上？他想我吗？他会不会认为是我们想让他走的呢？

他真的死了吗？为什么我们从来不说起这件事？

但是妈妈从来不会提起他，我不知道该如何安放这些我知道不该再去谈论的东西，我要假装它们没有发生过，因为它们在妈妈的世界里就是没有发生过。"不存在"的东西越来越多：锡南浓的学校、那些拿着棍棒的坏人、导致她无法下床的长久的抑郁、爸爸，还有现在的保罗。

"我只是听说。也许他只是在某个阴沟里喝醉了，我也不知道。"这些是她对我说的全部，那么现在鬼魂又多了一个。

在锡南浓，我们的父母就像鬼魂，一会儿纠缠着我们，一会儿又消失不见，我们不禁疑惑这样的关系到底是什么意思。妈妈是什么？爸爸是什么？家庭是什么？如果这些都如此特别的话，你们为什么要离开我？

在决定成为它们的一员之前，你能与鬼魂共同生活多久？在围墙变成云朵、地板像晴朗的蓝天一样打开之前，在除了那座石塔以外无处可去之前，你还能撑多久？在那座塔里，你可以选择自己想纠缠的对象、方式和时间。你学会了表演和假装，在你的脑海里以不同的形态生存着，以不同的面目面对着世界。有些令人畏惧，有些招人喜欢，有些诡计多端，有些天真单纯，有些高大直冲云霄，像上帝一样无法战胜，有些瘦小脆弱不堪，像乞丐一样充满讽刺。你创造出了五个、十个、一万个不同的鬼魂，每个都代表你认识的人，每个都有它存在的场合，它们已经多到挤满了你空中城堡里的走廊。

但是在这些想象中的壁垒之间，你独自坐在云朵之上的黑暗里，你知道这些都不是你，你只是难过。

那些离开了的男人

　　即便现在没有了保罗，妈妈依旧会去参加嗜酒者家庭互助会的集会。她对我讲起了一场嗜酒者家庭互助会举办的大会，其中包含一场舞会，她站在墙边观察着那些男人，发现她总是被不合群的人吸引，他们喜欢自己站在一旁，一个人倚靠在墙上。我不知道为什么她觉得有必要让我知道这些。

　　嗜酒者家庭互助会提出的十二步疗法，和匿名戒酒会的十二步疗法基本一样。其中的原因不太明确，但这就好比，当你搭起了一架通往月亮的梯子，你就不需要问它为什么能用了，你只需要爬上去。这其中包含一条哲理：别向下看，别问问题。而这和变坏之前的锡南浓的理念一模一样。

　　疗法中的第四步是"认真彻底、无所畏惧地探究自己的道德品行，并列出一张清单"。也许这就是为什么妈妈要在舞会上靠在墙边观察，并将这一切告诉我，因为我本来也应该遵循这十二步疗法，记下并承认我对其他人那些错误的所作所为。

　　如果我说我想念保罗，她就会说："让他离开对我来说也非常不容易。这一切对我来说无比艰难。坐在家里等待，不知道他会不会回来可不是那么好受的，孩子。虽然很难，但他走了更好，反正你们之前也没有那么亲密。"我给她讲起关于明托 - 布朗公园、钓鱼、长途散步以及和他一起看动画片的回忆，她说："我只记得他无数次的离开给我们带来的难处，因为你总会由于想他而不睡觉。"

"那是你，妈妈。那时我们很冷，因为没有柴火了。我每天都要早起，换掉兔子笼里冻住的水。"

她的眼神游离到了别的地方，再回来的时候，她眯缝起眼睛，眉头低垂，看起来有些承受不住。她揉着自己的太阳穴，不知所措，就好像她在镜子里看到了除自己以外的东西。

"不是的，你当时不冷，对吗？别再夸张了，你说什么呢，亲爱的？"她歪着头，似乎在绞尽脑汁寻找一个合适的词。然后她又平静下来了，"不，现在这样更好。他病得太重了，没有了他，你现在更开心了。这太难了，这一切对我来说都太难了；我需要躺会儿。"

我坐下来看电视时，她就坐在我旁边，伸出一只手，好像我应该握住似的。我不知道该说什么，于是我就握一会儿她的手，然后试图编个理由离开房间。我不知道该怎么告诉她我不想和她十指紧扣坐在沙发上，就像电视里的那些情侣一样。如果我这么说了，就会伤害到她的感情，而这是我不应该做的。

她说在大会上，有个男人跟她搭讪了。"一个好男人。"她说。他们聊了很久，他的名字叫道格。他约她吃晚饭了。他是当地一家果酱公司的销售副总裁。他是个"正常男人。真不容易"。他有工作，既不是所谓的能正常运转的酒鬼，也不是正在康复的酒鬼，更不是想成为别的角色可最后又变回酒鬼的酒鬼。"他不酗酒。这对我们来说是新鲜事。"他离过一次婚，前妻是一个"非常虔诚地信奉宗教"的女人。他们有两个孩子。

"但是他为什么会去大会呢？"

"什么意思？"

"我是说，如果他也不吸毒什么的，他去那儿干吗呢？"

"哦，嗯，他……呃……处理过一些和成瘾相关的问题。"

"那是什么意思？"

"成瘾的种类有很多，它们的套路都是相似的，酗酒只是其中之一，但任何种类的成瘾都能让整个家庭染上病。"我知道，她不想让我问他究竟曾对什么东西上瘾。

一个周六早上，他将他的蓝色旁蒂克小轿车停在了布雷斯大街的房子对面，手捧一束鲜花走了过来。我从房子正面的窗户里看见了他。他看起来如此正式，与我们居住的这条满是石子车道和报废旧车的大街格格不入。他穿着胳膊肘位置装饰着拼接布料的棕色斜纹软呢外套和一条肥大的牛仔裤。他棕色的头发整齐地侧分着，他的脸看起来似乎没有任何特点，就好像那不是一张脸，而是由千千万万张脸融合在一起所得的平均值。他看起来像《天才小麻烦》里五十年代的父亲形象，身体将夹克撑得满满当当的，紧张地四处张望着，走向我们房前的台阶，敲响了大门。

爸爸会把他这种人称作"典型的白人男子"。

"你不能信任他们，"爸爸总说，"那些人都藏着秘密，无一例外，你怎么能相信一个不会跳舞的人呢？"

"你好，我是道格·布伦南。"他说，在客厅里向我伸出了一只手。

"嗨。"

"我和你妈妈认为咱们该见见面了，因为你对她来说非常重要。"我不知道该怎样回答这样一句话。

"酷。"

他带我们去了一个叫作木屋的餐厅吃午饭，那里就像更高级的丹尼斯餐厅。我点了鸡蛋、香肠和吐司，然后开始用蜡笔给一幅卡通滑雪小屋的图画上色，这些都是女服务员给我拿来的。道格·布伦南点了一杯黑咖啡和一份加了葡萄干和红糖的燕麦粥。他小口啜饮着咖啡，时不时地发出"嗯"或者"哇哦"的声音，就好像小餐馆里的咖啡是世界上最令人惊喜的东西。

他讲话的节奏很奇怪。每句话中间都会停顿很久，就好像他在等我们的理解力跟上他的语言，不停地问我们是否明白他的意思，就好像他说的那些话需要一些时间沉淀，然后他才能继续。"你明白了吗？你懂我的意思吗？"他用餐巾擦了擦嘴，然后整齐地叠好，轻轻地放在桌子上，对着房间另一头拿着满满一大托盘食物的女服务员说："小姐，小姐，我需要续杯。"

这就好像我跟随学校的天赋异禀项目小组一起去动物园参观一样，我们要了解并学习这些异域动物，近距离地观察它们的行为。这座笼子旁的牌子上会写着：北美洲白人男性。

"和雇佣者之间建立信任是很重要的。"他说，他在给我们讲他在果酱行业里通往成功的秘诀，这也是他给自己底下所有刚进入职场、还在拿最低工资的员工的建议。"任何人都能通过电话簿或者报纸里的广告应聘一份工作。你明白吗？你在听吗？"他暂停了，"但是关于找工作，人们不明白的一点是，信任是最重要的东西。"

他举起厚重的白色马克杯喝了一口，来回看着妈妈和我。"哇哦，嗯，真不错。"

"总之，我会对那些来面试的人说：'任何人都不应该向别人索要工作，永远不要寻找工作，永远不要……'"

"他们应该怎么做？"妈妈终于问道，试图填补他句子之间的停顿。

"与潜在的雇佣者建立信任。"

"但如果他们有职位正在招聘呢？难道他们不应该去索要这份工作吗？"

"不，只有信任是最重要的。你应该直接坐下，然后说：'你能把我介绍给你的领域里掌控招聘和裁员权力的五个或十个人吗？'"

"如果他们说不能怎么办？"

"那你就问关于他们的生意的问题。比如，底线是什么？果酱行业里最重要的是什么？你明白吗？你只需要问他们这类问题，然后闭嘴，让他们说话。"

"为什么？"

"因为从来都不会有人关心他们的生意，这会让他们感觉自己很重要。"

"所以你是在学着如何拍马屁。"我说。

他观察了我们一会儿，来回看着妈妈和我。"不，你明白感到自己很重要这件事的重要性吗？你能理解吗？而且你可能还会学到马里昂莓和黑莓之间的区别，或者想让果酱和果冻区分开，其中需要多少果肉。总之，等这些都聊完了，你可以再次让对方将你引荐给其他人。而这次他们很可能就会把你招进来了，因为现在他们信任你了。明白吗？"

"所以这是一个骗局。"我说。

"不。"

"但你就是在找工作，所以装作你没找工作就是不诚实的。"

"你说起话来像个三十岁的人，哈哈。总之，你只需要在面试当天说服自己，你不是在找工作。"

"那不是说谎吗？"

"不，在那一天它可以是真的。"

我们一起吃了四次早餐，然后他就住进了我们的家。在这四顿饭上，他不停地给我们讲如何制作罐装果酱，如何在当地的手工艺品集市上做好营销，以及他的哲学，也就是教别人说谎却不承认这是说谎。妈妈会给他讲我对于我的年龄来说有多"成熟"，我长大后会如何"成就一番事业"，锡南浓又如何想要改变世界，它最后的解体对它的创办者们来说是多么糟糕，等等。在这期间，我从没想到过我可能会和这个穿着斜纹软呢外套、每句话之间都要停顿一下的男人住在同一片屋檐下。

偶尔，我会说："你能相信那个浑蛋里根认为精神病患者都应该在没有任何帮助的情况下在大街上乱跑吗？真是个他妈的脑残，对吧？"

道格·布伦南说："不要打断大人的话，而且你不应该说脏话。"他的声音很坚定，像一种威胁。

他把他的东西全拿了过来，房子里突然间摆满了白人男性喜欢的画，上面要么是鸭子，要么是老式飞机。他还带来了一个新的钟表、一台小烤箱、一台华夫饼机，还有一箱又一箱的格纹领带、褪色网球鞋和鸡心领毛衣，以及一整套邮票收藏。妈妈围着他忙来忙去，问他各种东西都应该放在哪儿。最后他去了杂货店，买了一些白人男性常买的食物，将东西放在一个单独的架子上，然后把我叫进了厨房。他站在一个脚凳上，鼻梁上架着一副小小的阅读眼镜，身体探进了我上方的储物柜。"这是我的储物柜，放的都是我的食物。我要和你们一起生活在这里，我需要我自己的食物，所以你不能动这个储物柜里的食物。"他从凳子上下来，打开了冰箱，我点着头，近距离观察着他的饮食习性。"还有这个架子上的食物也是我的，明白吗？你不能吃，也不能动，懂吗？"他指着一瓶橙汁（妈妈说里面全是糖）、一夸脱酸奶、一些英式松饼和一些李子。

"懂了，不动你的食物。"我还有车要骑、有烟要抽，我和杰克还约好了一起打牌呢。

我回家后，房子里充斥着一种诡异的安静。一种正式感。妈妈似乎想让我为他扮演某种角色，在角色里，我是她正在培训的未来的医生、律师或国家元首，我会改变世界，而她则是个克服了一切苦难、忍辱负重多年的伟大女性，勇敢地与命运对抗，将我抚养长大。而在现实里，我们只是某场灾难的两个幸存者。

我并不怎么介意。成为又一个剧本里的又一个角色还挺有意思的，我可以说"谢谢你，我很乐意喝点茶"，以及"我还真不知道艾奥瓦州的州鸟是美洲金翅雀"。道格则会长篇大论地为我们解释倒置的珍妮 *，

---

* Inverted Jenny，美国于一九一八年五月十日发行的一枚邮票。由于印刷错误，邮票中"柯蒂斯·珍妮 -4"飞机的图案上下倒置。

或者某个卖了好几百万美元的邮票大小的亚伯拉罕·林肯像。

在这样的新格局下生活了两个月后，一天，我从学校回到家，发现妈妈正坐在客厅的地板上哭。画、钟表、小烤箱和华夫饼机都没了。我很佩服他把所有东西搬出房子的速度，就像一名夜间作案的小偷。保罗走的时候从来没动过任何东西。这大概是因为他的卡车里没有地方，他必须用车里仅有的空间睡觉。"我回来时，他的衣服全没了。他没说他要去哪儿，他就那么走了。我为什么总是能让男人离开？"她用双手抱着头。

"噢，妈妈，我真抱歉。"音响里在播放鲍勃·迪伦的歌，可见事态有多么严重。

她看起来和一个从自行车上摔下来的小女孩一模一样。"如果他离开了你，那就说明他根本不是个好东西，妈妈。你为了他不值得。我没吃他的食物，我发誓。"

你去过哪里，我蓝眼睛的孩子？ *

"我知道，亲爱的，不是你的错。我想我得弄明白怎样才能不再犯同样的错误。我以为我们终于要成为一个真正的家庭了。你终于能有一个真正的父亲形象了。"

你去过哪里，我亲爱的年轻人？

她给了我一个拥抱，然后就去卧室里躺着了。我去冰箱里拿了橙汁，然后给自己做了一个英式松饼。

我不明白。北美洲白人男性存在的意义就是他本该留下来，他不会醉倒在哪条阴沟里，也不会追着别的女人跑，或者因为一匹马就把要还贷款的钱都变成了给服务员的小费。正因为如此，你才能忍受他们的无趣。他突然的消失违背了整件事的意义。如果这是她想要的，我倒也不会非常在意。但这不是她应得的。这整件事就像一个下流的把戏。

---

* 鲍勃·迪伦《暴雨将至》（*A Hard Rain's A-Gonna Fall*）。下同。

我能感受到她的痛苦，尽管我不想。我想坐下来听杰克给我的那张治疗乐队的磁带，因为它让我觉得大声喊出"男孩不哭！"*是一件很酷的事情。罗伯特·史密斯狂野的头发和口红，他的低语和呻吟，还有他无处不在的"啊，啊，啊啊啊啊啊啊……"让我觉得自己奇怪的地方也很酷。就好像我和世界上其他怪人拥有一个只属于我们自己的笑话，我们会在秘密基地碰面，我们是想象中的男孩，我们说自己不哭，但我们知道那不是真的。

我想去公园里骑车，在路缘石上跳上跳下，用兔跳的方式跃过路面上的裂缝，抽着我那些又脏又旧的温斯顿牌香烟吞云吐雾。我想让这一切变得浪漫，我将自己想象成一名出海的海盗，我的母亲在家中哭泣，父亲在世界另一端的某个地方，保罗死了（或者没死，没有人知道），我妈妈爱上的这个蠢货不知去向，而我正在享用他的食物。

吸烟有害健康。一切都有害健康。你不应该把你妈妈独自留在家里。她需要你。**我要抽烟。我要兔跳。我不想承受这该死的一切，哥们儿。**

但我能感受到她的痛苦。我能精准地感受到她的失去，就像是我自己失去了什么一样。我能感受到这让她变得多么空虚、多么需要别人、多么绝望。我知道这有多痛苦。我几乎不了解道格·布伦南，但他在她心中是有分量的。他的存在能让她平静下来，他的缺席让她心痛欲绝。赋予别人这样的权力是很不可思议的，我一边抽烟一边记下这个道理。我是个独自在海上漂泊的海盗，我的自行车靠在公园里的一棵树上，我正在思考：

那些离开了的男人。

那些留在家中哭泣的女人。

那些离开了的男人。

---

* 治疗乐队《男孩不哭》（*Boys Don't Cry*）。

青少年协会是嗜酒者家庭互助会的儿童版，每周五晚上都会在俱乐部举行集会。妈妈去她的集会时，我就会来这里。青少年协会里的大部分孩子都比我年长，但有一个叫比利的男孩和我一样大。他笑起来时，黄色的大牙几乎要占满整张脸，他留着长长的金发，颜色几乎接近白色，毛毛糙糙的，看起来像大卫·李·罗斯[*]。他和他妈妈住在西塞勒姆。大家一起背诵宁静祷文时，他会看着我翻白眼，像木偶一样用手将祷文表演出来。然后就会有人讲解协会规则（不谈政治，自我帮助，别坏了我们的好事），一个人被选为本次会议主席。主席负责主持会议，指定每个讲话的人。我年龄太小，当不了主席，但比我大的孩子们在听我讲话时，总会把我当成一个小屁孩，问我一些愚蠢的问题："你妈咪有没有让你对别人隐瞒他酗酒的事实？她怪过你吗？你知道这不是你的错，这是一种病。"是，我知道，每个人都知道。

大部分的时间里，我都在听别人讲，毕竟一个小孩又懂什么呢？再说了，他们才是真正有问题的人。我不像他们一样喝酒，没有性生活，也不用做流产手术。凯莉·J说她怀孕后做过一次，因为那时她"年龄太小，还无法抚养一个孩子"，而且她"不想犯下和她妈妈当年一样的错误"。我们会一起背诵主祷文，然后齐声说："不要放弃，你就会见到成效！"我不太明白成效到底指什么。**我在为了什么成效而努力？有什么东西坏了吗，是我吗？**我只是喜欢祷文的文字和大孩子们分享的故事，以及一个家里没人时可以去的地方。

疗法的第四步和第五步都是要承认自己有各种问题。这些问题就像吃完饭后剩下的一托盘脏碗，我们要将它们呈现给上帝。第四步：认真彻底、无所畏惧地探究自己的道德品行，并列出一张清单。第五步：向上帝、自己和另一个人坦白自己究竟哪里有问题。这里的"上帝"其实

---

[*] 范·海伦乐队主唱。——编者注

是"高等力量"的缩写，我们都知道它可以代表很多东西，比如无可匹敌的大自然，而不仅仅是坐在椅子上的长胡子男人。但是如果你能和他讲话，你能向他提问，那难道不意味着他在听吗？无垠的天空可不会听你讲话。它只会在那里存在着，提醒着你有多渺小。所以，这个上帝是个倾听者，也就意味着他是个人，于是我们又回到了坐在椅子上的长胡子男人。

比利说："所以如果我承认了自己的错误，如果我告诉了上帝我做过的所有坏事，比如我往弟弟的千年隼号模型里灌热蜡油，我爸就不会再喝酒了吗？"

"不，不，不是这样的。"凯莉·J说道，她卷曲的棕色刘海像麦当娜的发型一样向外蓬着，"这些步骤是为你设计的，为了让你更好过。"

"但只有我爸爸离开的时候我会不好过。"

"不是的，比利。你说你伤害弟弟的时候也感到很糟糕。"

"并没有，他活该，上周我们开车去姑妈家的路上，他把我的楚巴卡*模型扔到了车窗外。"

"嗯，听起来他也应该悔过自新。他试过十二步疗法吗？他在项目小组里吗？"

"他才七岁。"

因为道格的离开，妈妈现在需要参加更多的集会了，因为她需要"试图让自己的头脑恢复清醒"。她不在的晚上，我和比利就会打电话聊天。他说他妈妈的储物柜里有风干的西芹叶，可以将它卷成烟抽，你就会感到飘飘欲仙。他来家里过夜时，用笔记本里的一页纸包了一些他偷拿来的西芹叶，我们卷了一支巨大的烟。我们进入谷仓，他把烟递给我，它足足有八英寸长，和一根熏香肠一样粗。我将它点燃。笔记本的纸页开始燃烧，西芹叶开始冒烟。我试图用嘴吸上一口，但是三英寸高

---

*　千年隼号大副，出自《星球大战》。——编者注

的火焰离我的脸越来越近，我慌了，将烟扔到了地上，用脚将它踩灭了。比利摇了摇头说道："真见鬼，上好的叶子就这么没了。"

我们制订了一个逃跑计划。我们两个人能凑出几顶帐篷、一把短柄小斧、几个睡袋、靴子、一些绳子、水壶和背包。我们想着，如果能搞到一艘皮划艇，我们就能沿着威拉米特河顺流而下，捕鱼当作晚餐，夜晚的时候围着篝火做饭。我们只需要一个良辰吉日和适宜的天气，因为谁也不想在雨中完成这些事，而这里又永远在下雨。也许等到春天就好了。我们从没想过这场旅行会有尽头，没考虑过它会带我们去一个地方，而等我们到那里的时候又要另想办法。我们的计划里只有河流、鱼竿，和在树林里的篝火旁一边抽温斯顿牌香烟一边煎鱼吃。

在沃尔夫夫人的课上，我根据这个计划写了一篇作文。她曾说她喜欢我写的那篇占领了谷仓的兔子们的故事，在那个故事里，兔子们发动了一场战争，对抗那个猛敲它们孩子的头的男人。邦妮也喜欢我的故事，有时候，托尼和爸爸在看道奇队的比赛时，我们两个会躺在床上聊天，她会让我现编一个故事。她还在冰箱上贴了一篇我的作品。妈妈对我的故事从来没做过任何评价，因为她希望我长大后成为约翰·列侬或者马丁·路德·金那样的人。"但是他们俩都被枪杀了。"我说。

沃尔夫夫人不喜欢这个故事。她把我叫到教室前面，问我是否真的打算逃跑，我难道不知道那很危险吗？她需不需要和我妈妈谈谈？她的眼里充满怒火。她盯着我时，那担忧的眼神就和大人们每次知道了你的真实想法时的眼神如出一辙。"这只是个愚蠢的故事。"

"所以你并不是真的要走？"

"不是。"也许我是，也许我不是。但重点在于计划本身。我和比利想制订这个计划，是因为河流能将你带到各种各样的地方，而我们除了这个愚蠢的小镇以外哪里都想去。

"好吧。只要它不是真的就行。你吓到我了。如果你保证不逃跑，我就不告诉你妈妈。"

"我保证。"

有一次，我和比利打了好几个小时的电话，就像我和邦妮或者有时和爸爸打电话时一样，在电话最后，他说道："好了老兄，回聊。"

我说："好的，我爱你。"

"什么？"

我意识到自己犯了个错误，我的脸颊一下子变得滚烫。"哦操，我刚才突然以为我在跟我妈说话呢。"

"你爱我？"

"不是，我刚刚只是迷茫了。跟妈妈道别的时候不就这么说嘛。"

"哈哈，你爱我，基佬。"

"闭嘴，我挂了。"

"回见。"

他后来没有再提起这件事，也没有拿我开玩笑，因为他就是这样一个好朋友。我们只想一起飘飘欲仙，或者一起逃跑，到一个没有醉倒在阴沟里的酒鬼、老师和愚蠢的父母的地方，家长们从来不听我们的想法，也从来不说真话。"除非烟屁股穿了裤子，我们的友谊才会终结。"我们这样说道。但后来，当他开始抽真正的大麻时，我们两个就渐行渐远了。他是从青少年协会的另一个孩子那里买的。

后来妈妈告诉我，比利开枪自杀了，我没得到任何细节，不知道为什么，也没有葬礼，她也没有和我认真谈谈。她只是顺带提起了这件事。

"你的朋友比利自杀了"是她说的全部。

"我们应该做点什么吗？他怎么能自杀呢？"我不知道该如何面对，我只知道我的朋友没了，我开始哭。如果当时我们一走了之，比利和我的生活会不会和现在不同？我无法控制自己不去想。我回忆着他微笑的脸和他一片模糊的黄牙，还有他像亲兄弟一样和我击掌时的随意与轻松，仿佛我们之间用皮肤达成了一份协议，约定好不让那些徘徊在我们生活中的大人知道我们的秘密。他知道我爱他，他也不觉得这有什么。

除非烟屁股穿了裤子，我们的友谊才会终结。

她用一只手捂住嘴，搜索着词汇。"你为什么哭了？他是个有很多问题的小孩。你该庆幸你们两个也没有那么熟。"

她不知道我们的逃跑计划，也不知道他对我有多好，我对他说了"我爱你"，而他却从未因此拿我开过玩笑。她不知道我和比利只想去一个我们不用再假装的地方，可现在他走了，他再也去不成了，而我还在这里。

"放手，听从上帝的安排。"她说，她收拾好东西，去参加集会了。

这幢房子就像一座坟墓。它对我和妈妈两个人来说不是太大就是太小，我们也都还记得那些曾经和我们一起在这里，后来又离开了的人：托尼、道格、尤其是保罗。我们从不谈论这些，但我知道她很孤独，因为她总去参加集会，要么就是在家看书，书的名字都是什么《爱得太多的女人》和《你可以治愈你的生活》。我不喜欢打扫房子，因为干净的房子会显得更加空荡荡的，这里就会变成一片可以让鬼魂们安心行走，而不被往来生活的人们和他们的杂物打扰的地方。现在我洗碗的时候可以用热水了，因为妈妈涨工资了，她用自己的钱也"能养得起这个家"了。我们不再需要食物券了，也不吃食物赈济处发放的大块大块的加工奶酪了。她甚至给我买了一些新衣服。她卖掉了那台织女星，买了一辆红色的本田雅阁掀背车。为了庆祝，我们尽情享用了木屋餐厅里沙拉吧处的沙拉，我留意着尽量避免提起和道格·布伦南一起吃的那几顿早餐。

一天，我从学校回到家，发现他正坐在客厅的沙发上，妈妈坐在他腿上，脸红得像个少女。地上摆满了纸箱子。

"嘿，伙计，你妈妈和我重归于好了。"他说得就好像他们两个吵架了一样。也许他以为我不知道他那天什么也没说就溜了的事。也许他以为小孩都是傻子，根本不配知道真相。

"哦。"

"没错，亲爱的，道格会回来和我们一起住，我们又能成为一个家庭了。"

"哦。"

他说既然都说开了，也就是时候让我认识他的孩子们了。他们可以时不时过来，和我们一起住。

"你听到了吗，米克？你马上就会有新的兄弟姐妹了。"

"哦。"

速成家庭，加水即可。

我想知道以前有什么没说开的，我想知道这些孩子会是什么样，我想知道我为什么感觉这么奇怪，妈妈为什么如此安静、如此无能，道格为什么觉得他那套狗屎一样的说辞能让他再次踏进这座房子。

她如此随意地使用着那个词。我想知道她到底是什么意思。我们都有自己的角色。**我是儿子吗？现在他是爸爸了吗？**以后我们会为他下葬，趴在他的坟墓旁边哭吗？还是说等眼泪干了，华夫饼机也被扔到大街上之后，我们又要假装他从来没有存在过了？

他亲吻了她的嘴唇，有那么一会儿，两个人密不可分。保罗也会亲吻妈妈，但总是很搞笑，他会像跳舞一样吻着她下腰，或者轻轻地在她脸上亲一口，或者让她旋转起来，让大家捧腹大笑。道格说："嘿，伙计，看来我们又要成为室友了。"

"我要去骑车了。"

道格不喜欢我对妈妈说脏话，也不喜欢我放学之后总在外面骑车。他不懂我那样和大人讲话是为了什么。他拿我膝盖上绑着的印花手帕开玩笑："你是打仗的时候受伤了吗？"他拿我的罗伯特·史密斯海报开玩笑："他为什么涂着口红？他是代表什么异装癖吗？"他让我不要吃他的食物。但我还是会吃，趁他不注意的时候偷拿一块松饼或者费格·牛顿牌的饼干，或者偷吃一口他的覆盆子酸奶。

后来我被选入了杰西接力队，这是英格伍德小学的田径队，每年都会参加在布什牧场公园体育馆举办的全市田径大赛。对此，妈妈跟我说："只要别让它影响你做家务就行。"我给她讲我参加的队伍考核，地点就在学校后面的土路上，一共来了二十个学生竞选英里接力队的资格，我跑了第二名，仅次于那个比谁都快的马克·约翰逊。

　　我喜欢气喘吁吁、汗流浃背的感觉，就像以前保罗带我去明托 - 布朗公园时一样，每次都跑上很久。他说："你知道吗，如果赛程够长，一个人能跑过一匹马。"听起来也许不像真的，但确实如此。我对跑步的理解，远比我对橄榄球或者棒球的理解更加透彻，我感到自己可以一直跑下去，只用我和我的双脚。一个人拥有的这具普通的身体，突然间竟能完成如此令人惊叹的事情。

　　"他们没有橄榄球队吗？"道格问。

　　"田径比橄榄球更好、更自然，每项运动都会用到。再说了，这个家里总得有个运动员。"

　　"哦，是吗？你就是这里的运动员？"

　　"对。"

　　"你知道吗，我高中的时候就打橄榄球。"

　　"那挺好的。"

　　"我们打得还挺不错的。"

　　"酷。"

　　"你觉得我打不了橄榄球吗？"

　　"你？打不了，你就是个娘炮。"

　　"米克！不许跟你继父这样讲话。"

　　"他不是我的继父，你们又没结婚。"

　　"你懂我的意思。"

　　"你觉得你跑得比我快？"

　　"对。"

"你愿意打赌吗？"

"赌我比你快？没问题，我会让你望尘莫及。"

"那好，我们来赛跑。如果你输了，你就得洗一周的碗。如果我输了，晚饭你想吃什么，我就给你买什么。"

我们握手成交，来到了街上。"真愚蠢。"妈妈翻了个白眼说道。

我们并排站在布雷斯大街中央，两臂下垂，身体前倾，摇晃着手指。他根本懒得换上短裤，还穿着他肥大的白人男性牛仔裤。"跑到 B 大街的街牌那里。"道格说道，指着十五座房子开外的十字路口。

"好。"

"各就各位，预备。"我的双腿就像铆足了劲的弹簧，我觉得自己简直能够飞到街那头。

"开始！"

我低着头，朝着 B 大街的方向奋力奔跑。我抬起头时，他已经超过了我十英尺的距离，而且距离还在越拉越远。我拼尽全力向前冲，试图让自己以最快的速度抵达大街的另一头。但随着他肥大的牛仔裤、白色 T 恤和旧网球鞋在我面前越来越远，我放慢了速度，走了起来。他跑过了 B 大街，然后掉头回来。

"你知道那块橄榄球场上的明星接球手是谁吗？"他用两只手的大拇指指向自己的胸口，"我。"我们一起走回了家。

"恭喜你，"妈妈说，"你比一个十岁的小孩跑得快。"

"是他想赛跑的，就是跑着玩。"我们走进厨房，他指着水池里的碗碟。"我想你要开始工作了。"他喝了一口水，将杯子放在台面上，"把这个也洗了。"

我洗完碗后，骑车来到了学校旁树林里的跑道。我扔下自行车，一直跑到双腿酸痛、头晕目眩，肺里火烧火燎的。马上就要到春天了，杰西接力赛还有两个月的时间。我大概都不需要训练，因为那就是一场很无聊的比赛。但是在树林里，在由深蓝转向黑色的天空下，在清爽的黄昏空气中，我看着自己呼出的气在我面前聚成一团白雾，我根本就不在乎什么比赛了。那些都不重要。在这里，在这片树下，我能变成一道奔跑的影子。

道格的块头是我的三倍。他站在我身后去拿冰箱上面的谷物麦片时，很能体现出这一点。他会挤过来向下看着我问："你需要什么吗？"比起威胁，这更像一种提醒，就像他在后门廊上用一只手将我的自行车举过头顶，然后放进了谷仓——尽管兔子们已经不在了，里面依旧弥漫着兔子屎的味道。有时默克会在楼梯上排便，因为它总爱腹泻，又没有人带它出去。他会揪着它的项圈，让它的鼻子对着那坨狗屎，边打它的口鼻处边说："坏狗！"

我尖叫道："你不许打它！它不知道！"

"你得教它，狗只有这样才能学会。"

我和杰西接力队的队员在学校旁边树林里的土路上训练时，我能感到自己的身体在变得更加强壮，我飞过土路时，肺里充满了能量。马克·约翰逊比我快，但我也不比他慢多少。我们会做交替快慢跑训练、长跑训练和传递接力棒的训练，让它不掉下来。知道自己能用双脚去任何你想去的地方，没有什么比这种感觉更好的了。跑步很简单，这也是我喜欢它的原因。穴居人一定可以理解。谁能最快到达那块石头？开始。

杰西接力队比赛当天，布什牧场公园煤渣跑道前的看台上聚集了一大群人。座位上有家长、老师、朋友、弟弟妹妹、表亲和叔叔阿姨，有些人举着旗子，有些人穿着和队员一样的 T 恤，参赛队伍来自方圆三十英里内的每一所学校。切好的橙子和装满水的杯子在人们之间传递着。每场比赛结束后，一、二、三年级的队员们先后领取奖牌，看台上便会传来阵阵热情的欢呼声。我和马克·约翰逊以及队伍里的其他孩子一起热身时，我觉得这座小镇有时候可真不错。

我的起跑腿在做最后一遍环绕运动时，我听见了妈妈们、爸爸们、姑姑们和叔叔们的呐喊声和掌声，我感到自己的心脏跳到了喉咙。然后，我变成了一道影子、一口气、一个没有重量的使者，我递过了第三棒。我撑着膝盖，感受着滚烫的血液流上我的脸颊，以及脚下舒适的草坪。我很清醒，我充满生机。我站在原地为马克·约翰逊呐喊助威，他以第二的名次跑过了终点线，只花了六十三秒跑完了最后一棒，几乎就要赶上那个来自四角小学、比他更为精壮的六年级队员了。

我带着一块系着红色丝带的奖牌和一座小奖杯回家了。比赛结束后，大家都和自己的爸爸妈妈一起回家了，有些人坐在父母的肩膀上，有些人坐进了旅行车和皮卡车。马克·约翰逊对我说道："嘿，乔莱特，比得不错！"

"谢谢，哥们儿！你也是！"

他爸爸说："需要我们送你一段吗？你父母呢？"

我感到一阵热潮涌上我的脖子，不对劲的感觉在我的膝盖中扩散开来，我仿佛犯了个很严重的错误。"哦，他们还在看台上呢。"

"好吧，我们要去吃比萨，如果你想来就一起。"

我没想这么多，我也知道那个谎话说得很蹩脚。我只是忘了。比赛和人群占满了我的脑海。我在这里的煤渣跑道上，可比在学校后面树林里的土路上快多了。

"好的，我会跟他们说的。我不确定我们是不是有空，因为他们说要带我去时时乐。"

他爸爸看着我。他穿着一件薄薄的蓝色尼龙夹克和牛仔裤，旅行车的门打开着，他眼睛周围深色的皮肤皱在一起，棕色的头发修剪得很利落。我能感受到他的视线。"你确定不用我们载你一段吗，孩子？"

"哦，不用不用不用，真不用了。我父母就在那儿。赛得不错，马克！"我转过身，慢跑回跑道旁时，能感觉到他依旧在注视着我，我跑向锁在看台下面一根柱子上的自行车。我跨上我的赫菲牌山地车，骑了两英里，回到了位于布雷斯大街上的家，一只手握着车把，另一只手拿着奖杯。家里没人，于是我把奖杯放在床边的书架上，然后给自己做了炒蛋和厚切热狗肠。我戴上耳机，开始播放治疗乐队的《色情作品》*。

"你那个跑步的活动怎么样？"他们从嗜酒者家庭互助会的集会上回来时妈妈问道。

"我们得了第二名。"

"第一是谁？"道格问。

"四角。但他们队全是六年级的人，我和马克觉得明年就能拿下他们。"

"那你最好长大点。"

"我会的，"我瞥了他一眼，"即使我没长大，我也会跑得更快的，训练就行。"

"痴迷于体育的男孩子们啊。"妈妈拍着自己的胸口说道。

"体育很酷，妈妈，而且女生也搞体育，你知道的。"

"睾丸素的作用罢了，你们只是想证明谁是最强壮、最厉害的领头雄性动物。"

"跑步吗？不是的。跑步只和速度有关，以及谁训练得最努力。你说的那些真他妈的愚蠢。"

"别跟你妈妈这样讲话。"

"她是我妈，我他妈想怎么跟她说话就怎么跟她说话。"

"米克，回你的房间去。"妈妈说道。

"好啊，我没意见。"

道格站在了我和通往地下室的楼梯之间。他低下头盯着我说道："向你妈妈道歉。"

"为什么道歉？"

"为你说她愚蠢。"

"我没说她愚蠢，我说她说的话愚蠢。"

---

* *Pornography*。

"道格，让他走吧，没事。"

"我不明白你怎么能让他那样跟你讲话，洁里。"我从他旁边挤了过去，下楼去欣赏我的奖杯，用手指感受着顺滑的红色丝带，耳机里响起罗伯特·史密斯的尖叫："就算我们都死了也没关系！"我用拳头击打着床垫。

周日是家务日，我一早上都在拖延，找了各种各样的小事来做，就是不愿意洗碗、拖地和吸地。妈妈在一旁说："该干活了，你不能一直这么拖下去。何不现在就开始干，然后剩下的时间你想怎么玩就怎么玩。"她去卧室里看书了。等我终于洗完了碗，把卫生间打扫干净，地板也拖过和吸过后，已经快到傍晚了。我决定骑车去布什公园，绕着煤渣跑道跑上几圈。我正要出门的时候，妈妈说："你忘记把客厅沙发后面的地吸一吸了。你必须把沙发挪开才能吸到窗户下面的地方。"

"我已经吸过了，我现在要走了。"

"把沙发旁边的地面吸完再走。"

"天哪，妈妈，你总是在抱怨，我走了。"道格从后门廊回到了厨房，手里拿着准备清洗的小铲子，那是他用来给房子侧面的蔬菜园施肥用的。

"我不想，我已经做完家务了。"

妈妈看着道格。"我不让你走，米克。打扫客厅是你的责任，你没做完，如果你非要挑战我的话，那我就把你的自行车没收了。"

"那是我的车，我用自己的钱买的，你没有权没收。"

"我有，而且我会的。去把沙发旁边的地吸了。"

"天哪，妈妈，你他妈可真是个婊子。"

我走向门厅衣橱里的吸尘器。我听见什么东西掉落的声音，是从厨房里传来的，金属撞击金属，发出了一声响亮的"当啷"。我转过身，看见道格正朝我走来，双唇紧闭，高抬右手。"你不能那样跟你妈妈讲话。"

他用力推了我的胸膛一把，我跌坐在了地上。他跳到我身上，用膝盖压着我的肩膀。他很重，比托尼重很多很多，我的后背一紧，呼吸开始变得困难。我的手指也被困在了他的膝盖之下，角度奇怪地弯着，我觉得它们就要被压折了。"你他妈离我远点！"我尖叫道。

他高举拳头，我的头骨感到一阵撕裂。我的双眼变得潮湿，一种轻飘飘的感觉在我的脑袋里扩散开来。透过一片模糊的液体，我看见他在我上方，他的脸在我的视野里不断逼近，直到我只能看见他那张愤怒的嘴，和在他牙齿间形成的一行白色的口水。他用一根手指指着我的脸说："你再也不能那样跟你妈讲话了！听见了吗？！"

妈妈尖叫道："你在干什么？！放开他！"

"你明白了吗？"他转向妈妈说道："他得学！否则他怎么才能学会？"

她推了他一把："你想什么呢？！"

"怎么了？！他说你是个婊子！"

"我不在乎！你不能那样做！"我能看到的只有她一头烫过的棕色鬈发，以及她拽着他蓝色短袖衣领的手指。

他站起身来俯视着我，然后慢慢地转过头看着妈妈。

我试图活动扭伤的手指，感到湿润的东西从我的鼻子里流了出来。我抹了抹眼睛。我的鼻子和嘴一起跳动着，就好像有人正在往里面打气。我的舌头上面和牙齿上都涌动着一股湿滑的暖流。

我清楚这部电影的剧本。我知道我应该说什么。他看着我的样子，仿佛他刚刚维护了某种权益，仿佛我越过了某条界限，于是他告诉了我界限在哪儿，而我既然知道了，现在我的任务就是认同这条界限。我应该畏缩、抽泣、乞求原谅，就好像我要感谢他为我指出了这条界限一样。但我脑子里想的只有爸爸。爸爸比他厉害得多，如果他在这儿，他能把他打得屁滚尿流。

如果妈妈没有阻止，我不知道他还会干些什么。我能感受到他的恨意，但他恨的东西似乎不是我，我只是一个他能够用来发泄的东西，一个能让他按在地上暴揍的东西。

"你要学会不能对你妈妈那样讲话。你应该向她道歉，来吧？"他双臂交叉盯着我。

我从地上站起来，将两条腿伸直，边将嘴里的东西吐出来边擦着脸。

"我爸爸能把你揍得满地找牙！"我攥紧拳头，低着头向他走去。我的脑袋里没有任何计划或想法。"他会把你杀了！你听见了吗！他会杀了你的！"

"你爸爸不在这儿。"

妈妈站在我们中间："别闹，米克，冷静，没事的。"

"去他的！去你的！去你们所有人的！"

"亲爱的，别闹了。"

"他不能打我，妈妈！他没有资格打我！"

"我知道，亲爱的，你说得对，让我跟他谈谈。"我举起拳头向他走去。

"去你的，你就是个废物！"

"他已经失去控制了，洁里。你不能让他这样做。"

"这是我的房子！我想怎么做就怎么做！大男人！你可真是个大男人！"

"待在这儿。"妈妈对我说。她拉起道格的手，带他到后院里进行了一次严肃的谈话。

我冲出了大门。我的自行车就靠在门廊上。我向右转，骑上了布雷斯大街的坡道。

D大街上的车都已经打开了大灯，天空呈现出午夜般的深蓝色。对于春末的俄勒冈州来说，今晚算热的了。夏天已经快到了，我的脑子里只有一个想法——我要逃离这里。我真傻，我早就该逃走的，可我却一直留在这里。使劲儿蹬。小心车。我慢慢地并进车道，瞄准前方车辆的大灯，一会儿往左插，一会儿向右挤，汽车们都冲我鸣笛。我向市中心骑去，经过了高中校园和火车轨道，经过了周日晚上呼啸而过的车辆中的家庭，他们有些很安静，有些很快乐。市中心的商场已经关门了，街上空无一人，只有从 Y 大街方向投来的灯光，以及州议会大厦大理石穹顶上站着的金色男人，他的手里拿着一把斧子。我们第一次见面是什么时候来着？就是我看见你站在那里，用你的金色斧头保护着我们的那次？我穿过桥，来到了西塞勒姆，绕过了威拉米特河岸旁的几块石头，我和保罗曾在这里钓鱼。我想知道他在哪里。我想和他聊聊天，或者在他身边安静地坐着，陪他喝酒。这主意听起来不赖。我可以住在这儿，就在这个地方。我可以在树林里露营，睡在一堆树叶下面。我的兜里有二十美元和一些香烟。至少能用上个三五天。我走回桥上，点燃一支香烟，深吸了一口，看着烟头逐渐变红。我靠在桥边。会有什么东西阻止我掉下去吗？我能扇动耳朵飞起来吗？我是从什么时候开始不相信这件事了的？我几乎能听见妈妈在前廊上的呼喊声，就像以前托尼还在、保罗也还活着时那样。市中心的商场关门了，他正躺在某片河床上。我知道一定是这样。时间越晚，我想去找他的冲动就越强烈。他真的死了吗？你在这里的某个地方吗？我看着往来车里男男女女的面孔，他们正盯着一个周日晚上站在西塞勒姆桥上抽烟的小男孩。我知道我无处可逃，也没有地方睡觉。我觉得那座房子就是个幻象。它下面是一片冰封的土地，再下面是一湖黑水。我可以消失在它的水流中，就像一枚掉到桥下的石头。坐在那些车里的男孩正在驶向一顿周日的晚餐，驶向土豆泥和蔬菜炖肉，驶向蘸着黄油的面包卷。我为他们感到难过。我是一道影子，我是一道影子的影子。让虚无占据我的身体，这种感觉很好。有什么会阻止你的坠落？我抛出一块石头，看着它在河面上划过一道弧线，然后消失不见了。我知道如果我回家，将面对怎样的对话。你去哪儿了？你都干什么了？来吧，如实交代吧。你根本不配知道。你身上有烟味。烟是你偷的吗？你喝酒了吗？你知道你这是在冒着成为一名酒鬼的风险。那是一种家庭性疾病。是的，我知道。跟我说实话。你敢骗我一个试试，小大人。实话，实话，实话。说吧，老实交代！我没有答案。没有任何词语有意义。保罗死了。道格是个恶魔。那幢房子是个幻象。真正存在的只有这片冰冻的土地，这条溢满黑水的河流，这座空空如也的井，这片空白，这些鬼魂。现在我没有选择，只有忘记曾经的庇护所，让自己成为风暴。

对我来说，只关心健康和快乐是一件十分粗鲁无礼的事。有时，打碎一样东西也是能令人愉悦的，无论这样做是好是坏。

——费奥多尔·陀思妥耶夫斯基，《地下室手记》

加利福尼亚

这片土地是属于你的

　　我还记得开始养兔子之后它们生下的第一窝崽，粉色的小兔子浑身光溜溜的，眼睛什么也看不见。我还记得它们是如何贴着冰冷的铁笼子，从母亲的身体底下钻出来的。我的职责是确保它们拥有一张棉花做的小床。每天我都会去检查，给它们添上新的食物和水，再确保那些从窝里爬出来的兔子已经被安全地放回了原处。

　　一天早上，我走出家门来到谷仓，发现一只兔宝宝死在了笼子里，它的爪子从铁丝后面伸了出来，脖子上有一道血淋淋的伤口。我将它捡起来，用一片棕色的树叶包好，拿到了外面。我用保罗那把蓝色短柄小斧的边缘，在小巷里的一片黑莓灌木丛旁挖了一个小洞。我本想念一段祷告的，但我不知道祷文，于是我说："你曾是一只本该自由活着的兔子。"然后我在泥土里插了两根树枝，给它的坟墓做上标记。

　　我跟保罗提起这件事时，他说："哦对，兔妈妈们有时候会这样做。"

　　"为什么？"

　　"它们不是故意的，就是控制不了而已。"

　　妈妈给爸爸打了电话解释，我听见她说："他们平时相处得还挺好的，他那天失控了。"爸爸知道她在骗他，但既然我身上的骨头都还完好无损，他也就不打算大老远地飞来俄勒冈了，因为那样的话，他又该"进去了"。道格向我敷衍地道了个歉："你妈妈说，呃，你可能很难理解，但我只是来自一个有着一套完全不同的规矩的地方，在我们那儿，男孩子不能用那些词来称呼自己的妈妈，但是我也理解，这不是你习惯的规矩。"在去机场的路上，妈妈哭着说："暑假让你这样离开，我的心都碎了。"在这一切都结束后，我来到了洛杉矶，坐在爸爸和邦妮位于韦斯切斯特的新家客厅里，这里离洛杉矶国际机场向西的跑道只有一英里远。

托尼看起来不一样了。他留着层次分明的长发，从中间分开。他穿着新衣服，看着像是从商店里买来的。我还穿着五岁的时候在救世军二手商店里买来的鞋子，和一件沾上了污渍的《星球大战》T 恤，这件衣服以前还是他的。他变胖了，看起来不像我们在俄勒冈时那样憔悴、眼窝深陷了。他们来机场接我时，他微笑着对我说："嘿——小弟弟。"他甚至给了我半个拥抱。他凑过来的时候我畏缩了一下，因为我以为他要给我的肚子来上一拳。

这一切都显得不真实。新房是一座低矮的奶黄色灰泥建筑，屋前的草坪带有一定坡度，长满了杂草，屋里有两间卧室和一间客厅。人们管这种房子叫作加利福尼亚平房。邦妮说，这房子还没有一张邮票大，但对他们来说已经足够了。房子位于一片安静得让人想打盹的社区，旁边是一排类似的平房。我很好奇杰克此时正在塞勒姆做什么。道格这件事之后，他说如果我想逃跑，他愿意和我一起，但我们想不出来能去哪里，于是后来的几周，我们只是夜里一起溜出去过几次。我知道妈妈很伤心，不知道道格会不会欺负她，另外有没有人照顾默克呢？

在门廊上能听见喷气式飞机的声音。如果你站在街区尽头的街角，你甚至能看见巨大的波音 747 在跑道上滑行。每次有大飞机经过时，窗户和墙壁都会震颤。房子的西边是海，北边是湿地，南边是机场，英格

加利福尼亚

尔伍德市在东边。在宁静的海风和英格尔伍德市区之间，是绵延好几英里的、由混凝土搭建而成的购物中心、汽车维修厂、便利店和快餐连锁店。如果你来到海滩附近已经被人遗弃的社区，来到矶鹞路的尽头，也就是许多高中生来亲热的地方，你就能看见那些巨大的喷气式飞机加速滑行，产生的气流几乎能把你撞倒，然后它们直冲云霄，消失在大海上方的云端。住在机场旁边会让你觉得一切都是在不停运动的，人们来来往往，旧的生活结束，新的生活开始。

托尼提议我们去滚球馆玩，这是大家给埃尔多拉多保龄球馆起的名字。他说那里没有成年人。"至少没有多管闲事的。"这也就意味着："头*可以尽情踢**，还能抽烟，瞎胡闹。等着瞧吧，特别凶。"我听不懂他的俚语，这个人是谁？

滚球馆位于机场附近的空地上，坐落于文明世界边缘的一家路边购物中心内，旁边有一家杂货店、一座公园和一家银行。爸爸给了我们每人十美元。我们走在路上时，我觉得托尼随时都会将我绊倒，然后抢走我的十美元。但他没有，他说道："帮我看着点。"然后将手伸进了一座房子门前的灌木丛，拿了一盒烟出来，这里与我们住的地方相隔两座房子。烟盒是绿色的，长条形，上面的字体十分精美，写着：金边臣薄荷醇一百毫米。我们拐过转角后，他给了我一支。不知道他是从什么时候开始不再抽红色万宝路的。

"红色万宝路都是土包子和乡巴佬抽的。这烟更好，你试试。"我吸了一口，感受到冰凉的薄荷醇充满了我的口腔和鼻腔。那感觉就像在用篝火刷牙。

"你玩超级马里奥兄弟吗？滚球馆有一台，可凶了。"他一直在用这个词。他全新的视野牌滑板很凶，今年夏天曼哈顿海滩埃尔波尔图的海

---

* Heads，俚语中表示人们、大家。

** Kick it，俚语中表示放松、闲游。

浪也会特别凶，他很遗憾赶不上了，因为他要去塞勒姆几天，参加那里的橄榄球夏令营，不过那也会很凶的。

不知道从什么时候起，他忘记了我们两个是老死不相往来的仇人。

他说我们可以在滚球馆把手洗干净，去去身上的烟味，这样爸爸和邦妮就永远不会发现了。“妈妈怎么样？她的新男友怎么样？我听说他揍了你一顿。”

“他是个浑蛋，妈妈还是那样。”

“嗯，我挺你，兄弟。”

我跟他说道格是你能遇见的最像白人男性的人。“就，他还会收集邮票什么的。房子里有一大堆他的食物，你都不能吃。他把东西都摆在架子上，你连够都够不着。”

“就连妈妈也不行吗？

“不知道为什么，她不在意。”我问他有没有听说保罗的事，他点了点头。

“妈妈说他把自己喝死了。”

托尼对着挂在嘴边的香烟的白色滤嘴部分长长地吸了一口。他总喜欢深吸。我从来都是只抽不吸，让烟停留在我的嘴里和眼睛周围。关键就在于要让烟在嘴里待上一会儿，然后再噘起嘴唇将烟呼出去，这样你看起来就像是真正把烟吸进了肺里。

“他是个好人。”我们聊起了动画片、钓鱼之旅，还有默克、海滩和兔子。“他真的死了吗？”

“我觉得是。妈妈说有人告诉她，他犯了一次很严重的酒瘾，然后就死了。”

“等等，所以她并不能确定？”

“没人能确定。他要么死了，要么就是在某个地方流浪。妈妈对待这件事的态度就是她那个样子。”我知道托尼也想念保罗，但因为他公开的立场是所有大人都是谎话连篇的浑蛋，所以他什么也没说，只是把烟扔在了柏油路上，然后用脚踩了踩。

"所以我们连他是死是活都不知道？天哪，兄弟，这太凶了。"

在滚球馆，他向我介绍了平时和他一起玩的朋友。这帮人散漫悠闲，是一群看起来爱好冲浪的白人男孩，他们穿着锥形裤和空手道鞋，一边抽烟一边轮流玩超级马里奥兄弟。他们会冲我点点头，然后扬起下巴说道："吃了么。"似乎没有人介意他们抽烟这件事，尽管他们只是一帮青少年。我点燃一根金边臣薄荷醇一百毫米香烟，在游戏机旁抽了起来。我能感受到别人的眼神，大人们走过我们这群小混混儿身边时投来的反对的目光。做坏事的感觉真好。

每个家庭都有一个剧本。这是我在青少年互助会里学到的，除此之外，我还在那里学会了吐烟圈和用苹果做大麻烟袋。在我们的剧本里，爸爸是那个高大、强壮、充满阳刚之气的父亲，而托尼是他的儿子。我则是那个属于妈妈和邦妮的敏感的孩子。托尼画画的风格和爸爸很像，人们都说他们俩是"一个模子里刻出来的"。我像妈妈一样喜欢看书，至少大家都是这么说的。

托尼暑假去了俄勒冈，依旧和妈妈住在一起，因为从理论上来说，她依然是他的"法定监护人"，而且她也坚持要求托尼和她一起住。于是韦斯切斯特的房子里就只剩下了邦妮、爸爸和我。爸爸似乎不在乎什么剧本。他对我说"嘿，来帮我一把"的时候，我很惊讶，我来到车库，看着他摞起一个又一个箱子，或是在他巨大的红色手艺人牌工具箱里整理工具，又或者帮他把汽车活动顶板装进他的橘黄色大货车，他开始做安装汽车顶棚的生意了，这辆车也是他为此而买的。妈妈说他是个九指*，人们也常这么说锡南浓的那些毒品爱好者，意思就是他们有某种残疾。但我数过他的手指，每次都是十根。它们要么正抓着一把钢丝锯，要么就是在胡噜我的头发，为我趴在沙滩上的后背涂抹防晒霜，或

---

* Nine-fingered，俗语，通常指小偷或者骗子。

是在日落以后，我们装好车后，将我扔进图斯海滩的海浪。

　　暑假快结束时，托尼打来电话，说下个学年他准备留在俄勒冈。他在橄榄球夏令营交了一些朋友，希望秋季的时候能加入北塞勒姆高中的维京人橄榄球队打比赛。他说这些的时候很随意，好像他一个人就能做主一样。每次他这么做的时候，我都把他当成一位英雄来看待，因为他能无视大人们为我们制定的所有规则，想干什么就干什么。

　　我们挂掉电话后，邦妮问："嗯，你觉得怎么样？"

　　"什么怎么样？"

　　"托尼留在俄勒冈。"

　　我说这挺合理的，因为他的橄榄球打得很好。但充斥在我脑海里的只有印第安烧伤和夹头、此起彼伏的大喊大叫、道格的膝盖压住我肩膀的重量、我向后弯折直至扭伤的手指、各种各样的瘀青、他牙齿上的口水，和一只拳头的模糊形状。我的体内升起了一股新的怒火。那口井。那片漆黑。那场风暴。

　　我脱口而出："我不想回塞勒姆。"

　　在我能加以思索之前，这几个字就从我嘴里蹦了出来。她转过头将爸爸叫到了卧室里。"跟你爸爸重复一遍你刚才对我说的话。"

　　我做了个深呼吸，有点不自信地告诉他，我想和他们一起住在洛杉矶。爸爸坐在床沿上，两只手放在腿上。

　　"你跟你妈妈说过吗？"

　　"没有。"

　　"嗯，这是个重大的决定，你必须跟她聊聊。但你当然可以在这里跟我们一起生活了，你是我儿子。"

　　被称作他的儿子是一种陌生的感觉，因为人人都知道我是妈妈的儿子，是邦妮的儿子，而托尼是他的儿子。

　　"她会很难过的。"邦妮说，"我同情她。你确定这是你想要的吗？"

在进行了一次严肃认真的谈话后，我们在厨房里拨通了她的电话，我说我有重要的事情要告诉她。我感觉自己的喉咙变干了，很难发出声音。我的两只手因为出汗而变得黏糊糊的，我用白色的电话线在手指上绕圈。电话的另一头是一阵长久的沉默。"怎么了？"

"邦妮还有爸爸和我聊过了，我们觉得既然托尼要去和你住，而且我跟他也不是很合得来……"我知道我不能提起道格。我知道我不能提起狼窝或者保罗或者早上五点给兔子喂食，还有独自在后院里、用会划伤我的手的十英寸长的猎刀宰杀兔子，那些没有食物的夜晚，她那和雨水一样频繁的抑郁，那种我的职责只有照顾好她的感觉。我写好了一个剧本，不到十分钟前，我还在和邦妮还有爸爸排练那些台词，但我现在却什么都记不起来了。**跟她说是因为爸爸，她会理解的，男孩子需要父亲形象，她不总是这么说吗？**

但是在那些词语本该存在的地方，只有一片空白。我只是单纯地无法让自己说出那些她不想听的话。

我闭上眼睛，试图回忆起我要说的话："所以，嗯，因为我，呃，我马上就要成为一名青少年了，但我跟爸爸还不是那么熟悉，而且，呃，十几岁的男孩子需要他的爸爸，关于托尼，你当时就是这么说的吗……"

我想说的话渐渐消失了，取而代之的是脑海里响起的音乐，还有那些关于我应该成为怎样一个人的说教、谈话和指令，我在这个世界里应该扮演怎样的角色，我是那个她正在培养的如此特别的男孩子，我长大后能够改变世界。我想起了那些音乐，想起了那些在开往树林的漫长车程中唱过的古老的抗议之歌和民谣曲调：

这片土地是属于你的，这片土地是属于我的，

从加利福尼亚一直到纽约岛。[*]

我们会坐在后座一起跟着唱。有时，我们会让她唱一首荷兰语或者法语的歌，然后我们就安静地听着奇怪的词语充满整辆车，不禁疑惑她曾经在哪里生活，曾经是谁，又是怎样在另一个世界、另一段人生中学会其他语言的，那是很久很久以前了吧，在变故、碰撞和一切成为废墟之前，在他们无奈地做出那些糟糕的选择之前——将你们的孩子变成孤儿，然后改变世界。

"我觉得我应该和爸爸还有邦妮一起生活一年。"

我听见她深吸了一口气，然后又呼了出来。我的心一沉，这种感觉就和用力砸向小兔子的头时一模一样，我感到自己的身体里出现了某种黑暗的东西，它很可怕、很残忍。也就像那些小兔子一样，我知道她愣住了，因为这是我人生中第一次对妈妈眼中的世界产生质疑。

"是因为道格吗？"

"不是。"

"我已经跟他说过了，如果他再打你，我就会离开他，我是认真的。"

"我知道。不是因为道格。我只是觉得是时候加深对爸爸的了解了。就这一年。"

"你爸爸曾是我一生的挚爱。"

"是的，你和我说过。"

"他和邦妮更富裕，这是我比不了的。"

"跟这个没关系。这房子比你的房子还小。"

"他们怎么说？"

"他们说如果你同意就没问题。"

_* 伍迪·格思里（Woody Guthrie）二十世纪四十年代的民谣作品《这片土地是属于你的》（*This Land is Your Land*）。——编者注

"嗯，如果他们同意的话，那我大概也没什么能做的了。就一年，好吗？"

"好的。"

我听见她重重地叹了一口气。我挂掉电话之后，感受到了一种平静。我知道这通电话让她猝不及防。我没想到她会同意。我知道我违反了一条规定，这条规定在语言出现之前就制定好了，在我有记忆之前就制定好了，某个承诺被破坏了，这种感觉很原始。

这些事情从来没有人公开讨论过，但我其实一清二楚。

"正常"

　　我向位于韦斯切斯特的奥维尔·莱特初级中学走去，今天是开学第一天，我真的成了一名在洛杉矶市区公立学校里上学的学生。我经过了一面墙，上面用巨大的卡通泡泡字体写着"CSR"，下面画着一只滑滑板的老鼠，它正在喝一瓶麦芽酒。对面的墙上是用黑色喷漆涂写的更为潦草的几个字：西区翻滚 60, 13*。每个字母都连在了一起，这让我联想到和天赋异禀项目小组一起去俄勒冈塞勒姆公立图书馆时看见的象形文字。我不知道这几个字是什么意思，但它们一定很重要。否则人们为什么要把它们写在墙上呢？

　　学校走廊里十分喧闹。我被年龄、嗓门儿和体格都比我大的孩子们包围了，他们有些留着杰瑞式鬈发**，有些留着利落的短鬈发，有些个子很高，看起来令人害怕，有些穿着蓝黑相间的法兰绒衬衫，扣子一直系到脖子处，头发看起来像是在沙龙里烫过。有些人在跳舞，用后背或者

---

* 原文为"w/s ROLLING 60' s 13"，ROLLING 60' s 是一个活跃在洛杉矶的街头帮派。

** Jheri curls，发型师杰瑞·雷丁 (Jheri Redding) 发明的一种鬈发发型，二十世纪八十年代至九十年代，在非洲裔美国人中间很流行。

　　　　　　　　　　　　　　　　　　　　加利福尼亚

膝盖支撑着地面旋转。他们不看我，我对他们来说就是个透明人。他们走路时头抬得高高的，有些人的拳头还叉在腰间。女生们在我看来都是成熟的女人，她们化着妆，做了美甲，在走廊里大喊大叫，我在旁边显得十分矮小。"嘿，塔米卡！塔米卡！小妞，你知道我需要我的笔记本的！"她们有胸，真正的胸。还有裹在紧身牛仔裤里、凸显着曲线的屁股，她们穿着高跟鞋，走路时身体轻微地来回扭动着，戴着牙套的嘴里还在嚼着口香糖。

我穿过走廊时，每个人都对我说："浪来了，老兄。嘿，哥们儿，浪来了。"只因为我留着金色的长发。但我其实连冲浪板都没碰过。每个人的肩膀上都随意地吊着一个双肩包，包里的收音机传出的音乐声填满了整条走廊。

就连为数不多的白人孩子的面孔，看起来都和我在俄勒冈认识的那些不一样，不知道为什么，他们看起来更干净、更明亮。他们的衣服是新的。他们穿的 T 恤上印着来自小镇与城市冲浪设计公司和闪银 * 的卡通图案。他们喜欢说"不同凡响"或者"不得了"或者"棒呆了"。每个人看起来都很有钱。

克里斯·法拉第是一个高高的红发男孩，脸上长着雀斑，穿着一件白色的 T 恤，上面印着一只滑滑板的猩猩。他的两只眼睛看起来十分困倦，皮肤晒得黑黑的，像是泡了好几天的日光浴。社会科学课上他坐我旁边。他穿着一双厚重的英国骑士牌运动鞋，书的背后还藏了一包打开的"现在和以后"牌紫色水果软糖，这样就不会被我们的老师施耐德先生发现了。他凑过身来问我："嘿，哥们儿，你从哪儿来？"

"俄勒冈。"

"真的吗？天哪。那里什么样？"

我的脑海里浮现出了雨水打在兔子住的谷仓上的画面，还有西塞勒

---

* Quiksilver，美国大型零售品牌公司，是世界知名的冲浪与滑板运动服饰用品公司。

姆桥下咸拉米特河泥泞的河岸，洒在棚屋旁石子小路上的鲜红的兔子血，俄勒冈海岸线上巨石旁的露营点，沙子里的雪，我和比利计划的旅行，变成了幽灵的比利，一动不动躺在河床上的保罗，道格牙齿间的口水，躺在狼窝里柴炉旁的地上痛哭的妈妈。

"还不赖。"

"你们玩滑板吗？"

"偶尔会。"

"你会豚跳吗？"

"差不多。"

"你用的什么板？"

"纳什。"

"那是小孩子用的。"

"哦对，我知道。我爸要给我买个新的，只是还没来得及。"

坐在我前面的女孩名叫塔妮莎·坎贝尔，笑起来时会露出满嘴的牙套。"嗨！"她梳着紧紧的丸子头，别着粉色小花的发卡，戴着金色的圆圈耳环，耳环被打造成了两只海豚跳起来在她的耳垂下方亲吻对方的造型。"你叫什么名字？"

"迈克。"我决意不能再让别人拿我的本名米克尔来取笑我了，因为它听起来像个女孩的名字。而且这是一所新学校，反正也没有人认识我，我就用迈克来称呼自己好了。每个人都认识至少五个迈克。

"你好，迈克。你需要笔吗？如果施耐德先生讲话的时候你不做笔记，他就会特别生气。"

塔妮莎喜欢用快乐牧场主牌的红色糖果条包裹着棒棒糖吃。她夹在三孔笔记本上的塑料拉链笔袋里就装着几个。每天上课前，她都会借给我一支蓝色的比克牌圆珠笔做笔记用，然后说："你什么时候才能带你自己的笔？"

"太沉了。"我脸红了，因为我书包正面的小口袋里就装了三支笔。

加利福尼亚

我只是喜欢有机会和塔妮莎说话。有时候她会越过肩膀递给我小字条，上面写着"如果你可以住在任何地方，你想在哪里生活？"或者"看他肚子，施耐德先生该多吃点蔬菜了！"或者"哇啊啊啊啊，小测验！我没复习，你呢？"。

一天，当我走进教室时，唐特·帕克从后面跑了过来，尽管才上初一，但他已经快和杰克一样高了。他一把将我推进门框，然后倚在门口大喊道："大家伙来了，朋友们！小心点！"每个人都很害怕大家伙，它是一场会毁掉整个南加州的地震。它的阴影一直潜伏在我们的脑海边缘，就像那个总是登上新闻的连环杀手夜行者一样——他杀害、强奸了很多人，还犯下了一种叫作鸡奸的罪行。一天晚上，我的姑姑珍妮就发现了一名受害者。那是她作为一名新手警察接到的第一批报警电话之一。受害家庭中的父亲被杀害了，孩子们被强奸了。她说那简直"可怕极了"。尽管这里有着温暖舒适的气候，到处都是棕榈树，但一种糟糕的、隐形的恶势力正威胁着人们的美好生活，这样的美好生活似乎本该理所当然地属于这里的每一幢房子，它们整齐地排列着，连带着屋前的绿色草坪，一切看起来都是如此完美无瑕。

塔妮莎冲他喊道："你总是在胡闹！那是我朋友。"

一堂课结束后，午饭的铃声响了起来，塔妮莎正站在门外的走廊上等我："我的笔呢？"我把笔递给她，她凑过来给了我一个拥抱。她用胳膊环抱着我的背，将我拉向她，我闻到了肉桂和可可油的香味。我感到一股暖流在我的胸口里扩散开来，然后辐射到了我的全身。这感觉在那一刻将她标记在了我的脑海里，从那以后，在我的脑海里找到她，就和在世界地图上找一个点一样清晰明了。这是我的第一个拥抱。"拜拜。"她说道。我看着她走远，视野里只剩下一团模糊的酸洗牛仔裤的影像。在她薄薄的天蓝色棉质卫衣下面，隐约跳动着一条白线，那是一件真正的胸罩的肩带。

午饭时，我和其他几个初级代数课上的男同学坐在一起。史蒂芬·帕金斯，个子很高，看起来有点学究样，会安静地观察着我们所有人。瑞恩·彻奇，个子也很高，棕色头发，喜欢冷嘲热讽，篮球打得很好。还有我最喜欢的一位：德鲁。他留着金发，瘦瘦的，和杰克一样聪明，穿着打扮和我一样笨拙。他似乎也搞不懂穿过膝袜或者从佩雷斯鞋厂买来的假冒锐步鞋是违反了穿搭法则的。他和我一样不懂时尚。他是除我以外，在奥维尔·莱特初级中学里唯一一个知道治疗乐队的人。他哥哥是大学里的一名 DJ，会给他录制各种各样的集锦磁带，里面全是治疗乐队、史密斯乐团、冲呀冲呀斯普特尼克号乐队[*]和苏可西与女妖乐队的歌。我们决定团结在一起，因为人多力量大。我们会交换磁带，我给他《头靠门扉》^{**}，他给我赶时髦乐队的《伟大奖赏》^{***}。我们两个就像一家俱乐部仅有的两名会员。不穿夹克的怪胎。

这是我们两个人之间一条不成文的约定，旨在保护对方不受初中生活带来的羞辱：我是个前科罪犯的儿子，是个没本事的白人男孩，是个留钥匙儿童。他是家长教师联合会主席的儿子，总是好心办坏事。我们之间达成了一种平衡。他让我看起来更体面，我让他看起来更无所顾忌。

克里斯·法拉第总是来了又走，在我们和其他几伙人之间来回切换，他是那种没人喜欢的家伙，能说会道，但不知道为什么，大家也都能忍受他的存在。在他听不到的时候，瑞恩总说："那小子是个浑蛋。"瑞恩似乎清楚整个学校的状况。虽然他总跟我们这些不合群的人一起玩，但他似乎比我们更清楚如何假装融入集体。这也许是因为他的篮球打得很好。

班上的孩子总在谈论他们去棕榈泉或者夏威夷的旅行，还有他们身为工程师和律师的爸爸。他们在山坡上那栋休斯飞机公司的大楼里工

---

*　Sigue Sigue Sputnik。

**　《头靠门扉》(*The Head on the Door*)，治疗乐队专辑。

***　*Some Great Reward*。

　　　　　　　　　　　　　　　　加利福尼亚

作，旁边是几个巨大的白色字母拼出的"LMU"，代表洛约拉马利蒙特大学。

当我提起和塔妮莎的拥抱时，克里斯·法拉第说："哦对，我抱过塔妮莎成千上万次了，她是我的姑娘。"我不相信他。塔妮莎的品位可没这么差。

"不过我爸说了，黑人姑娘还是小心点为好。"他撕开一条樱桃味的水果糖卷，将蜡纸剥了下来。

"什么意思？"

"你懂的。她们就是一帮讨厌鬼。他说开始实行校车接送制之后，一切就变了。"

"校车接送？"

"对，你难道没问过你自己，为什么韦斯切斯特百分之九十的人口都是白人，但这所学校里百分之八十的学生都是黑人吗？"

我从没想过这个问题，因为在俄勒冈时，周围都是白人，我以为洛杉矶只是刚好相反。总之，他听起来对此很生气，这是我不能理解的，因为这恰恰是这所学校好的地方。大家喜欢用"妈妈"一词作为玩笑的点睛之笔，也喜欢跳舞。这里有新鲜的音乐：伙计们、勒韦尔合唱团、军队组合、盐与胡椒*。而且这里的孩子是真的会跳霹雳舞。我们在俄勒冈也有一个霹雳舞小团体，但并没有谁跳得很好。再说了，塔妮莎对我比其他人都好。

"你知道他们都怎么说。"他说。

"不，我不知道。"

"关于黑人。"

"什么啊？"我完全不知道这和塔妮莎·坎贝尔有什么关系，她是这所学校里唯一美丽的存在。

---

*　Guy, LeVert, Troop, Salt-N-Pepa，乐队名称。——编者注

"黑人都很懒。"

"他们不懒。这太愚蠢了。"

他对我解释这些的样子就仿佛我才是有错的那个，好像这是我应该知道的，如果我从来没听说过，那就说明我很傻、很天真。"说真的，你不知道这些？"

我摇了摇头。他说的这些感觉不像真的。"听起来不怎么对劲。"

"真的，他们还吃鸡肉和西瓜。"

"那怎么了？"我简直巴不得把兔肉炖菜换成鸡肉和西瓜。

"就是，他们通常都很脏，也很穷。你知道的，他们都用政府发放的食物券，都是单身妈妈带大的，爸爸要么进了监狱，要么吸毒。"

我这才想起来，这些孩子没有一个知道我们在俄勒冈时也曾依靠政府发放的食物券，我爸爸还进过监狱，再之前还吸过海洛因。但是没关系，爸爸也会拿西装笔挺的白人男性开玩笑。他会将自己的裤腰提得高高的，假装推着鼻梁上架着的一副不存在的眼镜，然后摇晃着一根手指表示反对。如果我把这些告诉克里斯·法拉第，不知道他又会怎么想。他会改变自己对黑人的看法吗，还是会改变对我的看法呢？

"我开玩笑的，"他拍了一下我的后背，"只是人们都这么说，不过有些还挺真实的，哈哈哈哈。"也许他不知道马丁·路德·金和马尔科姆·X，不知道人民公园里的催泪弹，不知道奥克兰的黑豹党*，也不知道人们试图阻止那个浑蛋里根的事情。

"不过不光是黑人，还有墨西哥人，他们喜欢偷东西，你得小心点。还有，东方人不会开车。"

"我觉得这都是你自己编的。"我说。这一切听起来都太陌生，也太愚蠢了。"他们为什么喜欢偷东西？"

"因为他们很穷。"又来了，穷。我想起了《大富翁》里的纸币和二

---

* 美国黑人社团。——编者注

手衣服，我们融进面条里的大块加工奶酪，还有去慈善二手商店购买胶底鞋。我想象着他们的大房子，他们的妈妈留着整齐的短发、化着精致的妆容，他们的爸爸安静地坐着，跷起二郎腿读着报纸。我不认识这些人。

"那我们的点是什么？"我问。

"什么意思？"

"我是说白人，白人的问题在哪儿？"

"哦。我们就很正常。"

哥特

　　我开学几个月后，妈妈打来电话，说托尼变成了哥特一族的一员。橄榄球队的事情"没成"，于是他找到了一群新朋友，开始画眼线，戴蕾丝手套，系波洛领带，穿拥有厚厚的橡胶鞋底的奇怪尖头鞋。她基本上可以确定他们都在嗑药。她并不感到惊讶，她说："他一直都表现出成瘾人格的早期症状。"但是从她寄来的照片来看，他的穿着打扮越来越奇怪了，他的头发向各个方向支棱着，就好像他刚刚把手指伸进了电源插孔。

　　他开了一场派对，把房子给毁了。她周末留他一个人看家，结果他请来了"塞勒姆市里的每一个小混混儿"。当她从集会回到家时，房子里满是垃圾和烟头，地上扔满了空啤酒罐。壁炉的围栏也断了。有人用工具棚里的橘黄色锤头在客厅的墙上砸了一个洞，直通到卫生间。狼窝的地上全是呕吐物。托尼房间的地看起来就像下雪了一样，因为地毯上盖满了一层厚厚的白粉。一开始妈妈以为是毒品，结果发现是洗衣粉。

　　道格又离开了，所以那天她是独自回到家的。"想象一下，我去外面寻找清晰的头脑和思维，然后回到家面对那样的场景。"她说。

　　她走进家门时，托尼正站在厨房里洗碗。他淡定地抬起头说道：

"所以……你周末过得怎么样？"

她说她再也受不了了，他必须搬回洛杉矶。他已经失控了，他需要他的父亲。

"我知道我惹上了大麻烦，所以我就想，管他的，你懂吗？反正我们已经闯祸了。"他对我说道。他已经回到洛杉矶有几天了，我们站在滚球馆后面，他正在抽烟。滚球馆已经成了我们的据点，我们来这里放松、抽烟、好好做坏事。他说他根本不知道派对上发生了什么。他全程都在房间里昏睡。

"可能局面失控了吧。当我醒来看到发生了什么时，我的脑子里只有一个想法：'靠，这派对也太凶了。'"他画着黑色的眼线，穿着一条迪凯斯锥形裤和一双豹纹图案的厚底尖头鞋，这种鞋看起来就像一对被垫高了的三角形。他的白色衬衫领子很大，扣子一直扣到了下巴的位置。他的头发向不同的方向竖起，用发胶定了形，形成了许多张牙舞爪的巨大弧线，仿佛海浪在他的头顶交汇相撞。他的指甲也都涂成了黑色。"我们当时需要开车送几个伙计回家，以为会有时间把房子打扫干净，或者编个故事，说家里被抢劫了之类的。但是在 D 大街上的时候，妈妈突然就开着她的本田出现了。我们基本上是飙车回到家的，我们在小巷子里开到了将近每小时五十英里，就为了比她先到家，但是已经没有时间做任何事情了。那局面真是太混乱了，兄弟。最糟糕的是，现在我所有的朋友都讨厌我了，因为她给他们的家长打电话了。

但无论如何，这件事还是很他妈的**传奇**。"他吸了一口手中长长的白色薄荷醇香烟，"大家在谷仓里磕迷幻药，把墙都砸了。有人用伏特加和桃子酒做了种混合酒，音乐声音很大，每个人都在**跳舞**。没人在乎任何事情。那简直是世界上最牛的体验。"

我不认识这个人了。上次我见到托尼时，他还想打橄榄球，想学习如何投出上手曲线球。他说的这些朋友是谁？这是什么发型？我说我压根儿不理解他一开始为什么会想回到那个地方。

"哦，哥们儿，她根本不知道我一直在干什么。整个暑假我都在喝酒。我每晚都偷溜出去。我把纱窗剪了下来，用在我的一次性烟管里。我就在房子里抽烟，而且她还在家。有一次她进来了，我刚打翻一个满满的烟灰缸，她甚至都没注意到。那就和自己住没什么区别。"

真讽刺。我们参加了那么多次关于吸食毒品的负面影响的集会，阅读了那么多书和小册子，记住了那么多挂在墙上的匿名戒酒会的标语——"放手，听从上帝的安排""一天一天来"，去了那么多次露营，进行了那么多次严肃的谈话，了解了那么多儿童心理学书籍里说的"儿童在成瘾家庭中担任的角色"。可是在这一切之后，布雷斯大街上的那座房子却被一场毒品派对给毁了。

纳特姥爷和朱丽叶姥姥家的餐桌上铺着一块长长的白色桌布。上面摆着巨大的玻璃罐子，贴着橘黄色的标签，标签上写着：马尼舍维茨酒。还有一个上面写着：罗宋汤。里面装着红色的甜菜汤。另一个罐子上写着：鱼泥。里面装着灰色的鱼肉状物质，悬停在黏稠的液体中，仿佛电影《异形》里的东西。桌上摆着熏鲑鱼、烟熏白鱼、腌鲱鱼配白奶油酱、一摞叫作无酵饼的巨大饼干、几瓶樱桃味的马尼舍维茨酒和康科德葡萄酒。这些都是为逾越节晚餐准备的。

邦妮告诉我们，逾越节晚餐是犹太文化中的一顿大餐，犹太人会讲述他们摆脱奴隶制的故事，然后一起念诵《希伯来圣经》，一起喝酒——尽管她不喝酒，也不相信上帝的存在。她坚称，这不是一场关于宗教的庆典，因为宗教比世界上其他任何东西带来的死亡都多。她说我们庆祝逾越节晚餐，只是因为这是一项"传统"，这样我们也能接触到各种各样的文化。

"那些人在没有空调的情况下在那样的高温里走来走去，可够他们受的了。"朱丽叶姥姥坐在我旁边，她一边大笑、一边对晚餐做着连续不断的现场解说，声音充斥着我的耳朵，"人在沙漠里怎么解手？连树都没有。"

我的对面摆着一套餐具，但座位上没有人。"那是给伊莱贾准备的，"姥姥说，"以防他决定出现。"

"伊莱贾是谁？"

"你不用担心他，他总迟到。"

因为我年龄最小，所以在庆典中阅读《希伯来圣经》中四个问题的任务就交给了我。他们把印着问题的纸张传给我。每个词都按照它们的发音拼写在了纸上，于是我举起葡萄汁，大声读了起来。我阅读问题的时候，每个人都停下了手里的事，姥爷则用他纸上的答案来回答我的问题。这种感觉很奇怪，我觉得自己属于这里，我年龄小，所以我有其他人没有的价值。在俄勒冈时，别人总是告诉我们，我们还有很多东西要学，妈妈比我们更了解世界、我们的人生和我们自己的情绪。我们没有发表自己意见的地方，我们的年幼也成了一种阻碍。但是在这张大桌子前，我的珍妮姨妈和南希姨妈正看着我微笑，朱丽叶姥姥正对着我的耳朵滔滔不绝，纳特姥爷正等着我念出那些古老陌生的词语，我拥有了一种不一样的感觉。我觉得自己可以为这里贡献我的价值。当我们来吃晚餐或者来参加生日聚会时，我能看到他们脸上的喜悦："看看这些小家伙！快来！"就好像世界上没有比作为孙子辈的小孩更幸福的事了。

我们掰开了无酵饼，点燃了蜡烛，浸湿了双手，喝了葡萄酒，吃了苦涩的草叶，传递着装有熏鱼和腌鲱鱼的巨大盘子。姥姥一直在往桌子上洒酒，因为她有家族遗传性的震颤病。她喊道："给伊莱贾留点！他饿着呢！"然后她压低了声音对我说道："这些施门德里克真是太离谱了，对不对？"就好像这是专门说给我听的旁白。

"施门德里克是什么？"

"白痴。"

她给我们讲述逾越节故事的时候，就像在进行实况转播一样连贯、详细，时不时在说到一半的时候插进几个意第绪语词汇，仿佛在为故事增添调料。"那些可怜的人啊，施莱平 * 自己裹满施姆茨 ** 的身体穿过沙漠……那个发卡卡塔 *** 法老，他终于吸取了教训……听他读的，我都施派克斯 **** 了。在整个米施普察 ***** 面前。我感到无比骄傲。"

"为什么意第绪语里每个词的发音听起来就像它们所描述的那个东西一样？"

她看着我："难道词语听起来还应该像什么别的东西吗？"

我记得有一次，我和几个朋友一起在酒水店买糖吃，当时我只有十五美分，其他每个人都贡献了一美元。克里斯·法拉第看着我说："老兄，别这么**犹太**。"

我很疑惑："什么意思？"

"别这么小气，哥们儿。"他说，"犹太人都**抠着呢**，你不知道吗？"

我想起了小小的朱丽叶姥姥微笑着对我说："米克尔，亲爱的，我的小男孩，你还好吗？"还有我的纳特姥爷，他喜欢给我讲他的那些杂志——《国家》和《进步》。他会剪下一篇文章给我读，仿佛他想给我全世界最好的东西。我们每次去中餐馆吃饭，他们都会付钱，他们似乎只想拥有更多的家人和更多的爱，在有能力的条件下享受彼此的陪伴。我不知道他们这样做是因为希特勒、查克·德德里希，还是那个十九岁就去世了的、我从未谋面的乔伊姨妈。但即使他们没有在我每年过生日时都给我一百美元，我也会说他们是我认识的最慷慨的人。

"不，他们不抠。"我没法给他一拳，因为他的体格是我的两倍。

"再他妈给我一块钱就行了。"我早该料到长雀斑的男孩子都不好惹。

---

* Schlepping，拖着。

** Schmutz，灰尘、泥土。

*** Fakaktah，疯子。

**** Shpilkes，激动、紧张。

***** Mishpucha，家庭。

加利福尼亚

"犹太人不小气，记住了。"

我不理解他为什么如此愤怒，他吐出那些话的样子就仿佛这些词语都是烂掉的食物。

我还记得开学第一天吃午饭时，我站在柏油碎石路上，意识到自己是视野里唯一一个白人男孩。但我并没有觉得格格不入，至少没有比和那些白人孩子在一起时更不适应。他们穿着冲浪T恤和新鞋，总拿我破旧的牛仔裤和廉价胶底运动鞋开玩笑。后来邦妮带我去默文百货商场买了新衣服，这样他们就不会再嘲笑我了。

我知道克里斯·法拉第说的这些东西都是种族歧视。我也知道我们站在种族主义者的对立面。爸爸说他在监狱里时从没加入过任何一个帮派。因为他的意大利人皮肤颜色很深，所以大家都以为他是黑白混血或者中东人，他也就从没跟任何白人帮派一起混过。他甚至和黑人穆斯林们之间达成了一种不稳定的和平，因为他帮助了一位来自伊斯兰国家的男人，那人有一天在监狱的健身房里锻炼时被压在了一台仰卧推举机下。"大家都不来招惹我，因为他们不知道我到底站在谁的立场上。"他为这种模糊的身份感到骄傲。他也不信任有钱的白人男性。尽管我和托尼都是看起来像荷兰人的毛发蓬松的白人小子，但我们知道他指的是那种西装革履、打着领带的白人男性，他们开着厢式轿车，做着办公室里的工作，是政府机构里的掌权者，是把他关进监狱的人。

托尼和我溜进厨房，台面上放着几杯还剩一半的葡萄酒。我拿起一杯抿了一口。尝起来像葡萄味的酷爱饮料和汽油的混合物。我的胸膛里感到一阵温暖。托尼举起半杯直接大口干了。他问我敢不敢直接喝餐桌上放着的那瓶没盖盖子的樱桃酒。我喝了一大口，一边笑一边感受到它从我的胃里流向我的双腿，我的腿软了。我突然感到一阵甜蜜的失忆，时间仿佛缩短了，我好像泡在一缸温暖的水中，漂浮着忘记了一切。**所以这就是他们喝酒的原因**。这真是一种解脱，不但可以感觉很好，还可以没有感觉。这种感觉就像是你戳伤了脚趾后过了三十秒，突然觉得不疼了的那一刻。这就是樱桃酒给我的感觉，它就是疼痛消失的那一瞬间。不知道这是否就是保罗拿着酒瓶在卡车里时的感觉，这是否就是他无法停下、直到把自己喝死的原因。这是不是爸爸在他的牢房里给自己打针的原因？这是不是托尼在派对上的垃圾堆中间昏迷在地上的原因？

这是否就是成为一个男人，一个乔莱特家的男人的含义？我和托尼拍了拍对方的背，拿着那瓶樱桃酒溜到后院躲了起来。我们蹲在房子的侧面，像两个围着篝火的流浪汉一样将酒瓶在我们之间传递着。"慢点，小弟弟。它尝起来像糖，但是它会让你难受。"我感到脑袋里有什么东西在跳，我的视线很模糊，我在房子侧面的水泥小路上来回行走，测试着自己的平衡，我胸膛里的暖流扩散开来。

"喝酒的感觉一直都是这样的吗？"托尼对我笑了，我真高兴自己终于成了他们的一员。这么多年来，我都和邦妮还有妈妈站在女孩子的队伍里，今天，我终于站在男人中间了。

"只是一点红酒。你从来没喝过酒？"

我丝毫不觉得尴尬。毕竟我才十一岁。"没有。"我盯着我的双手，它们在我面前变成了飘忽不定的幻影。

我们走回那个充满蜡烛、食物和人群的房间。我的头轻飘飘的，我感到温暖和踉跄，我偷偷瞥着我哥哥，他也冲我得意地笑，因为我们有了一个自己的秘密，没有人知道我们偷了那瓶酒。什么也比不上这种逍遥法外的感觉。

街区尽头的教堂后面有一条昏暗的小巷，那里是抽大麻的完美地点。所有的灯都关了，停车场空空如也，只有我和托尼两个人，还有他那红色玻璃材质的大麻烟斗。他往里面装上小小的绿色团块，和打火机一起递给我："生日快乐，小弟弟。"我将它举到嘴唇边，点燃了烟斗的碗状部位，就像我看到他经常做的那样。我已经学会深吸我的金边臣薄荷醇一百毫米香烟了，所以我觉得这应该也没有什么不同。再说了，还

加利福尼亚

有什么比用"更上一层楼"的方式来庆祝我的十二岁生日更好的呢？嗨起来吧。

我咳嗽了几下，将烟斗还给他。他吸了一口。我感到自己的双腿失去了重量，一阵眩晕，肺里开始充血、变黑。我看着停车场、小巷和教堂的砖墙，觉得自己第一次见到这些东西。**我从没注意过这些砖块有多小。为什么垃圾桶是绿色的？我哥哥不再恨我了，我真开心。**

托尼捶了我的肩膀一下，我们俩傻笑着往坡下走去。房子里很暖和，桌子上摆着爸爸为我的生日做的几盘意大利面和蒜蓉面包。吃晚饭时，托尼和我一直在笑，笑到脸都变得通红。

"你们两个兴致倒是挺高。"邦妮说。她不知道的。她怎么会知道？我是那个好儿子，那个可以信任的儿子。这次我不再是小告密者了，不再是哭哭啼啼的白痴了，不再是叛徒了，不再是妈妈的乖宝宝了，我成了哥哥的共犯。意大利面从来没有这么好吃过。

当我拿回每门课上都写着 D 的成绩单时，我被禁足了。"我真搞不明白，"邦妮说，"你在学校里的成绩一直很好。"我耸了耸肩，告诉她我会更努力的，这只是来到新环境后的适应期。我没有告诉她的是，我和滚球馆的其他孩子会在第一节课前去小巷里抽大麻，有时候，我们会逃学去别人家喝伏特加或者威士忌。我和这些穿着冲浪 T 恤还有空手道鞋的家伙不是很熟，但他们觉得我看起来很有趣，一个一米五八的十二岁小孩，牙齿间叼着一根点燃的香烟，手里还拿着一罐啤酒。

我喜欢这种刺激的感觉。**我要给你们看看我有多不在乎你们的集会和小册子，你们充满谎言的荒谬世界。**我想到了我的叔叔们、我爸爸、那些男人、那些年我不曾认识的男人，那时我常常疑惑牛仔们都去哪儿了，他们是怎样骑马的，又是怎样离开了小镇，他们总是在离开。这就是我们男人的特点。也许我们注定会沦落到监狱和少管所，但至少我们不孤独，至少我们不会和其他女人一起蹲在角落里哭。

严肃的谈话

　　道格对待我的方式就像一位老朋友。夏天开始时，在从波特兰机场返回塞勒姆的路上，他一直管我叫"伙计"，"嘿，伙计，航班怎么样？我和你妈妈买了一幢不错的房子。你即将拥有自己的房间了，伙计。"很明显，他们俩进行了一次严肃的谈话。我们之间达成了一种不太稳定的和平。我知道他是在为妈妈表演。她在航站楼里一直抱着我，直到我不得不把她推开。她还坚持要我拉着她的手在机场里走，尽管我已经和她一样高了。我很不舒服，但在妈妈的世界里，我是回到她身边的乖巧的小男孩，因为我们十分亲近。而她是我的引导者，引导我成为一个了不起的人物，所以我没有权利表达我的不舒服。我不信任道格，但至少他不会试图拉着我的手。

　　经过托尼的派对之后，妈妈决定她不能继续住在布雷斯大街的房子里了，于是她把房子卖了。托尼搬到洛杉矶后，道格（又一次）回来了，他们在市场街附近一个环境更好的社区里买了一幢新房子。那里的人行横道不再破败不堪了，车道也是由真正的石板铺成的，而非碎石和泥土。

　　道格开着那辆老旧的大众牌露营车，它是妈妈和保罗为那几次我们去底特律湖的旅行买的。他不太会踩这个离合器，在 5 号州际公路的慢

　　　　　　　　　　　　　　　　　　　　　　　加利福尼亚

车道上，他一边大喊大叫，一边试图将长长的变速杆从三挡卡到四挡。我坐在地上，两腿之间的金属地板上有一个一角硬币一般大的小洞，我能看见路面在我下方以每小时五十英里的速度飞驰而过。

妈妈坐在小小的野营灶台旁的牌桌边。她问我航班怎么样，学校又怎么样，不知道洛杉矶的公立学校能不能跟塞勒姆的比？毕竟那是我们第一次离开加利福尼亚的时候，她为我们打探到的学校。她说幸亏我学习得比较超前，否则我可能就会落在这里的其他孩子后面了。她脱口而出："你这次回来就不走了，我真兴奋！"同时在空中挥舞着拳头，"我觉得你应该接着上帕里什中学，不过现在可能要换一个校区了。你会喜欢咱们的新社区的，那里更干净，你也有更多可以骑车的地方了。"

我凝固了。我忘了。我不知道怎么会忘记这么重要的事。我们从来没有讨论过。她以为我只在洛杉矶待一年。我从来没告诉过她。我忘得一干二净。我能感觉到滚烫的血液冲上我的脖子，我对即将发生的事情充满恐惧，我知道我们要进行一次严肃的对话了。

"你说回来就不走了是什么意思？"

"我的意思是，你想和你爸爸生活一年，现在这一年已经结束了，你要回家了。"

"我不会回这里的。"在我能够思考之前，我听见这句话从我嘴里蹦了出来。我根本没有计划。

她用手遮住了脸，转向了车窗。她盯着远方覆盖着积雪的胡德山的轮廓，慢慢说道："什么意思？你不打算回家？"

"洛杉矶就是我的家。"

"你要离开我？"她用手捂住眼睛，哭了起来。很快，她便开始抽泣，她的棕色长发遮住了脸和肩膀。她离开长椅，坐在了大众牌露营车的地上，弯起的膝盖靠近肩膀，头埋在两只手里。"我们说好了的。你要在那里生活一年，然后回到我的身边。"

我能感到有东西在拽我，仿佛某种重量要将我拖到水底。

"我很抱歉，妈妈。"

"你真的要离开我吗？你是我的儿子。"她对着披满头发的膝盖说道，她的额头倚靠在胳膊肘里。她几乎是在尖叫："你怎么能离开我？怎么可以？你本该留在这里。你本该和我在一起的。"

道格沉默地和车的排挡做着斗争。从四挡调到三挡。可要对那个老旧的变速箱温柔点，你这个"硬汉"。

妈妈的整个身体都在抽搐。那画面让人看起来很难受。我抬起一只手，仿佛想挡住我的脸，不让自己面对这赤裸和沉重的一切。我说："没事的，妈妈。会好的。"

她只是一直重复着："你要离开我？你怎么能离开我？你是我的儿子。你是我的。我的。"熟悉的空白感又出现了，麻木侵袭着我的身体，奴佛卡因*在我的胸腔里扩散，这样我除了虚无就什么也感觉不到了，我可以说出任何我需要说出的话。这和嗨起来的感觉完全不同，那是一种温暖的、可以忘掉一切的麻木。现在的我感觉很冷，仿佛有一声尖叫被闷在了玻璃的一面，而我在另一面，假装自己什么也听不见。

"我们还是可以有增进感情的时间，这只会让我们更珍惜那些时光。"

"你怎么能离开我？怎么可以？"

我转过了身，听着大众车的引擎在高速公路上挣扎，它穿梭在两面由松树构成的不可逾越的高墙之间。

温莎大街上的新房子位于一条安静的死胡同里，在市场街附近，那里的一切都更加干净。房子是一幢低矮的绿色建筑，比布雷斯大街上的A字形结构更加现代，它坐落在一片修剪得十分完美的草坪后面。前院里有一棵长满黄花的树，房子带有一间真正的车库和一片很大的后院，后院四周是木质的围栏。整条街上的草坪都被修剪过了。每幢房子都刷

---

* 一种麻醉药。

加利福尼亚

着真正的油漆，或是用干净的红砖砌成，搭配着铝合金外墙。这里没有破败的门廊、霉菌和火灾留下的黑色痕迹。新房子里装着全新的家具，一个新的蓝色分段式沙发、几个书架、一张抛光橡木餐桌和配套的椅子。这里看起来像一套布景，一个为演员搭建的舞台。

我到家后的第一件事就是给杰克打电话，十分钟后，他便出现在了我面前。他比我记忆中的更高了，他现在足足有两米零一，长长的金发两侧剃得很干净，刘海刚过下巴。我的巨人变得时髦了不少。他穿着一件绿色的卫衣、一条百慕大短裤和一双皮质的弗洛斯海姆牌便士乐福鞋，没穿袜子。他晒黑了，我不知道他在俄勒冈州的塞勒姆是怎么办到的。见到他让我松了一口气。

他现在迷上了史密斯乐团。我们去了他的新家，位于非洲人美以美锡安会教堂后面的露天集市旁，那里的马路上没有人行道，野草爬满东倒西歪的栅栏，野猫在小巷里流浪，大狗从你身后破烂的门廊上发起进攻。他为我用立体声音响播放了史密斯乐团的专辑《女王已死》[*]，他的卧室原本是一间有些漏风的车库。我不明白专辑到底在讲什么，只觉得主唱好像总想杀掉英国女王，或至少想看看她只穿内衣的模样，我分不清是这两者中的哪一个。杰克向我保证主唱是个很酷的人。他很瘦，长了个巨大的方形下巴，留着巨大的蓬帕杜发型。他的名字叫莫里西，所有女生都喜欢他。

杰克的继父克雷格从监狱里出来了。他之前被逮捕，并被送到了圣昆丁州立监狱，那里的条件比爸爸待过的奇诺监狱更为恶劣。杰克说克雷格告诉他，他和理察·拉米雷兹[**]在院子里共处过，也就是那个去年一整年恐吓了整个南加州的夜行者。那时我夜里害怕得都睡不着觉，爸爸则拿着一根棒球棍守卫着房子。

---

[*] *The Queen Is Dead*。——编者注

[**] 美国连环杀手。——编者注

克雷格身材敦实，双肩宽厚，留着黑色短发和一撮黑色山羊胡。他穿着白色紧身背心和棕色的裤子，看起来像一个拉美混血。他走路时好似一只大猩猩，低着头，用额头引导着方向，两只胳膊低垂在身前。他会用力敲打车库里杰克的门，然后把脑袋伸进来，牙齿间叼着一根点燃的烟："杰克，滚过来把厨房打扫干净。"杰克从不与他争辩。他是个令人畏惧的男人。杰克在他旁边看起来很弱小，尽管他比他高出将近一英尺。

晚上我们感到更加安全，他的父母已经睡了，我们坐在车库里打牌、听音乐。很多歌曲的内容都和赢有关。谁是最牛的、最厉害的、最强的？你的爱有多深？你的兄弟们有多不好惹？你每天花多长时间派对？

没有人会写关于我们这种失败者的歌，除了莫里西。这种被看见的感觉让我们感到很轻松，我们坐在车库的地上吃着红肠三明治，听他唱着：

我知道我不惹人爱，你不需要告诉我，
我生命里拥有的东西不多，但拿去吧，都是你的。*

音乐就是我们的泡泡，整个夏天，无论我们去哪儿，它都包围着我们，成为保护我们的盾牌。无论是在商场，还是在高中后面的火车轨道。晚上，我们从家里溜出来抽烟，躲避着警察。我们从冰箱里偷出啤酒，疯狂地祈祷不要被克雷格发现，否则他就会冲进房间，给杰克的嘴送上一拳。

我们俩形影不离。整个夏天，我们几乎没有离开过对方身边超过十分钟。我们不想被理解。我们不想扮演我们的角色。我们不想找到"大自然的宁静"，也对"壁炉边的家庭时光"不感兴趣。我们只想和我们的音乐待在一起，不被打扰。真真正正地不被理解。确确实实地不惹人爱。

---

* 史密斯乐团《不惹人爱》(Unloveable)。——编者注

摩托车会杀了你

圣诞节早上，停在车库中央的那台摩托车是一辆红色的本田 XR80 越野车。它的座位是蓝色的，发动机和脚踏板是黑色的，弹簧是红色的，车叉是闪亮的铬合金，正面的车牌是黄色的。我简直不敢相信。之前我们想帮爸爸的汽车顶棚生意多卖一些货，于是去了洛杉矶的县城集市，自从我在那里见过越野摩托车、看见那些美丽的机器在灰尘滚滚的沙漠小路上飞驰后，我就一直求他们给我买一台。但我没想到这个愿望真的实现了。

锡南浓的每个人都骑摩托车。他们骑的大多是小型的日产车。爸爸则用他的哈雷宣示着叛逆，我听说许多关于他的老故事。他和警察赛车，看谁先到达圣迭戈的边界。他和他的哥哥皮特在酒精和毒品的作用下飘飘然地骑车穿过沙漠，以每小时一百二十英里的速度看着世界在他们的眼前飞过。这台车就像是某种开始。我是一名赌徒、一位冒险家，我是我爸爸的儿子。

托尼得到了一台黄色的雅马哈 YZ125 两冲程摩托车，我们在街上启动时，它向外喷着黑烟。我们不敢相信自己的运气。邦妮很确信，我俩就要死了。

我们将摩托车装进橘黄色的送货车，开到了一片模拟的越野摩托车场地，这里位于塞普尔维达大道上的一片工地旁，名叫汉堡山，因为这里巨大的土坡十分陡峭，比布拉佛斯高尔夫球场高出五层楼，滚球馆里年龄稍大的孩子们晚上都会去布拉佛斯的空场上喝酒。摩托车场地里有障碍堆和一条倾斜弯道，甚至还有练习起跳的区域，孩子们可以一跃而起在空中飞翔，把两只脚踢出去，祈祷落地的时候不要摔断脖子。

　　爸爸给我们讲解了如何刹车、如何保持平衡，提醒了我们需要注意的地方以及如何加速、如何转弯、如何**防止这个鬼东西把你杀死**。

　　当我终于启动了发动机，缓缓踩下离合器，当我穿好了靴子、戴好了头盔和风镜，脑袋进入了一个闷热、汗湿且吵闹的空间，我胸中的激动就像一种高温的液体，在我的肩膀和膝盖蔓延，又流向了我的手肘和脚趾。我换了挡，在转弯处倾斜着身体，在直道上拉开节流阀。

　　爸爸穿着他的蓝色卫衣和牛仔裤，嘴里叼着一根牙签，耐心地站在泥土场地的远端，在我们经过时大声喊出指令："好的，不错，现在试试越过凸起时站在脚踏板上。膝盖保持弯曲，油门踩稳。让车向上来找你，直到你感觉自己正在滑行。"有几次经过弯道时，我没有抓住我的本田，因为我还不习惯这样的重量和力量，导致我的身体过于倾斜了。"没关系。只要在车满地漏油之前扶起来就行。"我拍了拍裤腿，再次跳上车座。"很好，现在给它点厉害尝尝，看看你手里的这玩意儿到底有多大能量。"

　　等我们结束后，他带我们去了海滩附近的一家比萨店。我们点了意大利三明治，坐在阳光下的一张桌子旁吃了起来。"那感觉无可比拟，"他说，"风和陆地，还有你身体下的引擎。"我点了点头，咀嚼着食物，心想我不会愿意用任何一种感觉或任何一个时刻来和现在交换，我和爸爸坐在阳光下，满身尘土，脏兮兮的，我的双手沾满污渍，全身在尾气的熏陶下散发着一股燃油、汽油和烟尘的味道。

晚上，托尼会和爸爸吵架。他会溜出房间，并不在乎自己是否会被发现。他会在半夜回家，要么醉了，要么嗨了，要么两者都是，他会从卫生间的窗户悄悄爬进来。他会冲爸爸大喊大叫："你不能指挥我该怎么做！"

爸爸说："哦，我当然能了！这是我的房子，小杂种！"托尼走了，爸爸对邦妮说他要报警，因为他不知道还能怎么做。他拿起电话，拨通了警察局的号码，对着话筒大叫道："我的儿子已经失控了！"然后就挂了电话，连他的名字和地址都没说。

爸爸说他只是想让他多活两天，在他把自己折腾死之前，让他还能过上下一次生日。他说这话的样子，仿佛他已经经历过这一切了。他也曾吸食海洛因。他在锡南浓时接触过无数的毒品爱好者。"这种事情没有捷径，"他说，"也许他会死掉。我不知道。这是他的选择。"

他说这话的时候看起来毫不在意，他耸了耸肩，不耐烦地撇了撇嘴，看起来很生气。但是过后，等这些话在房间里落定，占据了一个角落，体积越变越大，仿佛一只巨兽时，他脸上的表情就变了，看起来只有单纯的害怕。托尼会道歉，然后爸爸会立马原谅他。邦妮想让他禁足，但爸爸说他不想"对他太严苛了。他需要和外面的世界联系"。

邦妮说他这样做是在教唆托尼学坏，爸爸说："你想让我怎么做？让他死掉吗？"她摇了摇头走进卧室，等到早上他出门去赛道后，她对我说，他只是在托尼身上看到了太多自己的影子。

一天晚上，家里接到了一通电话，说托尼因为持有大麻而被逮捕了。他目前身在谷地那边的一座监狱里。"你刚刚说什么？"爸爸挂掉电话时邦妮问他。

"我说'好'。"

"所以我们不去接他了？"

"不去了。让他自己找到回家的路。他需要一些严厉的爱。"在塞勒姆的嗜酒者家庭互助会的集会上，每个人都说酒鬼们需要"严厉的爱"，也就是说，你不应该"每次都将他们从自己惹的烂摊子里保释出来，因为这样只会助长他们的酒瘾"。爸爸是这方面的专家。直到后来，他也没了办法。

五个小时后，托尼回到了家。他进门的时候尖叫着："你们就打算让我待在那儿了，是吗？"邦妮连看都不愿意看他。她说他回家了她很高兴，这是他爸爸的决定，如果他想聊聊，没问题，但她不接受他这样冲她大喊大叫。

爸爸走进房间，高声喊道："你得换种语气说话了，我的朋友！"

托尼站起来和爸爸面对面说道："不然呢？我求人家给我钱，坐了四辆公交车才到这儿，所以你别想告诉我该——"

爸爸喊道："你需要调整一下你的态度了！听见了吗？！调整一下你的态度！你以为你想干什么就能干什么！你会杀了你自己的！"爸爸朝他走了过去。

托尼用最大的声音叫道："怎么，你要打我吗？！你没法对我做任何事，你这坨不中用了的狗屎！如果你不想让我待在这儿，我就没有必要待在这儿！"

爸爸站在他的面前，两个人面对着面。他的表情看上去很难过、很害怕。托尼大口喘着气，眼泪滑过了脸颊。就在我以为爸爸要放弃或者给他的肩膀来上一拳的时候，他用胳膊围住了托尼，拥抱了他。我看见托尼挣扎了一下，他黑色的空手道鞋在地毯上挪了两步。但紧接着他便妥协了，将头靠在爸爸的肩膀上哭了起来。

邦妮挑起眉毛，看了看我。很快，他们三个人在卧室里聊了起来。我能听见托尼一遍一遍地恳求着什么："但他们是我的朋友，他们是我的朋友……"最后，他走出了屋门，然后径直走出了大门。

那天晚上他没有回家，也没有打电话回来。

第二天晚上，我和几个年龄稍大的孩子一起从滚球馆离开，走向布拉佛斯。自从那天瑞恩·彻奇的妈妈看见我在角落里拿着滑板吸烟，放学后我就开始和托尼的朋友玩了。这件事传到了家长教师联合会其他妈妈的耳朵里，现在我班上的孩子们放学后都不能和我玩了，因为我正式成了一种"负面影响"。所以尽管每天在学校的时候，我还是和瑞恩以及德鲁一起玩，但放学后，我总是跟托尼的朋友在一起。

我穿着我的绿色棒球服，因为早上我有一场比赛，我和班上的另一些孩子一起加入了当地的公园联赛。我们爬到山顶时，看见一帮男孩子围成一圈，手里拿着装在棕色纸袋里的酒。我看见托尼也在他们之中。

"嘿——小弟弟，"他边说边捶了一下我的肩膀，"你想来一口吗？"他把手里四十盎司的老英国麦芽酒递给了我。我喝了一口，尝起来像煤油和啤酒混合的味道。几分钟后，我感觉自己变轻了，那种温暖的拥抱、那种放松，也许这些矛盾只是一个笑话，托尼不需要家，我也不需要。我们是海上的海盗，而且我们在同一个阵营里，我很开心让他生气的人不是我。

"他们是不是气坏了？"

"我觉得是。你去哪儿了？"

"就在达克和弗莱士家的地板上睡了一觉。"达克和弗莱士是指唐纳德和大卫·弗莱施曼，他们两兄弟住在普拉亚德雷燃气公司旁公寓里。达克很瘦，长了一张四十岁男人的脸，尽管他和托尼一样大。弗莱士是他的弟弟，只比我大一岁，今年十四，是唯一一个和我年龄相仿的孩子。他们的妈妈总不在家，所以他们家成了托尼和他的朋友们首选的借宿地点。他们俩都有摩托车，所以有时候，他们会和我们一起骑，他们穿戴着全套的装备，戴着配套的护肩、护腿板和护腰带。

"噢，酷。"

"我真没想到爸爸会冲着我的脸那样嚷嚷。"托尼盯着地面，用他的空手道鞋踢着泥土，"也许保罗或者道格会这么做，但爸爸不会。"他点燃了一支薄荷万宝路，吸了一口。我已经跟不上他更换香烟品牌的速度了。

"是啊，他真是气坏了。不过我觉得他是因为担心你。他一直说，他只是想让你多活两天。"托尼点了点头，闭着眼睛吐了一口唾沫，仿佛在说：可不是嘛。

成为一名醉鬼，就是成为一个悲伤故事里的主人公。

有人递给我一罐啤酒。我们喝光了几罐，这时来了一辆社区安全巡逻车。车灯熄灭，一个留着山羊胡、穿着厚实棕色夹克的年轻男人打开写着"安全巡逻"的车门下了车。他们一起喊道："有本事租个警察！"他向大家围成的圈走了过来，和几个人碰了碰拳头。有人递给他一支装满大麻的烟斗。这个安全巡逻员抽了一口。大家都笑了。

几罐啤酒后，有人建议也许我们是时候搞点小破坏了。他们用胳膊环抱着旁边人的肩膀，围成了一个圈，中间是堆积起来的空啤酒罐。有人抓住了我，将我带进圈中，我们唱道：

> 这是一场世界的毁灭。你的生活根本不算什么！
> 人类正在变成一群耻辱的败类！ *

我们跳进了达克的大众越野车，驶向燃气公司旁的公寓，我们在那里喝完了一箱啤酒，然后跑进了小巷。我们跑出门的时候，达克对我说："我们只是搞一点小小的破坏。"我不知道会发生什么。我见过他们用巨大的工业笔或罐装喷漆在墙上涂鸦。但这次不同。我们是一群逐渐向街头扩散开来的野孩子，没有想法也没有目标，就像那些老电影里的僵尸。

我看见达克用他瘦瘦的胳膊打翻了一个邮筒，然后踢倒了几盆植物，它们摆在一座带拐角的白色房子的门前。他黑色空手道鞋的米色鞋底上粘上了花盆里的泥土。弗莱士从一座房子的屋顶上将一串圣诞彩灯

---

* 时区乐队（Time Zone）一九八四年的单曲《世界的毁灭》（*World Destruction*）。——编者注

　　　　　　　　　　　　　　加利福尼亚

拽了下来，我们看着红色和绿色的玻璃灯泡在街上爆炸。他们听到灯泡碎裂发出的响声时，便分散着跑开了，像在做游戏一样大笑着。我在下个街区追上了他们，看见托尼正在踩地上的洒水喷头，于是我抓起一个垃圾桶，把里面的东西都倒了出来，看着各式各样的垃圾撒满干净如新的人行道，装着水的瓶子、谷物早餐纸盒、信封、宣传册、腐烂的水果和咖啡渣覆盖了路面。

我不知道我们为什么要这么做，我只知道身处这里让我觉得很兴奋，在这个礼貌社区的礼貌规则之外，就好像秩序本身就在寻求混乱，而今晚，我们是秩序的使者。这片机场旁边的正经社区是一张美丽的脸，我们是这张脸上瘀青的眼眶。

去你的车和房子和你们平均每户的 2.2 个孩子。去你的在休斯飞机公司大楼里给政府制作炸弹的工作。去你的领带。去你的带着优越感的微笑。去你的摆在花园里的精灵雕塑，还有你们的鸟屋、你们的风铃、你们挂在精心设计的前院游廊上的季节性装饰品。我们就是你们犯下错误的证据。

我爬上了一堵水泥墙，坐在上面，往一户人家后院的游泳池里扔了一块砖头。达克推倒了一台黑色的摩托车，它接触到地面时，我们散开了，里面的汽油漏到了车道上。弗莱士和我脱离了小队，来到了滚球馆旁边一个坡下的一条小巷里。他拿起一块倚靠在垃圾桶上的木材，将一辆蓝色克莱斯勒轿车的后视镜敲了下来。我往车的后窗玻璃上吐了口唾沫。他说："你这是小姑娘的把戏。"于是我从一个垃圾桶里捞出一个啤酒瓶，像橄榄球一样拿在手里，瞄准了拐角上的一座房子，房子上有一块大观景窗。他看着我："别装了，你不会这么做的。"

我用最大的力气将瓶子扔了出去，它穿过了客厅的窗户，传来了玻璃碎裂的声音。一只狗叫了起来，房子里的灯亮了，我和弗莱士二话不说便转身用最快的速度沿着街区奔跑。一片薄雾悬停在街灯之上，雾气来自两英里外的大海，每盏灯的灯光直径都有五到十英尺长，创造出了一团一团在我们头顶飘浮着的模糊球体，好似外星人的宇宙飞船。每隔几秒钟，我便回过头看看，心想：他们抓不到我们。我们如何才能不让他们抓到我们？

我们一路跑回了公寓，大家正坐在沙发上喝酒、吃薯片。我开了一罐啤酒，然后又一罐、又一罐。我们大笑着，每个人都在吹嘘自己造成的破坏。有个人带了大麻，另一个人带了一些药丸。我知道他们在服用 LSD 和五氯酚*，因为有一次，托尼跟我说他在好莱坞露天剧场的顶上"嗑药丸"的时候，发现了宇宙的秘密。当时是半夜，他们所有人都在致幻药物的作用下仰望着星空，他就是那时候意识到的。"秘密是什么？"我问他。

他歪着头想了一会儿，说："我忘了。"

我吞下了一颗小小的椭圆形白色药丸，大家传递着木质的小烟斗，我也吸了几口，然后向后仰去。很快，世界被推到了一条狭长昏暗的隧道的尽头。我听见了很多声音，像是从四壁传来的回音，突然间，我的头脑变得十分清醒。我眼中的房间仿佛出现在隧道里一百英尺以外安装着的电视屏幕上。达克笑起来时门牙上叼着的薯片。人们说话时，他挑起眉毛聚精会神的样子。弗莱士坐在我对面塞得过于饱满的椅子里，穿着他的绿色法兰绒衬衫，大腿上放着一罐啤酒，他试图融入大孩子们中间，说着"没错，老兄""见了鬼了""傻逼警察，是吧"。

有人说："你的小弟弟快不行喽。"托尼帮我侧身躺下，因为现在世界已经开始旋转了。

"你看起来很憔悴啊，兄弟。"

"我觉得他要吐了。哥们儿，可别让你的小弟弟在我的沙发上用药过量。"我觉得肩膀上有一双手在将我侧着推倒。一股温暖黏稠的液体从我的嘴里流了出来。它顺着我的脖子向下，沾满了我的双手，流进了我

---

* PCP，迷幻药的一种。

　　　　　　　　　　　　　加利福尼亚

的棒球服，流到了我的胸前。有人喊道："真恶心！拿毛巾来。"

我向下看去，试图让我的脑袋保持平稳，让我的双眼聚焦。呕吐物是一坨黄绿色的东西。闻起来像过期啤酒、乡村农场口味的多力多滋和某种由醋与酵母面包混合而成的东西。我闭上了眼睛。就一小会儿。只要不再让房间旋转就好。我独自站在黑暗的隧道里，我感到一种想尖叫的冲动，但我无法发出声音。爸爸用药过量的时候是不是也这样呢？**这是否就是比利去世前的感觉？他在这里的某个地方吗？会有人来接我，然后带我去别的地方吗？**

我希望地面不要再转了，我不在乎这群人或者我看起来是什么样子，因为我有了一种仿佛灯光被熄灭的感觉，好像我在试图触碰它，但光线越来越弱，直到只剩一片黑暗，房间不动了，我用胳膊抱住自己，前后摇摆着。我看见了保罗，看见了爸爸，现在是否轮到我了呢？我感到非常难受，我站在我的脑海里，只有三英寸高，困意来袭。**我怎么能忘了呢？我真傻。我真他妈的傻。**

我醒来时，客厅里空荡荡的。我的头很沉。胃里感觉很恶心。阳光穿过了一直打开着的竖直的百叶窗。房间里很安静，只能听见躺在地板上的身体的呼吸声，和一种类似电话拨号音的噪声，这声音随着我头皮的跳动似乎变得越来越大。我的棒球服被啤酒浸湿了，沾满了黄色的呕吐物。我尽可能安静地走进厨房，将它脱下来清洗，把水拧出来，然后对着水池侧面敲打，把多力多滋的碎渣和呕吐物拍下来。我再次穿上时，它依旧黏糊糊的，闻起来有一股啤酒味。我在迷雾中慢慢走向韦斯切斯特公园的体育馆，衣服仍是那个味道，我看见了瑞恩·彻奇和学校里的其他队员，他们都来自那个我已经跟不上了的优等班，他们的家长都禁止他们邀请我去参加生日聚会，因为每个人都知道，我是个小混混儿，是个坏孩子。他们穿着干净的棒球服在跑步，作为比赛前的热身，他们一圈一圈慢跑时几乎都跳起来了。

这种孤独的感觉很奇怪。我的出发点明明是想不再孤独，想加入男人的行列。但现在我却感觉想吐，筋疲力尽，头痛欲裂，我被困在了自己的脑海里，心情低落，仿佛和我那些微笑着的队友身处两个世界，他们穿着干净的队服，双眼散发着早晨充满能量的光芒，就如同他们的未来一样明亮。

加利福尼亚

火星上有生命吗?

　　妈妈打来电话说她有一个大新闻。她几乎上气不接下气。"你准备好了吗？准备好了吗？"她的情绪变成这样的时候，从来不会有什么好消息。"等一下。我让道格跟你说。"

　　"嘿，伙计。"

　　"哦，嘿。"

　　"嗯……呃……我觉得你妈妈真的是个好女人，所以我向她求婚了。"

　　"哦。"

　　我听见妈妈在背景里加油助威似的呼喊着，然后跑到电话旁说道："是不是很棒？"

　　"哇哦。"

　　她拿过了电话："我们打算就在法院把手续办了，毕竟我们两个之前都结过婚。能有人陪我一起变老，我真是太兴奋了！我们要成为一家人了。我们所有人。你、道格、我、托尼，还有道格的孩子。他们要成为你的兄弟姐妹了！是不是很棒？"

　　"他们叫什么来着？"

　　"马修和凯瑟琳。"

速成家庭，加水即可。

"哦对。嗯，那还……呃，那……那……那还挺好的，妈妈。"

他们两个的订婚给我一种不真实的感觉，因为道格已经离开过她四次了。四次，他都将自己的东西打包好，然后一句话不说就消失得无影无踪。当他像一只迷路的流浪猫一样再次出现时，四次她都让他回来了。每次她都会解释，说这次不一样，这次道格真的很抱歉，他真的改变了。一段时间后，他们俩的关系就像一张打在纸上的草稿，经过一次又一次的描绘后，原本物体的边缘变得越来越模糊，直到最后，画面已经如此面目全非，你都不知道它到底是什么了。

我说："我真为你感到开心。"

托尼认为他们根本撑不到婚礼那天。"他可要连续待满差不多三个月，那可就破纪录了。"

妈妈给我们发来了仪式的照片，她的头发上别着花朵，穿了一条简单的裙子。道格都懒得穿西装去法院，还穿着他那件灰色的斜纹软呢外套，手肘处有蓝色的拼接垫布。他的脸上没有表情，直视着前方，她微笑着，天真且充满希望，手里捧着一束花。

杰克迷上了大卫·鲍伊。暑假时，我回到俄勒冈，他开口闭口都是鲍伊。他向我展示了杂志里"玻璃蜘蛛"巡回演唱会的照片，他说这是历史上规模最大的一次摇滚乐活动。照片里，鲍伊顶着他用发胶固定的金色鲻鱼头，穿着一件闪亮的金色西装站在一处平台上，他唱歌时，背后的电光蓝天使翅膀亮了起来。他看起来是地球上最酷的男人，他的嗓音爆裂般穿透杰克发霉的车库里的音响，我们就在这里睡觉，外面温暖的雨水渗透了塞勒姆破败的街道。

如果你说跑，我就会和你一起跑。 *

---

* 大卫·鲍伊《我们跳舞吧》（*Let's Dance*）。

鲍伊坐在一把金色的椅子里，慢慢降落在舞台上，舞台上被一只巨大的电动蜘蛛占据。杰克把鲍伊的故事牢记于心，他曾是一名嬉皮士艺术生，后来成为一个名叫齐格·星尘的外星人，来自太空，雌雄同体，男女通吃。最终他又变成了一个完全成年的人类男性，在一只和楼房一样大的蜘蛛肚子里环游世界。

这场全球巡演将在夏天尾声时来到俄勒冈的波特兰。我们没想到自己也有去的机会，没想到我们可以通过捡瓶子和修剪草坪攒钱，然后或许再搭一段别人的车。我们只觉得荣幸，他竟然会大驾光临，来到太平洋西北地区的这里。我们没想到他还知道我们的存在。

整个夏天，我们都在想象鲍伊会如何看待我们。他是衡量一切的标准。杰克买了一副厚重的墨镜，镜片是红色的，就和他在城里的日升唱片店看到的海报上鲍伊戴的墨镜一样。我们经常去这家店浏览黑胶唱片。我们都把自己的裤腰提高了一点。我们买了发胶，把自己的金发梳成了顺滑的背头，同时希望我们能有钱买下商店里的所有东西。

"我觉得鲍伊不会玩克里巴奇牌戏的，他更像那种打金拉米的人。"

"你怎么知道？没准儿他玩的是他自己发明的纸牌游戏呢。"

"那好，你觉得谁更酷，詹姆斯·邦德还是大卫·鲍伊？"

"当然是鲍伊了。"

"邦德有枪，而且可以和模特亲热。"

"鲍伊能拥有任何他喜欢的模特。"

杰克已经完成了自己成为一名时尚摩登巨人的转变。他现在只穿商场里买的衣服，针织开衫、带领子的衬衫和昂贵的鞋子，这些都是他用送报纸的钱买来的。我们两个站在一起，对比十分鲜明。我，矮个子，膝盖凸出，满嘴牙套，这是爸爸和邦妮出钱给我戴的，这样我看起来就不再那么奇怪了。我的整体风格用"行走的灾难"来形容最为恰当，穿衣打扮看起来非常心不在焉：一件带着污渍的二手有领衬衫，搭配沙滩短裤和一双老头鞋，拿着一根明显和我小小的年纪不符的烟吞云吐雾。

然后是杰克，他仿佛来自英国的保罗·班扬[*]，两米零一的个子，披着长风衣，戴着红色的墨镜，梳着光滑的背头，穿着吊腿裤，向店员询问着史密斯乐团最新的合辑唱片和性手枪乐队《别理那些小痞子，这里是性手枪》[**]的进口版本。

妈妈和道格骄傲地戴着他们银色的结婚戒指，走路时牵着手，就像学校里那些并排行走在走廊里的情侣一样。她看起来很高兴，我也为她感到高兴，即便我不信任道格和他那些奇怪的食物、奇怪的习惯，还有总是停顿的奇怪的说话方式。他对我比以前好了。我知道妈妈对他说过，如果他再打我，她就会离开他，但我觉得这不是原因。更像是他不知道为什么就变得更加柔软和谦逊了。

暑假结束时，妈妈开着她的红色本田雅阁把我送到了波特兰的机场，她收拾好了行李，准备这周末出门，因为她在州立精神病院的工作要开一次大会。她答应过我，走之前要给我买一些上学穿的新衣服，这次她没有带我去慈善二手商店，我们来到了杰西潘尼百货商店，她说我可以挑选加起来共一百美元的衣服。我试了几件衬衫和两条裤子，最后决定把全部的钱都花在一双像杰克那样的昂贵的皮鞋上。妈妈觉得这样做很浪费，但等我们去结账时，她意识到自己忘带钱包了，于是我们又回到温莎大街的家中去取。

我们在车道里停下，屋里的百叶窗都关着。我们走进房子，发现所有的灯都被关掉了。尽管是白天，这里却黑得像个地窖。"有人吗？"她喊道。卧室的门被打开了，道格穿着他的平角内裤和棕色的 T 恤走了出来。

他迅速走到妈妈面前，给了她一个吻。他抓住她的肩膀，把自己的脸凑到她面前。"嗨，甜心。"他说。她将头向后挪开看着他，端详着他的表情，她的嘴撇向一边，眯缝着眼睛。

---

[*]　Paul Bunyan，北美民间故事中的巨人形象。

[**]　*Never Mind the Bollocks Here's the Sex Pistols*。——编者注

加利福尼亚

"你这段时间在干吗？"

"就在家待着。"他看着她，搜寻着她的脸。我知道他们不想让我在这儿。我知道我正在目睹一些我不应该看到的东西。我知道这和那些"其他种类的成瘾"有关，人们也会为此去参加互助项目。有时候他们会聊起来，道格曾提到，他要去一个叫作匿名性瘾者互助会的地方参加集会。这对我们来说太难一下子理解了，因为道格是个成年人，而我们连性是什么都不太确定。他们总会在房子里随手留下宣传册，所以关于性，我们基本上学到的第一件事就是世界上有性瘾者。

但他现在看起来太像一个小孩子了。妈妈看起来年长许多，她看着他的眼神就像以前她发现我和托尼偷藏糖果时一样。

"你决定不去了吗？"他问。

"没有，我只是忘带钱包了。我记得好像放在卧室里了。"

"我去拿。"道格说，他快速转过身，几乎跳着穿过了走廊。她犹豫了一下，然后跟了上去。我走出房门，靠在车道里的本田上，戴上耳机，再一次开始聆听《比炸弹更响》*。

他曾是个可爱又温柔的坏蛋，坏蛋，他发誓他永远不会，永远不会再犯。

在开往机场的五号州际公路上，她全程都很沉默。她开得很快，因为我们晚了，她不想让我赶不上飞机。她将一只手放在太阳穴旁，用大拇指和另一根手指撑住前额，注视着马路。

我不禁好奇卧室里究竟有什么。我没有为这样的情况所准备的台词。这件事的形状和颜色是我不能了解的。

以前保罗消失在树林里、坐在卡车上喝酒时，她会不停地哭，我们

---

* 《比炸弹更响》（*Louder Than Bombs*），史密斯乐团专辑。——编者注

** 《比炸弹更响》专辑中的单曲《可爱又温柔的坏蛋》（*Sweet and Tender Hooligan*）。——编者注

也知道她为什么如此难过。很明显。他离开了，生病了，而我们需要他来劈柴、让房子变得温暖，我们需要他照料兔子、让妈妈平静下来。但这次不同。某种东西十分隐秘，仿佛藏在一片屏障背后，无从命名，也就很难理解。它不太像是一次巨大的列车事故，而更像是一种说不清的疾病，慢慢吞噬着你的精力。她不哭，也不解释。她不说"放手，听从上帝的安排"或者"一天一天来"或者"现在就靠我和你来抵御这个世界了，小孩"。她只是直直地盯着路旁的大树和高速公路上的路牌。

我感到迷茫，一股力量将我往不同的方向拉扯。我不知道这种感觉的根源是来自道格还是妈妈，又或者是我自己。房子里为什么那么黑？我目睹的到底是什么？我现在这种黑洞洞的恶心的感觉又是什么？**世界上有不同种类的上瘾**。

我知道她想让我假装没看见我目睹的景象，她想让我把它从我们所承认存在的那个世界里简单地剔除。在那个世界里，她终于摆脱了一个又一个成瘾者，找到了一个会"照顾好她"的"老实的男人"。这件事发生了，而我们现在拒绝承认它发生，这两个概念同时存在于我的脑海里，产生了一种奇怪的作用，让我感到麻木，也让我假装得更自然。无论如何，我是那个要去加利福尼亚的人，我是那个通过离开而伤害了她的人，我至少可以将自己的问题和对他的怀疑埋在心底——尽管我的直觉告诉我，他过着某种双重生活。这是我欠她的。这就是身为一个好儿子要做的。

她会给我讲他们要购买的分时享用的度假房产，还有我们将一起踏上的美好"家庭旅行"，我们所有人都要去，托尼、我、凯瑟琳、马修、道格还有她，我们是一个大家庭。我知道她对此深信不疑，这个完全合乎需求的家庭梦。我知道我也要假装相信这个梦，这是我的职责。

我迫不及待地希望航班能来得再快一点。当喷气式发动机摇晃着机身，我被一股力量推在靠窗的座椅里时，我感到一阵轻松。我看着俄勒冈在我下方渐行渐远，波特兰的天际线、大山、桥梁、无尽的幽静松林，所有这些适合躲藏的地方。

加利福尼亚

我们在赛道下方一千英尺的地方见面

　　每个人都说托尼要死了。弗莱士告诉我，他在一个派对上看见他吸食迷幻药物。大家都在客厅里喝酒、跳舞的时候，托尼在卧室里尖叫，因为他觉得墙上有好几只熊要杀了他。最后，他直接从窗户里爬出去走掉了。我知道他在吸食可卡因，因为有天晚上在滚球馆的时候，达克暗示了我。他说现在都没法和他一起玩了，我问为什么，他便按住了一边的鼻孔，然后做了吸气的动作。关于他，每个人都有话说，就好像他是个动作片主角，是穿着迪凯斯锥形裤和空手道鞋的马龙·白兰度。"我看你哥哥是想死，老兄。但那哥们儿能服下去的毒品比任何三个我认识的人加在一起都多。"

　　他们说这话的样子仿佛自己很佩服，仿佛他是个传奇，仿佛众人都为此而尊敬他。

　　一天下午，他拿着爸爸从韦斯叔叔那里借来的黑色林肯大陆的车钥匙出了门，并在嘴唇边竖起一根手指："什么也别说，我一会儿就回来。"他冲我狡狯地笑了一下。我看向窗外，看着他开车离开。他刚十六岁，还没有驾照。邦妮回家后，他还没回来。她问我林肯车去哪儿了。我说不知道，但她很快就弄明白了。爸爸回家后，前廊上传来了响声，于是他出门查看。车钥匙躺在门垫上。没有托尼的影子，但林肯正停在路旁，车门大敞。

几天以来，我们都没有见过他，因为他知道自己惹上麻烦了。等他终于回家的时候，爸爸冲着他大喊，让他"管好他自己"。这样的争吵很熟悉。爸爸既对他生气，又替他说话。邦妮愤怒极了，因为他会利用爸爸对自己表现出来的同情。我们都知道，爸爸就像保护自己的伤口一样替他说话，就像拳击运动员保护自己断掉的肋骨一样。

"我只是想让他撑到下一次生日。"

邦妮在客厅里和托尼进行了一次长时间的谈话，内容关于"他的未来"。他坐在沙发上，看起来很不羁，喘着粗气，前后摇晃着，盯着房间远处的什么东西。他现在把头发染黑了，紧身的冲浪 T 恤包裹着他瘦削却有肌肉的身躯和他宽阔的肩膀，他的下巴向前凸出着。

邦妮因为他开走林肯车的事对他进行了一番说教，并告诉他他被禁足了。他在抽搐，摇晃着脑袋，眼睛扫过房间里的每一个角落。他跳起来说道："你为什么要关心我做什么？"她说她爱他，想让他安全平安，而且很明显，他现在出了点问题。

他说："我只想和朋友们在一起。你不理解吗？我终于拥有了真正在乎我的人，你却试图把他们从我的生活里带走。"

爸爸说："你这样不累吗？"

"累什么？我只想快乐。没有人想让我快乐。"

邦妮给他看了韦斯切斯特高中的辅导员老师寄来的字条，上面写着托尼已经三个月没有去学校了。"你应该看看这个。他们寄给我们的。你真的每天都在逃学吗？你都去哪儿？"

他盯着这张紫色的字条，他的名字印在角落里。"不去哪儿。我只是需要思考的空间。这里难道真的没有人能理解吗？"他快哭了。"我的朋友们关心我。他们对待我的方式和你们这些人不一样。"

邦妮端详着他，歪过头说道："我只是想和你聊聊。"

托尼脸上的表情很疯狂，他站起来尖叫道："不是的！你想控制我！"

他俯视着她，一米八九的个子，一副瘦瘦的青少年毒品爱好者的骨架上连接着一张英俊的脸和一双充血的眼睛。爸爸让他冷静下来，但他只是不住地颤抖。"你不懂！没有人懂！"他试图走出正门，但爸爸挡住了他。

邦妮报了警，因为她觉得两个人要打起来了。我听见她说："我不知道该怎么办了。我儿子好像吸毒了。你们能派人过来吗？"

爸爸站在走廊里吼道："你必须去上学！你他妈的以为生活是什么？！怎么，你要通过整天和你的朋友们待在一起来养活自己吗？！"

"我们会有一栋大房子，每个人都可以住在那里，我们会活得好好的！我们不需要你们！"他跺着脚，就像他在俄勒冈打棒球时把腿摔断了的那次一样。当时他和妈妈大吵了一架，他不停地将自己的断腿往地上砸，撕扯着石膏，说着："我恨这里！我恨这里！"仿佛他把自己的身体当成了被绑架的人质。

警察来的时候响起了巨大的敲门声，邦妮刚说完"警察到了"，托尼就从后门跑了出去，消失了。警察走进房子，浑身上下挂着对讲机、黑色的枪、黑色的警棍还有手铐。邦妮说："我们的儿子吸毒了。他开始有暴力倾向了，我们不知道该怎么做。他刚刚从后门跑出去了。"警察说，他不会追着一个青少年在大街上跑的。

他问托尼在吸食哪种毒品，以前有没有暴力倾向，有没有被逮捕过，是否携带了任何武器，是否威胁过要使用这些武器。他说托尼大概需要去戒毒所，如果他们感兴趣的话，这附近就有几家不错的。如果他再试图偷车，就给他们打电话。

两天后，托尼终于回家了，他哭了，说自己很抱歉。他看起来像是被人拖着在满是泥土和砂石的地上走了一百英里。他的头发乱糟糟的，迪凯斯锥形裤的膝盖处已经破了，他穿着一件脏兮兮的闪银牌 T 恤，额头上有一处擦伤，他说那"没什么，不用担心"。他们和"选择说不"

项目的辅导员在韦斯切斯特高中开了个会，这个项目是那个浑蛋里根的妻子发起的，旨在让我们这些孩子远离毒品。在会议上，辅导员问道："直说，你有没有吸毒的问题？"托尼说有。

第二天，他们为他打包好了一个行李箱，送他去圣莫尼卡一家叫作克莱尔的戒毒之家生活，在那里，青少年瘾君子们生活在一起，帮助对方戒掉毒瘾。爸爸说"如果你是真心想改变的话"，这是唯一的方法，再说了，这件事发展成这样也算幸运了，因为托尼终于要去"一个和锡南浓一模一样的地方"了。

托尼泪流满面的脸在我的脑海里挥之不去。他看起来很害怕。我也为他感到害怕，我见证了他到底能堕落到何种程度。我看着啤酒变成大麻，大麻变成可卡因，可卡因变成迷幻药，变成连续三个月不上学，变成红色的眼睛、不安地抽搐着的手指和在客厅沙发上的哭泣。

男孩子们总是会带酒壶去滚球馆，他们在停车场一条汽车坡道下方的灌木丛里小口啜饮。一天晚上，弗莱士带了一把枪。他递给我的时候，我发现它比我想象中更沉。我假装这没什么，用枪指着一个角落，眯缝着左眼试图瞄准。他把枪别在了后背的衬衫下面，我们牙齿间叼着烟回到了滚球馆里面，我们的脑门上仿佛写着：没有未来。

派对越来越硬核了，没有了托尼的陪伴，我感到无力招架。我发现弗莱士正在他家外面停着的一辆本田车的后座上用鼻子吸可卡因。他想给我一些，我拒绝了，他说没什么大不了的，让我回房子里面去。达克手里拿着一把生锈的弯刀，正看着一只负鼠摇摆着走在水沟里。他从后面跑上去，将弯刀砍在负鼠的背上，传来一声可怕的脆响。他比我体格更大，所以我不能冲他大喊大叫，告诉他为了吃动物而杀掉它们已经够糟的了，而毫无缘由地杀掉它们，更是只剩下残忍。

"真他妈的有病。"我低声说道。

达克看着我说："你说什么？"

"没什么。"

我感到一股黑色的东西在我的胃里聚集，我转过身往家走，想着我哥哥那张伤心的脸，我多么不想落得和他一个下场，我们两个只是一不小心就走到了这一步。我思考着我们脚下的这条路。它不像是我自己的选择，更像是一条我坠入其中的沟渠。但对托尼来说不一样。他一直在坠落，仿佛这条沟渠没有底，也没有逃脱的出口。当年爸爸和皮特叔叔还有唐尼叔叔也是如此吗？我以后也会变成这样吗？

弗莱士和我决定一起逃学去骑摩托。我在假条上做假签名的手法已经十分娴熟了。我等到邦妮去上班、爸爸也有工作出门之后，悄悄从车库里将我的摩托骑了出来。我和弗莱士在公寓会合。达克和其他几个大孩子也在，他们传递着一杆刚刚填上叶子的烟枪。传给我时，我拒绝了，我想到了爸爸说的关于酒驾的话。

"不能飞完叶子骑车。"我说。

"娘炮。"

我们在小巷里发动了摩托车便出发了，非法驰骋在韦斯切斯特的街道上，爸爸曾让我永远不要这样做。我观察着周围是否有警察，心想我们随时都有可能被抓，我试图表现出一副什么都不在乎的样子，我们跳上马路牙子，在绿色的草坪上打转，开心地呼喊着，这是反叛者和法外之徒的欢呼，摩托车喷出的黑烟填满了安静的空气。弗莱士带领着我们的小队伍，来到了布拉佛斯旁松软的沙道，我们向汉堡山开去，准备迎接那里的转弯和斜坡、赛道和跳跃。

我们到达赛道后骑得更快了，就像一群豺狼，仿佛逃学骑摩托车给了我们抵御物理规律的能力，反正我们也没有未来、没有规则，除了和我们的摩托车在一起的时光之外什么也没有，这就像对上帝发起的一次挑战。我倾斜着身子转过泥土弯道，稍微松开节流阀的时候感到轮胎滑了一下，我试图保持直立。我越过障碍物，绕过路堤，来到了幅度最大的起跳台前。我拉动手柄换挡。低下身子。我开始加速，双腿弯曲，身体前倾，准备起飞。

我离起跳点越来越近，突然，弗莱士的黑色头盔出现在了顶峰后面，他蓝色的法兰绒衬衫在风中拍打。他是从错误的方向起始的，现在正笔直地朝我飞来。他跳得很高，他妈的。我急转弯避开他，也完全避开了起跳台。左边有一堵低矮的土墙，我想刹车的时候慌了神，错误地拉动了节流阀。我的双脚从脚踏板上掉了下去，我挣扎着抓住时速四十英里的摩托车。矮墙越来越近，已经没有时间思考了。还有二十英尺，十英尺，五英尺，然后我一下子撞了上去，飞了起来。

有那么短暂的一刻，我出神地飞在空中，一切似乎没有了重量，我逃离了这个世界。没有时间在脑海里形成一个完整的想法，我只有一种感觉，就和在我梦里时一样，飞行仅仅是一种记忆。我的头盔里很安静，除了风的低语之外什么也没有，地面越来越近。

我后脑勺着地，然后身体对折，翻到了水泥地上，发出了重重的一声闷响。

我恍惚了一会儿，盯着天空。我闭上眼睛想呼吸，却没有空气进入身体。我想站起来，却面冲着地面摔了下去，身体侧面感受到了一阵刺痛。我无法吸气、无法走路，也无法看清，因为所有东西都在旋转，都很模糊。我试图在头盔里尖叫，但除了一阵虚弱的喘息声，我没有发出任何声音。

达克向我走来，仿佛一个戴着红色垫肩、穿着靴子的鬼魂："妈的，真狠。你飞了三十英尺高。"

"我。无法。呼吸。"我用嘴型比出这句话。他试图抓住我的肩膀，把我拉起来，但一阵刺痛让我感到恶心，我觉得我快吐了，于是我解开绑带，把头盔取了下来，躺在水泥地上。

我盯着天空，试图小口小口地吸气，怔怔地看着大家的脸在我上方围成一圈，在空旷的蓝色的映衬下与白云交相辉映。弗莱士看起来很害怕。有人说："我的天哪，快去叫救护车。"

加利福尼亚

医护人员来了之后，剪下了我的衣服，在我的脸上方拍手。他们问我叫什么，哪里疼。我任凭其他男孩替我做了回答，因为我无法思考。他们穿着深蓝色的上衣和深蓝色的裤子，将我侧身翻了过来，在我的身体下面放了一块木板。我感觉到腿上和腰上都被缠上了绑带，然后头也被绑上了，这样我就无法看向左右，也无法坐起来了，我被僵硬地固定在了木板上。他们将我抬起来，弗莱士的脸进入了我的视线。他的眼睛睁得大大的，喘着粗气。"去拿我的摩托。"我说。他们将我抬进了救护车的后面，这里更安静，也没有人围观，我能闭上眼睛了，医护人员站在我的身旁。我听见了引擎的声音，感受到了路面的颠簸起伏，车子一会儿向左，一会儿向右，我们正开往一个地方，在那里我可以睡觉，然后想明白究竟发生了什么。我在脑海里思索着不成形的问题。**我们在哪儿？为什么如此？为什么我不能？**

医护人员紧紧地抓着我的手，每次我闭上眼睛时就用力捏我，大喊大叫。他把什么东西扎进了我的手腕，一个很锋利的东西刺痛了我。他不停地问我问题。**我的电话号码是多少？我的父母是谁？**

"吉姆。"

"爸爸。"

"机械修理师。"

"十三岁。"

"我现在能睡觉了吗？我的头特别疼。我只想睡觉。我的摩托车呢？有人去拿我的摩托车了吗？"

我睡了过去，当我醒来时，面前是明亮的灯光，他们推着我穿过走廊，我眯缝着眼睛。有人拿着一支手电筒照我的眼睛，有人将一根软管插进了我的手腕，我看见暗红色的血液填满了一个透明的塑料容器。我想前倾身体呕吐，但是我的脖子动不了，于是我吐在了嘴里，我试图把呕吐物吐到外面，这样我才能呼吸，我感觉到它流到了我的脸上。一名护士抓住我的下巴，让我的嘴一直张着，另一名护士把手伸进了我的嘴里，扫出了里面的液体。我试图忍住又一次袭来的恶心感，因为我不想吐在护士手上。一个引流袋一样的东西拉扯着我的舌头和脸颊，发出呼哧呼哧的声音，于是我试图闭上眼睛，假装我感觉不到胃里的动静。

再次睁开眼睛时，我来到了一个新的房间，有人正在往我的胳膊里扎针。我感受到了针尖的刺痛，然后就又睡着了，脑袋里面在突突地跳。如此这般重复了六次或者八次。

我算一个男人了吗？

在这个过程中，我看见了爸爸深棕栗色的靴子在地上绿色油毡的映衬下闪闪发光。我闻到了邦妮的香水味，听见他们在和医生说话。她吻了我："嗨，太太太太太太太阳。你还好吗？我们很担心你。"

爸爸坐在床边的一把椅子里，双腿在膝盖处交叉。他亲吻我的时候，我感受到了他的短胡子刮过我的脸颊。"你没事的。你没事的。"他说，揉搓着我的脸。我看着他，但我很困惑。我无法思考。我只是不想惹上麻烦，因为我们逃学了，把摩托车偷了出来，还飞了叶子。*我觉得他好像飞大了，爸爸。我不知道。我觉得我没飞大。对不起。我想起跳，但他挡住了我。对不起。我会被禁足的。我会永远被禁足的。*

第二天早上，我已经在医院里度过了两个晚上，每隔一个小时，我就会醒过来，他们会问我问题，给我抽血，我觉得我已经不怕任何针扎了，因为自从我来到医院，我已经被扎过一百次了，已经不在乎了。我说我想回家，但爸爸说不行，因为医生们要观察我，还要做一些检查，但是一定会好的，他们向我保证。

医生说我的脾脏破裂了，产生了脑震荡，挫伤了三根肋骨，如果我当时没戴头盔，现在我已经死了。爸爸说道："可说呢。"然后吹了个口哨，斜眼看着我："也许最近一段时间，我们该把摩托车放一放了。"

出院后，我可以在家休息两个星期不用上学。托尼从戒毒所给我打了电话，他说："听说你出事故了，小弟弟。希望你还好，哥们儿。"

"不吸毒的感觉怎么样？"

"还不赖。这里的人都挺酷的。大多数时间，我们就是在参加各种集会，然后坐着。"他说他新交了一个女朋友，叫蒂凡尼。她才十四岁。托尼说她是个金发美女，而且"酷毙了"。大多数时候的下午，他们俩都待在一起。邦妮说他们用一根针和一些墨水自制了一套家庭文身套装。他在自己的脚踝上文了一枚圆形的阴阳图案。但是后来他觉得有些无聊，于是又在上面文了一顶帽子和一只脚。他还在胳膊上文了"AJJ"，三个字母相互重叠，A的横线成了J的顶端，代表"安东尼·约瑟夫·乔莱特"。他不喜欢自己画的第一个，于是在上面文了一个叉，把它画掉了，又在旁边文了一个新的。邦妮说，他这是在自己身上涂鸦，最好能有人给他几支马克笔。

回家的感觉真好。我喜欢当时每个人都为我担心的感觉，我喜欢当时他们都以为我要死了的感觉。

邦妮也需要去医院做一些检查。回家后，她说她长了一个肿瘤。个头和西柚一样大，长在她的输卵管里，必须立刻取出来，所以她要做手术。"我给它取了个名字叫劳尔，"她说，想一笑而过，"我能说什么呢？我就是个栽培者。"但是我知道她很害怕，因为她告诉我，她一直都想要"来自她自己身体"的孩子，但是她没有这个能力，她开始哭，努力地把话说完。她说她爱我，即使她有了其他孩子，我也永远是她的"太太太太太太太阳"，就像小时候那个拥有低沉嗓音、大肚皮和《人猿星球》式牙齿的小孩。她说这些都让我在她心中变得特别，自从我六个月大时她第一次见到我开始，她就有这种感觉，那时他们刚把我们从爸爸妈妈手里接过来，我们准备成为宇宙的孩子。

我们很晚都没睡，躺在他们卧室的床上聊天，关着灯，盯着天花板。她越是告诉我我对她来说有多么特别，我就越想把我做过的所有坏事都告诉她。我隐藏得太累了，假装自己是那个好儿子太累了。所有那些我抽过的烟、偷过的东西、搞过的破坏、喝过的酒和吸过的毒。

我害怕她会死，我不知道没有了她我该怎么办，因为她不像是我的继母，而更像是领养了我的妈妈，在没有人管我的时候照顾我。我不想让她在死的时候认为我是一个根本不是我的人，我没有变成他们期待的那样特别。

托尼在戒毒所里，我在救护车里时很害怕，现在邦妮也因为这个名叫劳尔的肿瘤而感到害怕，最后我说道："对不起，真的对不起。"在我意识到之前，我把一切都告诉了她，因为我不能让她变成一个天使之后再发现我的生活原来是一堆隐藏着的谎言。我想让她看见我独自一人时所处的那个安静的地方。那个秘密基地。我不想再一个人待在那里了。

她说没关系，她能理解，因为她知道我在忏悔，而你不可以在别人忏悔的时候发火，尽管她一开始并不相信我，因为托尼才是那个坏儿子，而我是那个好儿子。但我说我想拥有好成绩，我想拥有一个未来，我不想像托尼那样最后在沙发上神志不清地抽搐，我不想像他一样悲哀。我想让她活着，我也不想死在我的摩托车上。她拥抱了我，说我们会熬过去的，这就是家人存在的意义。

她把爸爸叫了进来，对他讲了我的忏悔。他安静地听着，我说我很抱歉，他说他爱我，因为他知道我很害怕。他凑过来用胳膊围住了我，紧紧地拥抱了我，说道："没关系的。我只是很开心你现在如此诚实。我会帮你的。邦妮也会的。我们会没事的。我们要团结一心。等着瞧吧。没有人会死。没有人会去任何地方，我保证。"

爸爸带我去了好莱坞公园。托尼在戒毒所里，邦妮做完手术之后在休息，他们从她体内摘掉了肿瘤劳尔，那里就像一片花园一样什么都长，但就是长不出小孩。她躺在沙发上的一张白色大毯子下，我们会给她带百吉饼、汤和零食。肿瘤没了，她正在恢复，她到底是不会死了，所有人都松了一口气。我们聊到了高中，我说到时候我想参加田径队，因为我已经决定戒烟、戒酒了，我告诉她我有多么热爱跑步，而且我也要开始努力学习了。她说她相信我，她爱我，她很高兴我们都在这里，这是我的人生，我可以让它变成任何我希望的样子。

今天的赛道人群熙攘。空气中弥漫着熟悉的兴奋感和一切皆有可能的感觉，以及马粪那带有泥土芳香的味道和凉啤酒的气息。我们走向收银台，为今天的比赛下注时，爸爸很安静。我们去三明治摊位点了两份腌牛肉黑麦面包三明治、两杯雪碧，和两个三花牌麦芽巧克力冰激凌。我们将食物带回包厢，坐了下来。

我们吃着东西，看着比赛，在马匹们进入最后一个直道时为我们选中的马加油呐喊，站起来伴着人群发出的咆哮声尖叫道："冲啊，宝贝！"几场比赛过后，我们的六环彩选项依然没有输，爸爸没来由地突然说道："嘿，听着，我想和你聊聊。"

他不是一个喜欢进行严肃谈话的人。邦妮说他不擅长表达自己的情感，但他是个很敏感的人，这对他来说很不容易。

他盯着远处的椭圆形泥土赛道说："你知道的，你不用非得成为我。"我抬头看着他。我不知道该说什么。我们难道不是乔莱特家的男人吗？海盗和大盗，总是先于法律一步？

"你是个聪明的孩子，你的人生可以实现的东西比我要多得多，这才是我对你的期望。我像你这么大的时候总在惹是生非，那对我来说并没有什么好处。我从来没想让你也走上那条路。"

他浏览着自己的赛马报道："你哥哥的命运有所不同，他正在面对这一切，这是好事。但你拥有一个实实在在的机会，可以去做点特别的事。"他放下了手里的赛马报道，认真地看着我。

"别搞砸了。别干我干过的事。去做点更好的事情。"

他攥起的拳头放在膝盖上，轻轻地敲打着，手上黑色的汗毛和褪色的蓝色牛仔裤相互映衬，中指关节上是一枚小小的点状文身。这是严厉的爱吗？

我抵抗着想哭的冲动，因为我们和男人们身处赛场，而男孩子们不可以哭。这么长时间以来，我只是想待在他身边，想变得和他一样。在俄勒冈时，曾有那么多个夜晚，我不断思索着成为一个男人的含义，试图将一切拼凑起来，仿佛重建着梦中的影像。

"我爱你。你是我儿子。你可以去做我从未做过的事。你知道，我从来都不想进监狱的。"我看见回忆充满了他的双眼，"我们会把这些当成搞笑的故事讲，但实际情况糟透了。进监狱的感觉糟透了。上瘾也不是什么好玩的事。那里只有黑暗，你很孤单，你可以拿它夸夸其谈，但其实你只是个充满恐惧的傻蛋小子。我多希望在我年轻的时候，也有人能告诉我这一切。那样我就不会进监狱了。但没有人能告诉我。我想也许，我本来可以成为一位科学家或者一位音乐家的。在锡南浓时，我参加了合唱团。我的嗓子不错，你知道的。"

我试图想象他拿着吉他或萨克斯的样子，戴着墨镜和奥尔曼兄弟乐团或者杰克逊·布朗一起站在台上。我想让他为我感到骄傲，这是我在这个世界上最大的愿望。

"总之，再让我们给下轮比赛多下一注吧。到决定我们胜负的马了。"他用胳膊围住我的肩膀，捏了一下，然后就那样搂着我待了一会儿，一切都是静止的。

我给他讲了我们在社区里破坏他人财产的那些夜晚，讲了弗莱士和达克，还有我差点用药过量的那次，当时整个世界都在旋转，我在我的脑海里只有三英寸高。他点了点头说道："让我们这么说吧，幸亏你趁早将毒品从你的身体里排出来了。"

没有批评和指责，只有一种温暖的感觉，仿佛他是站在我这边的。

我不禁怀疑，这是否又是妈妈对我撒的关于这个世界的另一个谎。**你爸爸为了一个荡妇离开了我。你爸爸是个九指。你爸爸只喜欢体育和汽车。**这些台词我烂熟于心，它们意味着我们的生活是一个与逃离有关的故事，而他就是故事里的反派。但他现在正在我身旁给我讲道理，试图让我走上一条不同的路。他甚至都不想让我成为乔莱特家的男人。或者，也许他想改变这个词的含义。

邦妮进行术后恢复的那段时间，托尼还在戒毒所里，每个周末，我和爸爸都会去赛场待上一会儿。我学会了锁定第一名和第二名的选项，以及在我对一场比赛的冠军不太确定的时候，扩大我的六环彩选择范围。我记住了像爸爸一样的那些男人的名字，他们来到这里，坐在太阳底下，享受着一天，给未来增添一些可能性。他们甚至开始问我的赌注了。第五你选的谁，小孩？

有时我们不怎么说话。我们只是坐在那里，吃着东西，盯着远方。那种熟悉的感觉又出现了，仿佛我们被一根线连接着。他什么都没说，但我知道他也喜欢和我并排坐着，仅仅享受这种作为一个拥有儿子的父亲的感觉。

邦妮回到工作岗位后升职了。她即将成为那家公司历史上第一位女副总经理了。她说她感到很光荣，她知道有许多女性原本可以先于她到达那个位置的，但男性在她们上升的路上放了一块叫作玻璃天花板的东西。一开始，她只是一名电话销售员，但她用她那温暖的、可以包容一切的开朗性格走向了更高的地方。打电话，然后训练销售人员，管理他们，然后直接在公司里开创了一个全新的部门，冲破了那道玻璃天花板。我和爸爸都为她感到骄傲，尽管她的工作量很大。她说公司的会议上除她以外全是男人，女性必须更加努力，才能挣到和男性一样多的钱。我心想：谁会不想让邦妮来领导大家呢？

她说爸爸不介意在她工作的时候待在家里陪我。"不管大家对你爸爸的看法是什么，他一直以来都是我和我的事业的头号支持者。他总说我的工作做得很好，他很感激有我来支撑这个家庭。这对有些男人来说是很难做到的。但你爸爸不是。我每周工作六十个小时，他则确保我永远都不用清洗一盘一碗。"

这很奇怪，因为妈妈总对我说，爸爸就是个未开化的尼安德特人，因为他只喜欢体育和老爷车，现在看来，很多她告诉我的关于他的事情都不是真的。邦妮对我说："就好比他从来没有忘记过任何一笔单亲儿童抚养费。在你们俩的一生中，一次都没有忘过。每个月，他都会开一张支票，钱款都会按时到账。"很奇怪，妈妈说爸爸把我们抛弃了的时候，从来没提过这件事。我开始觉得，也许他从来没有抛弃过我和托尼。他只是不想再和妈妈在一起了。

升职意味着邦妮晚上会加更多的班，于是有一天，他们和我坐下来好好谈了谈，他们说爸爸不会再继续开他的汽车顶棚公司了，而是会创立一家在家销售"特色礼物"的公司，这样邦妮就会有更多时间工作，我放学的时候，爸爸也会在家。他说总要有人来照顾我，那还不如他自己来。

"那女人能把一只跳到运肉卡车上的狗给劝下来。"他边说边烹制着他最爱的晚餐——小排骨和炸土豆。她十九岁的时候来到了锡南浓，那时的她在为公民权而游行示威，参加静坐，那时的她还只是一个青少年，一个希望世界变得更好的"金发美女"。她从来没上过大学。她加入了这个后来成了邪教的公社。

爸爸做饭、打扫房子、给不同的公司打电话，试图卖给他们带有自己公司标志的笔、杯子或帽子。周六早上，他会早早叫我起床做家务，这样我们就能在邦妮睡觉的时候把活儿干完，之后就会前往赛道。我能感觉到他对我寄予了多大的期望。这种感觉很奇怪，我要成为，或者说我可能会成为的那个男人，拥有了一个全新的形象，我不用成为一个毒品爱好者或者一个垃圾了，我的未来也许还有其他的可能性。

我们敲定了六环彩的选择顺序，来到售票柜台下注。我跟着他穿过人群，四周全是冲着电视屏幕大喊大叫的男人、讨论马匹的男人和伏在自己的赛事表格上专心研究的男人。这些带着自己的梦想、自己的流程和计策的男人。

人群越来越拥挤，我们仿佛穿行在一条隧道之中。我紧盯着前方爸爸的红色衬衫和蓝色牛仔裤，想离他近一点。

他和自己的父亲一直都不熟，他们至少并不真正了解彼此。那时只

加利福尼亚

有他和三个兄弟终日肆无忌惮地乱跑，他的妈妈为了养家糊口而去清扫酒店。我不禁好奇，在许多年后的另一段人生里，在医院的床上或在监狱的牢房里，在锡南浓大堂里一个装满呕吐物的桶边的脏沙发上，发着烧、颤抖着的他是否曾希望自己有一个儿子，他可以去做那些他永远无法做到的事。

那天晚上回家后，白天发生的事情在我的脑海中回放，我看见在一片男人的海洋中，他走在我前面。那些愤怒的男人在我们周围形成了一条隧道，他们对新的生活抱着极高的期待。我跟着爸爸在那条路上行走时，我能感觉到他们呼在我脖子上的气息，我能闻到啤酒和香烟的味道，看到他们粗壮的脚踝。我们在隧道里越走越深，周围越来越暗，就像在梦里一样，而依据梦中的逻辑，我们正在走向地球的中心，那里是我想象出的一个圣洁的地方，在寒冷的晚上，当我只想抱紧我全部的家人时，我会幻想出这个地方。我们跟随着这条路，周围的男人们变成了泥土，我们能听见赛道的声音在身后回响，直到四周变得寒冷，传来模糊的流水声。我们进入了一间明亮的房间，这里很安静。这里有一群人，年轻消瘦的爸爸微笑着倚在墙上，额前耷拉着一绺鬈发，拿着一根点燃的香烟；妈妈是一个忧郁的小姑娘，睁着两只让人印象深刻的绿色大眼睛，荷兰人特有的脸颊十分饱满，她独自站在角落里；一个头发染成黑色的少年正愤怒地用自己的断腿敲击地面；一个留着胡子和稀疏黑发的男人躺在地上，时不时举起一个用棕色纸袋装着的瓶子，喝上几口。邦妮是一个少女，她充满希望地微笑着，盯着一个小小的金发男孩。男孩的牙齿天包地得厉害，肚子圆滚滚的，他在成年人中间跑来跑去，望着每一个人的脸，寻找着什么。纳特姥爷和朱丽叶姥姥也在。还有我的姨妈们和表亲们。弗兰克姥爷坐在椅子里，弗里达姥姥穿着她的长袍微笑着。他们头顶上有一个架子，上面摆着一个绿色的小骨灰盒，骨灰盒上有白色的大理石纹饰。再往上是一张飘浮在空中的影像，一个留着浓密八字胡的男人正在对那个天包地的小男孩说话。他说，**我们在**

一起，我们永远都会在一起。没有任何东西能够改变这一点。就算死亡也无法将我们分离。这就是拥有一个家庭的意义。不管发生什么，我们都可以在好莱坞公园之下一千英尺的这个房间里相见。

加利福尼亚

宇宙的孩子们

我又决定改名字了。初中时用迈克还好，但现在我已经上高中了，迈克听起来就有些幼稚了，于是我开始让我的新老师们用我的本名称呼我，那个妈妈为了让我成为宇宙的孩子而给我起的、只属于我的独一无二的名字。米克尔。听到这个名字从老师们的嘴里说出来很奇怪，一开始，它有种装模作样的感觉，因为我初中的朋友们——德鲁、瑞恩、史蒂芬·帕金斯——坚持要叫我迈克。

韦斯切斯特高中九年级的第一学期结束后，邦妮收到了我的成绩卡，将它贴在了冰箱上，上面一共有五个 A 和一个 B。我不知道我原本对于学校的预期是什么。我大概以为会很无聊吧。我以为它会和我初中时被抓到逃学后要写的那些行为准则一样，一种重复的惩罚，我接受是因为我的另外一种选择只能是成为一名毒品爱好者。

但事实完全不是这样。我的快班英语课上有个很漂亮的女孩，叫作劳拉·多赛特，坐在我前面。她留着金色和棕色相间的头发，鼻子很小巧，鼻尖向上翘着，仿佛一座小型滑雪跳台。她喜欢穿暖腿袜，一条白色的腰带覆盖了她纤细得令人惊讶的腰肢。大多数时间，我都坐在教室后排看着她。讲到霍桑的《红字》单元时，我们的老师沙维斯夫人问大家缝在海丝特·白兰胸前的 A 字代表什么，劳拉·多赛特举起了手，非常严肃地说她认为 A 字代表"能力"（able），而非"对她通奸（adulteress）的惩罚"。看到这个漂亮的女孩如此认真地对待这本书，有什么东西在我体内翻动了。她放下了自己的手，大家继续讨论，那天晚上是我人生中第一次做作业。

我坐在床沿阅读的时候，有一句话让我印象深刻。我记下了那一页："如果一个人长时间地私下一副面孔，面对人群又是另一副面孔的话，那无论他是谁，最终都会无法分清哪一副面孔才是真实的。"这让我想起了我的秘密基地，那个我和罗伯特·史密斯一起躲藏的地方。我了解这副面孔。我学会了不告诉学校里的任何人关于锡南浓、进过监狱的爸爸、垂死的保罗以及躺在床上盯着天花板的妈妈的事情。

这张你为他人创造出来的脸是一张面具，你躲藏在下面，对着你没理解的笑话哈哈大笑，聊天时忽略掉令人不舒服的细节，忽略掉你人生中的好几年，就好像从来没发生过一样。

接下来一次课堂讨论的时候，我提起了这句话，那是我生平第一次在课堂上举手，我的心脏咚咚直跳，我尽可能地让自己的语气听起来严肃一些，同时悄悄地观察着劳拉·多赛特。沙维斯夫人说我命中了这本书的主题，她为整个课堂把这句话写在了黑板上。

接下来我们读了《蝇王》，然后是《人鼠之间》。我不禁好奇作者们是如何构思出这些故事的。作家似乎拥有世界上最重要的工作，他们创造书籍，创造连接，创造两个思想之间的心电感应，让它们能够栖息在对方之中。成为一位艺术家，仿佛是一件不存在于真实世界里的事情。我们常听到的职业只有医生、老师、律师、银行家和工程师。作家每天都干什么？他去哪里领工资？甚至，他该如何起步？我没有答案。

我喜欢上学，这让我很震惊，这可以说是我人生中最令我惊讶的一件事了。我喜欢英语课上读的书和我们的讨论。我喜欢在历史课上了解古老的世界文明。我喜欢科学课上的显微镜和细胞图，以及对生命奥秘

加利福尼亚

的讲解。我被这一切迷住了。最开始，上学只是我实现未来目标的某种途径，但很快，我真正爱上了这件事本身。

有时，我发现自己晚上十一点或午夜的时候还在床上读书，或者做着关于课本内容的笔记。爸爸会拿着一杯牛奶和一些饼干探身进来，摇摇脑袋："这里的情况如何了？你读书读瞎了没？"我会指指手里的书，然后他就点点头，留我一个人专心学习了。

有些晚上，他看起来很自豪，有些晚上，他看起来几乎有点疑惑。我知道我不能让他辅导我的几何或者作文，不像我班上的其他那些孩子，他们的家长都有大学学历。很快，在我收到了前几张成绩单后，我产生了一种新的感觉，一种羞愧感，就好像爸爸的存在是应该被我隐藏起来的，如果我想上大学，我就必须抵抗他的存在。因为当时我在乎的只有走出去，进入大学，找到方法去做一些新的事情。作为一个乔莱特家的男人，这原本让我觉得自己很酷，充满危险，仿佛我能无视任何规则和惯例，可突然间，这种身份变成了一种负担。对于一个自己的叔叔、哥哥和爸爸都曾是瘾君子、都进过监狱的乔莱特男人来说，大学似乎是一场痴心妄想的白日梦。

等我们读到《黑孩子》的时候，我鼓足了勇气问劳拉·多赛特愿不愿意和我约会。令我惊讶的是，她答应了。那一整周的课堂讨论都围绕着理查德·赖特的家人如何将他的理想当作一件危险的事情，于是他学会了藏起自己的野心。在世纪之交的南方乡下，那样的野心可能会让他丧命。但是，他依旧想往上爬，过上更好的人生。这深深地打动了我，我想，如果他能面对他所面对的那些可怕的事情，那我至少也能熬夜学习。塔妮莎·坎贝尔说黑人的生活一直是这样，她说白人不懂挣扎的含义，因为他们不用面对贫穷，不用面对依靠食物券生存在一个破碎的家庭里，不用面对一个进了监狱的父亲。

当赖特的母亲告诉他她不想活了的时候，他的身体变成了一片空白，他的情感在身体里冻住了，而她则一动不动地躺在床上。这教会了他不要信任快乐，他觉得自己必须时刻奋斗，才能逃离那试图占领他的无名的命运。我忘记了呼吸，因为这和我在俄勒冈、妈妈深陷在抑郁症里时我的感受毫无差别。我多么想站在和理查德·赖特统一的战线上啊。我知道他面对过我永远不会面对的事情，我拥有这张白人面庞带给我的优势，就像我戴着一张面具，老师、警察和我的同龄人看向我时，不会看见食物券、海洛因和我的家族里进过监狱的男人们，他们看见的只有我的金发和绿眼睛，这是一个生活在郊区的白人男孩的形象。但对于塔妮莎·坎贝尔和其他与我同龄的黑人孩子来说，不管他们为了自己的未来多么努力，不管他们的家庭生活有多么安全、稳定、步步高升，当掌权者看见一个黑人青少年时，他们看到的就是一百万种刻板印象。所以我知道理查德·赖特和我有着很大的差别，从这个角度来说，我是幸运的。尽管如此，我读到这本书的时候，还是觉得自己被人看见了、理解了。我从他的私人世界和私人思考中认出了我自己身上的某些东西。我崇拜他，我无比希望我们能成为朋友，他的柜子能在我的旁边，我们能一起吃午饭。

一整周，我和劳拉都在上课时传小字条。没过多久，我就问她愿不愿意做我的女朋友。我的身体向她的柜子前倾，空气中弥漫着她的香水味，我的心脏怦怦直跳，我将手放在她纤细的腰上，盯着她那如滑雪跳台一样的小鼻子。

她答应了，这感觉仿佛雷雨云相撞发出的霹雳巨响。在那些轰鸣的喷气式飞机的航道之下，在韦斯切斯特高中 E 座她的柜子旁，我瞥见了一个崭新的世界。短短几周之内，我们就每时每刻都黏在一起了，我们在走廊里牵着手走路，我们熬到很晚煲电话粥，我会给她念治疗乐队《仿若天堂》*的歌词。我们单独来到校园边缘吃午饭，这里没有旁人的

---

* *Just Like Heaven*。——编者注

打扰，我们在学校图书馆的屋檐下享受着一场美妙的恋爱。

有时候，放学后我会去她家学习。劳拉是个全 A 学生，她向我解释了如何做笔记、如何用周历记录作业进度、如何做好时间管理，以及如何为作业做好规划。我第一次了解到这些工具的时候，感觉自己像个原始人。她有弄不明白的问题时，会向她的爸爸求助。他是休斯飞机公司里的一名工程师，在通向韦斯切斯特山坡边上的设备厂里上班。我想起了在车库里工作的爸爸，他被发动机零件和脏兮兮的抹布包围着，还有他红色的手艺人牌工具箱和蓝色的店铺毛巾。

她的妈妈是一名家庭主妇，留着黑色短发，看起来就像一只鸟一样紧张和焦虑。她跟着我们从一个房间到另一个房间，问我们需不需要吃的、喝的或学习上的帮助。像这样被人照顾的感觉很奇怪。我觉得自己像一群羚羊中间的一只变形虫。仿佛这些优雅、井井有条的人高我一等，仿佛他们知道一些我不知道的东西。仿佛这里有一个正等待我破解的密码，如果我破译成功，如果我能学会和她交流，那我就有了某种优势。

她的妈妈像审讯一样问了我许多问题，我知道我该以怎样的面孔面对这个世界，我试图保持住这种形象，但在她的盘问下，面具很快就崩塌了。

"所以你爸爸是做什么的，米克？"

"他经营了一阵轮胎店。"

"是个不错的蓝领工作，有高中文凭就能做。对他来说不错啊。"

"他没上过高中。"

"是吗？"

"他初二的时候就退学了。"

"他每天都干什么？"

"一开始他只会惹麻烦，我猜，但后来他往墨西哥运过毒品，还偷过车和信用卡号。但他现在已经干净了，干净很多年了。"

"你说的干净指什么？"

"这就说来话长了。"我已经无路可退了。我就是个马戏团里的怪胎。向前走,参观在邪教里没有父母的陪伴下长大的小孩。他永远都摆脱不了这个身份。

"呃,是这样,他从监狱里出来后,想戒掉海洛因,于是他去了锡南浓,那是一个公社,他在那里遇见了我妈妈。"

"哦。嗯,那天晚上我见到她了,她人看起来不错。"

"那是邦妮。但我也叫她妈妈。"

"什么意思?你真正的妈妈呢?"

"邦妮就是我真正的妈妈。她们俩都是,但原因不同。"

"好吧,生你的那个女人当时在哪儿?"

"她当时在圣莫尼卡,在锡南浓在那边的主要基地里。那是一座沙滩上的军械库。"

"那你在哪儿?"

"塔玛莉湾。在马林郡,旧金山北边,在另一个锡南浓的基地里。"

"你妈妈接受这样的安排?"

"她很难过。她是这么说的。"

"那听起来可不像个学校,像个孤儿院。你当时多大?"

"六个月。"

"六个月大!那这所学校……由谁来经营?"

"公社里的其他人。"

"也就是其他的瘾君子吗?"

"应该是吧。并不是每个人都是瘾君子。他们中的有些人想改变世界。很多瘾君子人都很好。"

"他们有没有做过什么背景筛查,以此来确保他们不是罪犯或者施虐者?有人监管他们吗?他们录过指纹吗?参加过培训吗?有学历要求吗?鉴定证明、督查机制,有这类东西吗?"

我感到一股滚烫的羞愧爬上了我的脖子,我想逃走。我不知道该怎

加利福尼亚

么向这个女人解释他们是我爱的人，他们不像她想象得那样奇怪，她才是那个奇怪的人，她和她的优惠券，还有她仿佛出自《天才小麻烦》的优越生活。

"我不知道。不是那样的。他们很友好。邦妮也在那儿。"

"那邦妮不在的时候呢？"

"什么意思？"

"我是说，如果邦妮在那里工作的话，她有时候就得回家，那她不在的时候，是谁陪着你呢？你怎么知道那里是安全的呢？你妈妈怎么能信任这些经营孤儿院的人，把她六个月大的孩子交给他们？你爸爸呢？"

"这……嗯，我……呃……我不知道。我们是宇宙的孩子。"

听到关于锡南浓的说辞被如此解构，从另一个人的视角看待这些别人告诉我们的关于锡南浓的故事，是一种奇怪的感觉。在仔细的审视之下，它们分崩离析得如此迅速。太多次，别人都对我们说，我们是在"一所学校"里长大的，那是"一所很棒的学校"。从没有人停下来想过也许孩子们其实被那所学校伤害了，那根本不是学校，它更像一所教养院或者孤儿院。我不禁想到，如果她知道得更多，那这一切听起来又会糟糕多少倍。

我知道她喜欢我。我甚至知道她用自己的方式认可了我。现在我摘掉了牙套，我的牙齿很干净，我能露出完美的微笑和一口白牙，我以前像人猿一样的嘴也变得正常了。我剪了头发，也有新衣服穿，不用再穿别人给我的二手衣服了。我在英语课的快班上也取得了 A 的成绩。我会重复那些我知道自己应该说的话了，这是我从德鲁那里学来的。他现在加入了棒球队，是明星投球手了，他也开始喜欢上穿治疗乐队的 T 恤去学校了。既然现在我已经不是"坏孩子"了，放学后我就可以去他家了，我们会在那里学习，或者在他的后院里投篮。我能听见他和他妈妈讲话，他妈妈是家长教师联合会的主席，我学会了那些我应该背下来的词句，它们与我的计划、我的目标、我的未来和我的价值更为匹配：

"是的，我很愿意来点吐司，谢谢……我们要去做功课了。不，我还不确定我想去加州大学的分校还是私立学校呢。"

她不知道我们是如何在床上等待着有人来将我们抱起来的。她不知道这一切给人带来的耻辱感。她不知道菲尔在车道上发生的事。她不知道我们必须逃走，躲到大山背后。她不知道保罗的事或者兔子的事或者食物券的事，也不知道一动不动地躺在床上的妈妈的事，她是如何告诉我们照顾她是我们的工作的，我们又是如何变得麻木、滑进了天空中的石头塔里的。这些我永远都不会告诉她。我想将这一切埋葬，让它们变成掉进井里的一枚钥匙。我想将它们埋藏在一百英尺的水和砖块之下。我似乎可以做到。因为她对此的评价和我所有的老师一样：我为自己选择了一条不同的路，这是一件多么了不起的事。**我在为未来奋斗**，这多么令人激动。她不知道过去并没有结束。她不知道这只是一张面具，一副我用来面对世界的脸孔。

加利福尼亚

比起骑师更像马

八岁的时候，我会和保罗一起在塞勒姆明托 - 布朗公园的小路上跑步，在清爽的秋日里，有时候我觉得自己可以一直跑下去，永远不停。我能闻见泥土的味道，地上铺满了干枯的落叶，鼻涕流了下来，我能感受到心脏在我的胸膛里剧烈地跳动着，仿佛单是它跳动的力量，就能把我带上天空飞起来。我不知道极限在哪里，我的胃什么时候会痉挛，我的哮喘什么时候会犯，那样的话，我们就必须溜达一会儿或者在小路上躺一会儿。我能把自己逼到什么程度？我的身体什么时候会失去控制然后阻止我？疼痛往往是我热爱它的一部分原因：我跃过一根木桩或者切进灌木丛和植物根茎时肚子里感受到的那股火焰，我拐过一个弯后，消失在树林里某个被人遗忘的角落里时那种活着的感觉，那种感觉是如此鲜明。

参加田径训练的第一周，当我在沙滩上奔跑时，也产生了同样的感觉。在这样一支被短跑运动员、跳跃运动员和投掷运动员占据的队伍里，长跑运动员如此稀少。他们大多是备受瞩目的橄榄球和篮球项目挑剩下的队员。我们这几个难堪的长跑运动员，基本上都是不合群的学生，我们太瘦、太矮，对其他种类的运动来说，肢体太不协调。长跑运动员大多是移民小孩、和大家格格不入的怪人，以及永远都不可能加入篮球队的孩子。我们中有危地马拉人、埃塞俄比亚人、墨西哥人、萨尔瓦多人、韩国人、意大利人、荷兰人、法国人和毒品爱好者。格塔洪是除我之外队伍里唯一一个认真的跑步者，唯一一个想要赢得比赛的队员，而不只是为了逃避体育课。他从内战中的埃塞俄比亚逃了出来，搬到了美国，现在和叔叔住在英格尔伍德，上学之余还在福克斯山购物中心的一家男士晚礼服店打工。我们很快成了朋友。摩托车事故之后，我就不再和滚球馆的那些孩子一起玩了。他们并不是坏人，但我知道如果我不改变自己身边的人，我就无法真正做出改变。

我和格塔洪会爬上空旷社区里的陡峭山坡，这里没有房子，我们的头顶是飞往大海的大型喷气式客机，它们仿佛咆哮着的翼龙。我们在咸咸的空气里气喘吁吁、汗流浃背，身上全是腐烂的海藻和偶尔被冲上沙滩的腐烂海豹的味道。跑步让我们愉快。那种口渴的感觉，那种带给我们的感觉如此原始和古老的运动，那种对艰巨任务的坚持。跑完六英里后，我在草地上拉伸时感到无比轻松，我正年轻，我是一具沐浴在阳光里的身体。

间歇训练则完全不一样。它们是与死亡、失败和疼痛的擦身，这种疼痛提醒着你，尽管你的脑海里充斥着各种令人兴奋的计划，但你的身体仍然属于地球。在第一周的训练中，我们要完成一组八乘四百码的练习。在第二轮进行到一半，我将鞋带系紧的时候，我突然意识到这一切和乐趣一点关系都没有。它带来的只有伤痛。这让我感觉很不公平，因为我已经进入了队伍。我已经告诉了我的家人、劳拉、德鲁还有所有人，我告诉他们跑步是属于我的运动，而我不能仅仅因为间歇训练太难了就退出。到了第四轮的时候，疼痛开始侵袭我的身体，我感到压抑，觉得自己无处可逃。我开始感到恶心。我的双腿沉甸甸的，我感受到了乳酸的燃烧，我仿佛在与紧绷的绳索对抗，飘忽不定又僵硬死板，它们将我向后拉扯。到了第八轮的时候，肉体上的疼痛已经变成了迷茫，我

加利福尼亚

就快要忘记时间的存在了。我向四周看去，想找到一个柔软的地方来安放我的思绪，但却是徒劳。

在这样一个地方，在我身体极限的边缘，在这场安静的疯狂之中，我找到了一个令我惊讶的东西。愤怒。

我的脑海里反复浮现一幅画面。一个空荡荡的房间里摆着三把木质椅子。我爸爸坐在一把椅子上，我哥哥坐在旁边的椅子上，第三把椅子是空的，是为我预留的。他们抬头看向我，仿佛在说："下一个是你。"房间的地面是蓝色的，一束光从一扇高高的窗户里落下，我意识到这是一间牢房。我急速摆动着胳膊，咬紧牙关，感觉到口水从嘴里流了出来，我想道：我。不会。成为。你们。我转过弯道，头晕目眩，上气不接下气，我将注意力集中在那个空房间和他们的脸上，他们的表情充满忧伤，仿佛一切尽在预料之中，仿佛这是一条我无法避免的预言。

在间歇训练日，这便成了我放学后在跑道上的固定程序。一层薄雾笼罩着我的头脑，一场无声的风暴在远处酝酿，我和格塔洪开始热身。我的胸中有一个球体，那是一片被清晰界定的小圈子，它安静地飘浮着，里面装着什么东西。我想到自己永远都这么瘦小。我永远都不会长大。我永远都不会长高。我会一直卡在这个地方。我没有未来，没有选择，别无选择。我想到我的梦想，那里有遥远的地方和人群，我梦想有机会走在他们中间，我会错过这个机会，因为我注定平凡，我注定会进监狱、进戒毒所，浪费掉我的人生。我用力挤两下眼睛，将这些想法都装进那个球体。然后，汗水流下我的脸庞，我的肺里火烧火燎，我看见了最后的直道，右边是白色的木头看台，我们的教练拿着秒表站在终点线上，我的双腿紧绷，肺里像着了火一样，我将一切释放出来。我清空了球体。就在跑道上，我感到怒火和无助吞噬了我。想要挣脱的欲望变成了一声转化为行动的尖叫。我摆动双臂，仿佛有电流穿过我的双腿，我身体前倾，想象着那个房间，那些椅子，那个等待着我的地方，那个无论我怎么做、最后都注定会抵达的地方，这样的感觉能让我一直跑下去，直到我倒在地上。

我不知道我哥哥是否要离开这个地方了，因为他在戒毒所待了九个月之后被赶了出来，原因是他交了女朋友。他和蒂凡尼搬到了俄勒冈，那里的房租更便宜，他们可以找个地方一起住。他们和妈妈住了一段时间，然后在小镇边缘找到了一套公寓，就在集市和铁路之间。他在一家活动住房工厂里找到了工作，他说还不赖，只是下雨的时候比较冷，因为工厂在室外，另外就是，有一天他不小心把一根钉子钉在了手上。

"唉，我不知道这是不是我想要的，小弟弟，"他在电话里对我说道，"我是说，上学也很糟糕，但这更糟糕。"他说他的毒瘾一直没有复发，这很好，因为我们都害怕他会死掉，而现在的他，似乎都不怎么痛苦了。

我在克莱尔的院子里见过蒂凡尼一次，当时正在举行一场清醒舞会。他们管没有毒品或者酒精的派对叫"清醒舞会"。我到的时候，一名 DJ 正在调试灯光，人们把苏打水和椒盐脆饼摆了出来，托尼出现在走廊里，尖叫道："小弟弟！"他跑过来紧紧拥抱了我，仿佛我是他在地球上最好的朋友，"主角来了！让我们给你弄杯潘趣酒！你准备好震撼这个小镇了吗？"

我能感受到他有多么爱我，他觉得我们是某些东西的幸存者。"我听说你在学校牛极了，哥们儿。太棒了！我真为你感到骄傲。"我已经无心再对他生气了，我们身处俄勒冈，却不在那座房子里，不知为何，这让我更容易将他视为自己人，有些东西只有他能理解，世界上其他人都无法做到。

他看起来很帅，留着黑色的头发，脸被晒成了棕色，体内没有了毒品之后，也没有那么憔悴了。他后面站着一个金发的矮个子女孩，留着摩登派的发型，后脑勺上的头发剃得很短，又多又厚的斜刘海垂下她的面庞。她的左耳戴了五个耳环，还戴着数不清的项链和手链。"所以，

加利福尼亚

你就是那个我常常听说的家伙？给我一个拥抱，小弟弟。"她似乎从一开始就把我当成家人看待，就像一个我从未拥有过的姐姐。

我们随着卡米欧乐队的音乐跳起了跨步舞，又随着鲍比·布朗的歌曲跳起了奔跑舞，与其他沉醉在音乐中的少年毒品爱好者们一起旋转着。我挺喜欢她的。他们慢舞着，她抬起头，用蒙眬的眼神看着他，小声在他耳边说了什么，他们一起笑了起来。很明显，他们两个人爱着对方。他们被赶出去的时候，戒毒所的人给了他们一个选择，要么分手，要么离开。他们选择了离开。

爸爸说他那样离开戒毒所是在玩火。也许他说得对，但我能够理解。如果有人让我在学校和劳拉之间做选择，我会选择劳拉。我想他们大概不记得那种占据一切的感觉了，那种第一次真正被人看到的感觉，她看向你的脸时，看到的不是流着鼻涕、发型搞笑的小混混儿，而是一个男人，一个拥有承诺、力量和悲剧色彩的男人。

几个月后，蒂凡尼怀孕了，她给邦妮打了电话，因为她没有可以联系的妈妈。她小时候被遗弃了，已经十年没有见过她的母亲，所以她不知道还能找谁。她说想到自己也要成为一位母亲，她感到既害怕又兴奋。邦妮试图和她讲道理，她说："你确定你准备好肩负这样的责任了吗？你难道不想拥有自己的人生吗？你才十五岁。"

但她什么也听不进去。她想要这个孩子，当一个少女毒品爱好者决定了一件事之后，你还能说什么呢？

妈妈说，这对他们来说是好事，成为父亲会迫使托尼长大，因为"像他这样的年轻人"一生都在"听任成瘾带来的冲动做事"。邦妮觉得她简直疯了。

爸爸说："不管别人说什么，他们都会做自己想做的蠢事。"而且，"从世界存在的第一天开始"就是这样了，所以大家最好尽快习惯。

孩子出生时，我们接到电话说生产很顺利，宝宝很健康，拥有和他爸爸一模一样的金发和蓝眼睛。有那么一刻，我们感受到了希望，觉得未来充满了可能性。我们说："去他的，也许他们有能力好好生活下去，我希望如此！"你怎么可能不爱这样一个美丽的存在呢？怎么会有人丢下这个完美的宇宙的孩子，让他觉得自己在这个世界上是孤独的呢？

我没有被选中参加在伯明翰高中粉红色塑胶跑道上举行的全市四分之一决赛。但我的成绩是全队最好的，我的英里时速也是全市所有高一学生中最快的。我甚至只用了不到五分钟。整个暑假，我都在俄勒冈高速公路以东的乡间马路上奔跑。有时候杰克会骑车跟着我，他光脚穿着的弗洛斯海姆牌皮鞋总会从脚踏板上滑下去，他唱着治疗乐队的《推》*，或者给我讲他的新女朋友。有时候我会一个人在太阳升起之前跑步。有时候我会半夜去跑步，在妈妈和道格睡觉之后偷偷溜出去。5号州际公路和城市边缘之外一片漆黑，我行进在乡间马路上，仿佛上帝仅仅是为了给光制造背景，才创造了这样漆黑的夜晚。

夏天结束时，比起骑师，我更像是一匹马本身了。我了解自己的身体，知道什么时候该向前冲，什么时候该保留体力，知道怎样填满那颗球，也知道怎样将它释放。我想象着好莱坞公园的比赛。我不想成为骑师。我甚至不想成为赢得赌注的那个男人。我想成为赛场上的马。

爸爸会来参加我的每一次田径比赛，他坐在空荡荡的看台上为我加油，然后走三个街区回家。我进入最后一个直道的时候，总能惊喜地看见他在那里，在阳光下向我挥手，为我打气。他脸上带着微笑，双手压在腿下坐在那里时，不知道为什么看上去更温暖了。他对那个房间和那把椅子一无所知，它们是激励我训练的动力。我不禁怀疑自己是不是漏掉了什么重要的东西。他似乎懂得与黑暗搏斗的感觉，以及想找到合适的方式来面对困难的感觉。

我的成绩单现在都被贴在了冰箱上。有人来家里拜访时，爸爸会指

---

* *Push*，专辑《头靠门扉》中的单曲。——编者注

给他们看，仿佛它们是摆在展示柜里的奖杯。"这可是在进阶先修化学课上得了 A，朋友们。那个班可不是闹着玩儿的。"我获得了学术成就奖，和其他四十个学生排成一队，之后他说："我只有在奇诺的时候才排过队！哈哈。"但他端详着奖杯，摇着头，用手指抚摩着我们共同姓氏的浮雕字母。他小声说道："那些狗娘养的还没把我们打倒。"

"什么？"

"我只是很为你感到骄傲。"

在田径赛季的最后，我获得了参加洛杉矶全市总决赛 C 级英里赛的资格。比赛当天是我的十六岁生日。全家人都来到了伯明翰高中的粉红色塑胶跑道前，那里是为一九八四年举办的奥运会搭建的。"整个米施普察都来了。"邦妮笑着说道。朱丽叶姥姥、纳特姥爷、珍妮姨妈和她的新男友马克、南希姨妈、爸爸、邦妮还有劳拉都在。我和格塔洪安静地在草地上热身、拉伸时，我能感受到他们的视线落在我身上。

我们挺胸抬头站得笔直，等待着发令枪。我感到轻飘飘的，仿佛胃里满是灰尘，我的双腿像铆足了劲的弹簧一样紧绷。我得到了充分的休息，也补充了足够的水分。我活动着手指，踮了踮脚，测试着这具对我来说依旧新鲜的身体。发令枪的脆响回荡在看台之上，我们出发了。我并入领头梯队的最后，跑在前面的都是来自贝尔蒙特和格拉纳达山的男孩子，他们学校里的大型长跑项目有两百多人参加，而我们这支组织散漫的队伍，还在模仿跑步用品商店中奇怪的书里的训练方法，简直相形见绌。

到了第二圈的中段，他们已经和我拉开了距离。我能看到他们完美得令人心碎的步伐离我越来越远。*也许我永远无法离开。也许想让任何东西改变的幻想都是徒劳。*我低下头，试图控制住那个球体。还不是时候。到了第三圈的中段，我再一次跟在了领头梯队的最后，盯着我前面格拉纳达山的绿色跨栏背心。经过看台的时候，我听到我的家人在为我加油助威。我担心自己会不会让他们失望，他们会不会大老远跑到这里来白白浪费时间。这样的想法分裂成了许多画面,仿佛一场狂热的梦境:爸爸、托尼、那个房间、那些椅子、保罗和明托-布朗公园,以及他消失后我独自一人在英格伍德小学后面的树林里奔跑。

在最后一圈开始的时候,我打了个趔趄。我的脚在塑胶跑道上绊了一下,有一秒钟,我以为自己要脸朝下摔倒在地了。但我稳住了身体,大步跑向了中间的跑道。我的腿有些软了,我的胃也沉甸甸的,但我尽量让双脚继续移动。我听见了铃响,就在那儿:那把空椅子。那道蓝光。**呼吸。用力。**爸爸的脸看向我。托尼盯着地面。阴影笼罩着墙面,地上脏兮兮的,满是污渍,光照在那把木质的空椅子上。我将球体握在手中,感受到它在摇晃,我进入了离看台较远的那条直道。**你永远不会离开。你没有未来,没有未来,没有未来。**我抬起头,我们已经来到了最后的弯道,我前面的三名运动员已经准备冲刺了。球体炸开了,那股怒火突然出现了,放弃、恐惧和无助都变成了愤怒,我跑入二号跑道,这是梦想家的跑道,这是宏大期许的跑道。

我听到了看台上传来的尖叫声,珍妮姨妈的嗓门儿最大:"冲啊,米克!"玻璃的碎片落在我的脚边,我的嘴里仿佛有某种像焦油一样又黏又烫的东西,我的脸向后收了回来,五官怪异地扭曲着。**再快点,白痴。他妈的跑啊。**我经过跳远坑的时候,看到了教练脸上的表情。他看起来充满了好奇。几乎有点悲伤。也许这是我想象出来的。也许我才是那个感到悲伤的人。

我和领头梯队齐头并进,格拉纳达山的绿色跨栏背心在我的左侧。我的步伐已经变得一团糟了,膝盖向前弯着,头疯狂地摇晃着。我闭上眼睛,我在自己的脑海里只有两英寸高。**我们是什么时候想象自己在一座井底的?**我向前倒去,感到白色的带子轻轻从我的胸前划过,然后我像一个醉鬼一样,摔倒在了柔软的塑胶跑道上。

我后背着地,抱着膝盖。**拜托了。我必须呼吸。拜托了。**

我睁开眼后第一眼看到的是格塔洪。他俯身看着我,脸上带着大大的微笑，他的脑袋圆圆的，说着不连贯也不平稳的英语，他喊道："嘿——小子！看啊！你不知道吗？你赢了！去跑一圈，小子！"他拉我起来，用胳膊搂住我的肩膀，我们一起慢慢跑向内场的绿色草坪。

我们进行了一场快速的颁奖仪式，还拍了一张登上了《洛杉矶时报》体育版块首页的照片。我走向看台，拥抱了姥姥、姥爷、邦妮、珍妮、南希还有劳拉，劳拉给了我一个吻。爸爸用胳膊环抱着我，我的脑子里只有一个想法，就是他不知道。他不知道我做到了这一切的原因是那些椅子和那个房间，因为我不想像他一样。

比赛结束后，我们去皮克大道上的傅氏宫殿里享用了一顿中式生日晚餐。朱丽叶姥姥拿炸春卷和糖醋里脊开起了玩笑。"你看见他了吗？那是我外孙！我从来没见过那样的事情！谁知道我们的小伙子那么快呢？"纳特姥爷为我祝酒，我们都举起杯子加入。我瞄到了爸爸的眼神。他一直朝我这边看，脸上带着好奇的表情，他喝着茶，时不时冲我眨眨眼，若有所思地看着远处发呆，然后端详着我脖子上挂着的完美无瑕的蓝色丝带，仿佛这是他自己赢来的。

我多想告诉他。但我不能说出我体内的这个东西，这种矛盾，这样的骄傲和愤怒，这样的迷茫与羞愧，这个驱使着我前进的东西。我爱这个我不愿成为的男人，我觉得自己被他的选择困住了，我要么放弃他，要么放弃自己的未来。

能听见吗，汤姆少校?

　　我第一次看见德鲁演奏他的原声吉他时，我觉得这样一把乐器是属于牛仔的。它抛光的木质表面和傻乎乎的形状让我想起人们围坐在篝火旁合唱，还有坐在干草捆上的乡村歌手，哭诉着关于叫作黛西的女孩们的故事。它和他墙上的赶时髦乐队海报，以及他天天穿的"肉食即谋杀"*T恤格格不入。

　　我在德鲁身上看不到任何破碎的东西，他似乎没有理由喜欢这些悲伤的歌曲。也许只是他隐藏得很好。他那个在美国海军学院当 DJ 的哥哥会为他制作合辑磁带，为了让他学习和了解治疗乐队、史密斯乐团、赶时髦乐队、红旗**乐队、简的嗜好***乐队、性手枪乐队、小妖精乐队和冲呀冲呀斯普特尼克号乐队。他会再为我把这些歌录成磁带，仿佛我们拥有一家只有两名会员的俱乐部，我们是这所学校里仅有的喜欢这类音乐的人，这里主要被"托尼! 托尼! 托尼! 合唱团"、宝拉·阿巴杜和

---

*　《肉食即谋杀》(*Meat Is Murder*)，史密斯乐团专辑。——编者注

**　Red Flag。——编者注

***　Jane's Addiction。——编者注

野兽男孩 * 乐队的爱好者占领了。他现在不打棒球、改打排球了，排球也更适合他的外貌。他身高一米九二，体形瘦削，金色的头发几乎快被晒成铂金色，棕色的皮肤上点缀着雀斑。有时候我们在公园打篮球打到一半，他会随意地将球扣进篮筐，仿佛那是世界上最简单的事情。他的身上带着一种漫不经心的气质，仿佛任何难事对他来说都是小菜一碟，而他看着别人花费巨大的努力完成这些任务会觉得很有意思。

有些人招人喜欢仅仅是因为人们觉得他们喜欢自己，而这样一种特质会让人觉得平静和容易信任。这就是德鲁。

他的妹妹是个全 A 学生，他的爸爸是一位成功的律师。有时候我不禁好奇，这一切对他来说是否就像一个巨大的笑话。他来自这片安逸的郊区，拥有如此文雅和有学识的父母，这给了他质疑这一切的自信。他仿佛对那种刻板正直的天性感到好奇，愿意对其加以嘲笑，就像嘲笑某种形状的鼻子一样，而这样的鼻子是几代人传承下来的特色。他可以成为宇航员、医生、律师、外交官，可他却宁愿无所事事地与他曾吸食大麻的朋友一起聆听治疗乐队的音乐。这不禁让我对他倍感尊敬。

我们和其他喜欢好音乐的男生一起组成了一个俱乐部一样的组织：艾迪，矮个子，很善良，爱听简的嗜好；皮特，喜欢开带有讽刺意味的玩笑，无所畏惧，爱听石玫瑰；蒂姆，对学生会和赶时髦乐队感兴趣；还有盖伯，他是棒球队的接球手，有着运动员的强壮体格和艺术家的大脑。我们这帮不合群孩子的队伍日渐壮大。我们都知道，人越多越安全。

那把铁弦大吉他摆在德鲁的腿上显得很尴尬，就像一个过时的道具。但是当他弹起史密斯乐团《拜托，拜托，拜托，让我得到我想要的》** 的和弦，不连贯地拨动琴弦，当他轻声哼唱、从鼻腔里发出的声音填满小小的房间时，神奇的事情发生了。

---

* Beastie Boys。——编者注

** *Please, Please, Please, Let Me Get What I Want*。——编者注

很久没有做过梦了，

你看，我经历的人生能让一个好男人变坏。

不管多么笨拙、多么不完美，能创造出这样的一刻，仿佛一种魔法。仿佛这首歌就存在于苍穹之中，等着有人赋予它生命。它不是物体，也不是人，也不是想法。它是另一种东西。它包含某种东西。悲伤。也许是怀旧。它带来了一个人的存在感，它不只是歌词和旋律，而是一种存在，仿佛一个灵魂刚刚加入。这个灵魂有一个故事要讲，而这个故事就住在这些词句和音符之中。它带有一种时空感，某种存在的证明。突然间，我们不仅仅是两个坐在洛杉矶国际机场航道下方郊区别墅中的笨拙男孩了，而是两个身处这个世界的人，享受着它病态的风趣、时髦的无聊、富有层次的讽刺和蓬帕杜发型。

我入迷了。尽管德鲁坐在挂满《星球大战》人偶的卧室墙边，用原声吉他弹唱的这首歌和史密斯乐团的原版相差甚远，但它仍然在我的身上施加了某种魔法，我需要学会弹吉他。这就像下定决心学会飞翔一样，这种力量能凭空创造，这种能力能改变空间。我也想得到这种技能，这样我也能将小小的魔法随身携带了。

他把吉他递给我。他教我如何弹奏 C 和弦，如何用力按压琴弦，直到我的手指尖被压疼，同时要注意将手指摆在品丝的后面，这样就不会阻挡其他琴弦了。弹起来有点疼。

"过段时间你就会长茧子。在那之前，你只能疼着弹。"

我一根一根拨动琴弦。然后他向我展示了如何通过移动手指来弹奏 E 小调和弦，将琴弦在接近指板顶端的地方聚集起来。

半个小时之后，我能在两个和弦之间转换了，但还不太熟练，像个刚刚迈出第一步的小孩。

"好，现在拨弹琴弦。"他用脚打着拍子，"试着在鼓点上转换和弦。"

加利福尼亚

我的手指挪动得太慢了，有些跟不上，但也差得不远。他以加利福尼亚人特有的方式慵懒地拉长调子，低声唱着，仿佛耳语。

地面控制中心呼叫汤姆少校。　*

我抬头看向他，充满惊奇。我和杰克在车库里听这首歌不下几百次，我们幻想着这个叫作大卫·鲍伊的奇怪男人和他的宇宙飞船，还有那个遥远的世界，那里的人们唱着关于永远飘向远方的歌。这一切都像一个完美的艺术家站在某座山上，完美地演绎着他那完美的想法。我从来没有想过，我们也可以用自己不完美的方式演唱这首歌。

我回家后，邦妮说朱丽叶姥姥有一把老式西班牙吉他，放在他们的游戏室里。她小时候，姥姥给他们弹奏过。那把琴已经很破旧了，但当我们又一次来到位于费尔法克斯和威尔希尔的房子时，朱丽叶姥姥说可以把琴送给我。它比德鲁的原声吉他小，配有尼龙琴弦，正面有一个洞，看起来像被一个婴儿的拳头砸过一样。我在琴箱里找到了一只调音用的旧口琴，调音费了一些时间。我在我的房间里待了好几个小时，想着大卫·鲍伊。他写这首歌的时候在想什么？他现在在哪儿？如果他能和我讲话，他会告诉我什么？关于学校，关于劳拉，还是关于那张我像面具一样戴着的脸孔，和下面的那条河流——我在那里游过了我的一生？我在两个和弦之间切换着，直到我的手腕又酸又痛，直到我觉得手指都要弹出血了。

能听见吗，汤姆少校？

我学会了治疗乐队《未命名》**和史密斯乐团《问》***的和弦，用我那粗糙、跑调的嗓音跟着唱，基本都不在调上。

有时候，我在熬夜学习的时候，会听见脑袋里有一个声音告诉我，

---

* 　大卫·鲍伊《太空奇遇记》（*Space Oddity*）。——编者注

** 　*Untitled*。——编者注

*** 　*Ask*。——编者注

如果我没有在考试中取得好成绩，如果我不能找到成为比我现在这个样子更好的方法，那我就是一个失败者。它很残忍，很无情，很刻薄。你这坨屎。你这坨失败的狗屎。干吗还努力呢，你这个他妈的失败者？这样的声音在我的脑海里一遍又一遍地循环。我无处安放、无法理解，只觉得我的世界一下子就变了，我能感受到的只有这份寒冷和凄凉的动力，驱使着我成为别的样子。如果我做不到，那我就是失败的，人们就会离开我。

当我觉得自己承受不了的时候，当我无法关掉那个声音的时候，我就会坐在床沿上，拨动琴弦，弹奏那些悲伤的歌曲。

能知道这样的东西存在，能去一个别的地方、听到这样的话语，能创造出它们，这对我来说是一种解脱，仿佛我终于能畅快呼吸了，能让其他那些声音安静了。

有时候，我和劳拉会吵架。或者更准确地说，有时候我对她很残忍。我不知道为什么。我会告诉她我并不是真的爱她，她对我来说不够好。我会想出我能想到的最刻薄的说法。"你太笨了。""你太傻了。""你被保护得太好了，无法理解我。""你很丑，你没有品位。"我告诉她我们俩结束了，我需要另寻新欢。我看着她流下眼泪，我感到一阵空白侵入我的身体。我看到了她眼里的恐慌。我感受到了我为她带来的失去。这种感觉仿佛屏住呼吸，仿佛我不认识我自己，因为也并没有可以认识的自己。

我会在橄榄球场后面的野草丛里和别的女孩接吻——英语课上的塔妮莎·坎贝尔，她是我初中时的暗恋对象，或者艾丽卡·尼尔森。消息传到劳拉耳朵里后，她会给我写很长的字条，上面还有她写的诗，在字条里，她清楚地写着，想到我和其他人在一起，她有多么受伤。我心想：很好。拥有这种权力让我觉得很安全。我不知道为什么。

那些诗很悲伤，也很美丽，其中充满了恐惧和对慰藉的向往，充满了迷失的孩子和圣洁的鬼魂影像。在她炽热的女孩子气之下，在她的牙

　　　　　　　　　　　　　　加利福尼亚

套和自我嘲讽的玩笑之下，是某些更为深刻的东西，她给人一种感觉，仿佛有什么东西让她过早地离开了自己的少女时期，而那个匆匆赶来填补空白的女人形成得太匆忙了，她支离破碎、残缺不全，仿佛诞生于一个少女的想象。

但是这样的想法在我的脑海里十分抽象，当我审视内心，我感受到的只有麻木，仿佛她从未存在过，我们也从未身陷在那个雨滴中的宇宙里，那时，在这个离港飞机之下的半吊子学校里，我们是两个找到了彼此的人。

然后，一切又会突然涌现，完整地呈现出它的原貌：我需要她。我不能没有她。突然间，她对我的意义又变得过于重大了。我找回了自己的记忆，如果握不到她的手，我连一天都过不下去。我必须得看到她的脸。她不应该被这样对待。**我是屎。我是屎。**但是当我感受到爱的那一刻，我同样感受到了伤害她带给我的愧疚，我对她莫名其妙地残忍，唯一的理由就是我受不了自己如此需要她。

在这样的迷茫之中，我会坐在床上拨动 D 和弦，跟着蹩脚的旋律含混地念出几个词，在我意识到之前，我就这样开始写歌了。我一边唱，一边知道自己写得并不好。D 转 G 转 A，世界上所有的歌都是这个套路。但是唱歌的感觉很好，身处秘密基地的感觉很好，在这里，我可以摘下面具，拜访我那些浪漫又时髦的朋友，他们和我一样混乱、疯狂。

每当我难过、受不了、愤怒或者无聊的时候，我都会这么做。我写的歌并不好。旋律很简单，歌词又用力过猛，不是说得太多就是说得太少。像这样的歌，我永远都不会为别人演奏。我宁愿弹一首鲍伊的歌给别人听。弹唱得好不是重点，重点是音乐让我觉得自己属于某个地方，这个我不认识的人，这个游动在他生命之下那片黑暗、混沌、未知地方的人，也有他自己的声音。

最大的谎言

蛇河惩教所是一座位于东俄勒冈沙漠高原地带的新监狱，离爱达荷州的边界只有五英里。我十六岁生日后的暑假，妈妈告诉我她要去那里参加一场集会，我可以和她一起去，我不用参加集会，和她一起坐车过去就行。她解释说，和她一同乘车前往这座沙漠高原上的监狱就是我的十六岁生日礼物。

"我们可以聊聊你的未来，共同度过一些有意义的时光。"她说，"只有你和我。你难道不想要这样的生日礼物吗？"

我不知道怎么告诉她，这并不是我想要的那种生日礼物。因为这对她来说似乎意义非凡。她依旧会和我并排坐在沙发上，希望十六岁的我能拉着她的手，十指交错，一起看电视。当我因为不舒服而站起来想开个玩笑时，她会说诸如"我想我大概对你来说不重要吧"之类的话，脸上的表情会变得既悲哀又羞愧，充满了抵触。"我再也看不见你了，米克。自从你搬走之后。"

对此似乎不存在很好的回答方式。我要么做一些让自己感到不舒服的事，要么拒绝，然后感到愧疚。我以前觉得这样的侵犯只是因为人们不懂，他们不知道界限在哪儿，但我开始觉得，也许不是这样了。

加利福尼亚

我们行驶在 84 号州际公路上，穿过由哥伦比亚河创造出来的喀斯喀特山脉的山地走廊，我对她说我爱上了劳拉。

"激素的作用罢了。"她说，"小孩子都这样。他们会坠入爱河。如果你留在俄勒冈，你也会在这里遇见一个女孩，然后爱上她。劳拉听起来是个不错的姑娘，但她身上没有任何特别之处，俄勒冈也有很多好姑娘。你本可以在不用离开我的情况下认识她们中的某个人的。"

我们两侧的山脉呈现出灰蒙蒙的棕色，上面点缀着几枚巨大的石块。这里和雨水充足、树木繁茂、被绿色覆盖的威拉米特山谷非常不同。车里充斥着某种沉默，因为我不知道如何回答，我只知道关于劳拉她说的是错的，尽管这趟旅行是我欠她的，我对自己生命的感恩也是我欠她的，她原谅了我没有尽到自己照顾她的职责，这也是我欠她的。

我们停下来加油时，她指着一个穿着一字领彩虹弹力上衣的女人说："那个女的太胖了，不应该穿那样的衣服。"

"也许她穿得很舒服。"我说。

"你懂什么？你现在跑步跑得都这么瘦了。"她拍了拍我的肚子，坐在车里我旁边的座位上，"你跑步大概就是为了减肥吧。"

"不是。我跑步是因为我喜欢比赛，而且我一直热爱跑步。"

"是啊，但我敢打赌跑步的副作用也很棒。"她摇着头说道。

我还记得我成长过程中，她说我胖的每一次。这很奇怪，因为有天下午，在我们翻看相簿里的老照片时，我看到了自己二年级、三年级和四年级的照片，我看到的只是一个牙齿天包地的健康孩子。如果真有什么问题，那就是这个孩子看起来还有一点瘦，似乎营养不良。我不知道为什么我当初认为自己很胖，七岁的我为什么要觉得自己做错了事，去哪儿都要吸着肚子。

她说我喜欢跑步是件好事，因为俄勒冈大学拥有一个了不起的长跑项目，她已经迫不及待我能在那里上学了，这样我就离她很近了。"尤金是个不错的小镇。那里有很多嬉皮士。"我不知道她为什么会觉得我喜欢嬉皮士。她总是这样。我不知道她为什么觉得我不会考虑其他大学。"答应我你会去那儿，这样我们就能离得近一些了。"

"好，我答应。"我为了结束对话而说道。

我们到达爱达荷边境几英里外的安大略镇后，妈妈在一家汽车旅馆为我们办了住宿，然后便去参加位于监狱的集会了。她一整天都没回来。我打开电视收看《我爱露西》*的重播，三点的时候，我穿好运动鞋，去高速公路上跑步。监狱是新建的，他们重新铺设了这段高速公路的路面。崭新的柏油刺激着我的鼻子，我沿着马路慢慢跑，耳边是我沉闷的脚步声，一辆半挂式卡车开过的时候，我赶忙跳到一旁。

我意识到这是一份很不寻常的生日礼物，独自一人在东俄勒冈的这座监狱旁度过。我想起了我的十岁生日，那时保罗刚刚离开，布雷斯大街上的房子里还是只有我和妈妈两个人。我们还养着兔子，而且是时候宰杀了，因为不想"浪费掉这些优质的肉食"，我们决定由我来完成宰杀的任务。我拿出了那个白色的桶，在树的周围撒上了碱粉。我将十二周大的小兔子一只一只从笼子里拿出来，用铁棍敲击它们的头骨，再将它们挂在树上，砍下它们的脑袋。保罗留在谷仓里的猎刀对我来说太大了，我没法很好地拿住，我看起来十分笨拙。我在一只兔子的脖子上拉锯时，直接凿下了左手中指上一块很厚的皮。我用手握住手指，用力摇晃它，然后试图用嘴把血吸出来，想着血一会儿就能止住了。但是接下来，在切割另一只兔子的皮肉时，我直接切进了虎口，几乎将皮肤完全切断了。我不明白为什么这把刀这么难用。我以为在我生日这天宰杀兔子会是一件很简单的事，因为不论什么都难不倒我，我是那个能够完成一切需要被完成的任务的人。我开始盲目地对着兔子的残骸乱砍乱戳，直到我片下了自己手指尖上的皮，我将它甩掉，意识到浓稠的血液流过我的手指和手腕，掉进了桶里，和兔子血以及它们被砍下的头融在了一起。

我进屋后，妈妈坐在厨房里的大餐桌旁，旁边摆着一个她做的胡萝

---

* *I Love Lucy*，二十世纪五十年代美国肥皂剧。

　　　　　　　　　　　加利福尼亚

卜蛋糕。"我做的是无糖的。"她说，因为糖是一种毒品，"生日快乐。"我走过油毡地面的时候，她没有注意到鲜血从我的手上流下来，流到了我的裤子上，流到了地上。我把手放在水龙头下，让水冲刷着它，然后用一张餐巾将它裹好，坐了下来。我们安静地吃着，她伸出一只手让我握住。我告诉她我没法一边拉着她的手一边吃，因为我的手受伤了，还在流血。她挺直身子说道："你为什么总要跟我对着干？"

我在俄勒冈沙漠中的高速公路旁停了下来，低头看着我的左手，在阳光下翻转着它。我依然能看见伤疤。宰杀兔子为我留下了十道左右的疤痕，让我手上的皮肤变得有些坑坑洼洼的。因为刚跑过步，我依旧大口喘着气，我看向远处通往监狱的红棕色山坡。除了风声和我高频率的喘息声，一切都很安静。

我想到了洛杉矶的同学们的十六岁生日，他们会在餐厅开派对，或者去游乐园玩。德雷克十岁生日的时候，我们租了一部《空前绝后满天飞》*的录影带在家看，还一起熬夜玩真心话大冒险。除了作为我对她亏欠的弥补，我从来没想过我的生日还有什么别的意义。这些伪装，这个我知道自己必须持之以恒扮演的角色，都在消耗我。就好像她根本看不见我，我这个人只是她自己的一种延伸，我是那个离开了她的人、背叛了她的人，她给了我生命，所以我就欠她一条生命。

我从没想过其他母亲并不是这样想的。

站在爱达荷州边界附近的高速公路边，我人生中第一次想到，也许她的精神并不完全正常。我想起了我给自己找过的无数个借口，还有我为她找过的那些借口，为了合理地解释她创造的那个世界、她的视野、她的故事，还有那些确实发生但她不承认的事情，只因为它们不符合她为自己创造出的那个剧本。所有这一切，也许并不只是一个"生活艰辛"之人的特征，而是真正的精神疾病的信号。

---

* *Airplane!*，美国喜剧片。

我想起了和别人说起她的所作所为时，他们会说："她听起来有点不太正常。"他们会笑笑，而我则会变得沉默，话语尴尬地悬浮在空气中，等着我去和他们对峙、向他们解释，或者赞同他们的说法。但是我做不到。我凝固了。因为我正忙着维护那个剧本。我是这个剧本中必需的元素，也许是最最必需的那个元素。

有一次，我和劳拉在包装圣诞礼物的时候，进行过一次长时间的探讨。她想知道我为什么非得在俄勒冈过圣诞节，她会想我的。我告诉她，我要去俄勒冈，是因为一个男孩的职责就是照顾他的妈妈。她奇怪地看着我："什么意思？"

"我的意思是，我是她的孩子，我应当照顾她。"

"你是认真的吗？我不确定你是认真的还是在开玩笑。"

"怎么了？"我看着她。她紧紧地盯着我。

"亲爱的，事实刚好相反。你知道的，对吗？"

对待这类想法，我的一贯做法就是将其埋藏在心底。

我妈妈给自己讲了太多故事了，她相信的都是幻象，她对世界的理解是她生活中的缓冲垫，就像州立医院墙上安装的缓冲垫一样，为的是让锋利的边缘消失。这样的幻象太多了，数都数不清：关于道格是个怎样的人的幻象，关于保罗到底去哪儿了的幻象，关于"离开了她"的爸爸和"偷走了我们"的邦妮的幻象。而事实上，邦妮是我和托尼在这个世界上最信任的人。菲尔被打和保罗的离开，类似这样的事件都被我们无视了，就好像它们根本没发生过，好像它们不会对我们产生任何影响，好像它们影响到的只有她。我们目睹了一切，发出了尖叫，我们为此做过噩梦，感到焦虑，我们在黑暗中独自哭泣，不知道该怎么办。可是我们从来没有谈论过这些。

这种感觉很奇怪，因为我知道，我一直以来都很清楚这一点。我只是从来没有用直白的语言将它大声说出来过：她住在另一个世界里，她住在另一个现实里，为了让生活变得更容易一些，她对这个现实做了改动。

这种感觉很不真实，我的大脑让我产生怀疑，我这么想可能是错的，也许我疯了。她才是那个读过很多书、参加过很多自助集会的人。她是心理学方面的专家、育儿专家，她能脱口而出专业的术语、理论、词汇和口号，仿佛一门守卫堡垒的大炮的狂轰滥炸。她用心理学将自己全副武装，而且她会使用这副武装。这些术语就是她的武器，她用它们来实行某种规范，我们必须对这条镶满镜子的无尽通道有一套严格的定义和理解，这条通道是她用各种各样扭曲的映射创造的，它定义了"儿子"，定义了"母亲"，定义了"朋友"，定义了"家庭"。

我们在车上时，通常会一直聊天，漫无目地进行对话，但是那天回家，行驶在那条尘土飞扬的炎热高速公路上时，我们第一次全程沉默着开过了整个俄勒冈州。

整个暑假，一种不舒服的感觉跟随着我。无论我是在进行每天的跑步锻炼，在和位于洛杉矶的劳拉煲电话粥，还是和杰克一起浪费时间，或是在俄勒冈州博览会的快餐摊位上打工，我都能时刻意识到一件事，那就是人们可以将自己的全部旅程、整个人生藏在一个谎言背后。就好像现实只是你和世界的一道议题。真相是否是探讨出来的呢？如果是的话，那还有什么东西能称得上是谎言呢？

一段时间后，想要直面那些幻象已经不可能了。在几千个日夜的否认之后，一旦迷失在它们之中，你就无法再面对真相了，因为你已经不知道真相是什么了。于是你成为自己谎言的受害者。不知道这是否就是妈妈经历的呢？

你如何面对一个如此巨大的谎言？

我在夏末令人心浮气躁的闷热中睡着了，我闭上双眼，看见高速公路在我面前展开，我穿过牧场和空旷的田野，道路消失在了地平线尽头，去往某个无名的地点。我突然坚定不移地觉得，我们这些怪胎和孤儿注定属于这里，属于空荡荡的高速公路，两旁是松树和疲惫的旅行者，涂着口红的男人在收音机里唱着悲伤的歌，与我们作伴。

我爸爸，前科犯

　　我和爸爸之间的距离变得越来越远。我知道他为我感到骄傲，但我能感受到他的担忧，因为大学已经变得太重要了。我正在一条路上行走，但我还不确定这条新的路究竟是主路还是只是通往原本目的地的另一条路线。任何时候，我都有可能拐个弯，再次回到原点，再次走向戒毒所或者监狱。我的爸爸一直没有念完初二。托尼一直没有度过初三。皮特叔叔和唐尼叔叔高中的时候都辍学了，最后进了监狱。我很难不觉得无论自己怎么做，都会落得和他们一样的结局。所以我很警惕。我一学就是几个小时。我将作业的截止日期牢记在心。我想成为这个家庭里男人们定下的规矩的例外，不知道爸爸现在是否担心我这样的行为是一种反抗，是不是在说：我和你不一样，我们永远不会一样。或许我就是这么想的。

　　他像我这么大的时候，终日游荡在圣迭戈的大街上，已经成了小偷，已经结了婚，已经当了爸爸，他和他偷来的信用卡号、车子还有毒品已经领先了法律一步。我知道他不想让我也过这种生活，但我能看出来，他担心另一种东西将我夺走，比如一座机构、一份教育、一种会让他失去自己儿子的装模作样。

一个叫作格雷格·鲍尔的高三年级重金属乐爱好者说他不喜欢我"娘炮一样"的头发和我"娘炮一样"的衣服。我前面的头发已经长长了，一直垂到下巴下面，我的行头包括一双黑色的十二孔马丁靴、一件黑色的飞行员夹克和一件大卫·鲍伊的 T 恤。每天吃午饭或是课间穿行在走廊里的时候，他都会扭过头喊上一句"我要杀了那个小娘炮"之类的话。

他一米八六，留着黑色的长发，穿着铁头靴子，右手戴着很多重金属戒指，其中包含一枚伸出利爪的鹰戒，和一枚扁平的铁戒指，他还将一枚钉子的尖头打了进去。

几个月来，我往学校走的时候都很害怕，不知道什么时候自己会被格雷格·鲍尔从人海中揪出来，向我的女朋友和整个学校展示他一口咬定我就是的那个"小婊子"。

我不知道该怎么做，于是我把这件事告诉了爸爸。一开始，我以为他会和我同龄人的那些保守的郊区父亲做出一样的反应，他们平时会给自己的孩子辅导作业，还会为他们的大学申请提出建议。比起加州大学的系统，爸爸倒是对一九五七年产的雪佛兰懂得更多一些，有时候这让我觉得自己处于劣势。我知道如果爸爸和这些男人一样，那他就会给校长或者格雷格·鲍尔的父母打电话探讨这件事。

但他没有，他非常严肃地摘下了自己的阅读眼镜，从他的赛事表格上抬起头来说道："嗯，你知道的，你得揍他一顿。"

这个主意在我们两人之间的空气里飘浮了一会儿，它的荒唐让它悬停在了那里。作为一个一米七四高，五十八千克重的论文写手和越野赛跑运动员来说，这不是我意料中的答案。

他看出了我脸上的犹疑："你可以揍他一顿，你知道的。只因为你的体格比他小，这算个屁。"

十分钟后，我站在房前的车道上，爸爸举着一个枕头让我打，他在教我如何格斗，就像一名重量型拳击手一样。"胳膊肘不要冲外。保持平衡。你要把身体的全部重量放在拳头前面的两英寸上。先防守。永远先出左手，这样你就可以防御对方的攻击了，然后右手再来一个大回击。"我击中了枕头。"你只需要一记厉害的后手直拳。或者向对方的气管、膝盖、睾丸快速出击。"

就像我这个好学生该做的一样，我在带来的笔记本上写下：**先防守。打喉咙。踢下体。**

"街头打架没有下手不黑的。一旦你跟人打起来了，赢就行了。"

"可是那样公平吗？"

"去他妈的公平。公平根本不重要，已经采取暴力手段了，你就要做最暴力的那个。"

他在监狱里学到了一些技巧，如何分散别人的注意力、如何改变方向，都是些快速取得优势的方法。他解释这些东西的方式，就和一位宇航员向他的儿子解释重力的属性一样：十分冷静，力图把细节讲明白。

"如果他朝你走过来，往他的脸上吐唾沫。他用手去擦的时候，用你的拳头侧面攻击他的喉咙。"他向我展示手要以哪种姿势瞄准气管。

"如果你手里拿着一摞书，只需要走过去把书抛向空中。他会去接的。这是本能。然后在他卸下防备的那一秒，打断他的鼻子。"

我们拿了几本书来，我练习着瞄准爸爸的意大利大鼻子。

"你摸到门路了。还有一点就是，你最好准备一卷硬币。用胶带缠住，攥在右手里。这会让你的拳头落得更重，也会防止你打断指关节。"他冲我眨了眨眼。

"不管你干什么，不要没完没了地放那些愚蠢的狠话，搞得像在斗鸡一样。他体格更大，这是他的优势。你只需要趁其不备把他打倒在地。"

我在书桌的抽屉里找到了一卷旧的五分镍币，用胶带将它们粘在一起。我熬夜播放着简的嗜好，想象着打架的场景，试图控制住自己的恐惧。

我戴着耳机走向学校的时候，几乎感受不到自己的双脚。我在脑海里设想了一千个场景，大部分都以我进医院告终。最糟糕的几个场景甚至都和肉体上的痛苦无关。真正让我害怕的是想到自己可能会被羞辱，大家会发现我就是他口中的那个"娘炮"。他们会发现我不是爸爸。我不是在监狱里待过好几年、身经百战的前科犯。我是那个敏感的孩子，我是越野赛跑运动员，我是两个俱乐部的主席，我写的故事会被贴在冰箱上，我拥有一个"光明的未来"，即便在表象之下，我总觉得这一切只是暂时的，迟早人们会发现我是个骗子，我竭尽所能地隐藏着我的真实身份——一团胆小如鼠的焦虑、耻辱、噩梦和迷茫。

我终于看见了格雷格·鲍尔，他和几个穿着风衣的好友靠在餐厅的桌子上，吊儿郎当，似乎什么都不在乎，脸上挂着自以为是的微笑，他喊道："我他妈要给那小子点颜色看看。"

我很害怕，但是我的兜里装着那一卷硬币，爸爸的话和简的嗜好《三天》*中猛烈的鼓声回荡在我的耳畔，我什么也没想，只听见自己大喊道："你他妈什么也不会做的！"

他跳起来，朝我走了过来，像一只准备打架的公鸡，高昂着下巴，鼓着胸脯。周围一阵骚动，每次学校有人打架的时候，人群都会聚集，发出一阵喧哗。我听见有人喊道："上楼打去！这里老师太多了！"格雷格·鲍尔充满恨意地瞪了我一眼，慢慢转过身，和一群学生走上了楼梯，我紧随其后。

当我出现在水泥台阶的顶端时，我看见了一大群人，可能有一百人，在高年级教学楼的草坪上围成了一个圈。站在圆圈中心，收敛着下巴举起了双拳，弓着背，手指上戴着尖锐戒指，脚上穿着铁头摩托车靴子的，正是格雷格·鲍尔。

我低垂着头，径直朝他走了过去，用力捏紧手中的一卷硬币。我接近他时，听见他说道："所以怎么——"

但是在他说完之前，在我能思考和像以前上百次一样畏缩之前，在

---

* *Three Days*。——编者注

恐惧使我动弹不得、告诉我我就是自己心知肚明的那个胆小鬼之前，我聚集起全部的愤怒、恐惧、焦虑，和我瘦弱身躯里的每一丝力气，脚跟向前摇动，用最大的力气给了他一拳，直抵他的下巴。

"我噢噢噢噢噢噢噢噢靠噢噢噢噢噢噢噢噢噢噢！"我听见周围的人齐声喊道。

我勇敢地面对着他，举起拳头喊道："去你的！"用我最大的声音，就像爸爸告诉我的那样。

然后一些奇怪的事情发生了。这是我没有预料到的。我停止了思考，感到自己正在发生某种转变，就好像世界上其他东西都不存在了，没有后果，没有昨天，没有未来，就好像所有的辱骂、蔑视和几个月以来的恐惧都像一团汽油一样，突然点燃，变成了尖厉、盲目、纯粹、未经过滤的愤怒。

我听见词语从我的嘴里跑了出来：废物——一——坨——屎——脑残——浑蛋——婊子——你——想——打——我们——就——打——我——要——杀了——你。这感觉就像在说灵言，我的大脑不再控制我的嘴了，它飘浮在上方，看着这一切。

他给了我一拳，但似乎没有使出全部的力气，我向左边躲开——毕竟笔记里是这么写的——紧接着给他的鼻子来了一记后手直拳。我听到一声脆响。他看起来被我打蒙了。我发现自己跃跃欲试，但我不知道为什么。我没有计划。只有这场打斗，拳头，他的脸，我想制造伤害的欲望，我想伤害他、毁灭他、毁灭我自己体内的某些东西。

我不禁好奇，爸爸在监狱里时是否也有这种感觉。我成长过程中听到的所有那些作为硬汉的吹嘘，他的大嗓门儿，关于他打架很厉害的故事和那个充满雄性力量的强壮躯壳，是否都只是恐惧的盾牌。这是否代表我们两个是一样的呢？我们能否互换位置，他可以成为全 A 学生，我可以成为前科犯？

格雷格·鲍尔踢了我的腿一脚，我能感到靴子的铁头陷进了我的小

加利福尼亚

腿正面，血流了下来。他向我挥来一拳，手上戴着那枚钉子戒指，我知道我必须躲开，让自己的脸远离那颗钉子的尖。我往旁边一闪，猛扑向他，尖叫着打他的眼睛、鼻子、下巴和喉咙，一遍又一遍。

我的头脑中央很平静。一切都在以慢动作移动，仿佛我在电视上看着剧情展开，镜头扫过盯着我的同学们的脸：莫妮卡·祖尼加，她很高、很漂亮，留着浓密的黑发。她看着我的样子似乎充满了疑惑，还有一点恶心。来自长跑队的查尔斯·金穿着他宽松的白色 T 恤，双拳低举在身前，大声尖叫着。德鲁有些迷茫又有些好奇，就好像他盯着的是一个他不认识的人。

女生足球队的教练把我们分开时，格雷格·鲍尔的脸上满是鲜血。锯齿状的红色液体从他的左眼、他肿起来的鼻孔和他嘴角边的伤口中流了下来。他走向长椅坐下的时候，看起来疲惫不堪。围观者的躁动已经变成了狂呼乱叫，空气中弥漫着一种弱者打败了强者时的欢欣。我听见长跑队的男孩子们跑到走廊里欢呼雀跃道："队里的白人男孩干大事了！"

我退到角落里，坐在台阶上，喘着粗气。我无法停止颤抖。我将头夹在膝盖中间，很快，我便感觉到劳拉安静地坐到了我旁边，轻轻地趴在我的后背上。我开始哭。我不想哭，但我无法隐藏。我隐藏的所有东西现在都昭示天下了。

这张面具是一个谎言。这样的人生是一个谎言。我想回家。我想和爸爸聊聊，告诉他我懂了。这一切很糟糕。我们两个的体内住着同一个男人，他弥补了我们的恐惧。他站在那里保护着我们的脆弱，保护着那个赤身裸体、充满恐惧的小孩，告诉他不要让别人看见他，他太脆弱、太可怜、太易碎了。

所以说到底，这就是成为一个男人的含义吗？

劳拉一直在说："没事的，宝贝。结束了。没事的。"

我听见大家的声音："他为什么哭了？他有什么毛病？他赢了。"

我想动却动不了。我觉得自己空荡荡的，我不知道发生了什么，我只是想道：知道了这样的事情真让人不好受。

　　我参加完跑步训练回到家，爸爸在家，自从他不工作了之后每天都在家，这样邦妮上班的时候他就能在家陪我了。我给他讲了我的恐惧和那场打斗，我是如何防守和反攻的，我是如何遵循了他的步骤取得胜利的。

　　他那张晒成古铜色、饱经风霜的脸仔细聆听着，眼神里闪烁着好奇，不时询问我一些细节，想要完全搞明白。我知道他想保护我。我知道他为我感到开心，但除此之外，还有某些东西。这让我很惊讶，两个人只有在相处了上千个小时之后，才能发现这种细微的变化。每次暂停的时候，在两句话之间，我都能看出他在我脸上搜寻着什么。可能是悲伤吧。我意识到我也能感觉到：我们两个第一次将对方当成男人看待，意识到了我们有多么相像，在感到骄傲的同时也混合着悲伤。

　　在锡南浓位于塔玛莉湾基地的学校后面，有一片灌木丛生的金色田野。在我们还很小的时候，我们会顶着剃成寸头的脑袋在其间奔跑，对大路外面的世界一无所知。我们会停下来挖蚯蚓，或是在长耳大野兔从它们棕色的洞穴里露出脸来时追着它们跑。我们通常是一个人或和很少的几个人一起做这些事。我们想念父母，他们在我们的生活中来来往往，就像月亮的阴晴圆缺，既熟悉又遥远。有时候爸爸会来看我们，听见他的哈雷进入车道的时候，我的心就会激动地狂跳。我会奔向他，他从摩托车上下来时，留着八字胡的脸上带着微笑，他将我和哥哥举起来，挠着我们的肚皮，亲吻着我们的脸颊。那时他刚从监狱里出来没几年，关于那支针管、那张沙发和那些暴力事件的回忆还没有那么遥远。但他的未来还在脚下，他的小男孩们也在他的身边，我们距离如此之近，我们感受到了彼此之间的联结，仿佛我们是一棵树上的枝丫，在树根处相连，我知道这让他觉得自己更镇定了，因为这也让我镇定了。我能感受到他的温暖，我将他的关爱当作一种承诺：他会将自己拥有的所有给我们，即使他拥有的并不多。很多年来，我都在因为他所拥有的不多而评判他：他的缺点和做过的错事，他有限的能力，我向自己发誓永远不要变得像他一样，我记下了所有我不想成为的他的样子。

但是有些东西变了。我对他的怨恨消失了，取而代之的是一种单纯的理解。我不希望他成为我朋友们的父亲，他们有学历，履历干净，背负着巨大的压力。我知道，或者说我十分确信，这个有缺陷的、愤怒的、幽默的、智慧又充满爱的男人是站在我这边的，无论我去哪里或做什么事情。

这是任何人能够给我的最棒的礼物。

幸运的那一个

爸爸以前担心我会变得目中无人。他不想承认这一点。如果邦妮拿起我的成绩单说道："哇。就，哇。这么多 A 是从哪儿来的？"爸爸也会微笑。他会随之附和。但他心里并不总是这么想的。在我开始取得好成绩之前，他总说受过教育的大多数人都是满嘴屁话。"有些人只因为他们拥有一个狗屎学历就觉得自己什么都知道了。但与此同时，这些自以为是的蠢货连一个瘪胎都不会换。"我以前经常听到他这么说，"你为什么这么想上大学？我们也没上过，我们现在也活得很好。"我会说，因为我想学习新的观点、认识新的人，尽管我心里知道，是因为我想离监狱的院子和匿名戒酒会的集会越远越好。

但他现在不再这么说了。我熬夜学习时，他会给我拿来零食，然后说他为我所做的功课而感到骄傲，这些事情都是需要用"心"的。我翻着我的微积分课本时，他会在门口徘徊一会儿。

他喜欢翻看我收集的大学介绍手册，这些都是我去参观过的学校。加州大学圣塔芭芭拉分校拥有毗邻大海的美丽校园。加州大学伯克利分校历史悠久，学术氛围浓厚。斯坦福大学罗马风格的建筑物中住过无数位诺贝尔获奖者，其上方的山坡上是一个巨大的白色圆盘式卫星天线。

加利福尼亚

"这看起来还不赖。"我们在客厅里看比赛的时候，他一边翻着小册子一边说道，"你真的有机会能去这些地方，嗯？"

"我觉得是。让我们拭目以待吧。"

也许是因为他生病了。几个月来，他一直感到疲惫不堪、恶心想吐，于是他去医院验了血。拿回检测结果时，医生说他患有丙型肝炎。他不知道自己是怎么得的，也许是输血时感染的，也许是在监狱里和别人共享肮脏的针头时感染的。他需要使用干扰素，这会让他产生严重的流感症状。他很虚弱，睡不着觉。他必须将巨大的针管扎进肚子输送药物，针管外面包裹着黄色的塑料，他将它们放在冰箱里鸡蛋的旁边。药物会导致腹泻，而且他从来不饿，所以他瘦了很多。他打针的时候，会因为疼痛龇牙咧嘴，看着我发出一声苦笑："真糟糕，是吧？"我也会笑，因为这个男人在任何情况下都能开玩笑。**儿子是什么？父亲是什么？现在我们对彼此来说意味着什么？**他越来越虚弱，我越来越强壮，我们看着对方，我们都不是自己以为的那个人了。

丙型肝炎会导致肝硬化，这和弗里达姥姥现在的病一样。它会一点一点吞噬你的肝，直到最后除了一团瘢痕组织，什么也不剩下。爸爸立即停止了喝酒，因为他的肝已经无法再消化酒精了，酒精只会让病情恶化，但是姥姥并没有戒酒。妈妈说她只是坐在椅子里，旁边摆着堆成小山的药片，手边的托盘上是一个挂满水珠的高球杯，里面装着苏格兰威士忌。妈妈很担心，因为姥爷后背里的癌细胞现在严重了许多，他似乎不能再照顾她很长时间了。

爸爸在尽他最大的努力照顾好自己。他每天早上都会锻炼，吃得很健康，我在田径运动会上跑圈，他坐在空旷的看台上为我加油助威时，也会记得拿一条毯子将自己裹好。

"不赖。"他说，合上小册子，摘下阅读眼镜，将比赛的声音关小："我是说，靠，如果你成了律师，那你只需要给咱们家的人打官司就能养活你自己了。"

我知道他很担心托尼。我们都是。他又开始喝酒了。他和蒂凡尼分手了，三个月后，他听说她又回到了街上，又开始吸毒了。当孩子不在托尼那里的时候，她经常会把他丢给别人待上好几周。有时这样的人是一对带孩子的友善夫妇，但有时是她根本不熟悉的陌生人。其中有个人只喂他吃装在瓶子里的玉米糖浆，把他的小牙全给毁了，它们变成了棕黄色，还长了龋齿。

有人给儿童保护服务中心打了电话，于是他的监护权被转移给了国家。妈妈介入了，这样他就不会进福利院了。但是这样的情况没有持续多久，孩子又回到了托尼身边，他们住在小镇边缘的一套小公寓里。杰克和托尼成了朋友，杰克说他去看望他时，屋里到处是啤酒罐，一个穿着纸尿裤的小孩走来走去，而他的爸爸就在沙发上喝酒。

蒂凡尼消失了，没有人知道她在哪儿。杰克听闻她找了个新男人，他们每天做的事情只有"派对"。用这个词来形容一件带来了这么多悲伤的事情，还真是很奇怪。

我和托尼通话时，他听起来很疏离、很破碎。他说："我为你感到骄傲，小弟弟。快去在世界上留下你的印记吧。让他们知道你从哪里来。"我能听出他声音里的悲伤，仿佛他已经放弃了，或者只是不知道该怎么做了。这一切对一个人来说似乎过于沉重了，他既有孩子，又有上瘾的问题，还有那么久以来孤独一人的记忆。"我和每个人都提起你。我的小弟弟会成为一个脑外科医生或者一个宇航员之类的。我相信你，米克。真的，这基本上是我唯一真正相信的事情了。"

我收到斯坦福大学录取通知书的那天，只有爸爸一个人在家。他听着收音机在车库里等我，摆弄着他的卡车。"你收到了一个包裹，"他微笑着说道，"你可能会想打开看看。"工作台上的钢丝锯旁摆着一个巨大的白色信封。我撕开信封，里面的纸掉了一地，地上摆着爸爸的工具——一组套筒扳手、几把钳子、艾伦牌扳手、装满螺栓和螺母的玻璃

　　　　　　　　　　　　　加利福尼亚

罐。通知书的顶端写着："恭喜你！我们非常高兴能够录取你进入斯坦福大学。"在我能够读到下一个字之前，在我翻看用亮面纸印刷、印着坐在那些罗马式建筑拱门下的学生合照的小册子之前，在我查看学校为我提供的覆盖了全部学费、住宿费和教材费的奖学金之前，我用胳膊搂住爸爸的脖子，我们两个都哭了起来。

我不确定我们是因为喜悦还是悲伤。这感觉像是一种成就，但也像是一种幸存。或许我们找到了什么，一种只有两个人在一起时才有的力量。我闻到了他脖子上的老帆船牌男士护肤品的味道，感受到了他厚重的金色项链抵着我的脑袋。我知道摩托车事故后，他是为我而辞职的。为了这一天。我知道邦妮工作养家也是为了这一天。所以这感觉像是我们的胜利。我发出一声尖叫，爸爸挥舞着拳头，我们搂着对方的肩膀来回跳跃。"你做到了！"他说。我跑进房子给妈妈打电话，但她不在家，于是我留言说我有大新闻要告诉她，然后我跑到屋前的草坪上大喊大叫，整个社区都能听见。

我回到车库时，爸爸正坐在地上，胳膊肘支在膝盖上，一只胳膊顶着雪佛兰的前挡泥板，他低着头，一只手捂着眼睛。我问他怎么了。他摇摇头，挥了挥手，没有回答，脸上挂着痛苦的微笑。在沾满油污的破布、团成一团的一次性抹布，和他的红色手艺人牌工具箱中整洁的抽屉之间，只有我们两个。我知道他在想什么，因为我也在想同样的事情。

我们还活着，你和我。那些狗娘养的还没把我们打倒。

两个小时后，妈妈打电话告诉我弗里达姥姥去世了。隔着电话，我能听见她哭了，她解释说自己母亲的肝脏最终还是停止了工作，尽管她的肝硬化已经非常严重了，但她一直没有停止喝酒，直到四天前，她突然戒酒之后的不适应杀死了她。

我告诉她我很抱歉，我爱她，一切都会好的。她抽泣的时候，我安静地听着。"我没法亲近她，"她说，"她对我总是那么严厉，但是失去妈妈对我来说还是很艰难。"

我想到了这个搬来美国的荷兰家庭，爸爸为两个国家参加了一场战争，妈妈每天坐在家里喝酒，三个孩子中年龄最大的那个是由保姆们带大的，在战争遗留下来的弹坑里独自玩耍长大。

"所以你的大新闻是什么？"

"哦，嗯。我不知道现在说合不合适。"

"没事，告诉我吧。我需要听到一些好消息。"

"嗯，我被斯坦福录取了，妈妈。还有奖学金什么的。我简直不敢相信。"

电话那头没了声音，有那么一小会儿，我怀疑通话是不是断掉了。"你在吗？你听见我说的了吗？"

"所以你不打算去俄勒冈大学了？不打算像我们商量过的那样去尤金了？"

"妈妈，我拿到了斯坦福的奖学金。"

"但是你答应过我的。这对我来说是非常艰难的一年。我本来很期待你能离我近一些的。"

我告诉她我很抱歉。我告诉她我们会聊聊这件事的。我告诉她我为姥爷感到同情，为姥姥感到难过。我告诉她我爱她，我得挂了。

放下电话后，我开始沿着自行车道跑步。多克韦勒州立海滩远处的海水点缀着白色的泡沫，沙滩上的沙丘有十五英尺高。我能听见自己的脚步落在水泥地上的声音，也能看见自己的影子投射在沙丘上。我刚刚的兴奋已经消失了，取而代之的是一个新的想法，一个孤独的想法。

我是幸运的那个。我一直都是。我知道他们都为我感到骄傲，但这并不是全部，我觉得自己像一个逃脱了的囚犯，我把其他人都丢下了。

我试图回忆起坏事接连发生之前的时期。但那又是什么时候呢？之前有什么？我们是否有过闭着眼睛安静地坐在温暖的田野里，不被这些鬼魂打扰的时候？

加利福尼亚

我已经知道答案了。可还是——

你可以假装这些鬼魂没在纠缠你。但事实并非如此。

我独自奔跑在这条路上时，感到一阵甜蜜的苦涩。姥姥死了，姥爷正在离开我们，保罗死了（或者在某个地方的阴沟里），妈妈心痛欲绝，爸爸病了，蒂凡尼又回到了街上，托尼为了抚养孩子在塞勒姆雨中的工地上工作，对这份职责来说，他太年轻也太酩酊大醉了……

而我，我要去上大学了。

既然现在你不需要做一个完美的人了，你就可以做一个好人了。

——约翰·斯坦贝克，《伊甸之东》

——▶————————— 好莱坞公园 ——▶

梦想

所有孩子无拘无束地在草坪上奔跑，沐浴着加利福尼亚明媚的阳光，对周围的汽车和高尔夫球车毫无察觉，对时间本身毫无察觉，他们仿佛凝固成了一幅浪漫的舞台群像，由正红色和青翠的绿色组成，是新鲜血液和世代财富的不朽结合。有些人戴着遮阳帽，有些人戴着墨镜，有些人留着利落的短发，有些人梳着马尾辫，穿着扎染上衣，不紧不慢地迈着大步去捡飞盘或者毯子。他们看起来很健康。皮肤被太阳晒成了古铜色。生活得到了很好的保障。他们都在笑着。这就是他们在这里齐聚一堂的原因，为了那个梦想。

整座校园的门面就是所谓的斯坦福大学梦，它是一幅刻进了石头里的图画，是坐落在棕榈大道尽头的一幅美景，深深烙印在所有新老学生那宛如大理石般的意志里。四方的罗马式庭院是用巨大的土橘色砖块砌成的，仿若一座现代的提图斯凯旋门。纪念教堂山墙顶上一百英尺高的镶嵌画在欢迎着正直的人们进入天堂。巨大的白色碟形卫星直指天际，背景中的山坡映衬着它的轮廓。对这样一幅群像的观察者们来说，眼前的景象是令人震撼的，这个地方的一只脚扎根于历史，一只眼望向未来的无限可能，而在这一切的正中心，是由上帝本身赐予的热情支持。

我、爸爸还有邦妮坐在车里，绕着斯坦福的校园兜风，头顶上是守护着学校的棕榈树，足有一百英尺高，眼前的这般景象和我心中的梦想别无二致。邦妮一直在说她为我能拥有这个机会而感到无比兴奋。我们被这里的氛围感染了，排成一排的棕榈树延伸向梦想入口处的椭圆形草坪。

爸爸来得更直接一些，他盯着那些充满学术气息和艺术设计的完美建筑物："老天，这个地方可不是开玩笑的。"

这是个很容易迷失在其中的梦。这是一座位于阳光明媚的加利福尼亚山坡上的闪亮灯塔，满溢着积极与乐观，用它自己的正确性带来的自信碾碎了一切疑虑。物理专业的罐状楼、橄榄球馆、胡佛塔、拉古尼塔湖、高尔夫球场、枫树体育馆、罗丹雕塑园、医院、线性加速器、陵墓、校园正门的美景，还有校园背后绵延起伏的山丘，你一定会沉浸其中，不可避免地觉得自己来到了一切智慧的源泉，在这里，你终于能够完成你的伟大事业了，你已经为此准备了多年。在这完美的表象之下，还能有什么呢？

大一迎新会的第一顿午餐，大家是分开吃的，分组方式参照校园中不同的社团和组织。这像是某种对丰富多彩的大学生活所做的介绍。这里有黑人学生会的午餐、亚洲及太平洋岛屿午餐、MEChA（阿兹特兰奇卡诺人学生运动）午餐、美国土著文化中心午餐，以及普通的午餐。或者应该将其称作白人午餐。那里就是我去的地方。白人午餐。

罗布莱大厅是一座设计完美、我梦寐以求的宿舍楼，楼体上爬满了常春藤什么的，其中的餐厅是由球队帽、接缝处有磨损的法兰绒衬衫、远足装备、Gap 牛仔裤、精心熨烫过的卡其裤、高尔夫球衫、百慕大短裤、马尾辫和半高领上衣组成的大杂烩。我穿着自己的十二孔马丁靴和飞行员夹克，感到格格不入。我从来没见过这么多白人。高的、矮的、胖的、瘦的、觉得自己很酷的，还有明显已经放弃了人生的。我已经习惯了在百分之八十的学生都是黑人的公立学校里扮演一个还能被接受的白人怪胎。我爱那里。我身边的人会认真对待黑人历史月，我会觉得自己在和他们一起与生活抗争，我感到自己离理查德·赖特很近，田径队里黑人队员的家长都是正直的人，他们会为我祈祷，给予我很多温暖，同时对他们孩子取得的成绩感到骄傲，我觉得自己很荣幸能够参与到这一切中来。那里有时装秀、才艺表演、烧烤、舞会、福音音乐、蓝调音乐、嘻哈音乐，大家都觉得在学校的围墙之外，是一个以白人为主、带有很大敌意的社会，所以必须用强有力的思想来武装自己与之对抗。我也有这种感觉。我喜欢每次田径训练后，大家在回家的校车上斗嘴，有人会突然站起来说道："杰麦恩的妈妈老得不行了，在死海还只是病海的时候她就认识它。"这让我对于自己的爸爸进过监狱、我们曾依靠食物券养生活、我家里没有几个男人从高中毕业过的事实感到不那么羞愧。因为韦斯切斯特高中里的很多孩子都有同样的故事。我喜欢和叫作贾巴里、特里梅因和塔米卡的朋友们一起向上行驶在这条路上。有些白人孩子接受黑人文化只是为了融入大家，我不像他们，我不会为了变得更合群而变换我的口音和用词。但是我从来没有一次因为自己是个贫穷的白人垃圾而觉得我和他们有什么不同。我觉得自己是被保护的，如果不是被黑人文化本身保护，就是被那些善良的黑人家长和我认真的黑人同学保护，他们想要的东西和我一样。走出去。走上去。他们有些人的爸爸也进过监狱。

所以我不禁怀疑，我和这些孩子之间又有什么共同点呢？这些白人午餐上来自东海岸预科学校的孩子，他们有着属于自己的玩笑，戴着运动队的帽子。我们应该聊些什么呢？蛋黄酱？Gap？

我觉得自己在被他们打量，被衡量。我很快就惊讶且尴尬地意识到，在我这些以白人和上等阶层为主的同学眼里，我缺少点什么。我听不明白他们的笑话。我不知道该说什么。他们的问题就像一场我不断失败的小测验。午饭时，在宿舍里做自我介绍时，深夜的说唱聚会时，大家问我"你从哪里来"、"你在哪里出生"或者"你的父母是做什么的"，如果我说"我爸爸经营过一家汽修店"或者"嗯，我出生在一个后来成了邪教的公社里，叫锡南浓"，我就会得到他们充满同情的面庞，仿佛我低人一等。我质疑着自己的不同、自己的奇怪，还有那些与我擦肩而过的不可抗的负面因素，例如家族历史、成瘾问题和贫穷。我越是这样做，得到的诸如此类的反馈就越明显。我能看见那种表情在他们体面的脸上成形，那是一种逐渐增强、几乎毫不掩饰的恶心，就好像我刚刚放了个屁。

这是一种怜悯，因为我不会说那些我应该说的话，那些积极、谦逊、充满启迪、表面谦卑实则有些自夸的台词，它们关乎未来的计划和过去的成就，以及一种带有保留的自我欣赏，它们能表现出我有多么能够融入这个山坡上闪闪发亮的小社会，这个被上帝本人保佑着的梦想之地，它一只脚扎根于历史，一只眼睛望着未来。

我很快就学会了撒谎。我不想要他们的怜悯。我提起奇诺州立监狱、塔玛莉湾或者位于教堂的食物赈济处时，我会听见自己在脑海里说道："他妈的闭嘴吧。"

倒不是我融入不了，而是我只有撒谎才能融入。我只能隐藏自己。我只能假装自己知道如何正确地回答每一个问题。迎新会期间，我们宿舍里的人会一起去看橄榄球赛或者飞盘高尔夫锦标赛，或是去参加某个在校园边缘举行的可笑的兄弟会派对。派对上，那些曾经稍显笨拙、步步高升、表现优异的美国学生空虚地靠在墙上，摆弄着手里的红色塑料杯，里面还剩半杯从木桶里接来的不怎么新鲜的啤酒。我学会了着重提及我的大学预修课程得分、我担任的荣誉服务俱乐部会长和基督教青年会政府俱乐部的大会发言人。我学会了告诉别人我妈妈上过伯克利（**不要提起催泪弹、剃成寸头的脑袋和那个浑蛋里根**），我的姥姥、姥爷就**住在附近（不要提起姥姥死于肝硬化），我曾是洛杉矶全市英里赛的冠军（不要提起那些在英格伍德小学后面的树林里跑步的漫长日子，那是在我继父去世或者没去世后）**。而且，不管你做什么，不管对话进展得多么顺利，不管你觉得在当下袒露心声是多么合适，都不要提起你在脑海里逐渐积累的疑虑，不要说出你觉得自己的妈妈对现实的把控并不那么准确这件事。

我可以制作一副面对世界的新脸孔，一张隐藏自己的新面具。

只有在一天两次的田径队训练时，我才感觉自在一些。整个暑假，我都在英格尔伍德西侧沙土飞扬的山上独自练习，沿着山上的石油井架奔跑。每天跑十英里。我一直都没有被学校的田径队招进去，但我总觉得如果我训练得足够努力，我就可以逐渐"融入"他们，最终，我也确实做到了，我和教练见了面，和队伍一起在高尔夫球场进行了几次训练。跑步这样一件如此简单的事情能让我感到镇定，这让我松了一口气。汗水和大口喘气，肚子里的酸痛和肺里的火烧火燎。

我们现在每天要跑十二英里了，对于每天共同分享着这种艰辛和疲惫的人来说，我们很容易在彼此身上找到共鸣，而且长跑运动员也是很不引人注意的一群人。这里厉害的运动员很多。我是大一新生里唯一一个没有得过州冠军的，也是唯一一个穿着四角内裤和篮球短裤跑步的，因为我在韦斯切斯特高中的橄榄球场上时，永远不可能敢穿那种紧身丝质跑步短裤。他们把我当成吉祥物"领养"了，亲切地称呼我为"漏网之鱼"，就好像他们对我尴尬的衣服和尴尬的步伐感到十分骄傲一样，还有我那自己设计的训练方法，有些来自老旧的跑步书籍，有些是我凭空创造的，因为我们没有越野赛跑教练。这种隔阂渐渐变淡了。就像马群一样，我们之间有一种能抹去差异的肢体上的亲近感，我们共同关注着眼前的任务。我跟随在队伍的末端，低着头前进，为我不必说话、只需要跑步这件事而感到心满意足。

进入大一一个月后，我接到了一通妈妈打来的电话，她说弗兰克姥爷后背里的癌细胞已经转移到了他的肺部和大脑，他所剩的时日不多了。她南下飞到了加州，开着一辆租来的车到我的宿舍门口接我，我们一起开往位于洛思加图斯的一家医院。我不禁疑惑道格为什么没有来。

弗兰克姥爷躺在医院的床上，深陷的脸上长了一层薄薄的白色胡楂。他看起来还算英俊，像是我们离开锡南浓那天，我认识的那个骄傲又温柔的男人有些泄了气之后的样子。

我和妈妈坐在他旁边的椅子里，试图告诉他我们来了，他时而清醒、时而迷茫地点着头，吗啡让他感到眩晕。距离弗里达姥姥去世已经有六个月了。他已经和癌症抗争了十年，它慢慢将他那曾经强壮的后背变成了现在这具扭曲、痛苦的残骸。我们以为他能击败它，因为他已经和它共存了这么久。就好像它并不能真正影响到他。他与病魔的这场抗争本身就带有一点奇迹的意味。但是姥姥的去世就像是致命一击，他仿佛失去了继续抗争下去的意义。

我们在他身边值守了一个礼拜。我在上课和去行政办公室取我的资金补助奖学金里的勤工助学要求时，妈妈出现了，眼里含着泪水，脸上的表情充满了挫败，我们在开往医院的二十英里路上基本是沉默的。家里的每个人都知道姥爷是个好人，他那短短的八字胡、脸上永远挂着的微笑、他轻松的玩笑、他对家庭的奉献、对两个国家的奉献，以及对他近期离世的妻子的奉献，他曾像一位家长照顾生病的孩子一样照顾着她。

我被斯坦福录取后，他将自己一九三二年在荷兰田径运动会上赢得的奖牌送给了我，我现在就戴着它。它被系在了一根皮绳子上，挂在我的脖子上。我跑步的时候能够感觉到它在我的胸口跳跃，这让我想起他的存在。我觉得自己与他相连，在我思考未来的时候，有时会听见他的声音在我的脑海中响起。作为他的外孙，我一直都觉得很骄傲。他的双手依旧强壮。他躺在床上握住我的手的时候，我能感受到它们的力量。一天晚上，在我和妈妈离开去吃晚饭前，妈妈将我和他单独留在了房间里，那时他还算清醒。他摇着脑袋，嘴在颤抖，我能看出他在寻找合适的词语。我告诉他我爱他，我很高兴能认识他，我感谢他对所有人的照顾。我太想知道该怎么做了，我想知道他是如何在这个如此艰难又令人迷茫的世界里一路走来的。

他颤抖着双唇，抬起头盯着我，试图讲出话来，他蓝色的双眼泛着玻璃般的光亮。他只说了一句："抬起头来。"我亲吻了他的拳头，他拍了拍我的手，就好像我们立下了一份神圣的约定。

两天后我们到达医院时，一名善良的护士告诉我们他去世了。妈妈倒在访客大厅的椅子里哭了起来，我用一只胳膊围住她的肩膀安慰她。在如此短的时间内失去这么多，似乎是一件很不公平的事，我不禁对她感到同情。他曾是个好人，一个善良的人，在一个满是流沙的世界里，他就像一块坚固的陆地。

她送我回到校园时，梦想依旧在那里，并没有被伤痛影响。教堂、罗马式拱廊、远方的圆盘形卫星。我已经开始想念姥爷了。不知为何，世界似乎变得比以前更加空荡荡了，我无处寻求慰藉。我和劳拉在她去加利福尼亚大学圣迭戈分校的那天分手了，距离我站在她的柜子旁问她是否愿意成为我的女朋友已经过去了将近四年。很快，我就觉得这是一个错误，但是三周以后，当我给她打电话，想要赢回她的心时，她告诉我她已经有了新男友，他们很相爱。她说她已经受够了我的忽冷忽热，受够了我每次和她分手后又跑回她的身边。我觉得自己的心从胸膛里掉了出来，我感到一种令人惊慌的绝望。我想念爸爸和邦妮的玩笑，以及他们给予我的简单的爱。我想念德鲁、杰克、莫里西和鲍伊，那时的我觉得自己很奇怪、很混乱，但仅仅是这样就够了，我想要抗拒这倾覆而来的积极与乐观。

罗布莱大厅在举行一场派对，公共区域里播放着庸俗的流行歌曲，充满喧闹，我安静地走过人群，系好我的跑鞋鞋带，戴上我的耳机——治疗乐队的专辑《分解》*——消失在了无边的黑夜里。

---

* *Disintegration*。——编者注

三个月后，妈妈打来电话，说道格为了另一个女人离开了她。她在抽泣。怎么安慰都没用。这距离她第二次失去自己的亲人才过了三个月，她是在悲伤和痛楚中度过这三个月的。即便是我，都对这令人震惊的背叛感到惊讶。他告诉她，现在是时候面对真相了。他无法继续说谎了。于是他坦白，他们结婚的这七年以来，他一直有一个情妇，他一直在出轨。

她的声音里带着一种惶恐，有些上气不接下气，断断续续，她一边跟我说，一边试图在脑海里消化这件事。我不知道该跟她说什么。这像是一个下流的把戏，就好像她所有那些天真地以为"有人能和她一起变老"的想法，等待的就是现在这样的结局。这么多年后，这样的想法已经在她的脑海里根深蒂固了，就像一根一直举在她眼前的胡萝卜，让她得以忍受他的反复无常、他奇怪的习惯和他关于食物的奇怪规定，可在她最需要他的时候，他就这样在夜里一走了之了。我想起了他用膝盖将我的胳膊压在地上时，脸上那愤怒的表情、那种厌恶，他将拳头举向后方，然后打在我脸上时眼神里的恨意。

我不知道该怎么安慰她。曾经的那种感觉又回来了，我觉得自己能精准无误地感受到她的失去，她的痛苦和绝望。我用低沉而沙哑的声音说道："会没事的。"尽管我并不确定是否真是这样。

她说是我导致他离开的，因为我说他"胆小如鼠"，因为我不接受他作为我的父亲形象，因为我从来没喜欢过他。他知道这一点，而这让他离开了她。

我没有心情和她争吵，告诉她我七年前就已经搬出来了，他们俩在结婚前，他就已经离开过她四次了。电话那头不断传来抽泣声和吸气声，现在否认她的理论似乎太残忍了。现在不是时候。所以我只是听着，告诉她我很抱歉，她可以随时打电话给我，这确实不公平，我会一直在的——不管这句话到底意味着什么。

　　　　　　　　　　　　　好莱坞公园

学校的生活就像一团幻影。除了有机化学、工程物理学、积分学，和所有斯坦福大一新生为了成为这个世界中受过教育的人才而要读的但丁、尼采、柏拉图和其他经典著作，我还要参加每天早上三英里的晨跑、抬举、下午八到十英里的田径训练，和培训中心一个小时的康复训练，这是为了治疗我的关节炎，我每天要吃一千八百毫克的布洛芬。我没有时间弹吉他或者唱歌了，但通过我的日常训练，我成功变成了十校联盟中速度最快的大一学生，也是全国一万米赛跑中第三快的运动员。我一直觉得，我可以将生活中的全部琐事放进我的奔跑，只要我训练得足够努力，其他一切就都不重要了；如果有一天我能赢得一个全国称号或者进入奥林匹克国家队，那这些就都只是我走出去、走向伟大事业路上的不起眼的绊脚石。

长时间的间歇性训练过后，我躺在草坪上盯着天空，幻想着我能否将自己的身体变成星尘，我感激这种疲惫，感激我能将自己的焦虑转化为行动，能够用它去干点什么。

我在十校联盟锦标赛中获得了第六名的成绩，安逸地在队伍的后方跑完了全程。几周后，在为全国初赛做准备的一次安静的晨跑中，我突然感受到膝盖里一阵尖锐的疼痛，就好像有人往我的膝盖骨里射了钉子。我急刹车，想着这就是无关紧要的一点小伤痛，来得快，去得也快。我试图用走路来缓解疼痛。但是每次当我试图慢跑或者对其不予理会时，疼痛就又会回来，仿佛一股冲上我腿部的电流。我一瘸一拐地走回了更衣休息室。

训练员建议我休息一周，我便这么做了，焦虑使我不停冒汗，我因为无处安放这种焦虑而感到烦躁。我感觉全部的精力都被困在了我的体内，所有这些支撑我每天跑上十二到十五英里的动力，这种感觉就像一场灾难，我变得十分易怒、神经紧张。

一周后，我再次尝试跑步，但疼痛依旧没有消退。拍了 X 光片也做了核磁共振之后，斯坦福医疗中心的运动专员告诉我，我的这个赛季结束了，由于我扁平的左脚跑步时姿势有些别扭，膝盖里的软组织已经被我磨损得差不多了。他的声音里带着一种让人无法不听从的坚决："对长跑运动员来说，手术成功的概率很低。最小的问题也会被日积月累的英里数放大。"他给我制订了一份暑假康复计划，包含理疗、抬举和游泳训练，但我知道，我的跑步事业很可能已经结束了。

我睡不着觉，没了食欲，无法集中注意力。我觉得在这具体脂已经降到百分之四的身体里，每分钟跳动三十八次的心脏就要从胸膛里蹦出来了。我只想跑步。我愿意用二十年的生命来换再参加一年训练的机会。这本该是我捡到的便宜，是我走出去的捷径。比起骑师，我更愿意成为马。

所以当我接到那通电话时，我并没有准备好。我毫无准备。我正在宿舍里拉伸，电话响了，一个很有礼貌的女人询问了我的名字，并解释道她打电话来，是为了通知我妈妈已经自行登记入住了他们的机构。我没准备好听到这个礼貌的声音，还有那些关于这家治疗机构的指南和细节，她将在可预见的未来里住在这个地方。

她很安全，无法伤害自己。她被照顾得很好。她很快就要开始进行治疗了，我和哥哥最好尽快来看望她，这很重要，因为她需要我们的支持。我充满了疑问：她是经历了某种神经衰弱吗？她这是在疯人院里吗？她是否终于失控了？

我是真的没有准备好。

电话里的声音告诉我，他们有一周时间专门安排家属探访，我们应该在日历上记下这一周，因为这是"她康复过程中重要的一部分"。她需要知道我们是支持她的，她的需求是重要的，她的感受是真实的，她的挣扎、她的痛苦、她的生活对我们来说是重要的，我们在惦念着她，无论她需要我们如何照顾她，我们都准备好了，因为她已经经历了太多太多。

我挂掉电话，试图为此感到难过。我知道我应该感到难过。我知道她的抑郁症很严重，她需要我奉献更多。我知道我应该照顾她，这是她抚养大的儿子应尽的义务。但我不知道她为什么要去一个如此遥远的地方。我不知道是什么驱使了她这样做。我只知道，每当我想起自己要去亚利桑那州的这家治疗机构，或是要去见曾经娶了她的那个暴虐的男人，或是想起我必须假装成为她想让我成为的那个人的一百万种方式时，我只觉得一场风暴即将来临，除此之外，我没有任何感觉。我睡不着觉，无心学习。大多数时间，疲惫感让我的双眼都很难聚焦。我会突然感到愤怒异常，想要尖叫。

　　男人穿着一件蓝色衬衫。他留着黑色的胡子，戴着一副小小的铁丝边眼镜。他的脸很温柔，很善良。他和其他家属一起坐在围成的圈里，大家都是来观看这场"家人分享"的。他的工作和其他人的一样，就是聆听坐在木质椅子中的两个人的对话，这两个人坐在圆圈中心、相隔三英尺，然后在他们说完后进行思考。轮到我们了，我和妈妈大约聊了十分钟。我记不住我当时具体说了什么。我尽量诚实地说出了自己的真实想法，小时候的我觉得自己是多么微不足道，她对我的身心健康似乎毫不在意，我的生活不属于自己，我的身体不属于自己，我被迫去做自己并不想做的事、扮演不想扮演的角色，一直以来，我都清楚地认识到我的需求并不重要，不管这种需求是关于同情、关爱、食物还是基本的安全保障，我一直觉得自己唯一的任务就是照顾她，然后去世界上干一些能让她看起来光彩的事情。现在，轮到我聆听别人从我的感受里"听出了什么"了。一个老头儿说："是时候解开你用来控制别人的绳子了，女士。"一个女人说："听起来你儿子已经被你各种不合理的需求压得喘不过气来了。"一位青少年说："我觉得他有点生气，因为那么长时间以来，他都要照顾你，他根本没有时间当一个小孩。"然后穿着蓝色衬衫的男人说话了。他留着黑色的胡子，戴着一副小小的铁丝边眼镜，说起话来十分和善。

"你需要接受一个事实，你的创伤已经为他带来了创伤。小孩子是很难处理这样的情感虐待的。你已经越过了所有界限。你忽视了他的需求。你让他变成了你的监护人。我不知道还能怎么说。这就是虐待。"

他说话的声音不大，一直盯着自己的双手，低头摆弄着手指。妈妈什么也没说。她只是用那双充满悲伤的无辜眼睛看着我，好像在寻找着什么。他的话语停留在空气中，我感觉自己的肺里已经没有了空气。

别人又说了一些什么。大家轮流说着，一个接一个，但是除了那个穿着蓝色衬衫的男人所说的话，我什么也听不见了，直到轮到托尼，他刚刚结束自己和妈妈的"家人分享"。他摇了摇头，举起了双手，好像在说，我不知道还能补充什么了。

我环视着整个房间，我不明白自己为什么无法呼吸了。

我应该说点什么吗？我应该做出回答吗？小组继续往下进行了，轮到下一组分享了。我们都还留在圈里，我发现妈妈看了我几次，似乎很想告诉我什么。我看向别处。我低下了头。我闭上了眼睛。

情感虐待。这个词是什么意思？我们在斯坦福的文学经典课上读过《俄狄浦斯王》。那个男人意识到他和自己的妈妈结婚了之后，将自己的双眼挖了出来，摸着黑在世界上行走。这我理解。我理解你必须做一些极端的事情，因为当下的情况已经在你身上留下了印记，甚至是施加了诅咒。我觉得自己被诅咒了。**被忽视的孩子。孤儿。不合理的需求。生理上的界限。**我觉得有什么东西不对劲，它不可磨灭。我没有看见它。我忽视了一些重要的东西，一些其他人都能看见的东西。

我想也许我可以假装他没有说过那些话，或者我没有理解他的意思。这么多人都发表了自己的观点。也许这个观点可以不作数，就让从敞开的窗户里飞进来的、来自沙漠的尘埃和碎石将它一起卷走吧。

我和托尼在餐厅里安静地吃着饭，低头盯着我们的食物，四周低矮的浅褐色墙壁仿佛离我们越来越近。"刚才真他妈混乱。"托尼说。我点了点头，咀嚼着食物，视线低垂。"我们干吗要来这儿？"我感到胸膛很紧，我没有好的答案，只觉得这个房间在旋转。

男人盯着他的双手。他没有看我们两个。她披着一条薄薄的绿色披肩，身体前倾坐在椅子里。她的表情很难过，但在看着我的时候像是在搜索着什么，她脸上那是什么？愧疚？我是看到了愧疚吗？

每天早上，我们都会从位于沙漠边缘的汽车旅馆搭乘公交车来到治疗机构。这片建筑较为低矮，属于西南部风格，装饰着美洲土著式样的图案，四周的仙人掌和远处的山峰将其包围。我和托尼沉默地走着。我能感到一阵滚烫的羞愧，就像干燥且炎热的空气贴着我的脸。我不知道我们为什么心情如此低落。这种停滞让人感到压抑。

她登记入住这个地方对我来说几乎是一种解脱，这件事终于昭示天下了，让人松了一口气，一个无名的东西终于有了形状，就好像雾气终于散开，揭示了那个之前无法看见的东西的外形。**哦，所以问题在这儿。她有精神疾病。**一开始，我以为这里是精神病院，但后来才发现它更像一所"康复中心"，人们来这里戒掉毒品，或是处理严重的抑郁症、精神分裂症、上瘾问题和创伤。我不知道她具体应该对应哪一种，但严重的抑郁症是可以肯定的，那些她花大量时间盯着天花板或哭泣的日子就是证据。但这件事的外观有了新的形状，一个更大的概念。我注意到，在小组里，她现在将自己称为一名"邪教幸存者"了。我也知道她的抑郁症已经严重到让她无法工作、无法离开家、无法下床了。来到这里，就像是举起了一面投降的白旗。

那个男人看起来是个好人。可能不到五十岁。也许他在心理健康之类的领域工作，所以才懂得那么多。也许他也曾有自己的家庭。那是一张善良的脸，一个不装腔作势的声音。他是出于好意。他说出那些话的时候只是在进行论述，就好像他在试图解决一个问题，比如修理雨中屋顶上坏掉的瓦片。他想帮上点忙。

我依旧能听见他的声音，那种和当时一模一样的韵律。它很轻柔，邦妮会称其为"羞怯"。他是对的。话语从他的嘴里出来，填满了我们之间空间的那一刻，我就知道他是对的。

在洛杉矶国际机场向西的航道下方的矶鹬山上，停着一辆租来的白色汽车，汽车的挡风玻璃外是浩瀚的大海。一艘黑色的游轮停在南边，几艘小帆船点缀着北面宽广的蓝色。"就在那儿。我的海。"妈妈微笑着说道，欣赏着景色。她离开亚利桑那州的机构已经有三周了。"我的海。"她一直这么说，无论是在开往俄勒冈海岸的时候，还是沿着加利福尼亚的太平洋海岸公路行驶的时候。我们从山里驶出来，看到太平洋出现在面前，她就会喊道："那是我的海！"我经常想，一个人能否占有一整片海。是否还有空间留给我，让我也能爱这片海，让我和爸爸一起用身体冲浪，或者在我的膝盖受伤以前，在时间过得很慢的下午一起沿着沙滩奔跑。这也是她的吗？他妈的整片大海吗？

她说她想聊聊那次家人分享会，一个男人提起了一个名词，也许我没有理解那个词，因为我并不了解心理学，但她了解。那个词是"情感虐待"。她说人们总是随意使用这些词，你不必在意，因为他们根本不知道这些词的真正含义。

所以她知道。我想道。

我现在每天游泳两英里，试图保持住我的运动习惯，托尼说，这就好比酒鬼用其他方式替代酒瘾一样，是我对真正问题的一种"面对"方式。我的胳膊很酸，我为这样的疲惫感到高兴。

"别太把他们的话放在心里，米克。你来看我就很好了，我当时非常需要你的帮助。"她说她现在感觉好点了，她要去波特兰读研究生，再获得一个硕士学位，这次是宗教学的。"我只是想激励别人，教给他们我所拥有的智慧。"她说。

我试图阻挡自己的情绪，那是一种反向的愤怒。一片模糊、空白的虚无。我点点头，嘟囔了几句，说别人总喜欢过度分享、过度分析，就好像我不记得他的脸、他的衬衫、他的胡子、他的声音，还有自从那天我凝固在那里之后一直存在的那种感觉。

我能感觉到她在研究我。这种突如其来的攻击性使我感到惊讶。她从受害者变成控诉者的速度之快。我想从车里出去。我感到非常不舒服，我觉得我的身体不属于自己，它被她的注视和她强烈地想要一探究竟的盘问侵犯了。

"所以你明白你并没有被虐待？"

"是的，妈妈。"

"你和你哥哥很幸运。你们拥有一个爱你们、照顾你们的母亲。我已经尽力了，你知道的。一边面对那些事情一边抚养两个孩子并不容易。"

"是的，我很感激。"我只想出去。我只想待在世界上除此以外的任何一个地方。我想尖叫着从车里跑出去，但我无话可说。我在她面前无法组织起任何语言。已经太久了。我只是说不出话。

她将我送到了韦斯切斯特的房子，我一整个暑假都住在这里。我、德鲁，还有高中时期其余的几个音乐俱乐部怪胎，他们现在都在基督教青年会担任营地辅导员，我留了胡子，因为我突然感到一股想要遮住自己的脸的冲动。我穿着肩膀处破开的复古法兰绒衬衫和膝盖处剪开的迪凯斯裤子。我最喜欢的衬衫是一件蓝色的有领短袖制服，后背上写着"洛杉矶郡监狱"。我敞开穿它，里面穿一件白色的背心。我喜欢认为别人都害怕我。我的耳朵上又多打了几个洞，我用安全别针穿过，我的头发也留长了。我们几个人去了一场音乐节，我和艾迪挤进了离舞台正面很近的大场地。和大家一起用身体撞来撞去的感觉很好，我们随着人群一起扭动、摇摆，我们在圆形的场地中乱舞着胳膊肘，高抬着膝盖，出来的时候身上沾上了泥和血，筋疲力尽。

我决定把滑板和吉他带回斯坦福。我又开始独自一人坐在房间里弹唱了，我盯着墙，拨动着琴弦，盼望着歌词浮现。我试图为新学年做准备，为训练室和泳池，还有生物专业令人闻风丧胆的生物核心课程——据说这门课能区分出那些真正有本事的人——除此之外，还有斯坦福一系列充满挑战的学科。但是一切都让我透不过气来，我强烈地感觉到我不应该审视自己的内心，我必须保持忙碌。继续跑步，或者——因为我现在跑不了了——继续游泳，继续踢腿，只要能不让自己淹没，做什么都行。

我戴着深色的墨镜，滑着滑板来到校园门口，试图在路缘石上来一次豚跳。"梦想"看起来不一样了。学校的外墙、碟形卫星和上帝依旧在这里。我知道这个概念存在于我大多数同学的脑海里。我不介意他们。他们大多是勤奋、活泼的人。我不会因为他们正经的打扮和喜爱的流行音乐而对他们产生不满。他们的卡其裤和正红色的斯坦福 T 恤。我不介意他们的注视，他们总是认为我在嗑药。我半夜在校园里滑滑板或者在宿舍外面的阴沟旁试图学习的时候，大概看起来很迷乱、很空洞吧。我只想在外面待着，分散我的注意力。

第一学期的生物化学期中考试，我没及格。考试之前，我连续复习了二十四个小时，但是大部分的大课我都没去上，最后发现，自己复习的东西全是错的。我的膝盖还是和原来一样。我休息了五个月，但慢跑的时候还是会疼。大量的游泳导致我的肩膀也废了，所以我不能再游了，我开始每天走路五英里，戴着耳机环绕校园大道，试图安抚我的焦虑，听着涅槃、鲍伊和石玫瑰的音乐，希望自己的运动量大到晚上能睡着觉。

我的脑海里经常出现一幅画面：我径直走入海中，然后消失。这种关于逃离的想法令人感到安慰。但是我在逃离什么？我在自己的人生里做了什么大错特错的事？我为什么突然感觉自己如此微不足道？我一遍一遍想象着用酒送下一堆乱七八糟的药片，或者直接从胡佛塔上跳下去。我不知道我为什么觉得自己是有污点的、孤独的，就好像无论我做什么，都无法改变我是一个破碎的人、我不值得任何好东西的这个简单的事实。

在第三次核磁共振之后，斯坦福的医生为我预约了膝盖手术。他们打算切开我的外侧半月板，改变髌骨跨过膝盖软骨的方向，希望以此来阻止炎症的发展。他们不确定是否有用，但没有人知道该怎么做，而我太想跑步了，我愿意尝试任何方法。我受够了冰块、理疗和拉伸，电击、超声波疗法和这种被诅咒的感觉，好像从此我只能一瘸一拐地在这个世界上移动了。

这是一场奇怪的手术，他们只是简单地将我的肌肉切开，然后祈祷我的步伐的运动原理能够自己调整过来。手术前一天晚上，我不安地进行了术前检查，医生轻轻拉动我的脚后跟，问我有多疼。他让我不要吃晚饭了，好好睡一觉。我在图瓦永宿舍楼房间里的床上辗转反侧，那些来自田径队的室友睡在隔壁的房间。我被一种感觉深深困扰，我觉得有什么东西错得很严重，我需要停止跑步，我必须面对某些其他的东西，这场手术一下子变得令人绝望、充满了陌生感。

我的思绪变得狂野且混乱。

作为一个被吓得屁滚尿流、却已经假装了这么久的孩子，你该怎么做？你整理好自己的笑容，然后一直学习，直到你的双眼都无法聚焦。你为自己买了一件红色的大毛衣，胸前绣着一个 S，就像曾经是超级小孩的你一样。你试图证明他们都是错的。但是你听到一个笑话时会在错误的地方发笑，他们只会看到一个用力过猛的你。你想试着用跑步埋藏一切。但是后来你受伤了，你妈妈疯了，一个穿着蓝色衬衫、留着修剪过的黑色胡子的善良男人说出了那些词。**情感虐待，越过了生理上的界限，创伤，忽视。**

我觉得自己像是一片皮肤包裹之下的空白。在一群温暖的生灵中间，这片行走的空白找不到自己的位置，他们的内在是有东西的，他们可以尽情喝酒、对着笑话大笑，看向自己的未来时，他们看到的是别的东西，而非我看到的一片狼藉，我看到有一天，这层极薄的皮肤将会脱落，我会就此消失。进入大海。我的大海。如果我允许，它能将我完全吞噬。

早上五点的时候，我在床上坐起来，给斯坦福医疗中心打了电话，取消了手术。随访护士听起来很惊讶："所以你想换个时间吗？"

"不了。"

我挂掉电话，打开书桌上的灯，拿起一支笔和一个笔记本，开始写信："亲爱的妈妈，我没法再和你说话了……我需要空间来过我自己的生活。有太多让我愤怒的事情，多到列举不完……不要联系我。不要给我写信或者打电话。我不知道我什么时候还会再联系你，或者是否还会。你的儿子，米克尔。"

我将信装进白色的信封，在右上角贴了一枚邮票。我拿上滑板下了楼，在太阳刚刚升起的时候，从宿舍楼里走了出来。我一路滑到了校园中心，感受到拂过我头发的风、早晨充满的无限可能，和活着为我带来的自由，我向邮局的方向前进。我将信封投入窄缝，转过身面对着校园。

它看起来不一样了，更明亮，更大，更干净。我能感受到洒在脸上的阳光。温暖的橘黄色光线在四方的庭院上升起，将清晨反射在那些美妙的建筑物上，我看见我的一生在我面前展开，就像那条消失在地平线上的东俄勒冈大路。

我向四周望去，为这突如其来的自由感到震惊。**我能选择这些路中的任何一条，不管它们通向哪里。**我深深吸了一口清新的空气，手中的滑板靠在膝盖上，四周是走向教室的学生。

去他的，要不干脆退学吧。

我用一把推子剃掉了自己的头发，然后把寸头染成了紫色。我退掉了两门课，变成了留校察看。我绝望地想找到答案，于是参加了一场校园外的嗜酒者家庭儿童成年会 * 的集会，我在那里认识了几个来自福特希尔社区学院的孩子，其中一人是名鼓手。我买了一台二手扩音器和

---

* Adult Children of Alcoholics，非营利机构，旨在帮助小时候在嗜酒者家庭或者其他问题家庭里长大的个人摆脱原生家庭带来的影响。

好莱坞公园

一把电吉他，我们开始在门洛帕克的一间车库里即兴演奏。我将自己的专业从生物学转到了历史学和心理学。我的历史学研究主题是犹太人历史，是与犹太人大屠杀和反犹太主义有关的历史。我解释不清我对犹太历史感兴趣的原因，除了它让我觉得离邦妮更近，离波斯纳家的人更近之外。他们是我半路加入的犹太人家庭，他们像对待亲生孩子一样对待我。在犹太文化研究专业的同学中间，我的存在让他们觉得很有意思，我是"犹太人的泰山。他是犹太人带大的，他现在和我们混，即使他本身是个外族人"。

我选了初级心理学课，然后是社会心理学，然后是上瘾心理学，然后是精神控制心理学。我们研究了邪教。我们阅读了琼斯镇*、人民圣殿教和越南战俘营的相关资料。这些故事让我感到熟悉，仿佛我在读自己的家族历史。我学期末的论文是关于锡南浓的，我读了《逃出乌托邦》和《锡南浓》两本布满灰尘的厚书，人们都说这两本书是关于锡南浓的最完整可靠的资料。我在梅尔图书馆数不清的微缩胶片中翻找着，阅读着早期的《雷耶斯角之光》**，这是一份因为报道了锡南浓的新闻而获得了普利策奖的报纸。

锡南浓在美国流行文化中的流行程度让我感到惊讶。我不知道好莱坞还为此拍了一部电影***，演员包括查克·康纳斯和艾尔莎·凯特，奥斯卡获奖演员艾德蒙·奥布莱恩则饰演了查克·德德里希。

我不知道鲍勃·迪伦在他一九八一年的专辑《一剂爱》****中的歌曲《莱尼·布鲁斯》中，也提到了锡南浓。歌词的前两句是：

---

* Jonestown，位于圭亚那的农村型人民公社，由人民圣殿教的教主吉姆·琼斯及教徒开发。——编者注

** *Point Reyes Light*。——编者注

*** 指一九六五年的电影《锡南浓》（*Synanon*）。——编者注

**** *Shot of Love*。——编者注

莱尼·布鲁斯已死，但他的鬼魂长存世中，

从未获得金球奖，也从未进过锡南浓。

　　所有这些都给我留下了一种印象：它是一个具有实验性质的生活公社，以帮助瘾君子戒掉毒瘾而闻名，后来它开始追求更多的东西，那种令人目眩的二十世纪六十年代的乌托邦梦照进了现实。在当时，在它变坏之前，它很酷。演员、导演和艺术家在那里聚会，他们中的有些人也参与了那个游戏，比如喜剧演员史蒂夫·艾伦和心理学家亚伯拉罕·马斯洛。爵士音乐家亚特·佩帕曾去锡南浓戒毒，迈尔斯·戴维斯乐队中的弗兰克·雷哈克也去过。乔·帕斯甚至出了一张专辑叫作《锡南浓之声》。

　　到了二十世纪七十年代中期，情况就不一样了。那时锡南浓已经成了一个价值数百万美元的非营利组织，身陷一场和美国国家税务局的争端，起因就是它非营利组织的身份和与暴力行径有关的传言。一九七八年，美国全国广播公司晚间新闻曝光过类似的事件，这在公社中引起了一阵混乱，甚至连美国全国广播公司的高层人士都受到了威胁。

　　在美国国家税务局调查期间，洛杉矶警察局突击检查了查克的基地，那些录音就是在那时泄露的。老人查克曾经极力禁止暴力，将其非暴力的性质作为公社的标志，但人们可以听见他在录音中说出那段臭名昭著的话："我们不会遵守那些陈腐、忍气吞声的宗教教义。我们的宗教教义是：不要惹我们。你会被杀死，实实在在地被杀死。我很乐意打断哪个律师的腿，然后打断他妻子的腿，再威胁说要锯下他们孩子的胳膊。这就是这位律师的下场。我确实很想在办公桌上摆一瓶装着别人耳朵的酒。"

　　见到这些事件被印在纸上是一种很奇怪的感觉，因为它们一直是多年以来，我们通过闲言碎语听到的传奇故事，一种都市传说。塔玛莉湾基地、查克·德德里希、暴力事件、帝国海军陆战队、一千支来复枪、那个游戏、剃掉的头发、被迫的离婚和被迫的输精管切除术。我读到了一篇故事，讲述了一个男人在自己的车道里差点被锡南浓的人打死，与此同时，一个小男孩在门廊上目睹了一切。我颤抖着双手，眼里充满了泪水，想起了菲尔、他的脸、那几个穿着深色衣服的男人、他毫无生气地躺在车道里的身体，还有那个小男孩。

我对这一切的暴力程度感到惊讶。不仅是对菲尔以及其他分裂者的暴力，不仅是查克那番偏执的话语，而是完全从社会中退出的暴力，与外界的家人切断联系的暴力，将孩子从家长手里夺走、将丈夫从妻子身边夺走的暴力。这就是加入一个邪教的含义。

在书中，那个游戏被亲切地称为"攻击疗法"。但是我从没听过有人这样形容它。爸爸总说那只是一个破除瘾君子们强硬防御外表的方法，因为就像匿名戒酒会一样，大家会分享自己的故事，但与匿名戒酒会不同的是，组里的其他成员会从故事里挑出毛病，指出其中的谎言，对其进行批判，同时大喊大叫地进行指控，这些都是为了让瘾君子承认自己的问题。只不过在许多年后，这个游戏变了，变成了一种洗脑的方式。游戏会持续好几天，有时甚至持续一整个周末。最后就连老人查克都承认，那是一种用来强制执行统治者意志的工具：强迫人们切除输精管、放弃自己的孩子、分裂他人的婚姻、堕胎、采取暴力行动。

学校几乎没有被提及，提到的时候，也只是一带而过，就好像那些孩子只是装饰品，就好像这个公社像坏牛奶一样腐烂的故事并没有影响到他们，就好像这一切只发生在他们的家长身上，就好像他们很安稳，在他们所处的孤儿院的墙壁内很安全。我在文章和书里寻找着他们的照片，那些瘦弱的、穿着从二手商店里买来的衣服的孩子，他们使劲挤出微笑，露出满嘴的牙，顶着被剃成寸头的脑袋。我对他们感到好奇。我想知道他们在哪儿、在做什么，是否拥有和我一样的问题，是否也因自己在这个世界上的位置、自己的孤独、自己想要逃走的欲望而感到不知所措。

在文章中提到的"学校"里，孩子们被公社"共同"抚养长大，就像集体农场一样。它没有提到的是，和集体农场不同，孩子们并不和他们的家长住在一起，他们甚至和自己的父母没有互动，甚至都不被允许管他们叫父母。"锡南浓的每个成年人都是你的父母。"他们以前总这么说。每个人都将它称作"学校"，这种奥威尔式的表达方式具有一种强大的力量，就好像只要用了这个词，所有的分离、孤立、虐待、寂寞和对孤儿的忽视就都可以不算数了，就好像一切都没发生过。

自从寄出那封信之后，妈妈就没有再打扰过我。但在我二十一岁生日那天，我收到了一封单倍行距、长达十页的信，她向我解释了我出生时的情况：那时她失去了朋友，失去了声望，她被自己的社交圈排斥，这些都是因为老人查克决定锡南浓不能再有更多新生儿了，任何新怀孕的孕妇都必须去堕胎，但她拒绝将我堕掉。

她说为此，人们用那个游戏来对付她，她经受了他们的"攻击疗法"。人们冲她大喊大叫，说她不忠、不懂得感激、傲慢，这些都是因为她不愿意堕胎。她说她觉得自己是在保护一个特别的生命，她的使命就是将它带到这个世界上。这件事对我来说很难理解。我很感激她为了我这么做，我甚至钦佩她在如此大的压力之下展现出来的勇气和毅力。但这对我来说也是一种非常沉重的负担，就好像她试图用最最精准的细节来解释我为什么欠她这么多。

我们逃走的时候，他们已经开始绑架分裂者的孩子了，在违背他们意愿的情况下，将他们带回来。他们殴打朋克小队的孩子，他们都是被法院指定送来锡南浓改造的少年犯。最奇怪的是，查克又开始酗酒了。他在一九七八年因侵犯罪和蓄意谋杀罪被逮捕时，整个人已经醉得失去理智了。

这封信是她送给我的生日礼物。我的胃里感到有些恶心，我希望她能像其他父母那样单纯地为我的存在而感到高兴，而不是让我强烈地感觉到我欠她一笔债。就像她经常产生的那些幻觉一样，她觉得自己是在保护我，她讲述着这样的故事，以此免去她作为一个家长的责任。我一直没有回那封信。

我写了一篇关于锡南浓的学期论文，试图将精神控制的心理学和我的家族历史也融进去。我的助教是一个友善的女人，她的名字叫安妮，她说她想将我的论文投稿给一家心理学出版物。我受宠若惊，但我告诉她这样做会让我感到不舒服。我不希望大家都知道我的秘密。她拥有黑色的直发和奶白色的皮肤。我们正坐在她那间心理学院的小办公室里，位于那个罗马式四方庭院的正面。

"你知道这些都不是你的错，对吗？米克尔，它们不是你的秘密。"我不知道该怎么向她解释我感受到的这种羞愧，这种身上带有污点、被诅咒的感觉。

安妮很温和，她的声音柔软且温暖："这不是你能控制的。那是一个邪教。你居住的那个地方是对儿童有害的。你对依恋理论熟悉吗？这个理论说的是，我们全部的人际关系都建立在我们早年和父母形成的依恋关系上，尤其是我们出生后的头三年。如果说锡南浓的每个孩子都有某种依恋障碍，我也不会感到惊讶。你知道那是什么吗？"

她给我看了一篇为我剪下的文章。居住在孤儿院、和父母长期分离或者母亲患有抑郁症的儿童，产生依恋障碍的风险更高。害怕被抛弃的恐惧让他们觉得自己与外界分离，导致他们创造出属于自己的世界，他们会独自生活在那里。有些人会选择愤怒，在面对成年人的时候变得阴沉和封闭。其他人会变得极其外向，面对成年人时，他们无法分清自己应该信任谁、不能信任谁。对他们来说，人生就是一场表演，一支疯狂的舞蹈，他们觉得自己必须得到认可，就好像这种认可才是他们唯一能获得爱的途径。患有依恋障碍的儿童长大后，很难建立起良好的人际关系，他们会因为需求而寻找关系，又会因为恐惧而毁掉关系，最终导致他们缺少自我价值感，常常感到孤独。

这其中包含的信息量太大了。我感觉自己像一座即将决堤的堤坝。她将一只手放在我的肩膀上。我不停地想，**这是我吗？我和托尼？**我几乎不认识这个女人，但也许正是这一点，才让一切变得更容易了。我开始哭，就在那间位于罗马式庭院的心理学院的小办公室里，就在梦想的悬崖边上。我遮住自己的脸，用手抹去眼泪。我感到如此窘迫，如此脆弱，如此易碎。**他妈的，这不该是我。**我应该走出去。那座城堡，那些高墙，那个满是鬼魂的安静房间。我从没想到它们会将我带到这里。

"儿童对孤独的感知就和耻辱一样。"我重复着这句我小声读出的话，将它写在我的笔记本上。

儿童对孤独的感知就和耻辱一样。他们认为自己之所以孤独一人，是因为他们身上有问题，他们做错了什么事，这件事让他们感到十分恶心，无法触碰。

我回想起那座学校和我的那些疑问，是谁将我们抚养长大？是谁陪伴着我们？我们哭泣、生病、难过时，是谁将我们抱起？我的哥哥独自一人坐在操场上，直到他快满七岁。那些被剃成寸头的脑袋，那些露出满嘴牙齿的微笑。那些男孩和女孩。我们成了什么？我们在自己的命运中扮演着怎样的角色？我们是否注定感到耻辱和孤独？失败和疯狂是否注定是我们身上的标记？或者，更通俗地说，我们是否注定会觉得自己的脑海就是一间牢笼，而那些我们渴望着的与人的联结，正是我们破碎到无法建立的联结？

我很感谢获得了这样的信息，但我不确定我该拿它怎么办。没有人给我心理咨询师的电话，关于锡南浓的论文和其他那些心理学项目也没有带来长久的改变。它只是一份描述。就像一个不知从何而来的声音详细地告诉你，你正在从悬崖上摔下去："你好像在坠落。你的时速是一百英里，你很快就会摔在地上。你的脑浆会溅到下面的石头上。这是因为来自地球的重力正以每秒九点八米的速度对你的身体产生影响。你被抛弃了、被虐待了，你患有依恋障碍。"

好的。

　　我和福特希尔几个孩子的即兴演奏越来越认真了。我们带来了吉他踏板，调大了扩音器。我将自己写的不计其数的糟糕民谣中的几首加快速度，改成了摇滚乐。艾瑞克是那个来自嗜酒者家庭儿童成年会的高个金发鼓手，他跟随着我的节奏，我用力拨动吉他琴弦，对着一支旧麦克风大喊大叫，根本不在调上，我们用胶带将麦克风绑在了一盏坏掉的灯上。没有任何地方听起来悦耳。但是偶尔有那么一刻，吵闹的吉他声和震天动地的鼓声结合在一起，搭配上某句即兴的歌词，让我感受到短暂的超脱，仿佛在见证一场灵异事件，云层散开，露出了一束使人目眩的光芒，我觉得自己好像飘起来了，没有重量。

　　这一刻过去了，吉他声听起来很单薄，鼓声没有踩在点上，我低沉、沙哑的嗓音好似一把链锯碰到了结，卡住了。

　　爸爸每周给我打一次电话，我们会聊课程和体育。我和他讲奥古斯丁*、迈蒙尼德**或者认知失调，他和我讲圣迭戈闪电队的进攻计划。这像是我们之间的一场交易，我们用这种方式生活在彼此的世界里，拥有和另一位成年男性之间的亲密陪伴。他不介意我的紫头发和摇滚乐。对此，他只是说："一切开始变得有意思了。"

　　一天晚上，我们几个人来到了旧金山的费尔默礼堂，观看威瑟乐团的演出。这个地方带着一种自相矛盾的气质，让人想起逝去的荣耀：陈啤酒和旧瓷砖的味道搭配一盏巨大的水晶吊灯和一个适合悲剧上演的升起的舞台。

　　开场表演乐队拖着步子来到了台上。主唱是一个又高又瘦、头发稀疏的年轻男人，他戴着厚重的眼镜，将自己的吉他电源插好，看了看其

---

*　古罗马天主教神学家。——编者注

**　中世纪犹太教神学家。——编者注

他几位乐队成员，开始弹奏连复段。它和我听过的任何一首歌都不一样。他对着话筒怒吼，吉他手弹奏着一段不在调上、也没有调性的刺耳音符，甜蜜的旋律混搭着懊恼。瘦高的主唱喊道："你们都搞错了！你们根本弄不明白！"我不禁开始摇晃脑袋。

我问艾瑞克这个乐队的名字，他说他们叫作一条面包的弓箭手。

"这他妈是什么意思？"

他耸了耸肩。

到了第五首或第六首歌的时候，主唱咆哮道："人们聚集在收音机旁，听着来自恶魔灵魂的电波，被禁锢、被打昏，他们病了，他们很冷，他们为死去的英雄干杯。"鼓声震耳欲聋，它和任何一场硬摇滚演出一样吵闹、压倒一切，但是其中没有任何一丝装模作样的刻意和虚伪。它有的只是懊恼和愤怒，以及在一片糟糕发型之中的模糊幻影。

我心想：他们为什么不是世界上最成功的乐队？

我不在乎他们的音乐只剩下一片嘈杂和噪声。我想要的就是混乱。我想要的就是噪声。来看演出、在大家热血沸腾的身体中间做一个没有名字的人，这让我感到放松。这个乐队不可能知道在我的脑海里盘旋的、混合着羞愧和愤怒的底噪，但他们演奏的音乐仿佛就是这些情绪的原声带。我要的就是这样的破碎。拥抱它。在人海中迷失自己，在黑暗中找到自己。

我们开始尽可能多地去看演出。我们看电台司令或者人行道乐队，当地的朋克乐队或者来巡演的民谣歌手，艺术家们在台上演绎着他们的痛苦，他们将其变成了或美丽、或愤怒、或宣泄、或奇怪的东西。我想起了那些听治疗乐队的漫长日子，那个只有罗伯特·史密斯和我的秘密基地，十一岁的我用拳头猛击着自己的床，许愿我不是我自己，我不在这个地方。那时的我是否意识到，我想去的是现在这个地方呢？和热情的人群在一起，和击掌的声音还有我牙齿间的震颤在一起，这感觉就像今晚终将发生一场暴乱。因为我想要。我他妈的想要一场暴乱。我想让大家把椅子扔在场地中间，将它们点燃，然后一边尖叫、一边围着它们舞蹈。知道这一切可能发生——我们最后也许会来到停车场，手举火把掀翻一辆汽车，脱掉上衣，举起拳头，我们的胸中发出一声原始的怒吼——这是我们来到这里的全部原因。

也许是啤酒。也许是不想回家的愿望，不想知道家的定义。也许就像我的父母和所有加入了邪教的人一样，是那种想要拒绝一切的愿望，拒绝这个该死的社会，然后从头再来。也许我很孤独。也许我很害怕。也许我醉了，这是我第一次喝醉，真正的喝醉，而且满不在乎，我不再一直去想那句"上瘾是家族性的疾病"了，只管猛灌伏特加。也许我累了，因为那些集会、书籍和小册子，因为我只是想对一切都不在乎，可是我连如此简单的愿望都不配拥有。我有点害怕，因为我知道"上瘾是家族性的疾病"，而我是在玩火，但也许这就是意义所在：火本身。我想不惜代价烧毁一切。我感到孤独，也许是因为在学校令人窒息的正能量中没有我的位置。但是在这里，在黑暗中，在人群中，我找到了自己的位置，我可以尖叫、哀号、如愿以偿地感到自己是如此奇怪。在这里，你可以为自己的痛苦而感到骄傲。你佩戴着它，就像佩戴着一枚荣誉勋章，就像士兵在制服上佩戴奖章，它们是你很久以前参加过的战争的标志。是的，没错，我不是郊区来的。不，我爸爸不是什么律师。不，睡觉的时候没有人帮我们盖好被子，没有人给我们讲故事。我们有的是噩梦和恶魔，它们教会了我们如何逃跑。这些是我的伤疤，所有这些，伤疤。它们不会消退。不，对此我感觉并不好。

将你的痛苦变成一些有用的东西。这就是成为艺术家的含义。反正我从来也不想回家。

等到毕业的时候，我们已经去看过至少一百场演出了。我已经将看演出的规矩烂熟于心：漠不关心的态度、破烂的二手衣服，以及摇晃脑袋的方式，这种摇晃会逐渐变成身体的摇摆，还有身体的舞动，在圆形的内场疯狂蹦跳——如果有内场的话。这已经变成了我的第二天性。艾瑞克和其他来自福特希尔社区学院的孩子已经决定将他们的生命奉献给音乐事业了。我还不知道要用我的生命来干什么。我的奖学金就像一份礼物，随之而来的是一种还礼的义务，它就像一份我欠这个社区的债，因为它赠予了我教育这份礼物。我意识到，在一所收入更低的学校里教书，或许是一种还债的方式，于是这就成了我秋天的计划。

我决定邀请妈妈来参加我的毕业典礼。自从那封信后，我们就再也没有联系过。她来的时候，我们之间存在着某种安静的共识，在这么多年没有说过话之后，空气中弥漫着一种我们为了面子上过得去而假装出来的正式，就好像之前的三年只是一个暂时性的小阻碍。这就像是往断腿上贴创口贴。她来了，和她一起来的还有爸爸、邦妮、波斯纳姥姥和姥爷、托尼，以及他的儿子。每个人都对我说他们是多么骄傲。尤其是爸爸。他已经从一个对高等教育充满怀疑的人，变成了那种穿着斯坦福卫衣走来走去、跟任何愿意倾听的人谈论他儿子学术生活之艰辛的家长。我不介意。这感觉像一种让步，我们认识到了彼此的不同，并决定向对方讲述我们各自的世界。他依旧是我观看湖人队比赛的首选伙伴。

早晨的时候，我和几个一直保持着朋友关系的田径队队友决定，要在毕业长袍下面穿跑步用的钉鞋和写着"斯坦福田径"的 T 恤，我们打算在毕业典礼演讲开始之前，跑在前往斯坦福体育馆的毕业生队伍的最前端，然后敞开我们的毕业长袍。我们这样做的时候微笑着，双手举在空中，代表着胜利，奔跑在行进人群的前面。

这是我自从参加十校联盟锦标赛以来第一次穿钉鞋，自从我受伤之后，自从前往那座位于亚利桑那州的治疗机构之后，自从那个穿着蓝色衬衫的男人之后，大海之后，信之后。

有什么东西不对劲。我在明媚的阳光下绕着粉色的椭圆形场地奔跑时有了这种感觉，我后面是穿着黑色长袍、排成一队的学生，我上面是由家长和祝福我们的人组成的人群。我觉得很空洞，很空虚，好像有什么东西被我掩埋了。好像这就是我应该学会的：将所有的羞愧和耻辱锁进一个房间。找到它，将所有残余的部分从我的演讲中剔除，从我对别人讲述我的人生故事的叙事中剔除。组织并安排好它，就像规划和设计校园门口的景色一样。

我有一张面具要戴，一抹露出洁白牙齿的正宗美式微笑，一张正宗的美式白人面庞，穿着斯坦福田径队的 T 恤，奔跑着去接受荣誉学位。我的计划就是戴着这张面具，越久越好。

有时，在寂静的夜晚，我无法抑制地觉得自己永远都不可能完整了。我永远都不能坦诚地面对自己了。我总觉得，真实的自己是恶劣的、破碎的。所以我尽量避免让周遭变得安静。我让一切保持喧闹，以此来假装：那抹微笑，那张面具，那副伪装，那个我自己版本的梦想，是它将我带到这里，一只眼回望过去，一只眼展望未来——微笑着的，健康的，散发着自信的，不知所措的，恐惧地逃跑了的。

余生的第一天

四年后，我开着一辆老旧的白色轿车，行驶在一条尘土飞扬的路上，车里装着我仅有的一些家当：衣服、一盏锻铁台灯、我的大学文凭、一个贴满了贴画的硬盘、一本相册和从圣莫尼卡公共图书馆借来的二十五本书。嗡嗡作响的电塔守护着我周围的这片山谷，仿佛铁质的巨人在守护一个秘密。它们俯视着这片位于洛杉矶以北五十英里的沙漠高地上的田野和牧场。我的四周是像板刷一样的杂草丛和尘土、长链条围栏和马厩、躺在高高的草地中的废弃汽车、连绵的棕色山丘——它们在远处形成一条锯齿状的地平线，在它们的另一头是西半球最大的沙漠。这是一个适合躲藏的地方。

我的新家是一个两户一幢的活动房屋，位于我姨妈珍妮牧场后面的马场边缘。这里永远能听见风的呼啸，偶尔有几声丛林狼的嚎叫，还有蛇发出的咔嗒声、黄蜂的嗡嗡声，火蚁、狼蛛、蝎子，一个空旷且狂野之地的背景音。

我来到这里是因为我不知道还能去哪儿，我当过老师，后来又在非营利机构中担任负责人，这种正经且有规律的工作已经让我无法忍受了，我恨那样的生活，我发现自己在大学时期精打细磨的那张面具根本不够，远远不够。简单来说，我的计划没有成功。

珍妮姨妈走上山坡来迎接我，她红扑扑的脸颊上挂着一抹微笑，她穿着一件毛绒绒的外套，伸开双臂搂住我："米奇！你来了我真高兴。"我们商量好，由我来铲马粪，一天喂两次马，以此支付我的食宿费用。自从她吃减肥药生病之后，整个人都像缩水了一样。她在执行任务的时候受了伤，之后就胖了不少，为了减肥，她尝试了吃药，这些药物让她患上了肺动脉高压症。这种病在吞噬她的能量和身体，让她变得十分瘦弱。但她身上仍旧带着一种坚毅，她紧紧拥抱我时带着一种粗犷的温暖，她想保护别人、想坚持下去、不惜一切代战胜疾病的愿望是如此强烈。她检查了山谷和小小的活动住房："条件没有多好，但很温馨。有暖气和蒸发式冷却器，井里的水也很充足。你确定你不想借台电视之类的吗？你不会寂寞吗？"她打开不怎么稳固的木质廊门，这扇门是后装上去的，我们走入一间小小的前厅，厚重的外套挂在钩子上，下面是沾满厚厚泥巴的靴子。我们踢掉自己靴子上的泥，走进了房间，这里有一间小小的开放式厨房和一张沙发，墙上是人造木材镶板，和纸一样薄的墙后是一间小卧室。"欢迎来到你的新家。"她冲我微笑道，"有你在，我们太开心了，但你确定这是你想要的吗？"

"我觉得是。"

"嗯，那好。如果你在这儿和这些书待腻了的话，可以随时来下面的房子找我们。"她对着正门窗外的轿车点了点头，车装得很满，连车顶上都放了东西。

我来这儿是要写一部小说。至少我对大家是这么说的，我已经厌倦了工作，厌倦了试图让自己变得有用，就像一台机器中的齿轮。我要回归大自然，创作一部科幻小说，在小说的世界里，人们可以购买和销售睡眠，这种经济体制导致人们失去了生命中的很多年（通过为了钱而睡觉）。我觉得这恰当地比喻了我每天工作时感到的恐惧，我就那样看着我的人生安静地流走。

余生的第一天

但除此之外，还有别的原因。一种恐惧。在经历了一系列失败的恋爱后，我产生了一种全新的、令我警惕的想法，我觉得自己有什么地方和别人不一样，有些事别人能做到，而我做不到。尽管我不说，但我知道，来到这座活动房屋也是某种退却。

　　我是在忙乱中借来这些书的，我搜寻着那些我一直想读的书名和作家：菲利普·罗斯、纳博科夫、艾丽丝·门罗、卡夫卡、托尔斯泰、菲茨杰拉德和加缪。大学的时候，我从没读过这些书，即便我一直知道自己想成为一名作家。出于某种原因，阅读这些书感觉像是在作弊，我觉得我需要先通过自己的双眼来观察这个世界。

　　但是现在，我已经尝试过了工作的滋味，先是作为一名高中英语教师，后来又在洛杉矶中心城区南边附近的一所基督教青年会中担任项目负责人。每天都要去同一个地方，这让我感到烦躁不安，我觉得自己的时间被夺走了。在这之后，我只想住进这些纸房子一样的书里，学习它们能够教给我的任何东西。

　　我交过两个女朋友。两个都叫娜奥米。和第一个分手，再到和第二个开始约会，中间只隔了三个星期。虽然名字相同，但她们完全是两个世界的人。一个是独生女，笨手笨脚，头脑聪明，占有欲强，机智过人。另一个身材矮小，具有艺术天赋，温暖甜美，傻乎乎的，富有同情心，有五个哥哥。一个比我大两岁，另一个比我小三岁。一个下定决心要用她的哥伦比亚大学文凭干出一番事业，另一个只要能在她的小公寓里一边跳舞，一边听谦逊耗子乐队的音乐，一边画，就心满意足了。她们成了德鲁和我其他朋友口中的"娜奥米们"。或者有时候也叫娜奥米 1.0 和娜奥米 2.0。

　　一天晚上，娜奥米 1.0 和我在一场非营利机构专业人士的大会上展开了一段对话，这段对话就此持续了一年半。

　　相反，娜奥米 2.0 和我一起露营、徒步、跳舞、喝酒。我们一起熬夜收看电视上的烂俗真人秀。尽管她们如此不同，但两段关系都以同一种方式收场，带着泪水和懊恼。我离开她们，然后回来，离开，再回来，一次又一次，承诺使我感到恐惧，但是我又害怕孤独。

在两段关系中，每当一切眼看着要变得认真了，如果有哪次旅行或者周末拜访朋友进行得特别顺利，我就发现自己开始想办法逃离了，我开始担心这段关系会困住我。我会突然强烈地感觉到自己需要挣脱、结束这一切。于是我便这么做了。我找了各种理由，对她们进行了各种指控，最终得以脱身。几周之内，我都会沉浸在这种自由落体的麻木之中，直到突然间，就像高中时和劳拉那样，真实的她——她的温柔，我们共同的经历，我们温暖的友谊——会像巨浪一般向我袭来，将我掀翻在地，而我又会爬回她们的身边，祈求着原谅。

我知道这就是我的斯坦福助教安妮所说的依恋障碍，我小时候近似于孤儿的体验让我一直对和别人建立亲密关系感到不舒服。反复无常，令人困惑，充满戏剧性。这就是我眼中的自己。比起主观的决定，这更像一种条件反射，而对于一个经常被别人调侃"没有空窗期"的人来说，这的确是一种奇怪的条件反射。

这种恐惧填满了我的感官，将我的整个情感世界替换成了一个新的地方，我在这里只能感到窒息，就好像自己被困在了玻璃下面。而我自由的那一刻，一种新的惶恐又会袭来，这便是多年以来积聚的对于被抛弃的恐惧。只不过，这不是在一个出双入对的世界里作为一个单身成年男人的恐惧。这是一个被丢下的孩子的恐惧。即使是在当时，我也知道这种恐惧格格不入、不合时宜，它被放大到了极致，与一段成年人恋爱关系的结束完全不匹配。

所以，生活在这两个极端之间令我感到十分困惑：害怕亲密，又像着了魔似的需要亲密关系所提供的慰藉，我就像一枚乒乓球，永远往来于两者之间。

对自己的行为感到如此不知所措是一种奇怪的感觉，我看向镜子的时候，看见的是一张陌生人的脸。

我看着朋友们订婚，有些结婚了，有些安逸地和另一半和平共处，并没有经历我为自己的恋爱关系所做的那些疯狂"表演"，这让我越来越强烈地感到警惕。我并不是很确定到底发生了什么。我只知道自己和别人不同，我做不到其他人可以做到的事，至关重要的事。

我觉得自己身上的问题又多了一个，这样的想法让我坐立不安。于是掩盖它成了当务之急，反正我也习惯了。举起白旗撤退，来到一个对我的期望值没有那么高的地方，来到这座文明边缘的活动住房中，就这样宣告放弃一切。

没有洁白的婚礼。没有"她是个好女孩，但我们想慢慢来，你见到她的时候会喜欢她的"。没有尖木桩栅栏和孩子，也没有安静的周日早晨在被窝里分享笑话。这些都不是我的。我会成为另外某种东西，大胆且浪漫。我要试图用所有这些痛苦和烦恼创造出一些有用的东西——或者，如果我有能力——创造出一些美丽的东西。我会成为一名艺术家。

我开始创作一些短篇故事，它们更像是一系列缺乏热情的尝试，是对场景和人物的简单描写，开始之后就没有了去向。我写了几百首没人听过的歌，我迫切地想将它们唱给谁听，我只想在晚上的时候来到外面，拥有一支麦克风和一群观众，每当我想到这件事的时候，就觉得如鲠在喉。要是我嗓音优美就好了。要是我知道该怎么做就好了。甚至于，我该怎么开始设想这件事？这种人真的在真实的世界中存在吗？这就像决定成为一条美人鱼。

锡南浓的创始人老人查克说过一句著名的话："今天是你余生的第一天。"这或许是他唯一说对了的事。只要你愿意，你的未来就可以是一片空白的画布。

我将决定告诉爸爸时，他说得更直接一些。"我觉得挺合理的，"他说，"有时候事情会变得过于困难，所以继续往前走是个更好的选择。看看前面有什么，因为不管有什么，总归要比你现在拥有的好。"

这也是我的逻辑。生活不如意？好的。把书打包装进车里，能带多

　　　　　　　　　　　　　好莱坞公园

少带多少，再拿上一把吉他和一个旧键盘，在空白的纸页上填满歌词和故事。读书，读那些你一直好奇的书。放下你的骄傲，因为你做不了其他事情，没法工作，也没法维持和另一个人的健康关系，所以搬到世界边缘一座小小的活动住宅里吧，继续生活，然后写作。

　　夜晚，坐在峡谷边缘的活动住房里，聆听一群丛林狼对着月亮嚎叫是很孤独的。我没有手机信号、没有电话、没有电视，除了书籍和我空荡荡的显示屏之外什么也没有，跳动着的光标盯着我，好像在发起某种挑战。我无事可做，只能阅读、抽烟、焦虑地每天花上五个小时的时间写出一点东西，然后对着活动住房旁牧场上神经紧张的马匹唱歌。每天铲两次马粪，白天五个小时，晚上四个小时。

　　在长时间写作和写歌时段的空闲，当孤独与隔阂让我抓狂的时候，当我需要听见别人的声音，需要做一些除了盯着电脑屏幕或者在折了角的笔记本里涂写歌词之外的事情时，我会开到城市，去看望我的哥哥。他独自住在普拉亚德雷沙滩旁的一间小公寓里。蒂凡尼离开后，他和儿子从塞勒姆搬回了洛杉矶，这样离爸爸和邦妮更近一点。事实证明，父亲的身份对他来说太沉重了，让他难以承受，他太年轻、太狂野、太像那个他生来就是的毒品爱好者了。妈妈提议帮他照顾几个月儿子，好让托尼"喘口气"。这本该只是短期内的安排，但几个月变成了一年，一年又变成了几年，最终就成了固定的生活方式。

　　妈妈现在有了新丈夫，尽管他们还没结婚，但在我眼里，这就是他的身份。他是一个高个子、没头发、有些搞怪的黑人男人，名叫达尔文，他们是在妈妈新换的位于图森的教堂里认识的。他眼窝深陷，走路时有点驼背。我喜欢他。我会去看望他们，这样我就能带托尼的儿子去露营了，他是个很难让人不喜欢的人。达尔文是个怪人，但很善良，慢吞吞地做晚饭时会自己跟自己唱歌，他还会用那种温暖、缓慢、平稳的方式修缮家里的各处地方。他会讲自己作为一名公民权活动家时的老故事，他像一个温柔的灵魂。他会和自己的儿子开俗气的老爸式玩笑，他也和他们一起住，他的儿子是一个可爱的孩子，穿着彩虹色的匡威，喜欢怪人奥尔*和拆卸旧收音机。他和托尼的儿子一样大，这让他们形成了一种类似兄弟的关系。他们合不来，但有时也能和平共处，这一点也像兄弟。

当叔叔是一件容易的事，我会带来棒球手套或者一张混录 CD，一边拆开包装，一边询问托尼的儿子四年级生活如何。我一年会来三四次，我们会在当地的山道上徒步旅行，或是坐下来计划一次露营，将我们需要的装备和防寒衣物列成表，让一切保持简单、有指导性、切合实际。他需要的很多东西我都有，他想知道的很多问题我都能回答。我并非试图成为他的爸爸，我不能成为他的爸爸，这我知道。我只想带他去钓鱼或徒步，和他一起坐过山车，让他知道我爱他，而且我也喜欢他。不知为何，我觉得这非常重要。

我在他身上太能看到托尼的影子了。同样充满戒备的蓝眼睛，同样的金色头发，同样对自己拥有的物质的依恋，他的折叠小刀和指南针，他的马克笔和纸，就好像它们是守护者或者朋友、是他人生中的伙伴，陪他在这么多不同的世界中穿梭。

在开往大峡谷或者约塞米蒂国家公园的漫长旅途中，他有时会问我关于他爸爸的事情。他已经不再和他讲话了，所以我能感受到他的眼神在我的脸上搜寻着我无法提供的答案，我试图将注意力集中在眼前的高速公路上。他想知道的都是小事，比如他以前打不打棒球，他喜欢的音乐和我一样吗，他的脚大吗，他是左撇子吗，他最喜欢的食物是什么。他不认识他的妈妈，她多年以前就消失了，我知道所有这些问题其实就是一个问题：为什么？他们为什么不要我了？我为什么一个人在这里？我做错了什么吗？

---

* 美国摇滚音乐人。——编者注

我很了解这个问题。

我不知道该怎么回答他。我想保护托尼，也想保护他的儿子。我该怎么告诉他，他的爸爸是个好人，但是他病了。毕竟，这是家族性的疾病。

于是，我们选择了徒步、做饭、搭帐篷，以及在山间漫长的车程中听治疗乐队和谦逊耗子乐队的音乐。我们在北亚利桑那州白山山脉的雨水中行走，在布赖斯峡谷的红土地上露营，将绳子扔上树枝，在我们临时的营地上方制作贮藏袋，防止野熊入侵。我们在魔术山游乐园或者迪士尼的过山车前排队，举起我们的冰沙致意，中午狼吞虎咽垃圾食品。我们在沙滩上度过漫长的一天，沿着海岸在浪花里奔跑，让冰凉的海水渗透我们的鞋子。分别的时刻来临，我给他一个拥抱，向他道别，我能感觉到一根绳子已经被拉扯到了极限。当我收拾东西，准备回到世界边缘的那座活动住房时，我能看到他脸上悲伤、不解的表情。我知道我们应该团结在一起，我们都是宇宙的孩子。

别人对待托尼儿子的方式，就和他们对待小时候的我们一样，仿佛他的感情不重要，这让我觉得心都碎了。他看起来被忽视了，几乎像是被监禁了一样。有那么一刻，在听到妈妈只因为他想吃零食而冷冷地斥责他之后，我慌张地给邦妮打了电话："他就像个陌生人一样住在那里。这座房子里没有爱。我太为他感到难过了。"他似乎并不是这个家庭的一部分，而只是一个被容忍在那里生活的人，他得不到关爱，别人没有因为他的存在而感到喜悦。

在从大学时寄出那封信到去看望托尼儿子中间的这几年里，我和妈妈几乎没有说过话。这样来得更简单。语言则没有这么简单。她在的时候，我依旧会感到不舒服。我依旧会有一种自己的空间被侵犯、我这个人被贬低的感觉，这种感觉一直都在。就好像在我的大学毕业典礼上，我们聊着一些无关紧要的东西，我试图让对话变得轻松一些。但是在她用姥姥、姥爷去世时留给她的钱建造的沙漠小屋中，话题还是不可避免地变得严肃了起来。我们谈论了去俄勒冈沙滩的旅行和匿名戒酒会的露营。假装旅行和露营只是因为旅行和露营会更容易一些。她对每件事都有自己的解释，哪些是我们无法控制的，又有哪些不公降临在了她身上，她就这样将对话带回了她身为受害者的每一种方式，她总是受害者。

当话题转向道格时，她说他的离开是我的错。我提醒说他有个情妇，我十一岁的时候就搬走了，他打了我，在他们结婚前，他已经离开她四次了。她似乎暂时醒悟了。我能看见她脸上的困惑，就好像她正试图在脑海里解决一道复杂的数学题。但很快，她就忘了这些，又回到了她的各种论点上。这就像迎着蜘蛛网奔跑，这是一张由幻觉和半真半假的叙述织成的无尽的大网。她依旧认为我欠她点什么，因为我离开了她。这太疯狂了，我对自己感到生气，因为我试图向疯狂解释疯狂。

这次露营，我带来了我的吉他，想为她弹一首歌来缓和气氛。我唱了一首自己写的歌，这首歌的灵感来自欧文·肖一篇名叫"穿着夏日连衣裙的女孩们"的短篇故事。她颇有礼貌地听着，结束后告诉我："嗯，怎么说呢，这是演奏音乐的一种方式。它并不完全是民谣歌曲。它没有包含真正意义上的信息。也许有一天，你会创作出能传递一些信息的歌曲。"我告诉她这首歌本来就没想传达任何信息，至少不是包含什么道理的那种。它是在一篇文学作品的基础上创作的，所以创作它就像在写短篇故事，好比我在试图抓住故事中的各种矛盾。"也许你坚持写作就够了！"她用她那充满嘲讽的方式笑道，这样的笑用上了她的整个喉咙，她的脑袋向后仰着，露出了她变黄的牙齿和金属牙冠。

在普拉亚德雷的小公寓，托尼会拿着一瓶啤酒到小小的纱门口迎接我。我们会坐在电视前的黑色皮沙发上，用他的 Xbox 游戏机打麦登橄榄球系列游戏，像曾经的那两个叛逆少年一样一支接一支地抽烟。我抽我的特醇百乐门，他抽他的特醇万宝路。我看着托尼一次又一次起身去给自己的杯子续上酒。他说他只喝"几杯"，但每一杯都是倒满到杯口的一整个玻璃水杯的量，里面是威士忌和冰块。

喝前几杯的时候，他很幽默，很有魅力，满是自信和计划，给我讲他在一家大批量印刷公司担任销售人员的故事，他谈下的大客户，他如何打算有朝一日创立自己的公司。他会开玩笑，会拍我的后背："触地得分，小弟弟！哎哦哦哦哦！嘿，哥们儿，我们所有人应该去一趟墨西哥之类的。也许去惹点麻烦。"那种熟悉的亲切感再次浮现，就好像我们是某个事件的幸存者，或许是一次坠机事件吧。就好像我们走出废墟，惊讶地发现自己还活着。但是到了第三杯或者第四杯的时候，他的眼神里出现了掩盖和逃避，他的谈吐开始变得模糊不清，他整个人变得反复无常且情绪化。他很愤怒。对政府，对妈妈，对道格。甚至对爸爸和邦妮。每个人都有错。为他面对过的每个问题、每次挑战、每件事情，我们的父母、锡南浓和整个充满狗屎的世界都应当承担罪责。

我能感受到在他儿子这件事上他的防卫心理，所以我避之不谈，不去说他的儿子正在面临的各种挑战正和他如此怨恨的那些一样。我想，这就是人们所说的"上瘾是家族性疾病"的含义。

一天晚上，我们去参加了一场位于"丛林"的派对，丛林是一排沿着普拉亚德雷狭长海滩排列的低矮公寓楼，介于游艇停靠区和道克韦勒州立海滩之间。这是一场屋顶上的万圣节派对。我们的背后是一片光亮，西侧是没有尽头的黑色大海。我和托尼没有任何装扮，但似乎也没人在意。角落里有一个啤酒桶，人们手里拿着红色的一次性塑料杯子，他们扮演着光着膀子的僵尸冲浪手、里根、尼克松、戴着橡胶面具的肯尼迪、一位阴间大法师、一位弗莱迪·克鲁格*、一个圣保利啤酒女孩、几个吓人的小丑。他们都认识托尼，他们都像家庭聚会上失散多年的表亲一样拍着我的后背说："哦，所以你就是托尼的弟弟！作为传奇人物的亲人是一种什么感觉？"

我们抽烟、聊天、跳舞，这一切都让我松了一口气，在荒野中的活动住房与世隔绝了这么久之后，派对的喧闹是令我欣喜的一次放松。她

---

* "猛鬼街"系列电影中的杀人狂。——编者注

穿着一套巨大的棕色猫咪套装向我走来，几缕乱糟糟的金发垂下了她的额头，她用一只大毛毡爪子将头发拨开："嘿，想玩拇指大战吗？"她拥有一双妩媚的棕色眼睛，身上带着一种让我觉得熟悉的气质，这让我在脑海里那个只属于我一个人的房间里卸下了防备，之前我一直躲在那里观察着派对。仿佛她就这么打开了门，擅自走了进来。

"我以前可是拇指大战的冠军呢。"她解开一只猫爪手套，露出一只瘦长且结实的手，"我不想吓着你，很明显我已经很久没练过了，所以也许你还有机会。"

她抓住我的手，大拇指向后拉："准备好了吗？预备，开始！"很奇怪，一个突如其来的亲密举动，两只手的触碰就能消除人与人之间的距离。我觉得自己被她从那个独处的房间里拉出来了，没有选择地被拉到了现实。我做了自我介绍，告诉她我其实是打手游戏的全州冠军，但是我偶尔也会涉猎拇指大战，不过，作为一名双项目运动员，必须要小心受伤。

她的脸上带着一种心甘情愿的表情，就好像我们是同一物种的两个样本，被大量的外来动物群包围，而在我们辨认出彼此身上那熟悉的律动后，其他的一切便迅速退到了背景之中。

我们聊天时，我能看到她在用余光观察我的表情，也能感受到她手的温度。她的名字叫安柏。她来自艾奥瓦州。她来这里两个月了。她是在一片奶牛养殖场上长大的。她吸引了我的注意。我不禁被这个穿着可笑猫咪套装的纤瘦女人迷住了，如此迅速、如此直接。我决定碰碰运气："所以你有男朋友之类的吗？"

"算有吧。他在那儿，穿着僵尸服。"她指向啤酒桶。

"进展如何？"

"什么意思？"

"我是说比这还好吗？因为这还挺不错的。"我来回指着我们俩。

"说实话，没这么好。"

"太好了。"

托尼过来了，我们开始了一场拇指大战锦标赛，派对中的大部分人都热情满满地参与了进来。我和安柏分开了，但我发现她和别人比赛的时候也会抬眼看向我。我离开去洗手间的时候，她正在走廊里等我。

"所以你住在山上的树林里？"

"对，我有自己的两户一幢活动房屋什么的。真正刺激的是撞见两匹马交配的时候。"

"噢，真可爱。"她冲我微笑，并将一张纸塞进我的兜里，"我和僵尸其实不是认真的。我其实并不喜欢僵尸。给我打电话吧。"她转过一个角消失了，身后拖着一根毛绒绒的棕色尾巴。

我们回到公寓的时候，托尼已经醉得跌跌撞撞、快要哭了。在第四杯或者第五杯之后，会发生一次转变，所有那些富有亲和力的温暖都变成了自怜。他告诉我，他将我的名字写进了他的人寿保险，而且只有我一个，他上过的所有人寿保险中，唯一受益人都是我。这似乎对他来说有着某种特殊的意义，这是他能够通过死亡为我带来的一份礼物，就好像只有他的人生以悲剧结束，他的一生才能变成一份礼物。我将这解释为他将我视作家人，我是他信任的那个人，我了解一些其他人不了解的东西，我为自己私下里对他的评判和指责而感到愧疚。

我告诉他我想组一个乐队。我搬进活动住房是为了写一本小说，但我却整天都在写歌、录制小样。我并不是很确定该从何开始。我知道这听起来很疯狂，因为我没有在任何人面前唱过歌。但是我觉得它很真实，它似乎包含着一些我应该追随的东西。"反正，不知道为什么，我写的都是一些悲伤的歌。"

"它们当然悲伤了！我们这种人还能写什么呢？"他盯着地面，轻轻摇晃着，"只有我和你懂。没有别人理解究竟发生了什么。"

他在沙发上昏睡过去，安静的客厅中只剩我和皮质长沙发，还有咖啡桌上一杯挂着水珠的苏格兰威士忌。

两天后，我和万圣节派对上的农场女孩安柏在一家墨西哥餐厅见面了，餐厅位于我的活动住房的山脚下，在一座叫作阿克顿的小镇上。不穿猫咪套装的她看上去更瘦小了，但她的机智、突如其来的熟悉感和温暖依旧没有变。晚饭后，我们回到了牧场，我在一堆马粪边上吻了她，头顶上的月亮泛着蓝色，背景里丛林狼的嚎叫响彻峡谷。

　　"我会依赖上这种感觉的。"她说。

　　"我就该知道你抵挡不了马粪的诱惑。"

　　"我能说什么呢？"她看着我，"我就喜欢大堆大堆的屎。"

　　到了周末，她下班后会开车来到活动住房，和我一起做饭，然后花上大把时间溜达到山顶嗡鸣的塔旁，俯瞰莫哈维沙漠。我突然感觉松了一口气，就好像我经受的所有分离和孤独都被一种令人兴奋的新事物取代了，这不禁让我怀疑，自己再也不打算谈恋爱的决定是否是个错误，娜奥米们为我带来的破坏是否只是偶然，现在的我是否应该拥有更好的东西。这种感觉是一种记忆缺失，那种最棒的记忆缺失。

　　我们制订计划，讲述各自的故事，我为她唱了我那些悲伤的歌。她蜷缩在沙发的角落里哭了，瘦小的双腿压在身下，棕色的眼睛湿漉漉的，一道道黑色的眼线水流过她脸颊上星星点点的痣，它们让她看起来十分无辜。我们有些飘飘然，思绪万千，幻想着我们可以成为的角色，就像两个人在一幢新房子的过道中奔跑，想象着他们在这里可以拥有的生活。

　　这样的情况持续了三周。一天，在没有任何征兆的情况下，恐惧来了。它第一次悄无声息地出现，是在她提议我们去艾奥瓦州的时候，这样我就可以见见她住在农场上的家人了。在理性层面，我知道这个建议是完全正常的，毕竟我们已经变得如此形影不离。但是立马，我本能地觉得胸口一紧，而且就像上了弦一样越绷越紧，最终成了巨大的恐慌。这是一种生理上的反应。我的双腿变得沉重，双手像被捆住了一样，呼吸开始变得急促。我竭尽全力试图将这种感觉隐藏起来，不让她发现，我想点点头表示赞同，或者说上一句"我们看情况吧"，然后在接下来的几天再讨论这种可能性。但是我无法甩掉自己已经过于投入这段关系的感觉，她不是她装出来的那个人，她所谓的对我的感情都是骗人的，它们只是一个人对一个鬼魂的感情，是对那个我为她变出来的假人，我一直都只是在表演，而她竟然天真到相信了我的表演，不知为何，我觉得这件事我们两个都有责任。

这种感觉的奇怪之处在于，它并不是由任何实际的行为带来的。它更像一种怀疑、一种潜伏在暗处的意识，让我觉得她的内在是腐坏变质的，或者我的内在是腐坏变质的，因为还有什么能够解释我所感受到的这种恐惧、害怕和慌张呢？

几天后，在我要和她分手的时候，在我告诉她我"还没准备好走到这一步"的时候，她将小小的脑袋靠在我的胸前，棕色的眼睛里溢满了熟悉的泪水，她说这不可能是真的，我没有什么可害怕的，这种突如其来的情感转变不是真的。我告诉过她我的斯坦福助教说我患有这种依恋障碍，它来自我像孤儿一样生活在锡南浓的日子，还有生活在俄勒冈的那些年。她说这都是我的恐惧在作祟，一切都很好，她还是那个我在万圣节派对上遇到的穿着巨大棕色猫咪套装的人。

"别对我用精神分析！"我喊道，我能看见她脸上的困惑，"我不是你的私人实验，好吗？结束了！接受事实吧！赶紧滚蛋！"我看到她用力咽了一下口水，整理好自己的情绪。我甚至不确定这些是不是我的心里话。它们承载的重量使我感到惊讶。它们并不是我深思熟虑后的产物。这些话是一种条件反射，就像一个孩子在碰到滚烫的炉子时会马上将手缩回来一样。我能感受到自己体内的分裂，某些温暖的东西被某些冰冷的东西死死闷在了下面，一部分的我掌控着另一部分的我。

她收拾好留在活动住房里为数不多的几样东西——手提包、卧室里的几件衣服、放在小小卫生间水池上的牙刷，然后便离开了。

我听见她的车在马场旁的石子小路上发动了。大灯照亮了活动住房背后平淡无奇、尘土飞扬、空空如也的山坡,她消失了。

我的睡眠时断时续,醒来的时候感到空荡荡的,觉得很愧疚,就和我们在谷仓外面的石子小路上宰杀小兔子时我感受到的愧疚一样。我不知道谁是小兔子,是安柏——残忍和悲伤熄灭了她眼里的亮光,还是我们的关系本身,这个被我践踏和摧毁的毫无恶意、充满欢愉的东西。或者是我,我是那只小兔子,那个希望一切都能变得不同的我,那个对她充满信任的我,那个感到平静和安全的我。

空洞在我的胸中扩散,直到形成了一个由虚无构成的黑洞,大到难以承载。时钟嘀嗒作响。键盘没有被动过。吉他坐在角落里落灰。我出门跑步、喂马。我在床边找到了一件她没有拿走的白色羊毛衫,团成了一个球,闻起来是她的味道。

两天过去了,霎时间,一种新的感觉向我袭来。一种白到刺眼的对孤独的恐惧。比起无聊,比起成年人单身生活的宿命感,我感觉自己更像一个婴儿,躺在一片昏暗树林中的小溪旁。没有保护。我很害怕。词句在我的脑海中闪过:你。会。永远。孤独。某些糟糕的东西就要来了,我没有任何办法阻止它。我为什么要把她推走?她是如此柔软、温暖、善良、美好、幽默,而我现在正独自站在这片辽阔的漆黑的边缘。

我开车来到她位于洛杉矶市区东侧洛斯费利兹的新公寓,在她卧室下面的小巷中拨通了她的电话。她接了,我让她到窗户这儿来。我挥了挥手,她下楼给我开了门。我告诉她我很抱歉,我告诉她我疯了,我告诉她我就是个傻子,那些都不是我的真心话,我只是有时候会很迷茫。我们和好了,但是我能感受到她的抗拒,倒不是那种对一个悔过自新的酒鬼的抗拒,而像是她知道自己没法拒绝——毕竟她也很受伤——但又对接下来会发生什么感到恐惧。或许这也是我的想象,或许她只是见到我很高兴。我不知道。我永远不知道该相信哪种感觉,因为它们在我的体内共存:一种很简单,将我拉向她,原因清晰明了;另一种很黑暗,它说我被压抑、被禁锢了，这种恐慌就像一个孩子害怕被独自丢下一样。

当写小说开始让我感到无聊的时候——我写歌的时候基本上就没有动过小说了，当我想拥有一些新的体验的时候，我联络了一家音乐杂志的编辑，希望他们能让我写作有关音乐人的专题。我只想在夜晚与大汗淋漓的人群和震耳欲聋的音响在一起，我只想离这一切更近一些。在盲目自荐了二十次之后，我终于得到了几个自由撰稿的机会，写作内容是关于现场音乐的。编辑喜欢我的作品，在他们有职位开放后，他邀请我担任他们的新执行主编。杂志名叫《滤镜》。我已经看了这么多年演出，这对我来说就是水到渠成的一步。我站在后面观察着人群，跳进舞台前的内场，试图弄明白大家为什么会来这里。我总觉得，每场演出都是关于某个东西的庆典。这个东西是一个概念。有时候，这个概念很简单，比如悲伤、愤怒，或者对很差劲的演出来说——爱。所以我很喜欢做一个游戏，那就是试图拼凑出我们今晚庆祝的概念是什么。这个概念越具体，演出的效果就越好。

今晚，我们庆祝一种人们共有的感觉，那就是我们充满讽刺意味的与世界的脱离，它既是我们最大的快乐源泉，也是对我们的生活最具破坏性的因素。我们庆祝的正是我们知道事实如此，但我们却可以厚颜无耻地满不在乎。

今晚，我们庆祝儿时面对悲伤时产生的惊奇。就像在暴雨后的草地里找到一只死去的小鸟，我们试图想象之前发生了什么，接下来又会发生什么。

今晚，我们庆祝镜子，那些光线充足且强烈的镜子，那些弯折与扭曲的镜子，以及我们在两者之间昂首阔步、光线反射在我们的衣服和颧骨上时，我们感受到的那种美妙的虚荣。

今晚，我们庆祝性。它的神秘，和身体为我们带来变化的可能，那种我们的身体比我们更了解自己的感觉。

这是一份很棒的工作。我可以在唱片发行之前听到它们。我可以飞去千里之外参加音乐节，比如法国和冰岛。我可以在马林郡的一家公路旅馆里和汤姆·威兹面对面坐下，向他讲述我的歌曲创作、我的书，和我位于世界边缘的活动住房。他用他那坏掉的链锯一般的声音告诉我："就得这么干，哥们儿。一段时间之后，就像爱默生说的，宇宙会来帮你。"我可以和卢·里德坐在字母城一家小酒吧的地下室里，作为那个留着拖把头的过时记者，听他说："摇滚乐可以发出'叭，叭，叭——'的声音，我的朋友。它不能发出'啦，啦，啦——'的声音。"

我爱这些乌烟瘴气的俱乐部，和摇滚明星之间自命不凡、活跃热情的对话，还有跷着二郎腿坐在里屋、时不时抿上一口红酒的作家们。杂志的员工很少，少到每一期的大部分内容都是我和总编两个人贡献的，我们每次都要用不同的笔名凑出七到八篇专题报道，出于某种原因，我们觉得这些笔名应该听起来像法裔加拿大曲棍球运动员的名字。每次截止日期之前，我们都会在位于奇迹一英里的办公室里熬个通宵，改稿、玩《大蜜蜂》、喝啤酒。早晨来临时，我们就拖着疲惫的身体，拿着硬盘来到打印店，此时距离早上七点的印刷截止时间可能也就剩八分钟了。

有了这份新工作为我带来的薪水，我又从牧场搬回了市区。我在城市东边的洛斯费利兹找了个地方住，这里和银湖的各种摇滚俱乐部只隔一个街区。这是一幢很小的双层工作室式公寓，铺着深咖啡色的木地板，毫无遮挡的窗户外是一棵庭荫树和砖砌外立面，有点像巴黎拉丁区里的房子。房子里有一间开放式小厨房和一个壁橱，我用强力胶带将整本整本的书直接贴在墙上，我的书桌正上方贴的是《地下室手记》和《审判》。我喜欢陀思妥耶夫斯基和卡夫卡俯视着我的感觉，他们是我旅途中的伙伴，在凌晨三点陪我完成与忏悔和诗歌有关的任务。

除了写作关于摇滚乐的故事，其余的时间里，我依旧在写歌、摆弄吉他的音效、在笔记本里涂写歌词。我和安柏保持着一个"稳定"的状态，既不算是在一起，也不算是没在一起，也就是说，我们大部分的时间都花在了分手和复合上。我知道这让她很累。我知道这对她来说不公平。就像在大学时一样，我觉得自己的知识并不能拯救我，尽管我热切地希望能成为一个更好的男人、一个更好的男朋友、一个更好的朋友，但我却被困在了两种极端情绪之间：一种一直在逃跑，另一种一直在跑回来。

有时候，我觉得自己就像我曾经想象的爸爸的样子，那时我还不了解他，他只是存在于我脑海里的一个概念。在我的幻想里，他威风凛凛，充满魅力，一只脚踩在法律的前面，靠着自己的足智多谋过活，人们渴望他、寻找他，他则从一个迷人的地方来到另一个迷人的地方。另外一些时候，我不禁觉得自己是不是和保罗相似：基本上是一个好男人，但有着很严重的缺陷，被自己的冲动束缚，既不能理解也不能控制这些冲动。最糟糕的时候，我会怀疑自己是不是和道格一样。我在某个地方读到，虐待行为的受害者不仅会对受害者的身份产生认同，也会对施虐者的身份产生认同，虐待行为赋予人们的权力让他们印象深刻。这是否就是我？我已经明白了自己随时可能离去的威胁为我带来了权力，这种权力让我在每次分手的时候可以凌驾于安柏之上，凌驾于我所认识的那些女人之上。我可以既存在却又不在，我是一个向着地平线方向扬帆远航的船长，总有一只脚踩在他的轮船上，他如此渴望能够活在当下、留在这里，同时又如此痴迷于大海带给他的承诺。

摇滚乐的存在让我得以忍受这一切，我觉得我是无数旅行者中的一员，我们一起享受着酒精，享受着一个叫作爱情的概念，仿佛它是一个黑色幽默笑话，在我们之间流传。这就像是我的秘密生活，白天采访摇滚巨星，晚上创作关于迷茫的歌。所有采访都只是一出闹剧，我扮演的音乐人和过时记者的角色都只是我表面上的表演，因为当我在生命之下这条黑色的河里游动时，我真正想知道的是：**怎么做到？你们是怎么做到我如此渴望做到的事情的？你们是怎么写歌的？**

我们可以做英雄

　　长长的金色刘海遮住他两只颜色不一致的眼睛，一只蓝色，一只黑色，和海报里一模一样。姿势也没有变，那是一种令人兴奋的夸张与豪华，女性化的四肢和长长的手指，他的尖下巴和完美的北欧人鼻子。他脸上冒出来的灰色胡楂让我有些惊讶，它们给他的脸带来了一种奇怪的效果，将年龄感和永恒感相结合，让我觉得自己在和天空中某个隐蔽洞穴里的预言家讲话。但是现在和我十三岁的时候不同了。我已经是个成年男人了。我不能毫无顾忌地告诉他，曾经的我是如何如何想成为他，他对我和杰克来说又是怎样代表了一个遥不可及的理想。他是一个概念，不是一个人。所以我不能只是简单地拥抱他，然后抓紧他不放，告诉他我正在试图理解某些事情，我需要他的帮助。这就像是在和风说话。你该问风什么问题？

　　我很紧张，坐立不安，手心冒汗，心跳剧烈，喉咙干燥。有什么东西悬在我的胃里，无处安放，我觉得头晕目眩，自从我的编辑告诉我，我要来到这里，和大卫·鲍伊相隔三英尺坐在 Soho 区的一间工作室里之后，这种感觉就一直伴随着我。

　　我觉得自己飘起来了。

从工作室高高的窗户里洒进的阳光洗刷着他的脸庞。光包围了他，就像设定在天堂里的一出高中舞台剧的舞台灯光一样。他穿着蓝色的牛仔裤和一件蓝白相间的针织开衫，长长的金色刘海落进了他的眼睛里，他将一只庄严神圣的手举过头顶，声明道："世界上没有上帝，人类都是傻瓜，这是我一直以来坚守的信条。"

之前我们一直在谈论安迪·沃霍尔和尼采，他突然间就说了这么一句话。我不舒服地微笑着，为他如此迅速地直奔主题而感到惊讶。我们距离匿名戒酒会露营上的那个高级力量非常遥远。

我知道我的工作是扮演记者这个角色，向他提出关于第三首歌里的吉他部分和他在"工作室里的流程"等问题。但并没有人真正关心这些，人们知道自己真正关心什么，大家想知道的就是：**他人什么样？他很酷吗，还是有点浑蛋？如果是的话，那他对自己是个浑蛋这件事有所谓吗？你觉得他会喜欢我吗？**

而我想知道的就是那个秘密。我知道事情没有这么简单，但我总觉得他就像守护宝藏一样守护着这个秘密，他知道一些具有魔力的东西，而我只有这短得让人心碎的一刻能够问他。于是我立刻决定无视自己作为记者的正当身份，无视我对于可能冒犯到他的恐惧，向他提出了关于那个秘密的问题，也就是他是如何写歌的。

我脱口进行了一个简短的演讲，讲述了我在凌晨两点的写歌经历，被我遗弃的小说和我最大的愿望，也就是为一群观众唱歌。我问他，他是如何将文字变成音乐的，他是如何区分歌曲创作和白话散文的。

他点了点头，他英国人的嘴巴上浮现出一抹单调的苦笑，他站在完美的光线之下（他是怎么知道该站在哪儿的？是地上有标记之类的吗？），好像他以前就听过这样的演讲。

"我认为一位散文作者能够以一种更为直白的方式表达观点，"他说，"但是作为音乐人，文字就像是我覆盖在音乐这个支架上的石膏。我并不认为这些文字是专门用来传达想法的。它更像是一堆组成了一幅图案的羽毛，所有这些图案放在一起，依附在这套音乐的支架上，就足以表达我的感受了。"

他说出这些的时候，一切听起来是这么简单。音乐就是支架，文字就是图案，它们加在一起的目的就是精确地表达出创作者的感受。

"你在这个世界上会感到孤独吗？"我问他，我觉得既然我们正在纽约市中心的这间工作室里一起飘浮在火星附近的某片空间，我就可以问他这样的问题了。

他歪过头，看了我一眼。或者至少在我的想象里他这么做了，我正在和风说话，而风正在告诉我它的秘密，或者没有告诉我，或者可能会告诉我。

"我认为现在我们已经没有上帝了。我们完完全全生活在海上。所以我认为，我们更愿意接受生活就是混乱的这个事实了。它没有结构可言。没有计划。"

我在笔记本上写下：混乱好。结构不好。"我们这代人根本看不到这一点，看不到计划的缺失，因为我们一直以来只知道这样的生活，这种缺失，这种混乱。"我尽量避免一直盯着他。

"我无法想象那该是什么样的感觉。"

"感觉就像在原爆点跳舞。"

他起身在我面前踱步，安静地转向我的方向。他看着我俯身在笔记本上奋笔疾书时，我从他身上感受到了一种奇怪的父亲般的气质。

"我还记得我十六岁的时候，"他说，"在关于未来可能会发生什么这件事上，完全是个理想主义者。我不确定你们这些年轻人能否感受到我们在二十世纪六十年代的那种理想主义。"

我想到了老人查克，拿着枪的帝国海军陆战队，学校，暴力，在没有父母的情况下生活为我们带来的耻辱，破碎的婚姻，破碎的家庭，破碎的心，想要改变世界的失败尝试，那令人头晕目眩的乐观和积极变成了恐惧的无数种方式，我们觉得自己是在二十世纪六十年代遗留下来的弹坑里长大的。

他说："所以我不知道，你们会不会更难认为世界上确确实实有需要我们信守的东西。"

"我觉得十六岁的我是相信的。但是过去几年，我感觉非常糟糕。很多我原以为美好的东西，包括我自己身上的一些东西，现在看来要复杂得多、破碎得多。我几乎想不起来有哪个时刻能让我觉得爱就是爱，让我觉得平静是存在的，而且我配拥有这种平静，我记不起来自己体内的这种矛盾出现之前是什么样的。"

"是啊，这种矛盾真的能完全毁掉一个人，是吧？"他盯着我，双手在嘴前交叉。

"是的。"

从窗户里射进来的光线已经完全吞没了他的脸，所以我看见了两个人，我面前这个文质彬彬的英国男人，和解答谜语的预言家，这个掉落到地球上的天外来客。他非常严肃地看着我。

"嗯，那就写点关于这种矛盾的东西。"

他来到了落地玻璃墙前，这里将控制室和录音室里的话筒分隔开来，对话又回到了我们熟悉的领域，专辑制作、流程、灵感来源。很快，一名宣传人员探了进来，指了指她的手表，说明我该走了。我们握了手，他充满善意地拍了拍我的后背。他说认识我很开心。他祝我好运。如果他戴着戒指，我一定会亲吻那枚戒指。如果面前有一座圣坛，我一定会跪下。

我走出门来到电梯间，然后又来到街上，整个人晕乎乎的。黄昏来临，出租车都打开了大灯，一千扇摩天大楼的窗户闪烁着荧光，照亮了我头顶的天空。我转过弯，走上了坚尼街，一阵风吹过我的二手围巾和拖把头，我回忆着自己与他相处的时光。写点关于这种矛盾的东西。

它和桥段、衔接段、副歌或者重复段都没关系，和音域、吉他音效等我经常考虑的平凡因素也没关系。基本要义就是无视这些东西，然后写一首能精确表达出我的感受的歌，不管它有多么自相矛盾。这比我想象中的回答要简单，同时又难上无数倍。

在六个月的创作、重新创作、乱涂乱写和挣扎之后，我坐在位于中央公园对面的一间小小的酒店房间里，和一个画着眼线、蹭掉了口红、很有礼貌的中年男人进行了一番对话，我们两个都喝多了，他的名字叫罗伯特·史密斯。

他依旧保持着那个造型，和我那些治疗乐队的海报上一样。这是他在晚上十一点四十五分走进房间时我脑子里的第一个想法。他的胡楂和妆容，像耗子窝一样的头发，他就像一只喝多了苦艾酒的蝴蝶。

角落里放着一个冰桶，里面装着啤酒，我们进行了自我介绍和寒暄，例行公事地谈论了新专辑里每位乐队成员的角色和作用，从冰桶里拿了三四瓶啤酒喝，一名宣传人员走了进来，他挥了挥手示意她离开，说道："我们延长了，我们延长了。"我们像两个失眠症患者一样在房间里走来走去，他允许我抽烟，我假装没有意识到他一直在漫无目的地闲谈和他意识流的句式，他不停地嘟囔着，问自己各种问题，关于他事业的本质、他的生活，以及那些我如此了解（或自认为了解）的私人时光。在这一切之后，他径直停在房间中央，看着我放在台面上的录音机说道："你们这些人总好奇我在想什么。但是我觉得这简直太明显了。所以，我总在想的是：嗯，我能走多远？"

他站在那里盯着我，手里剥着瓶子上湿漉漉的标签，我不知道该怎么告诉他，我能凌晨两点和他在这个屋子里对话简直是不可能的事。因为他是我成长过程中倾诉的对象，他在我痛哭流涕、想要逃离的时候向我解释了这个世界是什么样的，我多么希望能够将地图上的这两个点连起来啊，这似乎是无法想象的。一个点是位于俄勒冈州塞勒姆的昏暗房间，那里的我迷茫、悲伤、困惑、孤独，嘴唇仍旧肿着，脑袋依旧晕眩，胃里空空的，大脑飞速旋转。另一个点就是这里，和他在这里，在

　　　　　　　　　　　　　　　　好莱坞公园

地球上这片人迹罕至的空间内，在纽约市中心和他面对面。于是我会想：嗯，我能走多远？

深夜让我感到眩晕，我尽量避免一直盯着他。他的存在在我的脑海里创造了一种距离感，这很奇怪。出名会给人带来这种效果：它孕育了蝴蝶，然后又用蛹罩住它们。**没有人会爱一个天才小孩。杀了他——然后让他的灵魂自由奔跑！**这是朗斯顿·休斯 * 对此的总结。

"反正刚才那就是一坨屎。"他用大拇指指了指会议室的方向。之前，一群西装革履的人聚集在那里，我们一起欣赏了他的新专辑。

"不，我觉得还行。不过，你刚做的专辑在那儿播着，人们却一直在说话，你就那么站在那儿，好像是挺奇怪的。"

"有人跟我说，我不需要一直在那儿站着。有那么几次，播到某几首歌的时候，我想，哦，对，换成是我，现在也会聊天，但另一些时候我会想，**为什么每个人都在讲话？**"

"我从头到尾是这么觉得的。他们很没有礼貌，绝对的。总之，他们可以滚蛋了，哥们儿。"最后这句话有点装腔作势，但是那又如何，他笑了。我举起啤酒，我们碰杯。

我给他讲了被我放弃的书，我一生追寻那个秘密的历程，我在深夜一边涂写歌词一边弹唱，一边涂写一边弹唱，大卫·鲍伊跟我说的话，预言家和风，还有拥抱矛盾。他歪过头，脸上的表情好像在说：你这个可怜的傻蛋。

告诉我你是怎么变这个戏法的。

"没问题，"他慢慢说道，"这对我来说，一直是个宣泄情绪的出口。我的天性让我对一切都很痴迷和极端，所以要我说，这是合理的，只能把它硬压下去，哥们儿。我有些歌存在的原因只有一个，那就是我在对世界尖叫。"

---

* 美国诗人、小说家，哈莱姆文艺复兴代表人物之一。——编者注

"有时候我只想这么做。对着世界尖叫。但这感觉有点像是在对着我自己尖叫，你知道吗？"

"嗯，很好。因为这样人们就会做出回应，他们会说：'天哪，这和我的感觉一模一样。'"

他的歌是关于另一个国家、另一个时代的人的，并没有特指孤儿或者邪教或者喝酒把自己喝死的男人，还有那些祈求着的、奔跑着的想象中的男孩，我不知道这一点是否重要。但很奇怪，他是如此清楚，他清楚地知道自己对人产生的影响，我是如何听着他那些既悲伤又快乐的歌，然后想道：**这就是我的感觉。我从来不知道别人也会有这种感觉。**

很快，对话就转移到了巡演中的故事，我感受到了他的焦躁，因为还有几分钟，他就要去录音室进行凌晨三点的混音了。他一直在不停地讲"混乱的状况""混乱的情绪"，生活无论如何都会继续向前行进，你会遇到能理解这些的人，然后你会对他们讲述这一切。然后你们两个都能在早晨醒来的时候感觉更好一些，因为这个东西有了名字。**这就是你写歌的原因，就是这个，把它写下来，你这只喝多了的猩猩。**

我们跌跌撞撞地走到门口，准备离开，他将一只手放在我的肩膀上，小心翼翼地将我转了过来。我整理好自己的状态，他侧过身来对着我的耳朵，我能感受到他呼出的热气喷在我的脖子上，他说："我他妈痛恨'正常'这个概念。生活中唯一糟糕的东西、唯一无聊的东西，就是正常。为什么要正常？"

我盯着他，不知道该如何找回现实与想象之间的界限，他是我脑海里活了过来的那个概念，还是我面前这个晕晕乎乎、爱发牢骚、醉醺醺的中年男人，他脸上的胡楂像是今天上午刚长出来的，嘴上涂着蹭得乱糟糟的口红。

"说实话，"他情绪激昂地耳语道，"我根本不知道正常是什么。"

然后他就走了，只剩下我和我的思绪，还有一堆空啤酒瓶。

为什么要正常？毁掉你自己，然后在余烬中舞蹈。拥抱情绪的宣

泄，利用它。我双手抱着录音机，他的话回响在我的脑海里。给他们看看。给他们看看你有多么奇怪，给他们看看面具之下的那个人。

这就是用一首歌为一件事的精髓赋予生命的魔法，你在觉得自己支离破碎的时候成为一位艺术家，你下定决心要将它变成美丽的东西。让痛苦变得有用。你的渴望、你的恐惧、你的心碎和害怕，你能够将自己的这些碎片视作盔甲上的裂缝，透过它们，你能更清楚地看到这个世界。你破碎到无法正常，你破碎到刚好可以看见美丽。

我的天哪，罗伯特，这是一个多棒的主意。

许愿井

　　我回到了位于东洛杉矶的小小巴黎式公寓里，在卡夫卡和陀思妥耶夫斯基的持续注视下，我伏在合成器上，弹奏着钢琴的和弦，敲击着键盘，一遍又一遍地弹奏着三个同样的和弦。当我在狭小的室内空间感到压抑时，我会在街区里散步，走过街边咖啡馆、转角酒吧、墨西哥玉米饼摊位和中古服装店。我只是想感受一下晚风吹在脸上的感觉。有些晚上，我会看见人们排着队走上佛蒙特大道，来到格里菲斯公园里小山顶上的希腊剧院。那是一个有魔力的地方，音乐在峡谷中飘荡，电吉他的声音能够传到一只正在细嗅空气的丛林狼的耳朵里。

　　当我回到公寓，打开电子琴，望向窗外的街道时，那些简单的和弦带给我的听感就和在夜晚跑步一样，画面从一片漆黑中涌现，电子琴的回音交错重叠，感觉就像赤裸双脚走在凉爽的路面上，走在建筑物后面的小巷里，走在孤独的街灯下。我为什么在跑？我在逃离什么？逃离谁？我写下了几段旋律和歌词，一遍又一遍地唱着，直到凌晨三点，消防喷淋被触发了，我终于向我的朋友卡夫卡和陀思妥耶夫斯基道了晚安。

　　八个月以来，我不断修改着这首歌，一开始是在一块放在合成器上的旧纸板上边唱边涂写歌词，后来换成了笔记本，其中的很多页都被我划掉了。焦躁不安。外面的街道。仿佛从井底传来的惊叹的回声。我不理解我自己，这些冲动让我感到惊愕、讶异，它们将我的世界颠倒。这些被我藏起来了的东西。**找到矛盾，写点关于它的东西。**

我写了二十个版本，丢掉了够写出十首歌的歌词，直到八个月后的一个晚上，我终于写完了这首歌，我听着延迟效果器的声音逐渐变弱，最终消失在静默之中，我心想，**就是它，这就是我的感觉。**

我往后靠在椅子上，抬头盯着那些鬼魂，他们也在盯着我。画面在房间里舞蹈。我为这首歌取名叫《许愿井》。我觉得这是我写过的东西里第一个真正属于我的。我还有一千首其他的歌，但这首歌给了我一种全新的感觉，就好像它来自一个不同的地方。

房间里很安静。时间是凌晨一点。能听到的声音只有头顶风扇的旋转声和窗外街上遥远的汽车声。我突然意识到，这首歌我连续写了八个月，但还没有任何人听过。

我用这种令人筋疲力尽的方式写了五首歌，反复打磨每句歌词，精心编排每个音符、每个吉他重复段、电子琴上的每个弦乐部分，我把这些都编写进了我买来的廉价录音软件，我终于决定进行下一步了，我要找到一个方法，站上舞台，将这些歌唱出来，组建一支乐队。

我不知道还能从哪儿开始，于是我在当地一家音乐杂志上登了一篇可悲的广告。在广告中，我提到了卢·里德、治疗乐队和大卫·鲍伊，希望它能被对的人看见。

有一位留着山羊胡的鼓手回应了广告，我们俩一起度过了五个沉闷枯燥的下午，然后他就退出了，因为他说："这些歌还是达不到水准，哥们儿。副歌在哪儿呢？"一位衣着全黑、戴了五条金项链的年轻贝斯手对我所提到的影响了我的音乐很感兴趣，但是在三次会面后，他就消失在了摇滚乐的以太里。还有一位鼓手也退出了，因为他接到了一场给一位民谣歌手打鼓的付费演出，另一位贝斯手也走了，他已经和另一支乐队一起在全国巡演过了。他说我想发行专辑、进行巡演的想法就是一场白日梦，我一定是得了妄想症，才会觉得有人愿意听这些"絮絮叨叨又毫无意义的歌"。

于是，当一位又矮又瘦、面庞俊朗、留着长鬓角、穿着一双洗褪了色的旧匡威的鼓手来到我的公寓，说要和我探讨一下小样的时候，这整件事对我来说已经变成了某种堂吉诃德式的幻想，我像是在用电吉他与风车大战。他的名字叫达伦·泰勒。他来自弗雷斯诺。他看起来和其他那些半吊子乐手还有夸夸其谈要干大事的人不一样，他们总是在谈论演出和录音室里的工作。他人更怪、更安静、更犀利。他开了几个和苏可西与女妖乐队有关的玩笑，还讲了罗伯特·史密斯作为吉他手和他们一起进行的巡演，那时他们都叫他"胖鲍勃"。他听了小样，小样里弹吉他的人是德鲁，因为德鲁是我认识的吉他弹得最好的人。

达伦喜欢这些歌，尤其是那首和许愿井有关的。他具有讽刺意味的幽默气质、对音乐的深入了解，和他觉得反正我们都会完蛋、所以不如在条件允许的时候找点乐子的态度，都让我想起了杰克。

我缺乏自信地告诉他，我决定将乐队命名为"空中毒雾事件"，这个名字来自唐·德里罗的小说《白噪音》中的一部分。我解释说，小说的主人公杰克·格拉迪尼很害怕自己会死，因为他接触了一片巨大的毒雾，媒体给这片毒雾起了一个奥威尔式的名字——空中毒雾事件。这片毒雾让他意识到了时间的宝贵和短暂，而他必须在自己能力还允许的情况下利用好它。

有几个人曾对我说"这是一个奇怪的名字"，它"有点长"，"听起来像某个差劲的奥兰治郡死亡金属组合"。我不知道它的重点是否在于被人理解。一个让人觉得困惑不解的名字是否更好？它就像一幅空白的画面，你可以在上面描绘任何你想要描绘的想法。**为什么要正常？**

达伦明白这一点。

"所以你做这些是想干什么？"

"你知道的，演出、发专辑，看看能走到哪儿，所有这些。"

他缓缓点了点头："好的，我加入。"

"什么意思？"

"我的意思是，咱们组个乐队吧。"

我深吸一口气，掩盖住自己的眩晕："酷。"

我们计划好在一位朋友的录音室里排练。他给我留了他的电话号码和邮箱。他走出门的时候，我扫了一眼，上面写着"达伦：One_imaginary_boy@yahoo.com"。

当然了。

突破

　　作为一支五人摇滚乐队的成员站在舞台中央，音乐声从我背后升起，这感觉就和作为一艘我不太会开的宇宙飞船的船长一模一样。这和我想象的完全不同。也许是达伦踩下底鼓的时候，低音音箱发出的声音震动了整个房间，"砰"的一声巨响在我的胸膛正中间炸开，仿佛来自我心里。或者是吉他的音浪似乎在房间里跳来跳去，越过了舞台。还有裸露着的空调管道、吧台里的瓶子、出口和卫生间的指示牌。我听到自己的声音被放大到了非人的音量，看见了拿着酒水的人们的脸，他们大多是朋友和朋友的朋友，是我们求着他们来的。他们抬头看着我，我深吸了一口气，开始表演。这一刻，我长久以来渴望的机会终于到了，我在台下看着其他乐队时的幻想成真了，那时的我想象着如果自己能站在舞台中央的麦克风前，我会怎么做。

　　好了，聪明鬼，现在该干吗了？

　　我不知道该怎么拿吉他了，也不知道该把重心放在哪只脚上。我不知道该看哪里。我不知道我是该跳舞还是该站着不动。我祈祷着自己没有走调，祈祷着其他人都能记住他们的部分。我看向人群中的每一张脸，但信息量太大了，太多人了，我一时无法理解，太多段人生了，我一时无法想象。有些人心不在焉地看着演出，有些人在聊天，有些人在盯着我们。我试图让双眼失焦。我试图不去看他们，这些带着自己的评判的人，这些带着距离感的人。我试图无视那些光滑的紧身牛仔裤、复古夹克、参差不齐的刘海、优雅的发型、不易察觉的文身、牛仔帽、羽毛项链、厚重的靴子、戒指、钥匙链、无精打采的表情和半睁半闭、漠不关心的双眼，这些都是他们穿戴着的信号，就像珍奇鸟类鲜艳的羽毛一样，我试图将注意力集中在他们隐藏着的东西上。

有一件事我很清楚，我暴露无遗、紧张不安地站在廉价又明亮的旋转灯光下，脑海里一直有一个想法：**你必须给他们看看。你已经付出了这么多。现在就给他们看看。**

我和达伦在找到任何其他乐队成员之前就预定了这场演出。我们在小得让人喘不过气来的录音室里排练了几个月，充满激情，我们穿着非常短的短裤和背心跳来跳去，我们觉得自己找到了某些东西。偶尔，在一段特别充满负能量的演奏过后，我们会暂停，我会有些窘迫地看向他，不知道该怎么看待刚刚这些尖叫和猛烈的动作。而他只会点点头，然后说上一句"真他妈到位，哥们儿"之类的话。

这让我如何不爱他？

我们试过再多招揽几个半吊子演出型乐手，但他们总是让我们失望。**去他们的吧**，我们想道，我们就组一支两个人的乐队好了。于是我们在回声音乐厅预定了一场演出。回声音乐厅坐落在日落大道上的回声公园里，是一处潮湿的、被啤酒浸透的演出场地，我和德鲁来过这里无数次，来观看其他乐队的演出。你能闻到这种地方所包含的愤怒，它就在墙上剥落的海报里，在漂白过的地砖发出的刺鼻气味里。

后来，在演出开始前的几天，我的朋友史蒂文顺道来公寓拜访我。他是《滤镜》杂志的作者，又瘦又高，是个很时髦的中国台湾裔美籍男人，他拿着一把白色的芬达美洲豹吉他，和我黑色的那把完美互补。我为他播放了小样。他将吉他插上电，直接靠听感弹奏出了重复段。整件事就是这样。我邀请他参加演出，他答应了。

然后是安娜，她是《滤镜》杂志的实习生，一天夜里，我酩酊大醉，在一家墨西哥玉米饼餐馆里碰见了她。我们醉醺醺地用玉米饼碰杯，她提到自己会拉小提琴。我在几首歌里写了一些弦乐部分。她可以在演这几首歌的时候来到台上，然后再下去，就像增加人气的嘉宾一样。于是我问她是否愿意参加演出，她说愿意。

最后是我朋友的邻居，一位叫作诺亚的低音提琴手，他是在演出前两天，我们进行的唯一一次排练上才加入的，只是帮我们个忙。我想，就算不为别的，一把大小和形状像救生艇一样的巨大低音提琴立在舞台上，也算是个很好的道具了。当我们最后聚在一起，进行那唯一一次排练时，我整个人充满了感激和惊叹，能由这些才华横溢的人来演奏我那些悲伤的歌，我觉得自己实在是太幸运了。

我们决定只穿黑色和白色的衣服。我们聊到了《白噪音》和电视信号干扰的概念，我们想将自己视作安迪·沃霍尔所说的那种"即兴事件"，我们可以消失在"事件的发生"里，成为"当下这一时刻"的道具。但真正的原因，很可能是只有这样，我们才能看起来比较搭。

我和达伦在太阳谷的一座废品场里捡回了一台生锈的黄色阿尔法·罗密欧的引擎盖，想着如果我们把它放在舞台上，给它装上话筒，当作他装备的一部分，就更能体现出"即兴事件"的感觉了，这种喧哗和吵闹获得了生命的感觉。每隔几首歌，安娜就要跑到舞台靠后的位置，用一把槌子敲击引擎盖。

它的存在是有合理性的：既有再生，又有忏悔，还有戏谑——这就是摇滚乐。

几首歌过后，我不再去想我的脚或者衣服了，不再去想我糟糕的发型、不够震撼的低沉沙哑嗓音了，我想的只有歌曲本身。我写它们的时候在哪儿、那时我是什么感觉，以及当时的我对现在的渴望。乐队完美地演奏了他们的部分，每个音符都很完美。我太感激他们了。安柏在人群里的某个地方。观众难以捉摸，有些人鼓掌，有些人则不。有些人在认真观看，有些人一直在聊天。有些人在结束后开心地笑着向我走来，说上一句："我都不知道你这么厉害！哇！"其他人则看起来不为所动。我不在乎。他们能在这个房间里，和我一起飘过太空，我就很开心了。如果我可以，我想把他们所有人都带回家。

这是一份礼物，让我能站在这里唱歌、蹦跳、吐口水、流汗，让我能说出那些我从没想过能大声说出的话，让我能站在这宝贵一刻的中心、这片舞台的中心，这里是我唯一不用隐藏任何东西的地方。

这感觉就像在飞。

我们又定了一场演出，然后又是一场。大部分的演出都让我们感到失望，我们觉得自己在对着一个空荡荡的剧院独自表演。

我们在一家唱片店里演。我们应该站在进口唱片货架旁边，还是站在柜台旁边就行？那样会挡住人们排队吗？我是说，如果真能有人来的话。

我们在一个与一家墨西哥餐厅相连的房间里的小舞台上演。为什么他们要弄这些厚重的红色绒面幕布？他们是担心大家会看见我们在后面吃玉米片吗？这里除了服务员以外就没有别人了。

我们在棕榈泉的麋鹿兄弟会演。我记得这种地方。我曾坐在这样的房间里聆听关于未来的演讲，那是另一段人生里的事了，那时我还有未来。

我们在西雅图的一家电台演，他们已经开始播放我们的一首歌了。谁带演出歌单了？你确定你表兄不会介意我们借住在他家的地上吗？我们早上五点就得走，这样达伦才能赶回去上班。

我们步履沉重地穿过小巷，从车上卸下装备，抬举扩音器，解开缠在一起的线绳，调试琴弦，摆弄混响旋钮，不耐烦地在吧台等待其他乐队演完，等待着属于我们在舞台上那短得令人心碎的半个小时，等着我们站上舞台的那一刻，面对着下面几十个人，甚至几个人，他们中间或许有一个人会看向我们，他好像在说：

告诉我你年轻的时候是什么样，你看着紫罗兰色的天空，不知道为什么，它让你的心在胸中翻腾。告诉我你拥有过的那些私人的爱恋，那时你觉得自己可以永生不朽。告诉我这样的想法是如何在某一天从天上跌落并毁掉了你的。告诉我你是如何从灰烬中站起来的。对我歌唱吧。

　　但还不仅如此。在那些肮脏的房间和空出一半的礼堂里，我一直有一种感觉，我越来越强烈地觉得自己会一败涂地。我这样做只会让自己难堪，我赤裸的野心和能力不足的头脑都会暴露无遗，我如此努力、如此在乎，对待这件微不足道的傻事如此认真，这只会让我看起来傻得可笑。
　　一天，我和爸爸坐在好莱坞公园的包厢里时，我对他说了我的这种感觉。他喜欢包厢。他说这代表着你是认真的。这有点奇怪，因为我知道，我不和他一起来的时候，他也喜欢和其他常客一样坐在阳光下的板凳看台上。但是每个月一次，当我和他一起来的时候——我们在这里吃午餐、下注，我们总是一起下注六环彩——他就会订一间包厢，好像我们是来自另一个时代的地主乡绅。
　　他不知道我脑海里一直存在的那个明亮的房间，它位于赛道之下一千英尺，是我去看望家人的梦境，我在那里会觉得每个人都再次变得年轻了，我们永远也不会死。我从没跟他说过这件事。他不是一个对这种比喻感兴趣的人。我们似乎将世界分割成了属于彼此的两个部分，而我们来这里分享在各自世界里的所见所闻。他了解 V8 发动机、经典车型、橄榄球、"二战"、墨索里尼、黑白电影、老帆船牌日用品、赤手空拳打架、墨西哥、"拆穿别人的满嘴屁话"、乔治·卡林、杰克逊·布朗和奥尔曼兄弟乐团。他似乎很乐于将比喻这种东西留在我的世界里，还有大学、长跑、俄罗斯文学和独立摇滚。
　　他很高兴我组建了乐队。我和他坐在一台一九五九年产的淡蓝色雪佛兰阿帕奇里，这辆车是他和唐尼叔叔一起修复的。他喜欢调大音量播放奥尔曼兄弟乐团的专辑《吃桃子》*。音响的声音必须够大，才能盖过这辆车从几个街区外就能听见的五百马力的发动机声。他会竖起一根大拇指，摇摆着胳膊肘，看着我说："听听，这吉他声多燃。你们应该做点这样的音乐。"

他和邦妮会来看演出，他们坐在后台朝着每个人微笑，仿佛这是世界上最自然的事了，就那么坐在那儿，将穿着牛仔靴的双脚跷在休息室的桌子上，乐队成员喝着啤酒在他周围忙忙碌碌，穿着连帽卫衣和紧身牛仔裤检查着演出歌单。

我告诉他有时候我会觉得自己很可笑，我有些朋友认为我是在自欺欺人，我毁掉了我的写作事业，浪费了去读法学院之类的看上去更具责任感的机会，只为了摇滚乐这件根本不可能的事。他挑起眉毛看着我说："去他们的，他们懂个屁。"

"我不知道，爸爸。我总是感到害怕。也许我会失败，然后我就会看起来像个傻子，为这件傻事付出了这么多。"

"很好！"他从赛程表上抬起头，向后靠在我们临近终点线的包厢里的金属折叠椅上，对着我微笑，"害怕是好事！这样你才知道自己是在冒险。赌一把的意义就在于此：你不知道结果会怎样。没有冒险，就没有回报。"

"我只是觉得人们都在嘲笑我，爸爸。"

"让他们嘲笑。听着，害怕失败，在你不知道会发生什么的时候抓住一个十分冒险的机会，这就是每个伟大故事开始的方式。如果你已经知道了结局，那就没什么意思了，对吗？"

"我想是吧。"

"不管怎样，你至少没坐在格子间里无聊到发霉，也没被锁进监狱的牢房。"他盯着下面漫步到赛道上的马匹，它们的鬃毛排列整齐，皮

---

* *Eat a Peach*。

肤被涂上了油，肌肉闪闪发亮，身上的数字鲜艳明亮。"永远别忘了我对你充满信心。"

每场演出托尼都会来。我看到他站在房间的边上，衬衫的袖子卷了起来，文着文身的强壮双臂在胸前交叉，脖子上戴着一根厚重的银色项链和一把小小的挂锁，他的脑袋随着鼓点摇晃。我知道那根项链是他表达自己朋克态度的方式，自从他搬离普拉亚德雷，住进洛杉矶市中心一栋特别酷的工业风公寓楼后，他就换上了这种新造型，但是那把锁的含义似乎更为明显，他似乎知道自己是被某些东西捆绑住了。

他对银湖这些摇滚乐场景中充满戏剧性和竞争意味的讽刺元素并不感兴趣，他只是站在房间的边缘，看着他的弟弟。

观众越来越多。房间开始被填满。朋友会带来他们的朋友，我们不需要再主动请求他们了。我不太确定这是为什么。我知道我们对待这件事的态度都很认真，而人们似乎会对这份认真做出回应，对这件荒唐事中的认真，对这份认真中的荒唐。

一天晚上，我们的票售罄了，演出地点就是那家我们一开始去过的俱乐部，位于回声公园。那晚托尼是第一个到的，在我们试音的时候，他就已经站在了门口。他记下了每首歌的每句歌词。他问我要打印出来的版本。我在台上扫视房间时，发现他在跟着唱。他摇摆着身体，抿着手里的苏格兰威士忌兑苏打水，在每首歌结束的时候将它举在空中欢呼。我能感受到他有多么为我骄傲。我能感受到他的快乐。有他在这儿对我来说是一种慰藉，尽管我很担心他的酗酒问题，但我觉得也许他能控制好自己，至少现在还没问题。

所以，一天下午，当他打来电话说他对海洛因上瘾了，他很害怕自己会从他住的十层公寓楼顶跳下去的时候，我很震惊。

我不知道我的预期是什么，但绝不是这样。他的声音沙哑疲惫，充满绝望，他告诉我，他一直在卫生间里注射海洛因，就像爸爸以前那样。除此之外，他还在吸食可卡因，服用堆成小山的药片，每天晚上喝掉五分之一瓶威士忌。我一时无法理解他的话。我以为他只是那种随便买买廉价酒来喝的酒鬼。海洛因？可卡因？

"我不知道我可能做出什么事，米克。我怕我会自杀。我需要帮助。你能帮我吗？我不知道该怎么办了。"

他似乎不再是在房间边上跟着我们一起唱歌的那个骄傲、强壮、文着文身的男人了，反而更像我记忆中那个在锡南浓剃着寸头的悲伤男孩，独自一人坐在操场的边缘，直到将近七岁。

我让他不要动。我开车穿过城市，全程都在超速，心里祈祷着他不要跳下去，我想着我的哥哥，那个守护我的人，那个我必须守护的人，就像拳击手保护自己断掉的肋骨一样。我们两个一直没有挂断电话。我在日落大道上。我经过消防站了，我在 101 国道下面了，我正在第二大街左转。千万别做任何事。拜托了。我马上就到了，我发誓。我不会离开了。我会陪在你身边。我们可以出去转转，聊聊天。我们可以出去转转，什么也不聊。我到了，我到了，我到了。请不要离开我。

我在华尔大街右转，看见他坐在公寓楼门口的水泥门廊上，头发蓬乱狂野，脖子枯瘦，眯缝着双眼，肩膀塌陷在灰色卫衣里，锁头吊在他的下巴下面。我下车，他站了起来，我用双臂抱住他。他很沉重，空荡荡的，我觉得自己在抱一具尸体。

"没事了，老兄。我们会把你打理好的。"

"我不知道我是怎么下来的。我不知道我该怎么办，米克。我不想死，我不能再这样下去了。"

"没事的。我们上车吧。我们好好聊聊。只要你想，你可以随便发泄，我就陪你坐着。就像爸爸总说的那样。我会坐在你身旁。你会没事的。我哪儿也不去。"

"我太愚蠢了。我去碰那些玩意儿，我真不知道自己他妈的是怎么想的。我不能在这里待下去了。我真的不能在这里待下去了。"

"我知道，我知道。"他将头埋在两只大手中，他的身体在颤抖。

"我感觉好难受。"

"你不需要做任何事，上车就好。"

"我不想死，我不想死。"他一直这样说道，身体前后摇晃着。

他坐进车里，我们给爸爸和邦妮打了电话，他把整件事都告诉了他们，他如何在一个派对上由于一时兴起吸食了海洛因，后来就开始购买针管和一小袋一小袋的毒品，加热针管之后注射。他说自己已经服用维柯丁和扑热息痛很多年了。一开始是由于背部受伤，但他开始服药之后就没断过，越用越多。他现在每天要吃四十五片维柯丁，用五分之一瓶威士忌送下去。可卡因是最后出现的。他买来是想试一下和海洛因混合使用，他先注射海洛因，然后用一只玻璃烟斗吸食块状可卡因，直到他倒在了厨房的地板上。

"其实根本不好玩。到最后我觉得自己只是想要毁掉什么东西，好像我在试图将自己埋葬在药物和毒品之下。"

有那么一瞬间，他们以为他在开玩笑。没有人知道情况有这么糟糕。他们让我们返回韦斯切斯特的房子，我们需要像一个家庭一样解决这件事，他们会帮他的。我们都会帮他的。"没有人会抛下他不管。"

我们开车来到韦斯切斯特，我们到的时候，邦妮已经给五家戒毒所打过电话了。她在门口拥抱了托尼。她试图和他聊聊几种不同的选择，但是爸爸愤怒极了，他已经沉浸在了"严厉的爱"的模式中，他的嗓音生硬粗暴，不留余地："你知道，这太他妈愚蠢了。你他妈是不是哪儿有问题？你没从我身上吸取任何教训吗？海洛因。那玩意儿会他妈的杀了你。"

托尼盯着地面，虚弱到无法回答。巨大的黑眼圈衬托着他的双眼，他的嘴唇开裂起皮得厉害，整个人看起来很疯狂，他轻轻摇晃着身体，用脚击打着地面。我坐在他旁边，一只胳膊环住他的肩膀。

两个小时后，我们站在了布罗特曼医疗中心的停车场里，这是一家以十二部疗法为主的戒毒所，坐落在威尼斯大道上。时至黄昏，我们站在风里，头顶冰冷的蓝色天空逐渐变成黑色。托尼在一辆救护车后面吐了。他的身体已经产生脱瘾反应了。一位医护人员问他是否需要帮助，我告诉他我们正在去戒毒所的路上。他点了点头，似乎对这样的景象并不陌生。

上楼之后，我们帮托尼办理了入住手续，他们将他带到了一间空荡荡的白色房间里。他颤抖得更剧烈了。我们准备离开的时候，他的眼神里流露出极大的恐慌。他冲爸爸喊道："你他妈做过什么了不起的事，老头儿？！啊？！你以为你比我强很多吗？！"

我让他冷静下来。我知道脱瘾症状让他变得焦虑和愤怒。"滚蛋！"他冲我喊道，并踢了一把椅子一脚，椅子弹了起来，撞到了空白的墙上。

"戒毒快乐。"我说，我走出门，感到疲惫、烦躁、生气、担心。

有一周的时间，我们都没有他的消息。医生打来电话，说他不能服用美沙酮，因为他的肝脏太虚弱了，所以他只能硬撑着自行戒毒。他们能听到他在走廊尽头的护理中心里尖叫，他用力捶打着墙壁，对着他们留给他的桶呕吐。这一幕让人不忍心看，但没有其他的办法，因为多年累积的鸦片制剂和酒精的混合作用已经彻底毁掉了他的肝。医生告诉我们，他的肝酶水平是他们见过最差的，如果再等一个月，他就会离开人世。

我只是很庆幸他在那里。这让我觉得他是安全的，至少现在是这样，我们仿佛站在一场噩梦的边缘。有时候我们会赋予这些事情一种浪漫的想象，在逃的海盗，领先法律一步的乐天派毒品爱好者，但事实并非如此。有的只是恐惧和担忧，是我父亲绝望的愤怒和眼泪，我们不说，但我们都能认同一个事实，那就是如果他死了，如果我们失去了一位兄弟、一个儿子，这件事不会让我们觉得浪漫或者有悲剧色彩或者神秘。我们只会觉得自己被诅咒了。

我们正在制作一张专辑。我们在争论该使用哪种混响效果。我们在编辑吉他重复段。我在唱着，听着这些歌活过来，试图想象这个版本能否抓住那种感觉，那种特定的感觉，那种属于我的感觉，属于我的矛盾，这是我在大卫·鲍伊和罗伯特·史密斯的圣坛前发誓要做到的。军鼓声是不是太大了？它听起来还像孤独吗？这种电子琴音效能抓住绝望感吗？这部分的和声效果应该做到什么程度，才能让它听起来焦躁不安？尖叫声太大了，耳语声太小了，上面的两只筒鼓发出的声音应该听起来像小巷里的垃圾桶才对，人声应该给人一种午夜在空旷平原的感觉，而不是周日早上教堂的感觉。我不知道，我不知道。更长一点，更短一点，更尖锐一点，让它安静，让它吵闹。

我和安柏结束了。我和安柏又在尝试。我和安柏的关系处于结束和再次尝试之间。她厌倦了这样的相处模式，我也厌倦了。我们分开的时间变得更久了。一天晚上，我看到她和另一个男人在一家酒吧里。舞台上的乐队正在表演一首悲伤的歌，我无法挪开自己盯着她的目光，她卖弄风情地向他微笑着，这个留着黑色长发、穿着蓝色法兰绒衬衫和肥大牛仔裤的陌生人。这个人是谁？这幅景象为什么会让我抓狂？她啜饮着伏特加兑气泡水，我一杯接一杯地灌着啤酒。她离开了，我觉得我要爆发了。我在门口撞见了史蒂文。"你还好吗，哥们儿？你看起来像见了鬼一样。"

很好，很好，我很好，我很好。那张小脸、那套巨大的猫咪服、现在看着他的那双妩媚的眼睛、那些一闪而过的微笑和带有鼓励意味的触摸、那些带有轻微暗示的玩笑，都给了这个穿着法兰绒衬衫的陌生人。我跌跌撞撞地走向停车场。我撞在了日落大道的垃圾桶上。我在她公寓楼外的街灯下绊了个趔趄，我知道我不能给她打电话，我不能回家。我爱她吗？这是爱吗？这个我创造出来的东西是什么？我是如此需要它，但似乎永远留不住它。

没有人行道，只有眩晕，一片模糊的人影盯着我，我摔进了灌木丛，试图站起来，我的牛仔裤被割破了，我在佛蒙特大道上 7-11 便利店的窗户上看到了自己的倒影。我看见了一个悲伤且凌乱的男人。摇摇晃晃，酩酊大醉，我在凌晨两点走了五个街区回家，昏睡在了床上。

第二天早上，我胡乱洗了把脸，抱着吉他坐在电子琴前，写了一首关于这件事的歌。我三天没有离开公寓。百叶窗和门一直关着。我叫了中餐外卖，吃着冰箱里放了一周的面包和奶酪。我只想遵循大卫·鲍伊的建议：找到矛盾，写点关于它的东西。我能听见罗伯特·史密斯的声音在我的脑海里回荡："为什么要正常？"

医生说爸爸需要做一次心脏手术，否则他就会死。我们终于制作完专辑后，邦妮这样对我说道。我们无暇庆祝收工，因为我的大脑一瞬间就被恐惧占据了。我的爸爸躺在床上。我的爸爸躺在盒子里。手术很复杂，有风险。医生说，最大的问题是他的心肌病导致他并不适合做手术，所以手术本身就有可能杀死他。手术很冒险，但什么都不做也很冒险。这个问题没有好的答案。这一切听起来都像是爸爸会说的话。

听到这些话，我很难不觉得自己被压在了它们之下，无法呼吸，就好像手术（surgery）这个词的首字母 S，用它弯曲的身体用力缠住了我的喉咙。手术前的几周，我总会觉得有些喘不上气，我的胸膛里积起了一汪由恐惧和焦虑汇聚而成的水洼。我的思绪总是飞向医院的病床，我想象着一个皮肤被晒成古铜色的男人躺在上面，鼻子里插着管子，脆弱，无处可逃。

既然现在专辑已经完成了，我们就在一家位于银湖的俱乐部预定了一系列演出，演出在整个一月的每周四举行，俱乐部的名字叫太空地带。人们将这个被大家称为"官邸"的地方视作某种出道派对，是洛杉矶音乐场景中衡量一支乐队的标准。我们这个月的第三场演出和爸爸的手术定在了同一天。在演出前一周，两家当地大型电台都表示对我写的那首歌感兴趣，歌的内容就是关于我碰见安柏和一个陌生人在一起的那个晚上。歌的名字叫作《子夜前后的时刻》*。这是一首我从没想过会在

---

* *Sometime Around Midnight*。

电台里播放的歌。它没有合唱段或者"中间八小节"，或者那些专业的演出音乐人总说的副歌。它只是一个被编成了音乐的短篇故事。

手术前一天，其中一家大型电台开始有规律地播放这首歌了，它被夹在白色条纹乐队、涅槃乐队和红辣椒乐队的歌中间。我听到它的时候，我的心几乎从胸膛里跳出来了。这感觉就像赤裸裸地站在人满为患的橄榄球场里的五十码线之前，好像我试图隐藏的所有东西一下子暴露在了强烈的公众审视之下。和那些乐队的歌比起来，它听起来也有点低保真，你几乎能听见有人在背景里咳嗽的声音。

电台每天播放五遍这首歌，我一直接到大家打来的电话，说自己听到这首歌了。我晚上检查邮箱的时候，里面堆满了来自多个音乐行业专业人士、经纪公司和艺人制作负责人的未读邮件。我们连经纪人都没有。他们都想来看第二天晚上在太空地带举行的演出。我觉得有点奇怪，多年来，我一直听到人们说互联网将如何如何改变音乐，但一首歌在电台播放后，居然能产生如此大的反响。

演出的当天早上，我醒来就收到了邦妮发来的语音留言，说她已经出门了，他们早上六点的时候就将爸爸推去做手术了。我能听到她声音里的紧张，她对某种黑暗和无名事物的恐惧。"今天我们只能试图保持乐观，因为除此之外，我们别无选择。"

我冲了个澡，驱车来到西达赛奈医疗中心，我和邦妮坐在五层的休息室里等待着。我试图想象爸爸现在在哪儿，是否独自坐在某个术前准备室里，脸上戴着氧气面罩。我想坐在他身旁，我想站在外科医生旁边，越过他的肩膀看着他的一举一动，确保他不会将一切搞砸。

一名护士出来了。手术耽搁了。跟某位外科医生和流程冲突有关。邦妮勃然大怒："可是他的血糖呢？不是说只有一小段时间可以进行手术吗？你们不需要马上开始吗？他就那么一个人坐在那里吗？"护士试图安慰她，她抹着脸上的泪水，回避着等候室里来自其他家庭的目光。

到了下午两点，我必须开车穿过市区去俱乐部进行试音。在这样的日子演出似乎是件很愚蠢的事，但当我抵达太空地带时，门前已经聚集了一小群人。我们进行了试音，胸中的恐惧让我凝固，那无名的团块越长越大，我担心着可能会发生的事。如果他死了怎么办？我们要取消演出吗？我们会义无反顾地将演出进行下去吗？干吗为这种愚蠢自私的事情担心呢？这一切有什么意义吗？为什么每件事都非得是一场表演呢？

试音结束后，我走出门，门口的队伍可能已经排了一百个人了，一直排到了转角处的汽修店门口。没有人认出我来。我也不知道他们怎么可能认出我。

我开车回到西达赛奈，邦妮还在五层的休息室里坐着。我到的时候，她眼里充满泪水，她摇着头说道："时间太长了。他们现在应该已经结束了。压力太大了，压力太大了，我受不了了，米克。"我紧紧抱着她，试图让她平静下来，试图让我自己平静下来，我感觉到恐慌在胸中升起。我能帮上忙吗？我能做什么？我爸爸。我爸爸。不。

六点，一位个子不高、看起来很友善的医生穿着白大褂向我们坐着的椅子走来。他是一个亚裔男人，头发修剪整齐，浓密的黑发扫过额前。他双手合拢在身前。

"你是邦妮·露·乔莱特吗？"五年前，他们俩终于跑去拉斯维加斯结了婚，因为只有这样才能保住他们的健康保险，那时她就改了名字，当时我是唯一的证婚人。我和托尼后来喜欢只称她为露，因为这样，我们来自洛杉矶的犹太人母亲听起来就像一位美国南方美人了。

她抬头用沙哑的声音说道："我男人怎么样了？"

"吉姆撑过了手术，目前正在休息。我们成功将血管支架植入了他的心脏，我们认为他从现在开始会感觉好很多。"

邦妮松了一口气。她抓住医生的手，将它们捧到自己的额前："谢谢你们。谢谢你们。我真不知道自己会做出什么事来。"

我感到一阵轻松洗刷过我的全身。它来得很快，像一团喷涌而出的热气。突然间，世界又变得温暖、明亮了，未来在我们面前展开，这个房间看起来也不再像一场噩梦了。我们是幸运的。

　　一个小时后，我们走进术后休息区看望爸爸。躺在小床上的他看起来又瘦又虚弱。看见他这副样子让人很难受，以前那个在海浪里高举我们的强壮男人变得如此疲惫和脆弱，他被病号服下错综复杂的管线覆盖着，床边的心率检测仪传来平稳的哔哔声。我握住他的手。他睁开了眼睛。"嘿——伙计。"他眨了眨眼。我亲吻了他的脸颊。我是多么想要保护他。

　　邦妮不断亲吻着他的额头，俯下身来的时候抽泣着说道："哦，宝贝，我害怕极了。你没事我真是太高兴了。"她的泪水落在了他的病号服上。

　　托尼来了。他一直住在卡尔弗城的一家过渡期宿舍里。他每天白天去上班，晚上去参加匿名戒酒会的集会。他看起来好一些了。虽然依旧憔悴、疲惫、迷茫、沉默，但他的脸颊透出健康的光芒，没有了我们将他送到戒毒所时那副神志恍惚、骨瘦如柴、筋疲力尽、严重脱水的模样。光又回到了他蓝色的大眼睛里。

　　他凑到床边，爸爸一只手抓着他的手，另一只手抓着我的手，点了点头，来回看着我们两个。"我们没事，"他说，"每个人都还在这里。"我们俯下身来拥抱彼此，额头紧紧地贴在一起。

　　我搂住正在抽泣的邦妮："没事的，露，我们都没事。"

　　爸爸抬头看着我问道："你不是还有一场演出吗？"

　　我差点都忘了。我亲吻了爸爸的额头，拥抱了邦妮和托尼。我跑过医院的走廊，感觉自己几乎是飘浮在半空中的，我经过躺在床上咳嗽的老头儿和张着嘴仰面睡觉的女人，那些不幸的人。**我爸爸还活着！我爸爸还活着！**

　　在车库里，我差点撞上另一辆车。我右转开出车道，在第三大街左转，向东行驶。收音机开着，我听到一位主持人提到了我在太空地带的演出。一切都是如此抽象，仿佛在世界上的另一个地方，发生在其他人的身上。

　　我抵达银湖的俱乐部时，排队的人拐过了整个街区。这不合理。俱乐部一共能容纳三百人左右，但是这条街上绵延的队伍怎么也得有八百人，他们拐过了汽修店，延伸到了下一个街区。我不认识这些面孔。这些人是谁？是哪里着火了吗？

　　乐队成员在后台小小的休息室里等待着。我进门的时候，达伦抬头看着我："他还好吗？"我微笑着点点头，达伦给了我一个拥抱。"很好。"在这一刻，我是多么感恩，感恩我能拥有一位同行的伙伴，一个朋友，另一个想象中的男孩，他知道这个想象中的世界是多么珍贵。

"晚上好，这是我的全部"

　　我们来到了科切拉音乐节表演，我们站上了那座巨大的主舞台，站在了那些巨大的黑色音箱之下，望着面前能站满五个橄榄球场的观众，在我们之后第二个出场的是莫里西本人，带着他的蓬帕杜发型和仿佛用血写在我心间的歌词。此时此刻，我觉得这个乐队的概念不再属于我了，它属于其他人。

　　这种事发生的时候很奇怪，一个曾经存在于你脑海里的东西成了一个存在于这个世界上的东西，它有了大小和形状，能够在其他人的脑海里创造出想法。我们的歌就好像离开了家、去环游世界的孩子。它们在其他人的脑海里拥有了属于它们自己的体验。这种形式的心电感应不算完美，但它很美妙，也很令人失望，我觉得自己被人看到了，同时又觉得自己是隐形的。

　　我们上场之前，我在后台吐了，就在我们巡演房车后面的草坪上。之前我很确定没有人会来，人群会在我们上场的时候散开。或者他们会嘲笑我们，也许会朝我们扔东西。或者，最糟糕的情况是，他们根本不会注意到我们。

　　害羞很好，害羞能阻止你去做人生中任何你想做的事。

　　　　　　　　　　　　　　　　　　　　　　好莱坞公园

我们通过一家当地独立音乐厂牌发行了专辑后，就开始巡演了。我们租了一台看起来像机场大巴的斯宾特厢式货车，在全美国的每个主要城市都预定了演出。最开始，令我感到奇怪的就是人们陆续来看我们演出的这个简单的事实。在回声公园里演出是一回事，但当我们来到费城或者奥斯汀或者芝加哥，看到两三百人在俱乐部门外排队等候时，就是另一回事了。我不能理解。我明白人们正在分享这张专辑、电台播放了我们的一首歌的这个逻辑。我们接受了采访，人们问我的问题就和我曾经问其他音乐人的问题一样，我回答了他们。但这一切都有些不真实，好像这是一场我即将醒来的梦。每晚，我离开舞台的时候，都想将观众一起带回家。演出后，我会和排着队的他们见面、握手、拍照，我注意到有些人的眼里竟然含着泪水，他们看向我，仿佛在问我是否明白。是的，我明白。你来了我很高兴。你为什么来？是因为你也有一个秘密基地吗？你将我邀请进来的原因，是否和我曾经邀请其他人来到我的秘密基地的原因一样？

这个地方是神圣的，我站在十二岁时想象出的那座桥的另一端，我知道了这一切都是真的，这些将我们像迷失的孩子一样连接起来的情感。

我会系好我那双棕色的大靴子，穿上前一晚演出后还没干透、印着汗渍的牛仔裤，站在舞台前端摆弄着吉他踏板，失真，反响，延迟。试音时，我站在一个标记着叉的地方，麦克风已经接好，缠成一圈一圈的电线横跨舞台，有人在调整聚光灯的焦点。技术人员会在后面的房间里喊道："让我听听底鼓！好了，现在换地筒！舞台右侧的人声！"在后台小小的休息室里，总能找到加了冰的啤酒，红酒瓶子旁放着伏特加、威士忌、混合酒。演出前的对话轻松愉悦。我们开过来的时候，你看见湖边上了吗？好像出事故了。来了三辆救护车，好像一个男人被杀了。不对，等等。我那会儿是不是还在睡觉？那是我梦见的吗？还有别人梦见这事了吗？

我吞下口水，开始演唱，嘴里咸咸的。在炽热的灯光下，汗水夹杂着美发产品流进了我的眼睛，我感到一阵刺痛。一支没架好的麦克风传来一阵电流，电到了我的嘴唇，我向后跳去。那些脸庞，那些各自不同的脸庞，我不想让他们失望，我让双眼失焦，环视房间。我们开始了。一团模糊的能量。晕眩。汗水。踩脚、鼓掌、尖叫、歌唱。我在一家便宜的汽车旅馆里醒来，旁边是达伦或者史蒂文或者诺亚。我们在早餐吧台接了几杯咖啡。我们开往下一座城市。我们安装好设备。我们出去找点东西吃，然后去试音，然后回到汽车旅馆冲个澡。我们给嗓子热身，检查演出歌单。然后就是演出，梦想变成现实，暴烈的灯光，尖叫和哀号，我在这里找到了那种连接，那种我渴望的东西。然后一切又变得安静，我们倚着舞台上方的栏杆看着人群散去，祈祷着我们的感冒不要变得更严重，我们喝茶，或者威士忌，或者威士忌兑茶，来治疗我们的鼻塞和咽痛。午夜，我们像野人一样穿过街道，搜寻一家酒吧，我们要享受这个时刻，这个珍贵的时刻：我们活着，我们醒着，我们是一支摇滚乐队，我们在月亮上的某条肮脏的后巷里。有时，凌晨两点的我们在别人的客厅里或者城市花园里，点燃烟花，号叫着，跳跃着，然后在开车前往下一个城市之前跌跌撞撞地回到汽车旅馆里睡觉。然后是下一个城市。再下一个。

　　我们来到波特兰时，杰克正在演出厅的后排等待，他将双手插进兜里，看着台上的我，脸上露出一个大大的微笑。神奇舞厅是一间巨大的方形音乐厅，铺着抛光木地板，看起来像人们在二十世纪五十年代举办短袜舞会的地方。房间里的能量很不错。你很难不注意到杰克，我这个两米零一高、一百一十七千克重的朋友看起来就像个维京人，他留着长长的金色胡子，站在房间后面朝我微笑。他已经结婚了，有两个女儿。我和托尼都参加了他的婚礼，我们飞到俄勒冈，看到他哭得像个孩子，脸红红的，整场婚礼上身体都在晃来晃去，他的新娘在一旁看着他，有些生气，又觉得有些好笑。

他用一个拥抱和我打了招呼，几乎要把我从地上抱起来了，他说："怎么样啊，你这个他妈的大摇滚明星？你是怎么说服这些人，让他们觉得你是个重要人物的？"

"哦，相信我，没有人这么觉得。"

"他们就是这么觉得的，哥们儿。门口排了长长一队人，我是一路挤过来的，大家都很不高兴。"

我们在吧台落坐，点了几杯加冰的苏格兰威士忌，这样我就能"冰冰"我的嗓音了，最近这几场演出，我的声音都不是很好，它已经唱没了，叫没了，说没了。

他将一只巨大的手放在我的肩膀上，像熊一样摇晃着我："所以这感觉怎么样，哥们儿？你有没有……果儿之类的那些？"

"没有。我们可不是齐柏林飞艇。后台通常有一盘鹰嘴豆，和谁的姑妈之类的。"我给杰克讲了我们的巡演，很奇怪，尽管我一直离家这么远，这支乐队却仿佛成了我和家人的某种见面地点。

我的帕姆姨妈搬到了亚特兰大，当她听到自己外甥的乐队要来演出时，她下定决心要来看，尽管我们的演出地点在一家叫作醉酒独角兽的小夜店里，整个房间都被啤酒浸透了，但我这位主妇般的、善良的中年姨妈还是站在房间后排观看了我的表演，天花板上暴露在外的管道一直往她的身上滴冷凝液。她告诉我演出之后，当她正要往楼上走的时候，一个男人拦住她说道："你知道你在哪儿吧？"知道，她说。我是来这儿看我外甥的。

我叔叔乔恩和我表亲海蒂也来看了我的一场演出。他依旧留着长胡子，举止温柔友善。他的两个儿子长大后都成了体操运动员，就像他们的爷爷一样，他们在一家他开办的健身房里学会了这些技能。自从他的妻子安迪去世后，他的眼睛周围环绕着一种新的悲伤，隐约带有一种悲剧色彩。当时她在位于内华达城的房前院子里锻炼，这是他们徒手建造的第三幢房子。她进屋的时候感到头痛欲裂。乔恩给她拿了一些水喝。她吐了之后，乔恩打电话叫了救护车，车马上就到了。他们和她开着玩笑，因为她就是那名培训了他们的护士。他们让她躺在轮床上，将她抬进了救护车。我叔叔来到医院时，他们说她出现了硬膜下血肿，在他们能上高速之前就去世了。他询问了我和巡演相关的事情，看起来似乎真心为自己外甥的命运扭转而感到开心。他是一个善良的男人。你能看到他浓密大胡子后面的双眼中的善意，我不禁想到其他人的人生，它们充满了承诺和悲剧，而我每天进行试音，在便宜的汽车旅馆中带着宿醉醒来。

　　"这么多人都会唱你的歌，这感觉一定很奇怪。"杰克说，"那天我跟一位同事提到了你，她不敢相信我认识你。我想说，认识他？我他妈创造了他。"他笑了，观察着我的眼神，"嗯，也不能这么说，但你懂我的意思。"

　　"确实很奇怪，我不知道该怎么解释。"

　　"我看见你们上了《大卫·莱特曼深夜秀》，他似乎真的很喜欢你们。"

　　"那次演出的弦乐四重奏乐团确实帮了我们一个大忙。"安娜的哥哥安德鲁也是一位接受过古典训练的小提琴手，他和他的考尔德四重奏乐团飞来纽约录制了《大卫·莱特曼深夜秀》。这一切的确像一座里程碑，仿佛一个逐渐发酵、直到无法控制的笑话：这首歌只是一个关于安柏的伤感故事，许多人都将它烂熟于心，这张关于躁动不安的专辑，关于想要逃出我的脑海、去往任何地方的专辑，竟然被这么多人严肃对待。

　　这件事让人感觉轻飘飘的。我们都感受到了。人们将我们和我们热爱的乐队进行比较，我们挣了（一点小）钱，足够买一辆真正的车了，还能交得起房租。我们都知道这是一件多么罕见的事，当我们在演出的时候，也感受到了观众的热情和爱，那样的夜晚是最幸福的，我们几乎是手挽着手蹦跳着下台的。活在梦里的感觉无比美好。

一晚接着一晚，我唱着这些歌，它们描绘出娜奥米在她的家中优美地舞蹈，她五彩缤纷的丙烯颜料散落在她脚下的地板上，或是安柏蜷缩成一团，待在世界边缘的活动住房里那张肮脏的黄色沙发的角落，我不断意识到一件充满讽刺意味的事，那就是我并不能真的拥有这些关系。我只能为它们歌唱。我不能身处其中，于是我写下了这些故事，试图理解它们。唱出这些悲伤的歌，要比活在它们描绘的关系里简单得多，对我来说，爬上那座天空中的石塔会更容易一些，在那里，我感到安全。

我对杰克微笑道："是啊，这感觉就像被发射进了太空。你知道《太空先锋》里他们慢动作行走、身后是正在预热的火箭的那段吗？就是那种感觉。"

"那太他妈酷了，哥们儿。天哪。"他又开始摇晃我。

我想和他一起笑，假装这一切并没有让我手足无措。我只是从来没有想过，在我创造的这座镜子宫殿里，别人眼中的我是什么样的，我也会有想要守护的思绪，想要保密的私人情绪。在美妙的夜晚进行的演出会在我的胸中留下一阵嗡鸣，我将它像秘密一样携带在身上。我会一次一次重温它，他们脸上的表情、他们的咆哮声和我的声音融为一体，在那里，我感到焦虑，然后勇敢，然后得意扬扬，然后轻飘飘，仿佛我被整个房间的能量托起来了。在某个安静的下午，当我戴上耳机在另一座无名小镇的街头行走时，我会想，**这里没有人知道，那我就要告诉他们。**

但当这样的时刻结束，嗡鸣消失，我又回到了现实，我知道自己迷失了方向，无论这幅摹本多么美妙、多么浪漫，它都不能抹去我孤独一人的这种最基本的感觉，因为我损坏了，而且永远都修不好了，这整件事不再那么像一个浪漫的故事了，反而更像一场我从中醒来、看到了后果的迷醉，就像二十世纪六十年代那些使用迷幻药物致死的孩子一样，他们以为自己能飞。

现在我们又来到了科切拉音乐节，就是那个我身为记者参加过三届的科切拉。那个我跟在摇滚明星身后、出示自己的后台证或贵宾证、暗暗期待着别人也能将我误认为其中一员的科切拉。那个我站在远处看着毫无真实感的艺术家站上舞台、渺小得像一粒尘埃，躁动不安的人们静止了，艺术家们开始歌唱，我的心开始飞翔的科切拉。那个科切拉。

距离变近时，一切都变得不同了。让人神经紧张。我们在后台登上摇摇欲坠的台阶。一切看起来都比其他东西大得多。我很难集中精力想一件事，我的胸膛被不安的神经占满，我的头在旋转。我们拍打对方、安抚对方、拥抱对方，在彼此身上找到安慰和力量，我们是这条路上的同行者，这条我们从没想过自己会踏上的路。我们从舞台侧面的幕布后面走出来，我感受不到自己的双脚，也感受不到空气轻拂我的脸庞，我们看见了人们，有些倚靠在前面的栏杆上，有些躺在后面的毯子上抽着大麻。我走向舞台中央的麦克风，闭上双眼，开始演奏。很快，我的身后就传来了鼓声，我能看见第一排人们的脸，他们有些在跟着唱，有些开始拍手。我开始觉得自己可以动了，我走向史蒂文，他用吉他弹奏着完美无瑕的重复段，我们相视一笑。我唱到上气不接下气，我喘着粗气，我在奔跑，心里想着，给他们看看，就给他们看看。当一切结束，我们走下舞台来到后台相互拥抱时，我们感到一身轻松，我们沉醉在这一刻里，完全是嗨了的状态。而这，也成了我守护着的一种情绪，仿佛一个充满嫉妒的秘密。

《大卫·莱特曼深夜秀》和科切拉之后，我们签到了一家更大的厂牌，而且听说巡演会被延长。我们现在可以拥有一辆大巴车了，我们晚上就睡在里面，往来于演出场地之间。我们要在《吉米今夜秀》《奥斯汀现场演唱会》、洛拉帕罗萨音乐节、《柯南秀》和《吉米·坎摩尔直播秀》上表演。我们有几首歌被用在了电影、电视剧里，还有一首被用在了汽车广告里。拥有一间公寓甚至成了毫无道理的事，因为我永远都不在家。我们下次回到洛杉矶的时候，我就得搬出来。我们的演出场地越来越大。因为现在我们有了大巴，演出日程排得越来越满，我们利用一小段一小段的休息时间睡觉，仿佛睡在颠簸的棺材里，我们没有方向，离家遥远，永远不能真正睡去，也永远无法真正醒来。生活对我们来说就像一幅拼贴画。

我们在明尼阿波利斯。我睡过觉吗？我还记得在黑暗中摇晃，辗转反侧，我想那时我们正穿行在山间，但在那片仿佛一场狂热的梦一样漆黑狭小的空间里也很难辨别，他们还美其名曰睡眠隔间。

然后是芝加哥。一位朋友！我们在毕业那天一起跑在队伍的最前面！你还记得吗？那时的我们更年轻，充满了——什么来着？是希望吗？不。生命力？不。骄傲？我不确定。那时的我在隐藏着什么，而现在一切都很明显了。或者也并不明显。我不知道。你结过婚。你有孩子了。她很美丽。你的妻子得了癌症，我真抱歉。你经历了如此之多，我真抱歉。不，我没有我爱它胜过一切的东西。我有的就是这个。

然后是克利夫兰。我要去赌场。我可以坐在桌边回忆爸爸。我想他。我担心他的心脏。他很好。他很好。他很好。他为我感到骄傲。我是他的儿子。儿子是什么？我想念作为一个儿子、拿着一张竞赛表格坐在阳光下开着玩笑、吃着咸牛肉三明治，感到平静。

然后是西雅图。一通电话。米克尔，亲爱的？在路上的感觉怎么样？不用担心你的朱丽叶姥姥，我很好。姥爷去世后，一切都很安静。他爱你，你知道的。他是那么为你感到骄傲。不，我知道你不能来，我只是很伤心。我想我的男孩了，我觉得有时候能听到他的声音。不，我们都理解。你现在走进了世界，你在过你的人生。

然后又是波特兰。杰克！杰克！看看这一切！看看我们做了什么！看看这些人！这些人生！他们现在在哪儿？他们在吧台！他们在舞台前方排队！我们做到了！你做到了！你不知道，但你做到了！我还记得婚礼，我当然记得。托尼讲话来着，你妈妈喝醉了，你的新娘穿着婚纱跳了那段搞笑的舞。我们笑倒在地上，我扯破了裤子，你把我抱起来，举着我穿过了整个房间，我的内裤露在外面。你的女儿们很美。你是个男人。你有一个家庭。不，我没有这些。我有的就是这个。

然后我们来到了旧金山。然后是圣迭戈，最后是洛杉矶。我搬不了，托尼。我不行。你得帮我。我一样东西都搬不了。我必须在两个小时内把所有东西都搬出去。我现在本该去试音的。之前我们还说要搬到一起住的，但是我把一切都搞砸了。当然是我的原因。我让大家失望了。对不起。真的对不起。我不知道该怎么做。我今天夜里要飞去伦敦。你可以？你愿意来替我搬家？不，不，不，不。我不能要求你这么做。你确定吗？哦，谢谢你，谢谢你。之后我可以再去仓库拿我的东西。一个哥哥，一个哥哥，我多么需要一个哥哥。你没死我真是太高兴了。

灯光变暗。有那么短暂的一刻，风在山间呼啸，一切都很安静。他们到底还是来了，我简直不敢相信。我想我可以唱歌，我永远都可以唱歌。晚上好，谢谢你们来到这里。这是我的全部。

然后我们开始跺脚。然后我们开始尖叫。然后我们开始鼓掌。然后键盘的声音涌出来，小提琴的声音从山间飘来，我的喉咙哽咽了一下，那一刻，我向远方望去，向头顶看去，我为之惊叹。

也许我应该带上这些碎片，就这样独自走进大海。在我的想象里，一直都是这样的：我走进海浪消失不见时是孤身一人。我能感受到海水冲刷着我的脚趾，还有我脚下柔软的沙子。但是当我抬起双眼，发现这里还有其他人，穿着蕾丝裙子的女人们，裙子在她们身后展开，浸在白色的泡沫里，仿佛婚礼上的头纱，还有在风中丢了帽子的男人们，海水导致他们的裤子贴在腿上，他们有几百人、几千人（这是在好的情况下，如果主办方尽到了自己的职责的话），我们所有人一起消失在了大海之中。

问题来了。我们为什么会这样？这是怎么回事？发生了什么？我们什么时候变成了这样？

答案不止一个。房间里有多少人，就有多少种答案。房间里有多少人，就有这个数量的十倍的答案，它们有些可怕，有些迷人，有些狡黠，有些天真，有些有一百英尺高，像神一样无人能敌，有些渺小脆弱，充满祈求和讽刺。我站在那束灯光下，希望自己能够消失，我意识到了一件事，它就像一颗被我回忆起来了的乳牙，来自一个还没有愧疚感的时代。曾经有一包火柴、一条河、一点红光，有些东西不见了，然后我也迷失了，最后，我选择刻意弄丢我自己，只为成为萦绕在我天空中的城堡周围的鬼魂。

破碎

"大家好，我是托尼，我是一名酒鬼。"

"你好，托尼！"

他站在一座木质的讲台后，这里是卡尔弗城的一家社区活动中心，位于华盛顿大道上，在高速公路附近。他的面前摆着七十五张金属折叠椅，整体呈扇形。房间里弥漫着烧焦的咖啡和香烟的味道。我坐在第一排，因为他请我来这里看他讲述自己的故事。房间里很安静。我哥哥正在调整自己的状态，每个人都在看着他。他戴着眼镜和一顶棒球帽，两只布满文身的强壮胳膊抓着木质讲台的边缘寻求平衡。他的肩膀宽阔，面容英俊，脸色红润，潇洒不羁——他亮闪闪的蓝眼睛里透着光芒。这**还挺新鲜的。我好像从来没看到过他这样。这是什么时候发生的变化？那时我在哪里？**

这段时间，他去过几家监狱演讲，讲述他自己的故事，希望能够帮到其他人。这就是匿名戒酒会。建造一座直通云霄的梯子。爬上去，帮助别人爬上去。

"我不知道该从何说起，所以我想，首先应该告诉大家，喝酒对我来说从来不是一件好玩的事。"他抿了一口咖啡，"你知道的，喝酒这件事最讽刺的就是这一点。你说你是在享乐。我想我曾假装它很有意思，因为那时我们都这么做。我们派对，这是我们给它起的名字。所以如果你问我，我会说我也在派对。但事实上，我感到伤心、愧疚，我喝酒是因为我感到很糟糕，而我不想再感到糟糕了。"

房间里的安静十分沉重。你很难对他的声音不予理会，他的话如此沉甸甸。真相听上去就是不一样的。

这里有老前辈，已经戒酒十年的人们，他们的双手放在腿上，带着安静的微笑聆听着。也有年轻的毒品爱好者，顶着蓬乱的头发，穿着乱七八糟的衣服，刚在布罗特曼戒毒中心戒完毒，清醒了仅仅一周，他们身体前倾，瞪大狂野的双眼。

后面的桌子上放着文字资料，就像妈妈以前随意散布在家里的小册子一样，其中有匿名戒酒会的大厚书，里面包含了它的十二步疗法，也有覆盖着塑料膜的单页介绍，包含了步骤和传统。

"我没法告诉你有多少个夜晚我都是这样度过的。一段时间之后，你已经没有概念了。但我总是第一个离开派对的，因为我去那儿就不是为了派对。事实上，我人生中的大部分时间都感到十分孤独，喝酒对我来说是一种解脱。在我十三岁，第一次尝到那瓶雷鸟红酒时，我就爱上了，那瓶酒是我从格子食品便利店里偷来的。那一刻改变了我的人生。我终于找到了自己最好的朋友。第二周的时候，我已经每天晚上都在喝酒了。

"你们必须明白一件事，我从没有去过任何让自己感到舒服的地方。我出生在一个叫作锡南浓的地方，我们根本不知道自己的父母是谁，然后在我将近七岁的时候，我们又要逃离那个地方。我们一直在搬家。我们的妈妈患有严重的抑郁症，我们的继父是个酒鬼，他消失了，或者死了。我们甚至无从得知。总之，我一直觉得自己是个局外人，是个来自奇怪地方的奇怪小孩，我穿着二手衣服，对世界感到愤怒。然后我喝到了那一口酒，那瓶雷鸟红酒，我第一次有了归属感。我在自己的身体里感到很舒服。真的，从那一刻开始，其他的任何事情都无所谓了。"

他讲述了整个故事，在高中时喝酒，那种叛逆和怒火，那种他仿佛在试图毁灭什么的感觉。他谈到了作为一名"能够正常运转的"成瘾者的那几年，维持着一份工作，交着房租，每晚喝到酩酊大醉。然后就是各种药物。扑热息痛和维柯丁。两片变成了五片，变成了十片，变成了每天四十五片。

他提起儿子的时候停顿了一下。痛苦充满了他的蓝眼睛，他在竭尽全力。他抹去了镜片背后一滴小小的泪水。他调整好状态，在木质讲台上敲了敲手指。房间里很安静。"我每天都会想起我的儿子。我知道，那时我的状态并不能让我成为一名好爸爸。我多么希望我可以。这件事很难。我们谈论后悔的事，我也有其他令我后悔的事，但这是最难的一件。"他清了清嗓子，"但是你能做的只是尽量弥补、尽量面对今天的现状。真正难以面对的是那种愧疚感，我知道自己本可以为了他做得更好，这实在是一个很难与之共处的事实。"我不敢相信这些是从我哥哥嘴里说出来的话，这样的智慧，这样冷静的反省，这样的力量。

"我第一次尝试海洛因的时候，没有感觉那么好过。我想道，妈的，这样才对。我不用生活，然后感到痛苦了。我可以就做这件事。但是海洛因会很快杀死你。不到六个月，我就觉得自己要死了。而且就像喝酒一样，到最后，这件事变得一点也不好玩了。你只是一个人坐在公寓里，试图抹去对一切事物的感知。我知道我需要帮助。如果我得不到帮助，我就会死。如果我百分之百诚实的话，这大概才是我来这里的原因。这大概是我来这里的唯一原因，因为另外唯一一种选择就是死亡。毒品和酒精对我的影响和控制就是这么大、这么强。从某种角度来说，知道我自己别无选择，也让一切变得更简单了。

"于是我去了布罗特曼。我在那个房间里将自己抽干了，我不停呕吐、颤抖，我这辈子都没有那么难受过。我不能服用美沙酮，因为我的肝酶水平太差了，医生说那样会杀了我。我们每天都有小组讨论会，但我很难听进去任何东西，我太想再次出去吸毒了。但是我一直告诉自己，嗯，不这么做就是死路一条。我没有选择死亡。但也就差那么一点了。"他笑了，大家也笑了。

"我开始跟随步骤，每天参加集会，来到这些房间，和这些与我走上了同一条路的人在一起，他们了解我为了隐藏自己的习惯，能够告诉自己或者其他人的每一条谎言。这很难，哥们儿。尤其是最开始的时候。你只能硬着头皮走下去。但是几个月后，我开始正常睡觉了。我开始觉得没事了、健康了，你知道吗？然后一件怪事发生了。我发现我喜欢和别人在一起，和我的朋友在这里，和理解我的人在一起，要比独自在黑暗中磕药好得多。毕竟这也是我一直渴望的事，和理解我的人在一起。"

在我看他演讲的过程中，我想的只有一件事，那就是我有多么了解那个黑暗的地方，我是多么强烈地感受到了那一切，我是多么希望我能拥有他曾拥有的。我感觉自己体内有太多需要被掐灭的东西了，于是我保持着周围的喧闹。

"我没有全部的答案，"他说，"没有人有。我只能说我在这里。我在尝试，我会继续尝试。你们中那些新来的人，我能看到你们坐在后面蠢蠢欲动，想再次出去嗑药。我知道你们不知道该如何理解这些胡话，所有这些怪胎嘴里说的屁话，什么平静、接纳和后悔。这些陌生的步骤。有点矫情，对吗？我想说的是，这就是一切的根源。就在你的情感里。我们都有过这些想法，它们告诉你让一切去他妈的，去喝酒，或者让一切去他妈的，去磕药，因为否则的话，带着想死的念头走在这个世界上又有什么意义呢？听着，这个房间里有你们的朋友。有想要帮助你们的人。每个人都知道你在经历什么，因为我们也经历过。你不需要一个人面对。你可以来参加集会。你可以为自己找一位负责人。如果你愿意，我就可以成为你的负责人。这就是我们来到这里的原因。我向你保证，你的人生要比你在黑暗里嗑药好得多。和大家在一起很好，和朋友在一起很好。我弟弟在这里，因为我要把自己的清醒三周年纪念币送给他。"

他看着我。我在颤抖。这一切是如此熟悉、如此真实，他没有死，我真是太高兴了，我还记得当我们都是孩子的时候他有多愤怒，我们在锡南浓的学校的时候他有多孤独，他没有父母的陪伴，独自坐在操场上，我还记得妈妈是如何在我们离开后将他变成了一个精神病患者的，她为他的愤怒怪罪他，可他的愤怒却有着最充分的理由。现在我是如此为他感到骄傲，我为他的旅程感到惊叹，而我自己的旅程让我如此迷茫。

"总之，我很感激。感激今夜，感激这个项目，感激你们所有人。谢谢大家。"房间里响起热烈的掌声，集会的主席感谢了他的讲话，有人从后面拿出了一个小巧克力蛋糕递给我，让我送给他。我走到前面，他吹灭了蜡烛，并给了我一个拥抱。他不愿放开我，只是紧紧地抱着我说："我爱你，小弟弟。没有你，我不知道自己会在哪里。"我亲吻了他的脸颊，告诉他我为他感到骄傲，人们围起了一个巨大的圈，我们手拉手念诵着主祷文，就像我们小时候参加匿名戒酒会的露营时一样。结束后，年轻的毒品爱好者们将他团团围住，仿佛一群紧张的孩子。他们向他提问，眼中的神情仿佛这个世界都取决于他接下来所说的话，就好像他拥有某种他们呼吸所必需的东西。

他们走到外面抽烟，我坐在第一排的椅子里，思考着他说的话，我的人生离他描述的那种平静、接纳与平和是多么遥远，我是多么真切地生活在那样的黑暗里，在它周围舞蹈，仿佛扑火的飞蛾。

巡演结束的那周，朱丽叶姥姥去世了。他们打来了电话，我慌张地开车来到了位于韦斯切斯特的房子，看到呼吸机依旧在往她的鼻子里输送氧气。我将管子从她的鼻孔里拔了出来，因为大家看起来都呆住了，一动不动，就好像只要呼吸机还在工作，这件事就不是真的一样。我检查了她脖子上的脉搏，告诉大家她已经走了，我坐在她身旁，她穿着一件红色的小卫衣，我用胳膊搂住她的肩膀，她的灵魂在房间中飞翔，南希姨妈尖叫着，邦妮趴在爸爸的怀里哭泣。

五天后，我们在洛杉矶市中心的华特·迪士尼音乐厅进行回城演出时，我又感受到了她的灵魂、她的存在，我觉得她和姥爷正在观众上方的空气里舞蹈，紧挨着那台仿佛一座巨大干草堆的美丽的管风琴。我唱了一首让我想起他们的歌，我思念他们，我很清楚地知道自己离他们拥有的那个东西有多远，那个我也想要拥有的东西：一个伴侣、一个朋友、一个重要的爱人，可以在我死后和我一起在一个美丽的地方舞蹈。

我还记得在阿姆斯特丹的一个时刻，当时我在酒店房间里，我们的欧洲巡演已经接近尾声，这是在我飞到伦敦、我哥哥帮我把所有东西从公寓里搬了出来的那天之后，后来我再也没有去过那栋公寓。我们在英国待了几个星期，然后去了德国，每天晚上都在喝酒。我需要服用赞安诺和安必恩才能睡觉，每天还要服用几百毫克的苏达菲才能正常运转，这是我们在美国多次感冒之后的后遗症。它本该是治疗我的鼻塞的，但感冒痊愈很久之后，我每天早上还是会用咖啡将它送下。它仿佛一道墙，只要我足够用力，我就能让身体穿过它，我可以离正常的生活更远，离安眠的夜晚更远，我时刻紧张、焦虑、枯竭、空旷，身体里仿佛充满了一种无名的气体，它带动着我继续将演出进行下去。

我们去了城市中心运河旁许多家咖啡馆中的一家，我吃了一块不小的巧克力大麻麦芬蛋糕。我的身体似乎没什么反应，于是在和乐队聊了几分钟之后，我又吃了一个。那是一个阴雨连绵的下午。我离开咖啡馆，走回酒店睡觉，因为那天我们休息。我大约走到半路的时候，大麻开始产生了反应。人行道开始摇晃，我觉得寒冷无比，我听着人们随口说出的荷兰语词句，想起了另一个时代、一场战争、一片废墟。

我回到酒店房间后，坐在床沿上，几个月以来在路上的生活让我感到宿醉和疲惫，这是我一生中飞叶子飞得最兴奋的一次，我用胳膊抱住自己的肩膀，前后摇晃，就这样过了六个小时，我的思绪进入了一条小路，我想的只是自己搞砸了一切，搞砸了拥有爱情的机会，搞砸了拥有一些真实东西的机会，我不配拥有这一切，我唱着这么多关于爱情的歌，但我全是在放屁，因为我知道什么？我又能知道什么？在我的心脏中间，只有一个空荡荡的深坑，我也从没想过要将什么别的东西放在那里，因为我从来都没有那么在乎过我自己。

我记得在这一切的中心，是一个我很久以前做的决定，那时我在世界边缘的一座小小活动住房里，烦躁、迷茫、愤怒、绝望，我决定将爱情、亲密关系和两个人之间的信任拒之门外，这样做是为了去过另一种生活。放弃它们，努力让我的痛苦变得有用。

这个决定带来了美妙的馈赠，但它没能解决这一切的核心问题，我看着我哥哥和年轻的毒品爱好者们在外面的街上抽烟、大笑时，这个问题对我来说是如此清晰明了，它折磨着我，在无眠的夜晚和巡演尾声那些安静、空虚的日子里跟随着我，悄悄溜进我思绪的缝隙，它是在我不注意的时候浮现的概念，就像在梦里出现的画面。

破碎的含义是什么？

它意味着在我们哭泣时，没有人将我们抱起来，我们以为这是自己的错，我们带着这份孤独带来的耻辱感度过人生中的每一天，我们没法赋予它一个名字，因为没有人认识到这件事，包括我们自己。

我们隐藏自己，我们制作面具，我们建起了让自己感到安全的石塔。

随着年龄的增长，这种耻辱变成了对其他人的怒火，我们将自己感到的孤独和迷茫怪罪到他人身上，还包括那些我们由于耻辱而后悔做过的事情、伤害过的人、破坏掉的关系，我们不禁怀疑自己，我们是怪物吗？是孤儿吗？我们疯了吗？我们找不到人倾诉。

我能看见我哥哥圆鼓鼓的脸颊和金发，还有他悲伤的双眼，他穿着灯芯绒夹克靠在塔玛莉湾基地后面田野里的一截树桩上。怪不得他吸食可卡因、注射海洛因，还用酒精将自己灌到不省人事。

当你剥去那一层层男子汉的伪装——那些小聪明、权力、嘲讽、我们锻炼出来（或装出来）的力量、那种坚强（其实只是安静地忍受着痛苦）、泛白的手指关节、被靴子和胡子覆盖着的身体、肌肉、骷髅刺青、箭头和鬼魂、仿佛被带刺的铁丝网围住的心脏，你看到的是一个黑暗中的悲伤男孩，他害怕自己会永远孤独，因为这就是关于人生，他学到的第一件事。

　　我们不愿看到这些，因为要看到的东西太多了，我们伤害了别人或者自己太多次，因为我们笃定自己不配拥有别人的柔情或温暖，或许我们根本不相信这些东西存在于这个世界上。

　　这其中包含的工作量太大了。我们要承认它、接受它，并意识到自己无法改变。你去参加集会，你还是无法改变；你在清晨安静的房间里对着一只愿意倾听的耳朵，将这一切轻声吐诉，你还是无法改变；你将它告诉一个偶尔见面的朋友，他愿意给你建议，把自己的电话号码留给你，让你在需要帮助的时候给他打电话，你还是无法改变；你将它写进歌里，细节完善，你很明白，你很清醒，你近距离端详它，远距离观察它，用比喻和讽刺堆砌它，你还是无法改变；你面对着一群也有过这种感受的人，对着一支麦克风尖叫着讲述它，尽管现场有音响、舞台、灯光、汗水、紧咬着的牙齿，但当你回到家，回到那个你试图将整个世界放在其中的地方时，你意识到自己还是孤独一人——你还是无法改变。

　　"所以，你为什么来这里？"

　　房子楼上那间背面的屋子很小，窗户很多，明媚的加利福尼亚阳光从中洒落。房间里摆着几把椅子和一张书桌，窗外有树，偶尔能看见一只松鼠匆匆跑过，隐隐能听到院子里喷泉的水声。一个善良、年轻的英国男人坐在我对面，他的名字叫米沙。他有着粉红色的脸颊和温暖的双眼。我的思绪飞过所有那些令我感到迷茫的事情，思考着该摆出哪种姿态，戴上哪张面具，又该如何摘下它——如果这一切真的对我有益的话。

　　"什么意思？"

"我是说，是什么让你想要寻求心理咨询的帮助？"

在我有时间思考之前，我听见词句从我的嘴里跑了出来："我想恋爱，我不知道我为什么做不到，我只知道我有问题，我必须改变。"

好的。

好莱坞公园

森林，河流，山峰，沼泽

他盯着我，我也盯着他。沉默悬在房间上空。我这是来到了一个怎样的地方？这里有许多等待着被填满的空间，而用来填满它们的却是安静，这很奇怪。这种感觉不太像是在进行对话，更像是和一位非常友好且沉默的导师站在一片空旷的陆地上。

米沙很有耐心，他会用咕哝声和点头的动作鼓励我继续说下去，偶尔会加上一句具有英国特色的点评："嗯，对，但这是你控制不了的，伙计。"他的话从来都不多。房间里也没有什么可以看的东西。只有等待被填满的空白。

我用了几周的时间才步入正轨，开始谈论一些实质性的内容，但我很快发现了许多我不曾意识到自己拥有的情绪：为保罗的死而感到的悲伤、为他或许没死而感到的困惑、对于菲尔在我面前被殴打而感到的震惊和恐惧，还有当我试图理解每件事在妈妈眼中的版本时所感到的空白，它仿佛一幅水彩画边缘的留白，以及因为我从没有机会来处理这些时刻为我带来的痛苦而感到的迷茫，我没有思考过它们，也没有真正看清过它们，因为它们从未被承认。我找到了如此多的愤怒，因为我被迫成了一个严重抑郁的女人的监护人，她从没有考虑过我的需求，她对我的审视永远带着她自己作为受害者的滤镜。对于依恋障碍，我有了更多了解，通过在锡南浓的学校生活，我继承了一个孤儿的情感世界，在一个没有父母的地方被抚养长大，导致我们完全无法将世界视作一个稳定的地方，它让我们恐惧、羞愧，就好像我们的孤独是我们自己的错误。依恋障碍让我们没有办法信任亲密关系，因为我们人生中学到的第一件事就是人们会离开你。同时，它也让我们对于独自一人这件事感到恐慌。

这是一项缓慢、艰难、折磨人的工作。

和妈妈有关的那些特质都像流沙。一段时间之后，我和米沙得出结论，认为她患有自恋型人格障碍或与其密切相关的边缘型人格障碍，或者两者的症状在她身上皆有体现。我们从来都无法证实这一点，这更像是一幅我们通过慢慢梳理每件事来试图重现的拼图。

在对现实的认知方面，她依旧存在问题。以任何戏剧化的方式说她疯了都是不准确的。她能正常逛超市、平衡收支。她依旧对当前的政治环境十分敏感，还会参加静坐、抗议和游行。但也会有某些奇怪的时刻，让人觉得现实对她来说就是一个谜。

当我们的巡演到达凤凰城时，她和她的丈夫来接我，带我去吃晚餐。我们行驶在高速路上时，我坐在后座，她问我是不是喷了除臭剂。这似乎是一个奇怪的问题。我说是的。"嗯，我们能停下来，然后你把它擦掉吗？我对除臭剂过敏。"我们到达餐厅时，我去了洗手间，有那么极短的一刻，我在考虑要不要擦掉我腋下的除臭剂。但我马上清醒了过来，思考着我到底要生活在哪个现实里，她的还是我的？我的生活有多少是在她那种诡异的现实里度过的？它与真实的世界相邻，在那里，她永远是受害者，是长久以来忍受着痛苦的英雄，而我的职责就是确认这一点，将这一切解释给这个世界，将这个世界解释给她。

我回到桌边，她问我有没有把它擦掉。我说我擦了。"是的，我能闻出来。"她嗅了嗅空气，"好多了，谢谢你。"

类似的情形还有无数次。自恋者的孩子会明白自己的情绪对于他们自恋型人格的父母来说根本不重要。他会永远带着一种必须埋藏自己对这个世界的观点和他自己的感觉，他需要尽到自己的职责来讨好自恋者，获得他渴望的那种遥不可及的爱和赞许。简单来说，他根本不了解自己，因为他的一生都花在了填补自恋型人格父母的幻想世界上。

不是所有自恋者都很鲁莽、自大，他们甚至不一定外向。他们中的有些人会通过扮演受害者的角色来获得他们渴望的、来自这个世界的关注。这种类型的自恋者的孩子往往觉得自己比起孩子，更像是这位家长的伴侣，担起了照顾其身心健康的重任。在我了解到这一点的那天，我大喊了一句："没错！"然后大声笑了起来。这并不好笑，我只是感到松了一口气，这个我与之共存了这么久的东西终于有了名字：妈妈和她的各种要求、她满是漏洞的人生故事和轻而易举就能被击破的谎言、曾经一直围绕着我的那种恐慌感，让我觉得照顾她就是我的责任。

患有自恋型人格障碍或边缘型人格障碍的家长往往会越过身体上的界限。他们缺少这方面的反馈机制，不知道哪种触摸是合理的、哪种肢体语言对别人来说是舒服的、哪种爱的表达是受欢迎的，他们经常侵犯他人的空间，让其他人和他们在一起的时候感到生理上的不适。没有人教过我们，我们有权决定哪些触摸是可以接受的、哪些爱的表达方式是受欢迎的。这样的家长侵犯了我们的私人空间，他们没有意识到我们对于空间的需要或渴求，因为他们认为，我们只是他们自己的延伸。

这种越过生理界限的行为可能导致孩子在成年之后背负巨大的耻辱感，以及容忍令自己不舒服的触摸和性接近的倾向。我们只是单纯地觉得自己不能拒绝，因为在我们的经验里，自恋者的需求比我们自己的更重要。

患有自恋型人格障碍的家长通常会以严格的外观标准来要求自己的孩子，希望他们看起来可爱，并严重排斥任何外表上的瑕疵，因为他们相信这些瑕疵会让自己看起来不光彩。正是因为这点，很多年来，小时候的我都觉得自己是个胖子，这很奇怪。当我翻看老照片时，我看到的只是一个非常健康的小男孩。

自恋型人格障碍和边缘型人格障碍的家长总是喜欢让自己的孩子相互对立。其中一个会成为被选中的孩子，他拥有这位家长所有好的特质，他得到的关注、夸奖和好好表现的压力更多。另一个孩子就成了替罪羊。自恋者往往会将自己各种行为的原因归结到他的身上，他反映了这位家长最糟糕的特点。替罪羊小孩会怨恨被选中的小孩所获得的所有关注。被选中的小孩会怨恨来自替罪羊小孩的那些毫无缘由的怨恨和怒火。在了解到这些知识的时候，我看到了自己和哥哥小时候的关系如何完美地遵循着这样的规律，这对我来说简直太奇怪了。

一切都是如此熟悉、如此精准，在那简单又令人恐惧的一刻，你看到了自己的人生，就像看到了打开一幅地图的钥匙，你会说，**是的，就在那里，就是它，一点没错**。

从某种角度来说，自恋型人格障碍这个名字并不恰当。它描绘了一个爱上自己的人，一个认为自己高人一等的人。这并不准确。在那耳喀索斯的神话故事中，最能定性的一点就是，当那耳喀索斯看向水面时，他看到的只有自己的倒影。患有自恋型人格障碍的人也是如此。当他们看向世界、看向自己的人际关系时会非常害怕，他们的视角变得非常畸形，他们只能看到对自己具有保护性质的画面，其中有他们自己、他们的孩子将成为的人、他们的另一半，还有这个或那个想法对世界来说意味着什么。

自恋型人格障碍和边缘型人格障碍的治疗难度众所周知，因为自恋者们已经深深陷进了自己编织出的那张自我保护的大网。自恋者根本不知道自己是自恋者，如果别人这样告诉他们，他们会拒绝这个概念。有些人认为这其中包含了某些自闭症和阿斯伯格综合征的特质，患者会觉得人类的情绪让自己感到困惑和迷茫，于是他们倾向于装出各种情绪，并通过一种公务性质的滤镜来看待这些情绪。这样的情形有利于我吗？比起本能的，充满共情、同情和爱的人类交互关系，这样的问题在自恋者的脑海里更为常见。

当然了，这便使得他们成了会做出情感虐待行为的家长。孩子没有被看见、被听见，而这些只是换了一种方式阐述他没有被爱的事实。

当我回想自己的人生时，一切都如此明显。我和米沙花了很长很长的时间来理解这一切，拼凑出这幅完整的画面。承认自己的家长做了一件很糟糕的事并不容易，因为你体内永远都存有那位家长的某些痕迹。所以你意识中的某个自我也永远会觉得自己做了这件事。你会觉得自己是有污点的、被诅咒的，注定要作为一个有着根本缺陷的东西行走在这个世界上。这不是真的，你只是感觉这是真的。

无论如何，现在，我的生活是我自己的责任了。不是锡南浓的，不是妈妈的，而是我的。在改变的路上，最难跨越的一道障碍就是那种委屈、那种对于伤疤的防卫，如果我有选择，我本永远不会选择落下这些伤疤。但是在这样的防卫和抵御心理中，是无法找到救赎的。这是死路一条，是一个无底洞，它只会让你掉落得越来越深，除此之外哪里都去不了。不管起因是什么，现在，我要慢慢学会为自己的行为和自己的情感世界负责。

改变是缓慢的。改变是缓慢的。改变是缓慢的。我要花很长时间，才能觉得我了解自己，才能理解我脑海中的地形图，才能看到我出于恐惧而做出的行为，才能理解我感受到的那些本能的恐慌，并让自己冷静下来。

终于，我能够看懂这幅地形图了，我知道了其中的陷阱在哪里。这里是一座由恐惧堆成的高山。那里是一条后悔汇聚成的河流。下面是一片耻辱凝聚成的沼泽。它的旁边是一片充满了希望的草地。在这里行走要小心脚下。

这需要时间，但我学会了自嘲、忍受不舒服的感觉、接受这些我曾经很难接受的东西。

这不简单。我会抑郁。我会因此而焦虑。我学会了坐下来忍受，爸爸总对我说的关于接纳和心痛的道理是真的："有时候你只能坐在自己的双手上，然后感受疼痛。"

我能说什么呢？这个过程很不舒服，它花了好几年，它是改变的唯一途径。

希腊语

　　三年后，我站在希腊剧院的舞台上，从我在洛斯费利兹创作《许愿井》的那间小小的巴黎式公寓再上个坡就到了。一块块看台在我面前呈扇形展开，仿佛在小山腰上的植被中挖凿出的巨大红色砖块。我刚到的时候，行走在看台的过道间，只想在看到外面天幕上写着的乐队名字后确认一下这里就是那个地方，而不是一场梦。有时候我会做梦。我在巡演大巴的睡眠隔间里就做过一个梦。我们在一个类似月球或大西洋中间风化了的冰川上表演，我们望向身后的一片空旷，想着我们竟然走了这么远，我们与家的距离简直不可思议。

　　达伦正在舞台上调试设备，底鼓发出的沉稳敲击声回荡在山谷里，我们一直以来敬爱的巡演经理比尔让他试一下几个架起来的筒鼓，然后试一下踩镲。达伦一边敲出一段迪斯科节奏型，一边对着话筒、跟着节奏小声叨着："靴子、裤子、靴子、裤子。"他在架起来的筒鼓和摆在地上的筒鼓之间转换着，说着："帕特·布恩、戴比·布恩、帕特·布恩、戴比·布恩。"这是巡演中的一个老玩笑了。

　　这是奇怪的一天。

　　试音结束后，我的家人陆陆续续来了。和往常一样，托尼是第一个到的。他还带来了他的妻子和他们的宝贝女儿朱丽叶，她是一个漂亮的小姑娘，留着秀兰·邓波儿式的鬓发，拥有一双蓝色的大眼睛。他已经七年没有碰过酒精和毒品了。他的皮肤晒得黑黑的，看起来休息得很好，他抱着宝贝女儿穿过后台仿佛洞穴一样的大厅，将她举过头顶，她则开心地尖叫着。看起来，似乎他人生中的所有美好承诺都实现了，他的清醒并没有改变他性格的本质，反而进一步放大了他的优点：他的机智、他对女儿无尽的责任感和守护。他将她摆在自己生活的中心，送她去上学、带她去上舞蹈课、去游乐园和海滩，这样他就能成为海浪中为她屹立着的支柱。他也联系了自己的儿子，给他打电话，询问他过得怎么样。他的儿子还没准备好。他还是太愤怒了。托尼没有对他施加压力，只是告诉他，如果他准备好了，他随时愿意和他聊聊。

当我看着他在大厅中摆荡着女儿时，我不禁好奇他是否知道自己的成瘾让他的儿子牺牲了多少，他有多么想要一个和他妹妹一样的爸爸。我知道托尼很后悔，因为他在集会上谈论到这一点的时候非常坦诚，想到我们可以同时扮演着矛盾的角色，我感到很奇怪。对某些人来说，我们是令人失望的，对另一些人来说，我们是被他们珍惜的。当我问起这件事时，他告诉我他在尝试，但是一下子面对这些对他来说太多了，他的第一要务是保持清醒，他感受到的焦虑很快就变得难以承受了，他需要更多的时间，因为他真的无法同时处理这么多。这我可以理解。

托尼现在会通过完成铁人三项比赛来支持慈善，也拥有了一家成功的大尺寸印刷公司，这是他一直以来的梦想。姥姥、姥爷死后，他买下了位于费尔法克斯的波斯纳家的房子，那座邦妮和她的姐妹们长大的房子。他进行了一项大改造，加装了一个游泳池，这样他的女儿就能有地方游泳了。

我为他骄傲到快要爆炸了。

接下来到的是爸爸和邦妮。邦妮仿佛一阵由玩笑和拥抱组成的旋风，她的声音，还有她像一首歌一样的存在，她会坐下来询问每一位乐队成员的生活："还有你的小猫，它还好吗？你巡演的时候它想你吗？它们有时候会这样的，你知道的。它们都懂。"她的妹妹珍妮因为肺动脉高压去世后她依旧很伤心，珍妮和这个病共存了十五年，尽管当时医生告诉她她只剩两年了。她一直都在与之战斗。她的医生们都将她称为战士。一路上，邦妮一直陪伴在她身边，现在她也有着和自己的父亲当初同样的信念：生命很短暂，我们必须拉住彼此，在还有条件的情况下珍惜和自己爱的人共处的每分每秒。

爸爸太瘦了。他差点没能来，因为他实在太难受了。他的肝脏基本没有了，只剩下一团残留的疤痕组织，已经硬化了，而且受到了严重的损害。这给他的身体造成了一系列问题，夺走了他的肌肉和能量。他只是和它做着斗争，下定决心要打败它。他已经改变了自己的饮食习惯和运动规律。他试过草药治疗和各种各样数不清的治疗方法、药物和手段。他的步速依旧很快，在一个满是朋友和家人的房间里看到我的眼睛时，也还是会冲我眨眨眼。我们开了香槟，因为可不是什么时候都能有机会在希腊剧院里演出的，我眼看着自己的梦想变成了现实。爸爸知道这一点。和许多事情一样，我们也讨论过这一天的到来。

他说他想和我们一起巡演，他的嗓音很好，也许他可以在安可的时候上台加入乐队。他从没去过纽约，所以他想加入我们东海岸几座城市的巡演。他甚至愿意为此去坐飞机，这可是他平时非常抗拒的事情。但这次他下了决心。"我们可以看你们演出，也许可以再看一场百老汇舞台剧，尝尝我听说过的那种三磅重的五香熏牛肉三明治。"

最后一个到的是莉兹特，我的新女友。她带着微笑走进房间，拥抱了邦妮和爸爸，摇晃着身子逗了逗朱丽叶。我们已经交往几个月了。我们用的是这个词，交往。但事实并非如此。这种感觉更像是被另一个人认了出来，好像你们能在人群中发现彼此。当我看见她穿过房间去和达伦打招呼时，我就带着这种感觉。她拥有棕色的长发和浅棕色的眼睛，她拿起桌上那瓶从商店里买来的辣番茄酱时抬起了眉毛，笑着说道："朋友们，咱们还不至于这样吧。这太丢人了。我们值得拥有真正的萨 - 尔 - 萨酱。"她念这个词的时候带着纯正的西班牙口音，展现出她作为墨西哥裔和萨尔瓦多人的自豪。她偶尔会抬头看向我，我也会看着她，这就是我们之间的共同点：我们是观察者，我们两个都是，我们在彼此身上也意识到了这个特点，另一个在世界中穿行、试图做出弥补的人。

我终于恋爱了，我不知道该怎么解释这件事的发生，我只能说，当它发生的时候，我想说的话基本上是从我嘴里飞出来的。我没有深思熟虑。情绪将我填满了，直到那些话语一涌而出，出现在了我们中间。

我不知道该怎么解释这种感觉，一天晚上，我们开始聊天，然后这段对话持续了五个小时。第二天的晚上，我们也聊天了，对话也持续了五个小时。下一天还是如此。再下一天还是如此。然后我们就决定在一起了，我们现在依旧拥有这样的对话。

很奇怪，在追逐了噪声这么多年、想要理解它之后，真正坠入爱河的感觉就像在全世界的寂静中醒来一样。没有风，没有雨，没有远处的警笛声，只有我脑海中那最为准确的安静，我抓住了那个让我平静的东西。我想，在和米沙共同努力了这么多年以后，我已经准备好去爱了。但这件事的发生依旧让我感到惊讶。她依旧让我感到惊讶。

她。

我每周仍然会去拜访米沙一次，所以体验这段新的恋情就像学习一门新的语言。它对我来说很陌生，就像希腊语。我必须无视曾经的许多本能反应：我在害怕或者愤怒或者迷茫的时候要学会相信；我要为我感受到的不确定、怀疑甚至枯燥创造出一个可以存在的空间；我要看到那些导致我孤独一人的东西，然后做出不一样的选择。我没有预料到的是，将我全部的心门打开竟然会让我感到如此平静，我发现根本没有理由不打开它们。

她一边贬低着那瓶辣番茄酱，一边递给我爸爸一盘墨西哥玉米片。

他见到她的当下就很喜欢她。"我能明白你们俩为什么在一起，"他和她见面的那天说道，"你们俩是合理的。我没法解释，但有些人就是合得来。"我带她见爸爸和邦妮的那天，我们走出房子时他这样说道："你要是让那个姑娘跑了，那你就是疯了。"

"我可没这个打算。"

她不介意晚饭前爸爸要服用一大堆药物，也不介意邦妮一心要向她展示照片，里面有姥姥、姥爷、珍妮、皮特叔叔和玛丽奶奶。我提到她是一名歌手，他们让她当时就唱两句，她便这么做了。她唱起了《圣善夜》，洪亮的嗓音填满了韦斯切斯特的小房子，他们听完后的反应，就和我第一次听完之后一样。安静了。平静了。我们离开时，她和他们两个都拥抱了很长时间，这安抚了我的心灵，我感到很惊讶。这是我没有预料到的，我意识到，出于某种原因，父亲们和儿子们，还有母亲们和女儿们，都是和一段崭新的恋情密切相关的。

这让我如此放松。没有人会为你讲解爱情。至少没有人对我讲过。我不需要付出巨大的努力让一切看起来很完美。我可以放下面具。我们的对话很轻松、没完没了。我们在紧张的早晨和充满泪水的夜晚跟随着它。我们会坦露心声、互相开玩笑，还有那些抱着彼此坐在沙发上观看糟糕电影的傻乎乎的傍晚，我们会一直不停地讲话。**那个男的的头发怎么回事？哦哦哦，我的天，她刚才真那么说了吗？看这个狗娘养的。**小事、好事、悲伤的事、我从来没有对另一个灵魂说过的那些安静的思绪，我太害怕他们会怎么想了。她只是听着我说，点着头。她会说上一句"是的，我理解"之类的话。而不知为什么，这些是我听过的最让我感到安慰的话了。

大多数时侯，我都很迷茫，我不知道该怎么和别人说这些事。**是的，我理解。**我妈妈对我们太糟糕了，我不知道该用什么样的态度对待这件事。**是的，我理解。**大多数时候我都在表演。**是的，我理解。**我在你身上找到了某些东西，我觉得我不能再放手了，这让我有点害怕。

是的，我理解。我爸爸病了，如果他死了，我不知道我会做出什么事。哦，宝贝。宝贝，宝贝，宝贝，宝贝，宝贝，宝贝。嘘，我在这儿呢。我理解，我爱你。

她对我讲述自己的秘密，现在轮到我来倾听了，这也许是最令我感到安慰的一件事了，我能让她的焦虑平静下来，我能看到她的疑虑，而我没有像以往那样逃跑，我只需要告诉她："是的，我理解。"在我的人生中，我第一次没有离开，而是留在了她的身边。

托尼把一只胳膊肘搭在爸爸的肩上坐着，试图让小小的朱丽叶在自己的小腿上保持平衡。邦妮以自己的方式靠在爸爸身上，抓着他的手，亲吻着它，紧紧地拥抱着他。爸爸正在和乐队成员聊天，他们正在喝香槟、温习演出歌单。莉兹特坐在我的腿上，我将她拉向我，觉得心脏都要跳出来了。

每场演出都是对某些东西的一次庆祝。当晚晚些时候，当我们站上舞台、看到那座美丽的山坡在面前点亮时，我就是这么想的。我们为什么在这里，和这些心里有着一个位置、就像我们心里的那个位置一样的人们？这件事没有这么简单，不过说起来，我们就是那种不会对任何简单的事情感兴趣的人。

所以我们在庆祝什么？

我想也许我们在庆祝一件非常基本的事：我们活下来了的这个事实。那些发生在我们身上的糟糕的事情没有击垮我们。我们还在这里，我们舞蹈、跺脚、跳跃、摇摆，崭新的事情、美好的事情依旧有机会发生。这种感觉将我们连接在一起。它让我们感到平静、慰藉、充满灵感。音响在吼叫，鼓声回荡在山坡上。吉他在咆哮，小提琴在描摹一段旋律。我们能听见自己的声音汇聚在一起，返送给我们，所有人对着夜空尖叫，我们在这里！我们活着！我们知道这点，因为我们在唱歌！你们能听到吗？我们在唱歌！

好莱坞公园

男人们和他们的梦想

当我的家人抵达圣迭戈时，莉兹特已经在那里迎接他们了。她在三楼的大厅里做了自我介绍，这一层是医院的临终安养院，爸爸开始滴注吗啡之后就被转移到了这里。她帮大家泡咖啡、倒水，提醒人们卫生间在哪里。她记得和他们有关的故事，能将房间里的每张脸一一对号入座。"哦，你是那个有好多钟表的人！我听说过好多关于你的事。我好喜欢你的夹克。"她是房间里的焦点。她乐于帮助别人。"嗯，他现在状态不是特别好，但我相信他看见你会很高兴的。"她擅长面对这样的场面。我不明白，一个像她一样美丽的女人，怎么会愿意让自己的周五晚上在医院的等候室里度过。

来的人中有我爸爸的哥哥韦斯，他的嗓音温柔、像熊一样。他的哥哥唐尼，嗓门儿大，莽莽撞撞。我的姑姑琳达，她没有和他们一起长大，但也回来与家人团聚了，她很善良，说话带刺。还有我的表亲辛迪和大卫，以及我父母的邻居和老朋友们。我们全站在西达赛奈的休息站旁，仿佛站在站台上等待火车驶入。我们相互拥抱，轻声细语，大家一个接一个进屋去和爸爸说话。

托尼拥抱了我，松开后一只胳膊还搭在我的肩膀上，我们一起站在等候室里。有些事只有兄弟才能理解。

大家都走后便轮到我了，我进屋去和他说话。

"嘿——爸爸。嘿——"时间接近午夜。我和邦妮每天轮流陪护他，这样他就永远都不会孤单了。她白天来，我晚上来。

"嘿，米克。"他轻声道，唇边露出一抹淡淡的微笑。

我不确定他能否听懂我说话，因为吗啡让他变得昏昏沉沉的，他时而清醒，时而迷茫。我只想再多感受几分钟作为他的儿子的感觉。

"你感觉怎么样？"

"像屎一样。"

"哦，嗯，是。有时候会这样。"我用手将过他的短发，仿佛要将它们从他的眉毛旁抹掉。我轻抚着他的胡子，看着他泛着玻璃光泽的双眼。在医院薄薄的白色毛毯下，他看起来那么瘦小。

"我想告诉你一件事。"

"哦，是吗，什么事？"

"我要向莉兹特求婚，爸爸。"

"哦——"他说，微笑着，轻轻点着头，"那挺好的。"

"你是我告诉的第一个人。"

"她还……不知道吗？"

"不知道，我在制订一个计划。"

"你确定……你确定你准备好面对那些了吗？"

"我准备好试一试了。"

他微笑着，闭上了双眼。我想让他想象那一天的样子，因为我知道他去不了了。阳光穿过树叶的缝隙，大树在一列朋友和家人头顶轻轻摇晃，莉兹特穿着婚纱闪闪发光，在日落时分站在一座小山的山顶上。也许他会看见我们的孩子，想象着他的眼睛、他的鼻子、他的幽默感。也许他会看见我。我已经扮演了这么久儿子的角色，我想成为一名父亲，成为他为我所成为的那个角色。我相信他的这份爱。

"别。"他看向下方，我盯着他，想弄明白他是什么意思，他挣扎着吐出每一个字。他抓住我的手，对着我微笑，棕绿色的双眼里充满了光亮。

"别他妈搞砸了。"

然后他就走了。

世界上没有任何东西能够缓解那种难以想象的痛苦。

倒不是我们没有预料到这件事的发生。我们想过。邦妮和我。托尼和我。莉兹特和我。我们为此进行过长时间的讨论，见证了无数次手术、治疗和作息规律的改变，我们在西达赛奈北塔中的咖啡馆里也吃过无数次午饭。我们甚至都找到了最喜欢的座位，还给它起了名字。"波斯纳 - 乔莱特家族纪念桌，一千个三明治曾在这里被吃掉。"

只不过，死亡带来的终结和定局让人太难面对，它在整个宇宙中撕开了一个洞。就好像当我抬起头，在以前天空存在的地方，只能看到一片虚无。死亡就像一场突然被飓风打断了的舞台剧。你在那里，站在那里背诵着自己的台词，跟随着每一幕的提示，然后整座建筑开始摇晃，屋顶飞了出去，你后面有人跳起来尖叫说剧院着火了，你跑着寻找庇护，疑惑着为什么你没有预见它的到来，为什么没有能让你做好准备迎接这个时刻的东西——没有书，没有电影剧本，也没有深夜滔滔不绝的对话。它让人困惑。接受这个现实需要时间。它就是一场戏。外面的暴风骤雨掀翻了屋顶，现在我们必须想办法躲藏。你醒来的时候觉得一切都好，然后你又回忆起发生了什么，你开始抽泣。天空没了，他没了，宇宙只是看起来永垂不朽。你现在知道事实并非如此了，它从来都不是永恒的，他也不是，你也不是。不知道为什么，这简直是整个世界中最令人悲伤的想法。

我只是不能理解在他走后所留下的这片空白。它的巨大程度让我不知所措。

邦妮一如既往地能够给人带来慰藉。她抱着我，告诉我她爱我，他曾为我感到骄傲，她也很想他。我们去拜访韦斯切斯特的房子时带上了吃的，因为人离不开食物，我们需要吃东西。邻居们带来了布朗尼和炖菜，表亲们带来了薯片和辣番茄酱。桌上还摆满了鹰嘴豆、鸡肉和肉丸。出于某种原因，吃东西让人感觉很好。反正你也要填满这个窟窿，那不如就用食物吧。莉兹特和我住在了房子里，我们睡在父亲病得很重的时候睡过的床上。我穿着他的衣服和裤子。我穿着他的靴子走来走去，戴上了他的戒指。我找了个借口，离开了客厅里的人群，静静地躺在床上，抱着他的枕头抽泣。莉兹特走了进来，躺在我身边。我们几个小时都没有动。

邦妮半夜的时候醒了。她在客厅里翻看照片，看她的父亲母亲、她的姐妹、她的丈夫、我的父亲。我不知道她是怎么面对这一切的，她失去了所有深爱的人。我们讲着老故事。我和托尼来拜访他们的那些夏天。他们爱过的那些狗狗，那只叫作盖的小猎犬，它神经紧张到自己放屁的时候都会被吓到。托尼和他的儿子在这里和他们短暂地住过一段时间，当时他们买了一个小小的地上泳池，将其命名为"白色垃圾"泳池。我们还是孩子的时候，爸爸会穿着他的内裤跳着舞走进房间，一只脚拖在后面，说着："这就是动作要领。你得拖着一条腿，然后说：'嘿，夫人，您今晚需要伴侣吗？'"

我们大笑，我们哭泣，我们都觉得这个家现在变得太小了。是时候增加新成员了。

"你还好吗，亲爱的？"邦妮一直这样问我，擦去我眼角的泪水。

"并不怎么好，露。"我摇着头说道，"但我又有什么选择呢？"

"我真的很抱歉。我知道你有多爱他。他是如此为你感到骄傲。他生前无时无刻不在谈你和托尼，你们所成为的男人。你知道的，他从不在乎你们是否成功之类的。他只想让你们成为好人，诚实、善良、为家人撑腰。这就是我的男人。"

我们无处安放悲伤，也没有办法理解它，我们除了抓紧对方、试图不让自己孤独地面对它以外，什么也做不了。

一周之后，我和莉兹特将自己的东西打包好，准备回家了。我们从未讨论过要来，也从未讨论过要离开。我们只是觉得时机正好。我们走出房门时，邦妮紧紧地拥抱了我们两个，这时她突然意识到了什么。她看了我一眼。

"怎么了，露？"

"我的天哪。我们坐七⃰了。"我们都笑了，能作为她的儿子、作为一个假犹太人、作为在失去了这么多之后找到了彼此的这个家庭中的一员，我感到如此骄傲。

在他葬礼之后的几天，我在我生日的早晨醒来，意识到我约好了要去取他的骨灰。关于葬礼的记忆一片模糊。我以为会很艰难，但事实并非如此。它令我感到安慰。杰克坐飞机从内布拉斯加赶来。德鲁坐在我身旁，我们吃着东西，讲着关于牧场的故事，我姨父现在依旧住在那里。我的老朋友们都来了：艾迪和瑞恩、史蒂芬·帕金斯、蒂姆、盖比和皮特。他们只是像老朋友会做的那样坐在我身边，我突然意识到这些友谊是多么珍贵的礼物。

葬礼上，很多人都来告诉我，我爸爸是一个多么温暖的人。他们中有韦斯切斯特街上的孩子，他们成长过程中放学后的时光都是在那座房子里度过的，爸爸会辅导他们写作业，或者从冰箱里拿甜筒冰激凌给他们吃。他们现在都是青少年了，他们也为失去了一个被自己视作父亲的男人而哭泣。人们敬爱他的程度甚至让我感到惊讶。对于一个从未在午餐会上得到过荣誉提名、从未获得过任何奖项或表彰，也从未举办过一场正式婚礼的男人来说，这似乎是一个适合他的场合。我不禁觉得，我们公开赞颂的那些人和我们默默爱着的那些人往往是不同的。

我穿好衣服，开车来到一家位于老鹰岩的无名店铺。店里的骨灰盒摆满了一面墙，每一个上都贴了一张黄色的便签纸，上面写着一个名字和一个号码。我看见了那只高高的绿色大理石纹路骨灰瓮，它的下面写着"吉姆·乔莱特"这个名字。我抱着瓮来到了人行道旁，打开车门，将他安置在了这台一九六六年产的黑色雪佛兰舍韦勒的副驾驶位上，并

⃰ Shivah 或 shiva，犹太教的丧礼习俗，为逝去的亲人进行七天的守丧，逝者的亲属要聚集在同一个地点，通常是自己的家中或者逝者的家中。

好莱坞公园

给他系上了安全带，这辆车是我们两个人一起重新组装的。

好了，爸爸，你想去哪儿？

我开始播放他最喜欢的一首歌。杰克逊·布朗的《伪装者》*。

我要在高速公路旁的树荫下为自己租一幢房子。

我们开上了高速公路。你在里面还好吗？我能在脑海里听见他的声音。我不知道任何人是怎样面对任何事情的。现在他已经走了，没有任何容器能够装下曾经的他。这是个无理数，是无穷除以零。也许这就是为什么在人死后，我们要将他们装进容器——棺材、骨灰盒、陵墓，因为我们想给这种空白一个形状。

我盯着周围的车辆，试图决定开往哪里。我没有计划。也许去拉斯维加斯。他爱拉斯维加斯。我抱着一只绿色的大理石纹路骨灰瓮从赌场走到体育博彩场的路上会不会有很多人看我？我爸爸死了，今天是我的生日，谁都不许说任何阻拦我的话，我有权失控。我们能一起玩骰子吗，骨灰瓮和我？或者玩二十一点？我们能坐在小餐馆里点早餐吃吗？**我想来点华夫饼。骨灰瓮想要一个五香熏牛肉三明治和一杯巧克力麦芽奶昔。能麻烦你帮我们拿一根很长的吸管吗？**

210 号州道是一条狗屁高速公路。他们这样的人在洛杉矶太多了。在市中心和海滩、好莱坞和迪士尼乐园之外的所有地方，生活着这些被遗忘的人，他们从出生到死亡，他们修车、打扫汽车旅馆的房间、和自己的儿子在工厂旁边的沙滩和水中玩耍、摇摆，这里没有游客。你能在背景里看见他们。他们组成了风景，组成了某位游客拍下又扔进抽屉的照片中的"留白区域"。

前面的一个路标上写着：圣塔安妮塔赛马场。当然了。**我之前怎么没想到呢？**我跟随出口，来到了福特希尔山大道，在高耸的大树树荫下开下一条蜿蜒的马路。我将舍韦勒停在巨大的水泥停车场中的一个偏远

---

* *The Pretender*。

角落里。我松开副驾驶位上骨灰瓮的安全带，打开了盖子。里面沉重的塑料袋里装着他的骨灰，上面夹着一个金属的身份识别牌。嘿，**爸爸**。我将袋子拿出来捧在手里，感受着他的重量。

我用一把折叠式小刀将塑料袋划开，将骨灰倒进瓮中，确保袋子里还剩下了一些。车里弥漫起一团灰尘。它进入了我的眼睛、我的鼻子、我的肺，也粘在了车的内饰上。**爸爸**！我一边笑一边将灰从我的 T 恤和黑色牛仔裤上掸掉。

我从车里出来，将装着我父亲骨灰的塑料袋放进裤子后面的口袋，和当年那个作为毒品走私犯的他一模一样。我听见远处传来的军号声，闻到了那种熟悉的、带着大地气息的马粪和泥土味，感受到了脚下滚烫的水泥地正在呼吸。我戴上墨镜，向大门走去。

爸爸，爸。老爸，老爹。

我买了一张门票和一份赛事表格，走到了看台上一个高高的位置。棕榈树点缀着内场，一块巨大的屏幕挂在终点线的上方，显示着德尔马和贝尔蒙特 * 的比赛结果，以及第一场比赛中参赛马匹的投注赔率。我穿过人群，听到人们的说话声："妈的，哥们儿，每个人都押四。但我跟你说，它的腿根本不行。场上所有马都会飞奔出去，跑断它的四条腿。"这些男人们和他们的梦想。

我来到食物摊位，买了一个咸牛肉三明治、一杯大雪碧和一个三花牌麦芽巧克力冰激凌。我们的食物。我下了一注，然后走向看台。我把**"草皮老爹"**押在了第五，能赢一百美元，**爸爸**。我把**"冲浪天使"**放在了它后面，因为它听起来像电影里的名字。

我吃着东西，研究着比赛。男人们看着马匹在最后一条直道上奔跑的样子，那满怀期待的一刻和梦想破碎的一刻。我注意到了那四座塔，分别位于赛场的四个角落，距离地面一百英尺，安保人员在那里监视着

---

* 德尔马和贝尔蒙特是美国知名的赛马比赛举行地。——编者注

赛道。那里有摄像机和负责确保没有人干扰比赛的工作人员。今天我想进监狱吗？将人的残骸带到赛场，博彩管制委员会对此会怎么说？

我走进厕所，将纸质苏打水杯里的饮料倒进水池。我将它洗干净，然后用纸巾擦干。我进入隔间，从裤子后面的口袋里拿出那个装着骨灰的塑料袋。我将它们倒进杯子，然后走了出来，仿佛自己拿着的是一杯之后还要喝的软饮料。这件事带着某种古老的印记，一种与牺牲有关的元素，一种中世纪般的仪式感：我是乔莱特家族的米克尔，我在此将我的父亲托付给圣塔安妮塔市的这条赛道，让他在对赛马充满热情的温热血液中得到净化。

我向下走到赛道旁边，心怦怦直跳，我试图让自己看起来自然一些，在最后一条直道开始的位置附近寻找一个合适的地点，一个藏在水泥拱门之后的地方，一个高塔之上看不见的地方，一个在马群跑过、人们发出号叫、人群起身、马匹向终点线迈进、它们身后的绿色拖车将赛道浸湿、尘埃落定之后，没有人会去查看的地方。我计算好自己走路的速度和比赛开始的时间，听见了开赛的铃声响起。

"它们出发了！"

好了，爸爸，只有你和我了。这真是乱来，是吧？

"猩红巨人起步很强，火箭热力紧随其后。"

距离地点还有五十英尺。等等它们，等等它们。

"现在来的是草皮老爹，它开始在外圈加速，它们准备进入弯道。"

二十英尺，呼吸。十英尺，你能做到的。五英尺。

"火箭热力冲到了队伍最前端。"

马匹们从我面前飞驰而过，它们是一片紧绷的肌肉和泛着泡沫的嘴，它们背上那些小小的男人向前弯着腰，鞭打着它们冲向未来。我听见看台上的人群欢腾起来，人们站起身，为它们加油打气，欢迎它们回家。

我走近赛道边缘的白色栏杆，将我父亲的骨灰撒在空中。

我看见空气中形成了一团灰尘，有那么短暂的一刻，它悬停在那里，体积很小，向四周爆开，然后轻轻落在了地上。

没有目击者，没有铜管军乐团，没有二十一枪的礼炮，没有头版头条，只有我和爸爸、一些灰尘和一只用过的旧纸杯。这样更好。丢掉浮华和布景，聚焦在真实的东西上。爸爸会希望我这么做的。泥土、灰尘、太阳、风，拖车发出的哗啦声和看台上升起的鬼魂。

塞勒姆，俄勒冈

布雷斯大街上的房子比我记忆中小。小石子铺成的车道还在，我们停放自行车的门廊也在，还有那座砖砌的烟囱，保罗曾在那里练习烟囱清扫的技术。我们从洛杉矶坐飞机到了波特兰，又沿着 5 号州际公路向南行驶，最终站在了这里。托尼的儿子现在和他的女朋友以及女儿住在塞勒姆。托尼从没说过，但我知道，我们来这里是因为他想做一些补偿，或者开始做一些补偿。尽管这次旅程是他的想法，但我知道这对他来说并不简单，所以他才让我一同前往。**他在尝试**。为这一点，我爱他。

我们看起来大概很奇怪。两个成年男人肩并肩靠在一辆租来的小汽车上，盯着一座房子。

"我们应该敲敲门之类的吗？"

"我不知道。你觉得呢？"

"我不确定。也许我们应该先在这儿站一会儿。"

"挺奇怪的，是吧？"

"太奇怪了。这个栅栏比咱们当时那个要好，但是看起来他们似乎把菜园子给替换掉了。"

"干得好。"

"可不是嘛。"

空气安静了，温暖的阳光洒在我们的脸上，一阵轻风吹过，树上的叶子哗哗作响。

"我一直在想，一直在想，"我说，"我觉得我在那座房子里就没有过好的回忆。我知道我们肯定也有过开心的时刻，但我现在一个也想不起来。"

他摇摇头："我也想不出来。"

"这比我想象的还要糟糕。我不知道我原本抱有什么样的预期。"

"我们在这里生活得很艰难。"

他剥开一块口香糖扔进嘴里，看了看手机。"仿佛一片沙漠。"我知道要见到儿子，他很焦虑，这趟旅行对他来说之所以困难，还有别的原因。"我来导航。"

"等一下，我得先把这件事捋清楚了。"

"我们有时间。"

爸爸去世后几天，我需要去西达赛奈办理一些手续，才能为他开具死亡证明。那天是母亲节，我决定给妈妈打个电话。我想，可能从我十七岁以来，这是我第一次愿意主动联系她，我能够在她那里寻求安慰，让她借这个机会成为安抚我心灵的药膏，也许我的这种行为可以成为某种橄榄枝，让她轻松地担任起家长的角色，简单地安抚一下因父亲去世而悲痛无比的儿子。

她接了电话，我几乎说不出话来。医院，死亡证明，我父亲走了，许多痛苦。我期待着她能说出那些简单的词汇，那些我需要听到的词汇：*你是我的儿子，我爱你。我很抱歉发生了这样的事情。*

她说："你离开了我，去和他生活，这件事一直让我很痛苦。我不知道你怎么能够那样对我。"

我很困惑。这两种相互矛盾的现实：我脑海中的母亲，我向她伸出手的那个母亲——我依旧希望她也能向我伸出手，还有电话另一头的这位母亲。

"你和你爸爸变得比和我更亲了，这件事一直让我非常难过。"

我感到麻木洗刷过我的身体，我携带了这么久的那片空白的虚无，我觉得自己可以就这样消失，蒸发在沉默的云朵之中。

我擦了擦眼睛："你……什么？"

"我知道你父亲去世了，你很难过，但是你应该想想，这么久以来，我都知道你和他要比和我更亲近，这对我来说有多难。"

我不知道该说什么，于是我说我还有事，然后挂掉了电话。

我还记得菲尔·里特，我们那位来自锡南浓的室友，他被一群锡南浓男人在车道里殴打。他也听说了我组乐队的事情，而且主动找到我，和我取得了联系。那天，我打电话给他，想和他聊聊这些年的生活。他是一个那么善良的男人，他还在试图改变世界，现在他主要关注气候变化。我们通话时，我问起了在伯克利的那天，他给我讲了从他的视角看到的故事。他说自己已经记不住发生的很多事情了，只记得头被人打了，还有当他抬起头时，看到我正在门廊上看着他，我们四目相对，他想道：这对米克尔这个年龄的孩子来说打击太大了。他记得最清楚的就是我脸上的表情。我也记得在一片混乱之中，他脸上的神情。它在我的记忆中挥之不去。我会在梦中看到它，在我尖叫着醒来的时刻。他的尖叫、血迹、棍棒，还有那张善良的脸，上面充满了悲伤。

我试图从那一刻开始将记忆往回倒，从妈妈告诉我那天发生了什么开始。她是如何纠正了我，告诉我我并不在那里的。现实是如何沉重到难以接受，于是她就创造了一个新的现实的。为此，我从没去看过心理医生，也从没去找过儿童辅导员。我们从没谈论过那天。她无视了我的噩梦，无视了我想要被看见的请求，就好像它们根本不存在。那天之后，在我听到过的重述中，她一直将这件事描述成一件糟糕的事情，它没有发生在菲尔身上，没有发生在我身上，也没有发生在从街对面目睹了一切的托尼身上，它发生在了她身上。

保罗去世——或者没有去世——的时候也是如此。它是一种指令，让我们忘掉发生了什么，去挑拣和选择我们认同的现实中的元素，就好像她想将自己面对生活的秘籍教给我一样。而那天，当我行驶在第三街，穿过洛杉矶，去取我父亲的死亡证明时，当我处于自己最脆弱的状态时，她的第一个想法，她的唯一一个想法，是她自己。

我知道这之中有病症在作怪。弄明白其中的原因是需要时间的，因为我们当初甚至没有可以用来讨论它的词汇。我们谈到过精神分裂症和抑郁症，谈到过酒鬼和自闭症，但是自恋型人格障碍和与其紧密相关的边缘型人格障碍，这两个词是狡猾的，是虚无缥缈的，这类心理疾病创造出了没有共情、没有爱，充满了幻觉和操控的关系。解开它们需要很多年的时间，因为被这些疾病折磨的人，根本不知道自己患了这种病。

即使在那一刻，我都能够为她感到难过，为那些发生在她身上的糟糕的事，她当时一定害怕极了，一定孤独极了，才需要以这种方式面对这个充满了太多痛苦、让她无法生活的世界，才需要创造出另一个世界将其取代。严重的抑郁症、多次的离婚、那个让她丢掉了全部财产和朋友的邪教，这些东西只是在为她的心理问题煽风点火。我能够同情她，即使是现在，这从来不是个问题。

所以，当我站在俄勒冈塞勒姆的那座房子前，试图想起任何一个美好的回忆时，我都清晰地看到了另外一刻：在我父亲去世三天后，我开车前往洛杉矶的西达赛奈医疗中心，天空呈浅蓝色，大树上方飘浮着蓬松的云朵，我驾驶着和爸爸一起重新组装的一九六六年产的黑色舍韦勒接近市中心，空气中弥漫着汽油的味道，它来自我们安装在车里的那台大发动机。我抬起头，困惑和悲伤在我的心中撕开了一个洞，那是我父亲曾经存在的地方。我的思绪飞奔过关于菲尔、保罗、道格和妈妈的回忆，我终于明白，她永远都不可能成为我一生希望她成为的那种母亲，是时候接受这个现实了。

好吧。

这样的决定创造了一种距离感，我发现单纯地欣赏她身上那些独特的地方会更简单一些，我可以去听一首古老的民谣，或在阿姆斯特丹听到某句随机的荷兰语，我发现自己在对那个浑蛋里根发表一些评论，我意识到，别的不说，我至少得到了一套完整的政治教育。我喜欢她身上的这些特质。远距离地欣赏它们会更容易。当你对一个人的痛苦了解得如此透彻时，你就永远都不可能真的恨他。

房子侧面的花园不见了，但保罗建造的谷仓还立在那里。我觉得里面应该已经没有兔子了。我和托尼走到后面的小巷中检查。曾经的链条围栏已经换成了木质的。狗舍不见了，但那棵我们曾经屠宰兔子的树还挺立在阳光里，光秃秃的，一片叶子也没有。

保罗的影子无处不在。他那把蓝色的短柄小斧、橘黄色的锤斧，那个穿着法兰绒衬衫、留着胡子的矮小男人正在劈柴，或从桶里舀出兔粮。莉兹特最近在网上调查了一番，结果显示他可能是最近才去世的。但并不是很明确。我不知道我为什么从没想过可以自己去探寻真相。也许是因为我知道这个谜团只有两种可能的结局，而这两种都很糟糕。也许他的一生都在街头度过，最终在去世前联系上了一位自己的兄弟。我不愿意想到他独自一人的画面。我想他应该没有别的孩子了，我希望我能告诉他，他对我来说意味着什么。我想告诉他我爱他，他永远是我的家人，他的玩笑、善意和关注，我们在威拉米特河旁度过的安静时光，那样的关爱就像一片干燥、炎热的沙漠中一捧清凉的水。我不在意他是否破碎。我爱的每个人都是破碎的，或者曾经是破碎的。这是我们认出彼此的方式。

一个安静的二月早晨，我的儿子出生在西达赛奈医疗中心的三层病房内，这个房间楼上就是我父亲去世的病房。他尖叫着来到这个世上，浑身上下都是紫色的，他的胳膊很小，他的手指更小，他的脸很肿。他们把他擦干净，包裹暖和，交给了他的妈妈，他趴在她的怀里，头靠在她的肩膀上睡着了。

那天晚上，莉兹特躺在床上休息，他醒了过来，我将他抱在怀里，心想：**你真是度过了最奇怪的一天，小伙子。**这个世界充满了无法想象的危险，它有那么多锋利的转角和坚硬的地方，那么多我必须保护他免受其侵害的东西。我将他放下来，清醒地躺着聆听他的声音，所有那些细微的咕噜声和喷嚏声，还有他节奏平稳的呼吸。这些声音为我的胸膛带来了一股令人盲目的喜悦。**在你到来之前，是什么存在于这些贫瘠的角落里？**我们把他带回家后，他用哭声填满了房子里安静的走廊。我的眼神游移在他的手指上，我数着他的小脚趾。这么多年来，我曾这么多次在公园或餐厅里看到一家人聚在一起，他们的亲密无间，他们彼此间身体上的亲近，那种令人感到安慰的轻松，我一直觉得自己是一个站在窗户外向里看的陌生人。我想过自己这辈子能否拥有这些最基本的东西，而现在，一切就像魔法一样，我们躺在床上，播放着音乐，他随着传声头像乐队的《烧掉房子》* 踢着小脚丫，我们笑着，一只胳膊耷拉在床边，挠着我们黑色拉布拉多的耳朵，这只狗是我们救下来的，我们为它起名叫鲍伊。

这一切对我来说充满了魔力，这是一个我从未想过自己能够获得的礼物——一个家庭。就这样简单地成为一个妻子的丈夫，一个儿子的父亲。

我们的婚礼是一个美丽的承诺，但我觉得，真正让我成为丈夫的，并不是穿上燕尾服、背诵那些让我上气不接下气的誓词，而是之后，当我终于能够为那片地形添加一些新风景的时候：一条由耐心和接纳汇聚而成的安静小溪、因为我忍受住了那曾经怂恿我逃跑的恐惧而形成的林荫、一座象征着原谅的巨大开阔的峡谷，还有忠诚和对她的信任，而在这一切之上的，是一片我们每天都试图拜访的温暖田野——喜悦。我以

---

* *Burning Down the House*。——编者注

深深的热情爱着我的妻子，即便是在不久之后，我便明白，婚姻的内核其实是一段传奇的友谊。

我的儿子六个月大了，在锡南浓，这个年龄的孩子就要被从父母身边夺走了，我意识到让他被陌生人带走对我来说是一件多么残忍的事情。这对他、对我们来说，是多么令人心痛欲绝得艰难。和作为孩子的我相比，作为父亲的我的感受更加清晰明了。这就是虐待。它是错的，它是暴力和具有破坏性的，它的后果极其严重。它让每个经历了它的孩子，一生都面对着极大的情感困难。无数个关于虐待的故事浮出了水面，它们的讲述者是那些已经长大成人的锡南浓的孩子：猥亵和殴打，惯常的辱骂和无尽的忽视，只因一点小小的错误而被按在那里剃光了头的孩子，一直试图逃跑的青少年，消失了数年的家长，他们将自己的孩子留在了一个自相残杀的世界里，他们和其他的孩子为了最基本的需求——安慰、爱和安全感而竞争，他们的心里留下了一个大到无法填充的洞，他们的一生都在不安全感和对亲密的恐惧中度过。这些故事和人们常听到的孤儿院中的故事如出一辙。我不怪我的母亲或父亲，我知道他们当时没有意识到将我们放在那个地方是一个多么可怕的错误。我也永远感激当时邦妮的存在，因为它让一切都变得简单了，至少对我来说如此。但锡南浓是邪教。邪教会让人做出可怕的事情。查克是它的领导，有一天他决定我们不应该再有父母了，于是我们就没有了。就是这么简单。我想起了我的纳特姥爷，他曾因为这样的事情在大屠杀中失去了整个家庭，他曾提醒我们所有人："权力会带来破坏。完全的权力会带来完全的破坏。"在那些布满灰尘的书里，在离开了锡南浓的人们的线上讨论中，在所有锡南浓讲述的关于自己的故事中，在提到孩子们时都留有一个巨大的漏洞，他们被迫像孤儿一样生活。这不是任何一个人的错。这是每个人的错。这是谁的错并不重要，重要的是我们现在理解了自己，我们这群像孤儿一样的宇宙的孩子，这样我们就能从那些痛苦中找到一条回程的路了。

塞勒姆，俄勒冈

我几乎无法忍受每天早上看不见儿子的这个想法。那张小脸，他从桌子对面看向我的表情，我们相视一笑，仿佛分享了一个笑话。还有我们那些傻傻的游戏，在房子里气喘吁吁地奔跑。洗澡时间，睡觉时间，和他还有我的妻子在慵懒的早晨躺在床上，感到平静和完整。没有什么比这些东西对我来说更珍贵的了。一切都不是我想象的那样，我以为这会是一种永远让我感到温暖、让我知道自己被爱着的感觉。但事实并非如此。它更像一种让我觉得自己并不重要的强烈感觉，我会毫不犹豫地将我的命献给他们。我的噩梦不再是关于可能发生在我身上的事情了，而是变成了可能发生在他们身上的可怕事情。如果我病了，睡觉前谁来给他读故事？如果我死了，谁来照顾他？谁来做他的父亲、她的丈夫？所以我必须保持健康，因为他值得拥有一个父亲。我必须保持谦卑，为那片地形持续增加风景，因为她值得拥有一个好丈夫。我们是一个家庭，这也就意味着我们需要彼此。倒不是说我自己就此消失了，而是这件简单却又不可想象的事情赋予了我人生的意义。

我们开车来到南塞勒姆，来接托尼的儿子。我们计划在威拉米特河上的一个深水潭里游泳，距离当年保罗带我们钓鱼的地方不远。我们驶过塞勒姆的街道时，我能感受到托尼的焦虑。他不断观察我的表情，然后看手机，然后看窗外，然后又看我的脸，因为紧张和期待而上下抖动膝盖。在我看来，这是一座迷人的城市。尽管我在布雷斯大街上的房子里找不到任何美好的回忆，但我在基督教青年会、男孩俱乐部、帕里什体育场的少年棒球联盟比赛和布什公园的赛跑中却有无数美妙的回忆。

他的儿子在一座不大的一层公寓门口迎接我们。他布满文身的手臂中抱着一个留着金发的小姑娘。他露出牙齿朝我们微笑，将女儿放下来，拥抱了他的爸爸，然后又用胳膊搂住我的脖子。见到他真是太好了，我又感受到了曾经的那种感觉，仿佛我们被一根只能拉到一定长度的绳子连接着。我们坐在客厅里和小女孩玩游戏，谈论育儿、举重和他建筑施工的新工作。他说他现在只想工作，来支持他女儿和他女友的生活。

我多想告诉他，我知道他的过去有多么艰难，我能看出来他现在是多么努力地在面对和处理一切，这其中包含的问题没有那么简单，我希望他能在正确的时间、以他自己的方式解开这些谜团，我爱他，我们是紧密连接着的，这一点永远不会改变。

我们开车来到河边，将车停好，把东西拿到岸边。毛巾、一个装着三明治和苏打水的冷藏箱、一副纸牌。我们布置好野餐地点，脱掉鞋子，走进河里。一股温柔的河水流过石头，潺潺作响，被树荫遮挡着的水流泛起白色的涟漪，旁边还有布满苔藓的大石块。温暖的阳光洒在我们的脸上，我们将车停在了高速公路旁，这里一路都点缀着布满荆棘的黑莓灌木丛，一阵来自远方的风轻声呼啸着穿过远处的松树林。

托尼大叫一声，从石头上跳入水中，蜷起膝盖抱在胸前，做了一次抱膝跳，他溅起的水花打湿了我们，我们也跟随他的步伐，走到巨大的岩石上，跳进了水潭。之后，我们走上山坡，摘下被太阳晒得暖洋洋的黑莓，和我们的意大利腊肠三明治一起吃。

如果爸爸还在，他一定会喜欢这一切的。他一直都喜欢在室外度过阳光明媚的一天。草地发出的嗡嗡声和水流的声音，浪花拍打岸边，一枚被阳光温暖过的桃子，坐在沙滩上湿漉漉的汽车后备箱里吃咸咸的薯片。他善于与安静共处。

我多希望爸爸能了解我们的儿子。他总能让我想起他，他们会用同样的眼神盯着你，和你一起分享笑声，就好像这是世界上最棒的事情。我知道，如果不是我父亲，我现在也不会拥有属于自己的家庭。在我心中，他多么像一片浓雾中的灯塔，是一处出人意料的光源，将我带回一个能够找到完整、家庭、接纳和平静的地方。

我在沙滩上睡着了，醒来的时候听见托尼和他的儿子在谈论当爸爸的经历，有关太晚才知道要更换尿布大小之类的事情。我意识到，我们几个人都既是父亲、又是儿子了。我不知道他们是否进行了一次严肃的谈话，还是只是坐在沙滩上，把双脚浸入水中。需要慢慢剥开的事情太多了。但是我无法忽视来到这里让我感受到的快乐，我们用石子打水漂、在水中打闹溅起水花、和自己的兄弟分享笑话，他现在既是儿子又是父亲了，我们在一起时拥有一种归属感，我们这三个属于宇宙的孩子。

好莱坞公园

一切的终点

　　我父亲去世三周后，他们拆除了好莱坞公园的大看台。一位来自中西部的房地产大亨买下了这块地，为了建造一座全新的美国国家橄榄球联盟体育场和一片混合使用的演出及零售场地，这里很快将成为世界上最大的综合体育中心。爆破声在几英里外都能听到，一声可怕的嘎吱声后，一团由灰尘组成的云在空中升起，有几百英尺高，仿佛天空中的一滴眼泪。一排排黄色的挖掘机吞噬了剩余部分，它们的铲斗挖过金属栏杆和水泥台阶的残骸，为未来开辟出新的道路，这是一片对于行将就木的男人们已经生锈的梦想来说过于宝贵的土地。

　　我知道这其中是有利润动机存在的，但对我来说，这件事的逻辑更为简单：没有他，这个地方就无法存在。在我的脑海中，赛道、马匹、椭圆形的泥土赛场和我们吃东西、聊天的看台座位是无法与他分开的，这是一个我们想象出来的地方，这样我们就有地方可去了，我在这里是安全的，我们可以在一起，我可以在记忆中拜访这里。

　　在我看来，很多事情现在都变成了这样：错综复杂、令人叹为观止的建筑和结构消失了，随着时间的流逝，它们变成了错综复杂、令人叹为观止的回忆。就好像当我需要听见一个声音或寻求建议的时候，我可以造访这些清醒的梦境，我可以在一间拥挤的明亮房间里找到我需要的东西，他们都在等待一个和我讲话的机会。

当我造访那个赛道之下的房间，当我站在父亲的死亡所创造出来的困惑中，试图寻找一个答案时，我思索着这是哪个时刻，是未来还是过去，我是如何找到这条隧道、这个烙印在我想象之中的地方的，又是如何跟随着它下行了一千英尺，穿过泥土、大地、岩石、骨头和灰尘来到了这个房间的。在一生对于碎片的搜寻之后，我的家庭似乎只有在这里才是完整的。

房间里明亮清晰，我能看见每个人的脸。那个留着鬓发的年轻男人，和那个长着荷兰脸颊的小姑娘。一个有着能看透一切的蓝眼睛的英俊男人正在读书，他的腿上坐着一个年轻漂亮的女人，正对着他的耳朵讲下流的笑话，他们的四个女儿围绕着他们。那个善良的意大利女人为孩子们而担心，那个又高又瘦的男人正在打太极拳，和留着鬓发、穿着牛仔靴的男孩一起大笑着，那个明媚的金发少女正在唱歌。一切都很温暖，光照在我的皮肤上，仿佛在发热。再次回到我的家人中间，我感受到了一种令人安慰的平静。

一个矮个子男人向我走来。他有着强壮的双手和一撮金色的小胡子，这是我的弗兰克姥爷，他曾为两支军队而战。

他问我在这个不复存在的、赛道之下一千英尺的房间里做什么。

嗯，我父亲去世了，一切都变得没有道理了，我必须将它写下来，才能再次理解这一切。

原来如此。有用吗？

有一点。至少比之前好一些了。而且现在我有了这样一个地方，我可以来这里看望他和你们所有人。

但这个地方不是真的。你消失的时候它也会消失。

所以我才将它写下来。

他挠了挠下巴。这个故事里充斥着许多悲伤。

我想是吧。有开心的事情，对，也有悲伤。

没有人想让你经历那一切，甚至她也不想。他指了指那个长着荷兰脸颊的小女孩，她站在一片弹坑里。

是的，我知道。无论怎样，它就像一份礼物，或者说，将它想成一份礼物会更简单一些。你知道的，你要让你的痛苦变得有用。这就是你创造艺术的方式。

就像你的故事一样？

我想是的。

他看着四周空白的墙壁，它们高耸而起，呼应着想象中的马蹄声。

现在怎么样了？你是一位父亲了，这也就意味着有一天，你将住进别人脑海中和这里一样的另一个房间里。

确实如此。一切似乎也没有那么糟糕，是吧？

嗯，不再拥有未来不是一件容易的事情，只能住在这里，住在一切的终点。但至少这里不是车管局！

他拍了拍我的后背。开玩笑呢！笑是一件很重要的事。但是告诉我，你还是感到那么痛苦吗，你胸膛中的那个地方？

不，并没有那么痛苦了。那里被另一种全新的东西替代了。这花了很长、很长时间，但我想它是，它是……爱？它就在以前痛苦存在的那个位置。

太棒了，这就是我们一直希望你拥有的。

他将一只不大却强壮有力的手放在我的肩膀上，捏了捏我，对我耳语道：现在去让它也变得有用吧。

致谢

　　我要对我亲爱的朋友们献上我最深切的感激，你们为这本书早期的初稿提供了反馈和建议：莱尔和利莫·齐姆斯金德、安德鲁·斯皮特斯、史蒂文·陈、史蒂文·莱卡特、艾米·韦斯特维尔特。感谢我非凡的经纪人苏珊·格隆布，你是一股不可抗拒的力量。感谢我优秀的出版人杰米·拉布，你热爱并且信任书籍。感谢我在锡南浓的伙伴们，你们的故事、见解和友谊都是无价之宝：盖·恩多尔-凯瑟、诺亚·凯瑟、迪米特里·法赫尔。感谢朱迪·穆勒和菲尔·里特，你们一直对孩子们充满了爱。感谢我的叔叔韦斯、我的叔叔唐尼、我的姨妈帕姆和我的舅舅乔恩，你们为我们的家庭和其中的故事提供了许多知识和智慧。感谢我的哥哥托尼，这个世界上没有比你更慷慨的灵魂了。感谢我的妈妈邦妮，为你的存在我要感谢上帝。还要感谢我在这个世界上最好的朋友——我的妻子莉兹特，没有你，这本书就不会存在。